川口大司 編

日本の労働市場

経済学者の視点

有斐閣
yuhikaku

は し が き

　少子高齢化，経済活動のグローバル化，情報通信技術（ICT）や人工知能（AI）の急速な技術進歩といった要因によって日本の経済社会は大きな変化を経験している。これらの環境変化に労働市場も対応を迫られているが，その適応に伴うさまざまな困難を政府の立場からサポートしようとする 2010 年代半ばからの第 2 次安倍晋三内閣による「働き方改革」は，経済政策の中心を占める位置にまで上り詰めている。また個人のレベルでも，変化する環境の中で，将来の働き方に不安を感じる人々が社会人・学生双方の中にも増えており，働き方に関する報道は新聞・テレビ・インターネットにあふれている。これらの流れの中で，労働経済学に対する世間の関心と期待は高まりつつあるといってもよいだろう。

　本書は，その関心と期待に応えるための，労働経済学が各種の問題をどのように分析しどこまで解明したか，そして，残る研究課題は何かを概観するハンドブックである。それぞれの章を担当した執筆者は，その分野で日本を代表する研究者である。各問題の現状を分析したうえで，その問題への経済学的アプローチをどうするのかを説明し，それに基づく研究結果を紹介している。英文の労働経済学のハンドブックは刊行されているが，分析対象が米英に偏る傾向があり，労働を取り巻く慣行や各種法制度が違う日本の労働市場にその分析結果が必ずしも当てはまらないという問題があった。このギャップを埋めるのが本書である。

　幅広い読者に届くように，わかりやすい筆致を心がけているが，経済学部のミクロ経済学と計量経済学の基礎的な知識があれば，各章の分析を深いレベルで理解することができるようになるだろう。そのため本書は，学部上級生や大学院修士課程で論文のテーマを探している学生，中央政府や地方自治体の政策担当者，企業の人事・企画担当者にとって必読の本となるだろう。またこれからの自分の働き方を少し高い視点からじっくりと考えてみたいと思っている社会人や学生にも有用であろう。

　なお，労働経済学の研究を進めるためには，各種政府統計を用いる必要がある。基本的な統計についてまとめたウェブ付録（http://yuhikaku-nibu.txt-nifty.

com/blog/2017/10/16512.html）を用意しているので，「有斐閣　日本の労働市場　ウェブ付録」で検索してほしい。

　本書は一般財団法人統計研究会創立 70 周年記念事業の一環として企画された。執筆者の大半は東京労働経済学研究会と関西労働研究会のメンバーだが，統計研究会からは東京労働経済学研究会の毎月の定例会や 2 研究会合同開催の労働経済学コンファレンスへの財政的支援をしていただいている。本書の刊行にあたっても一方ならぬご支援を賜っている。執筆メンバーを代表して，宮川公男会長，小川英治理事長，山本拓前理事長，黒野幸春事務局長に厚くお礼を申し上げたい。

　本書の編集にあたっては，2017 年 4 月 29・30 日に東京大学にてブックコンファレンスを行い執筆者間で意見交換を行った。東京大学の十川亜希子・池田貴昭の両氏はコンファレンスの運営準備を担当してくれ，深井太洋・室賀貴穂・及川雅斗・鳥谷部貴大の各氏は各章の原稿に詳細なコメントを寄せてくれた。各章はそれらのコメントを反映して改訂されている。また有斐閣の渡部一樹氏は本書の編集作業を担当してくださり，岡山義信氏もさまざまなご助力をくださった。また，有斐閣を退職され公益財団法人 NIRA 総合研究開発機構に移られた尾崎大輔氏からは本書の初期段階の企画からブックコンファレンスの実施までさまざまなご助力をいただいた。本書の刊行を可能にしてくれた，すべての方々にお礼申し上げたい。

　　　2017 年 9 月

川口　大司

執筆者紹介 （執筆順）

川口 大司（かわぐち だいじ）　　　　　　　　　　編者，担当：序章，終章
　現職：東京大学公共政策大学院・大学院経済学研究科教授
　主著：『労働経済学——理論と実証をつなぐ』（有斐閣，2017 年），"Why Has Wage
　　Inequality Evolved So Differently between Japan and the US?"（共著，*Economics
　　of Education Review*, 52, 2016）

大湾 秀雄（おおわん ひでお）　　　　　　　　　　担当：第 1 章共著
　現職：早稲田大学政治経済学術院教授
　主著：『日本の人事を科学する——因果推論に基づくデータ活用』（日本経済新聞出版
　　社，2017 年），「中間管理職の役割と人事評価システム」（田中亘・中林真幸編『企
　　業統治の法と経済——比較制度分析の視点で見るガバナンス』有斐閣，2015 年，所
　　収）

佐藤 香織（さとう かおり）　　　　　　　　　　　担当：第 1 章共著
　現職：国士舘大学経営学部講師
　主著："Gender Differences in Career"（共著，RIETI Discussion Paper Series, 17-E-
　　051, 2017），「性別職域分離と女性の賃金・昇進」（共著，『経済研究』65（3），2014
　　年）

玄田 有史（げんだ ゆうじ）　　　　　　　　　　　担当：第 2 章
　現職：東京大学社会科学研究所教授
　主著：『危機と雇用——災害の労働経済学』（岩波書店，2015 年），『雇用は契約——雰
　　囲気に負けない働き方』（筑摩選書，2018 年）

佐野 晋平（さの しんぺい）　　　　　　　　　　　担当：第 3 章
　現職：神戸大学大学院経済学研究科准教授
　主著："The Effect of Demographic Change on Public Education in Japan"（共著，
　　The Economic Consequences of Demographic Change in East Asia, NBER-EASE,
　　19 2010），「教育投資と経済格差」（共著，赤林英夫ほか編著『学力・心理・家庭環
　　境の経済分析——全国小中学生の追跡調査から見えてきたもの』有斐閣，2016 年，
　　所収）

太田 聰一（おおた そういち）　　　　　　　　　　担当：第4章

現職：慶應義塾大学経済学部教授

主著：『若年者就業の経済学』（日本経済新聞出版社，2010年），『労働経済学入門（新版）』（共著，有斐閣，2012年）

近藤 絢子（こんどう あやこ）　　　　　　　　　　担当：第5章

現職：東京大学社会科学研究所教授

主著："The Effectiveness of Demand-Side Government Intervention to Promote Elderly Employment: Evidence from Japan"（共著, *Industrial and Labor Relations Review*, 70(4), 2017），"Effects of Increased Elderly Employment on Other Workers' Employment and Elderly's Earnings in Japan"（*IZA Journal of Labor Policy*, 2016）

原 ひろみ（はら ひろみ）　　　　　　　　　　　担当：第6章

現職：日本女子大学家政学部准教授

主著：『職業能力開発の経済分析』（勁草書房，2014年），"Minimum Wage Effects on Firm-provided and Worker-initiated Training,"（*Labour Economics*, 47, 2017）

神林 龍（かんばやし りょう）　　　　　　　　　　担当：第7章共著

現職：一橋大学経済研究所教授

主著：『正規の世界・非正規の世界──現代日本労働経済学の基本問題』（慶應義塾大学出版会，2017年），『日本の外国人労働力──経済学からの検証』（共著，日本経済新聞出版社，2009年）

橋本 由紀（はしもと ゆき）　　　　　　　　　　　担当：第7章共著

現職：経済産業研究所研究員

主著："Highly Skilled Immigrants' Occupational Choice and the Japanese Employment System"（RIETI Discussion Paper Series, 17-E-59, 2017），「技能実習制度の見直しとその課題──農業と建設業を事例として」（『日本労働研究雑誌』662号，2015年）

坂本 德仁（さかもと のりひと）　　　　　　　　　担当：第8章共著

現職：東京理科大学理工学部准教授

主著："No-Envy, Efficiency, and Collective Rationality"（*Social Choice and Welfare*, 40(4), 2013），"A Class of Equity Criterions Based on Dominance Principle and Individual Preferences: A New Concept of Economic Equity"（presented paper at the 10 th Bi-Annual Conference on Economic Design, York, UK., 2017）

森　悠子（もり ゆうこ）　　　　　　　　　　担当：第 8 章共著
　　現職：津田塾大学学芸学部准教授
　　主著："Economic Consequences of Employment Quota System for Disabled People: Evidence from a Regression Discontinuity Design in Japan"（共著，*Journal of the Japanese and International Economies*, 2017），"Does Political Reservation Affect Voting Behavior? Empirical Evidence from India"（共著，*Economic and Political Weekly*, 51（20），2016）

酒井　正（さかい ただし）　　　　　　　　　担当：第 9 章
　　現職：法政大学経済学部教授
　　主著：「就業者の高齢化と労働災害」（『日本労働研究雑誌』682 号，2017 年），"Education and Marriage Decisions of Japanese Women and the Role of the Equal Employment Opportunity Act"（共著，forthcoming in *Journal of Human Capital*）

勇上　和史（ゆうがみ かずふみ）　　　　　　担当：第 10 章共著
　　現職：神戸大学大学院経済学研究科准教授
　　主著：『職業の経済学』（共編著，中央経済社，2017 年），「中小企業従業者のメンタルヘルスと企業特性」（共著，『医療と社会』近刊）

田中　喜行（たなか よしゆき）　　　　　　　担当：第 10 章共著
　　現職：天理大学人間学部総合教育研究センター助教
　　主著：「欧州の長期失業者の推移と対策」（共著，『日本労働研究雑誌』651 号，2014 年），"Welfare Benefits and Labor Supply: Evidence from a Natural Experiment in Japan"（共著，RIETI Discussion Paper Series, 17-E-109, 2017）

森本　敦志（もりもと あつし）　　　　　　　担当：第 10 章共著
　　現職：神戸大学大学院経済学研究科研究員
　　主著：「スキルと賃金構造——先行研究の展望と課題」（共著，『国民経済雑誌』202 巻 3 号，2010 年），"Welfare Benefits and Labor Supply: Evidence from a Natural Experiment in Japan"（共著，RIETI Discussion Paper Series, 17-E-109, 2017）

小原　美紀（こはら みき）　　　　　　　　　担当：第 11 章
　　現職：大阪大学大学院国際公共政策研究科教授
　　主著："Maternal Employment and Food Produced at Home: Evidence from Japanese Data"（共著，*Review of Economics of the Household*, 14（2），2016），"The Response of Japanese Wives' Labor Supply to Husbands' Job Loss"（*Journal of Population Economics*, 23（4），2010）

川田　恵介（かわた　けいすけ）　　　　　　　　　　　担当：第 12 章

現職：東京大学社会科学研究所准教授

主著："Effect of Forced Relocation on Household Income and Consumption Patterns: Evidence from the Aynak Copper Mine Project in Afghanistan"（共著，forthcoming in *Journal of Development Studies*），"Multi-region Job Search with Moving Costs"（共著，*Regional Science and Urban Economics*, 61, 2016）

佐々木　勝（ささき　まさる）　　　　　　　　　　　担当：第 13 章共著

現職：大阪大学大学院経済学研究科教授

主著："An Experimental Test of a Search Model under Ambiguity"（共著，*Theory and Decision*, 79(4), 2015），"An Experimental Test of a Committee Search Model"（共著，*European Economic Review*, 61, 2013）

森　知晴（もり　ともはる）　　　　　　　　　　　　担当：第 13 章共著

現職：立命館大学総合心理学部准教授

主著：「最低賃金と労働者の「やる気」——経済実験によるアプローチ」（大竹文雄ほか編著『最低賃金改革——日本の働き方をいかに変えるか』日本評論社，2013 年，所収）

大竹　文雄（おおたけ　ふみお）　　　　　　　　　　担当：第 14 章

現職：大阪大学大学院経済学研究科教授

主著：『競争社会の歩き方——自分の「強み」を見つけるには』（中公新書，2017 年）『競争と公平感——市場経済の本当のメリット』（中公新書，2010 年）

目　　次

第Ⅲ部　労働経済分析のフロンティア

序　章

社会経済環境の変化と
今後の労働市場の課題

▌1　はじめに

1.1　なぜ労働経済学を学ぶのか？

　今日の日本社会では世界で最も速い勢いで人口の高齢化が進んでおり，人口の年齢構成が急速に変化している。また，1990 年代初頭のバブル崩壊に続くマクロ経済の低成長は，さまざまなフェーズを経てきているものの基調としては継続している。これらの人口の高齢化や経済成長の終焉は，これまでの日本における社会経済構造を大きく変えつつある。さらに，人・カネ・モノが国境を越えて移動する経済活動のグローバル化の進展が着実に進行していることに加え，情報通信技術（ICT）の発達が私たちの日々の生活を根源的に変えつつあるのも事実である。このような社会経済環境の大幅な変化は，私たちの働き方を必然的に変化させてきた。

　人口の高齢化や継続的なマクロ経済の低成長がもたらす明るいとはいえない悲観的な未来像と相まって，経済活動のグローバル化の進展や人工知能（AI）などを含む情報通信技術のさらなる発達が人々の仕事を奪うという報道もあり，私たちの雇用の先行きに不安を抱いている人も多い。本書が主な読者層として想定している大学生についても，これまでの日本の雇用社会が安定的に継続するとは思っていないものの，だからといってどのように変化していくかも予想できず，いったい自分自身がどのように行動していけばよいのかを考えている人も少なからずいるのではないかと思う。この本は働き方の未来を展望したいと思っている人々が考えるためのヒントに満ちた本となっているはずである。

　社会は個人から構成されるものであるが，1人ひとりは社会全体から見てみると無視できるほど小さな存在で，個人が社会から押しつぶされそうな圧力を感じることがある。そんなときに，個人が自分らしくあるためにどのように社会と折り合いをつけながら，身を処していけばよいのかを考えるヒントを与えてくれるのが社会科学である。すぐに役立つアドバイスではないかもしれないが，社会科学は個人がどのように社会を形づくり，そして社会が個人の行動をどのように規定していくのかを考える学問なので，これを学べば社会と個人の関係について自分なりに整理することができるようになるからだ。個人と社会の関係を考えるときに働くことはとりわけ重要である。何よりも多くの人にとって働いている時間は睡眠時間に次いで多くの時間を費やす活動であるし，働いて稼ぐことは生活水準にも直結する。また，働くことでさまざまなストレスにさらされることになる一方で，ときには自分自身が社会とつながっていることを実感できることもある。そのため，どのように働くかに関する悩みが将来の不安をもたらすことは多い。このような不安を解消するにあたって労働経済学を学ぶことは有益だろう。働き方の変化がいったいどのような仕組みの中で生まれてきているのかを自分なりに理解することを通じて，あなたが対峙すべき問題が明確になり，自分自身がどのように対応したらよいかを考えることができるようになる。対応の仕方は個人の特性や好みによって千差万別となるので万人に当てはまる処方箋はないが，自分を取り巻く環境を高みから見下ろす視点を持てるかどうかは，どのような対応をするかに決定的な影響を与えるだろう。

　労働経済学を学ぶなどというまだるっこしいことをしなくても，自分自身が働く現場に身を置けば，働くことの社会的な意義や，働く環境がどのように決まってきているかはわかるだろうと思う人もいるかもしれない。しかし，自分を取り巻く環境がどのように形成されたか考察しようとすると，自分の職場を超えるところで現実に何が起こっているかを把握する必要があるが，それを把握するのは難しい。さらに職場を超えたところで起こっていることが，どのような仕組みでつながって社会を形成しているかを説明することはさらに難しい。そもそも労働経済学という学問は，私たちの働き方というのはいったいどのような仕組みで決まるのかという疑問に答えるために発展してきたものであり，その知識の蓄積を使って理解をしなければ，働くことの全体像について正確な理解をすることは難しいのである。私たち1人ひとりの知的能力には限界があ

るから，先人たちの蓄積してきた知識をもとに考えなければ，社会の把握はおぼつかないという謙虚な姿勢を持つことが大切ではないだろうか。

　伝統的に日本の雇用社会では新しい知識を速いスピードで吸収できる能力やその場で与えられた情報をもとに的確な判断を下せる能力，俗な言葉でいえば「地頭」のよさが重視されてきた。しかし，技術や社会構造が複雑化すれば複雑化するほど，問題に的確に対応するために蓄積しなければいけない知識の量は増えてくる。すると「地頭」のよさだけで対応できる問題は限られたものとなってしまう。そのため，「地頭」のよい人が一生懸命に考えてひねり出した「ユニーク」な解が，すでに学部教科書に書いている解にすら達しない，つまり間違っているということが起こる。地道に正確な知識を蓄えてきた人の方が「地頭」がよい人よりも的確な判断を下せる時代になっているのである。さらにいうと「地頭」のよい人たちがそのうえにコツコツと知識を積み重ねているのが大半の先進国の実情であり，彼らに対峙すると日本の「エリート」のもろさが露呈する場面も多くなってきた。今後，社会経済構造がどのように変化していくかを見通すことは難しいが，さまざまな労働経済学の知見を総合すると，知識の持つ重要性が増していくことは間違いない。それも大学で勉強するような基礎的な知識をしっかりとものにして，それをもとに目の前の問題を考えられるような力がより大切になっていくだろう。「大学で勉強することなんて役に立たないから勉強などしなくていい」というよくある言説にはほとんど科学的な根拠がないことに注意すべきだ。あなたが通っている大学がいわゆる名門大学か非名門大学かは関係がない。大事なのは正しい方法論できちんと知識を蓄積することだ。そのうえで，その知識をもとに自分なりの世界観を形成し，自分の身の処し方を決めることが大切だ。

1.2　労働経済学研究への招待

　そうした問題意識から，卒業後の働き方に漠然とした不安を抱く大学生や社会人にはぜひこの本を読み進めていただいて，私たちを取り巻く雇用の仕組みがどのように形成されているのかを学んでみてほしい。漠然とした不安はしばしば自身を取り巻く環境が明確に認知できないことから生まれる。状況がしっかりとわかればどのように対応すればよいかも明らかになるから不安は相当程度解消できるはずだ。

　また，これから卒業論文や修士論文で労働経済に関連する論文を書こうとし

ている学部生や大学院生は，あなたが関心を持つテーマに関連する章を読み進めてほしい。この本の各章はそれぞれのテーマに関する絶好の入口を提供してくれている。これから研究を始めようとする読者の中には労働政策の評価などに関心を持っている人も多いだろう。この場合，労働政策の法制度的な背景をその経済学的な意味合いを押さえながら把握する必要がある。この部分の手を抜いてしまうと経済学の練習問題の解答のような画竜点睛を欠き迫力のない論文しかできない。この点，この本の各章は各分野の第一線の研究者が執筆しているので，制度的背景についても必要な部分を把握できるようになっている。もちろん紙幅の関係ですべてを紹介できない場合もあるが，その場合，どのような追加的文献を読めばよいかがしっかりと案内されている。加えて多くの章では，それぞれの分野の既存の研究をバランスよく紹介したうえで，まだ十分に明らかになっていない問題についても指摘を行っている。そのためこれから研究をしようとする学生や大学院生にとって，この本はネタの宝庫となっているはずである。各章の筆者からあなたに送られている労働経済学研究への招待状をしっかりと受け取ってほしい。

　以下では各章への橋渡しとして，日本の労働市場のあり方を大きく規定する年齢別の人口構造の変化を記述する。そのうえで，日本の労働市場が現在直面している問題を列記し，それらの問題に対して各章でどのような分析が行われているのかを概観していく。

2　日本の人口構造と就業構造の変化

2.1　今までの人口変動と今後の予測

　日本の労働市場の中長期的な未来を描くうえで基礎となるのが将来の人口予測である。図 序-1 には「国勢調査」（総務省統計局）による 1920〜2010 年の実際の人口の推移と，国立社会保障・人口問題研究所による 2015〜60 年の人口予測が描かれている。人口予測については出生・死亡ともに中位予測を用いている。これを見ると 2000 年には約 8000 万人いた 20〜64 歳人口が 60 年には約 4000 万人まで減少することが予想されている。また，1980 年前後から減少傾向にある 0〜19 歳人口は減少を続け，2000 年には 2500 万人強いたものが 60 年には 1000 万人強まで減少すると予想されている。他方で 65〜74 歳人口は 1000 万人前後でほぼ一定，75 歳以上人口は 1000 万人から 2000 万人強に倍増

図 序-1　年齢別人口

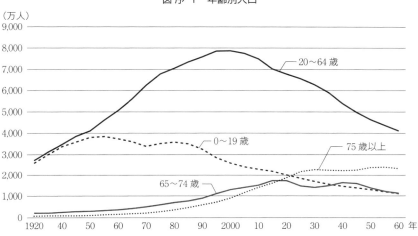

（注）　各年 10 月 1 日現在。1947〜70 年は沖縄県を含まない。総数は年齢不詳を含む。割合は年齢不詳を按
　　　分した人口による。
（出所）　総務省統計局「国勢調査報告」，および国立社会保障・人口問題研究所「日本の将来推計人口」
　　　（平成 24 年 1 月推計）〔出生中位（死亡中位）〕推計値による。

すると予想されている。つまり，日本では今後とも少子高齢化はさらに進行す
ることが予想されている。また，労働の観点から特筆すべきは，20〜64 歳の
いわゆる生産年齢人口がピークから半減するまで減少することが予想されてい
ることである。もちろんこれは予測であって必ずしも当たるものではないもの
の，この大きな人口変化を念頭に置きながら今後の日本の労働市場の見通しを
行うことが必要であることをこの図は示唆しているといえる。

2.2　人口減少と労働市場の変化

　20 歳から 64 歳のいわゆる生産年齢人口が減少する中で就業者数は必ずしも
それに比例して減少するわけではない。人口に占める就業者の比率である就業
率が上昇すれば，生産年齢人口の減少に比して就業者数の減少は限定的なもの
となるためである。実際に 2000 年から 16 年に至るまでの経験を振り返ってみ
ると，日本の就業者数は人口の減少ほどには減っていないことが明らかになる。
　図 序-2 には 1973 年から 2016 年にかけての人口と就業者数の時系列が記さ
れている。この図を見ると 20〜64 歳の人口は 2000 年の 7902 万人から 16 年の
7080 万人まで 822 万人減少したことがわかる。しかしながら，同時期の同年

図 序-2　日本の人口ならびに就業者数の推移

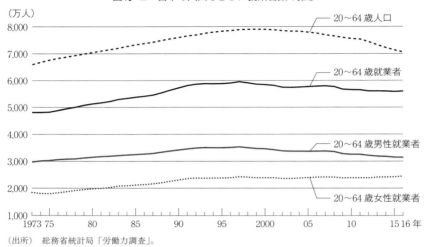

（万人）

- 20～64 歳人口
- 20～64 歳就業者
- 20～64 歳男性就業者
- 20～64 歳女性就業者

1973 75　　80　　85　　90　　95　　2000　　05　　10　　15 16 年

（出所）　総務省統計局「労働力調査」。

齢層の就業者数の減少は 251 万人にとどまっていた（5846 万人から 5595 万人への減少）。うち男性就業者は 3457 万人から 3140 万人に 317 万人減少する一方で，女性就業者は 2392 万人から 2455 万人へと 63 万人増加した[1]。20～64 歳人口が減少しつつある中で女性の就業率が上がり，就業者数減少のペースを和らげたことが明らかであろう。

　女性の就業率がどの年齢層で上昇したのかを明確に示すのが図 序-3 である。2000 年の女性の就業率を見てみると，30 歳代前半で大幅に落ち込み 40 歳代にかけて上昇するといういわゆる M 字型の就業パターンが明確であったが，20 歳代後半の就業率上昇に加えて 30 歳代の就業率が上昇する傾向は相当程度和らいでいる。上昇の中でもとくに変化が著しいのが 25 歳代後半から 30 歳代の変化である。この年齢層の就業率の向上は，女性の未婚化の影響が大きいのは事実だが，既婚女性の就業率の上昇も重要な原因の 1 つとなっている。このように既婚女性の就業率が上昇したことは育児と就業の両立の実現に向けた課題を，政府と企業に投げかけることになった。保育所の整備による待機児童問題の解消や，ワークライフ・バランスを実現できる働き方改革への要請がそれらの例である。

1　四捨五入などによる丸め誤差のため合計の数字は合わない。

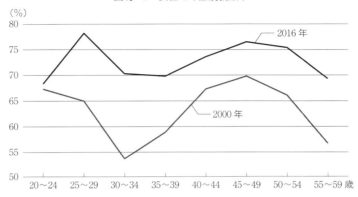

図 序-3　女性の年齢別就業率

（出所）　図 序-2 と同じ。

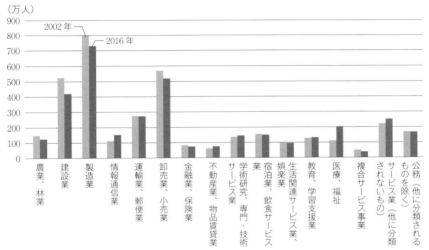

図 序-4　産業別男性就業者数

（注）　「漁業」,「鉱業，採石業，砂利採取業」,「電気・ガス・熱供給・水道業」は従業者が比較的少ないため割愛した。
（出所）　図 序-2 と同じ。

　人口減少と高齢化は産業構造の変化と同時に進行した。図 序-4 には産業別の男性就業者数が示されているが，経済活動のグローバル化や技術革新による生産性向上の結果として，製造業従事者が減少した。また，人口の高齢化に伴い政府財政支出の中での社会保障費が増えるに従い，公共事業費が縮小したこ

図 序-5　産業別女性就業者数

(万人)

(注)　「漁業」,「鉱業, 採石業, 砂利採取業」,「電気・ガス・熱供給・水道業」は従業者が比較的少ないため割愛した。
(出所)　図 序-2 と同じ。

ともあり, 建設業従事者が減少することになった。その一方で女性の中では図 序-5 に示すように, 人口の高齢化に伴い医療・福祉従事者が大幅に増加した。製造業からサービス業への就業構造の転換は広く認識されているが, サービス業といったときにそれが医療・福祉にほとんど集中していたことは注目に値しよう。男性就業者が多い製造業・建設業の縮小と女性就業者の多い医療・福祉業の拡大は同時に進行した。これらは労働需要構造の変化と労働供給構造の変化が引き起こした変化であり, 産業構造の変化と就業者に占める女性比率の上昇は一方向の因果関係というわけではないが, 明らかに相互に大きな影響を与えたといえよう。

3　人口構造の変化と本書の各章における分析

3.1　「第Ⅰ部　労働市場と技能形成」の概要

　2000 年代に入ってからの 20〜65 歳人口の減少の影響は女性就業者の大幅増加によって打ち消されてきたことを見てきた。とくに 30〜34 歳の女性については 2000 年の約 55% から 16 年の約 70% に大幅に就業率が増加してきた。こ

のことが人手不足を緩和することにつながってきたことは間違いないが，今後もこのようなトレンドが継続するかどうかはわからない。育児や介護といった理由から女性の就業率の上昇が頭打ちになる可能性もありうる。もちろん，保育所整備や民間企業のワークライフ・バランス施策の導入は今後も続くことが考えられるが，21世紀に入ってから保育所の整備やワークライフ・バランス施策の導入が着実に進んできたことを考えると，コストの低い施策は導入済みと考えることができ，さらにこれらの施策を進めようとすると相当な追加的コストがかかる可能性が高い。また，人口減少がさらに継続していくことを考えると，人口減少を就業率の増加という量で補う対応はいつか限界を迎えると考えるのが適切であろう。

　人口減少を就業率上昇で補うことが難しい局面を迎えることが予想される中で，重要な役割を果たすようになると考えられるのが，それぞれの労働者の生産性向上という労働の質向上である。労働経済学では，1人ひとりの労働者の生産性はそれぞれが持つ技能によって決まる技能は学校教育や職業訓練を通じて高めることができると考えている。第1章〜第3章の第I部においては労働市場における技能形成の問題について扱う。

　日本の労働社会においてとくに技能蓄積の場として重要だと考えられてきたのが，職場における技能開発である。日本では先進諸国に比べて労働者が1つの企業に働き続ける勤続年数の平均値が高く，また勤続年数を積み重ねるにつれて賃金が上昇していく幅が大きい。このような特徴的な雇用慣行の中で企業と労働者が密な関係を結び，会社の中での技能開発が盛んに行われてきたと考えられている。「第1章　日本的人事の変容と内部労働市場」（大湾・佐藤論文）は日本型雇用慣行の経済合理性を説明したうえで，これが経済環境の変化する中でどのように変化しているか政府統計を活用することで明らかにしている。さらに就業者に占める女性比率が上昇する中で，雇用慣行がどのような問題に直面するようになっているかに関してさまざまな既存研究を紹介することで論じている。この章は日本企業におけるこれからの働き方の変化を見通しているが，いわゆる日本型雇用慣行は今後も変容を迫られることが予想される。

　企業内における技能開発が重要だとされる日本の労働市場において，その枠組みから離れたところに位置してきたのが，いわゆる「非正社員」「非正規労働者」と呼ばれる一群の労働者である。彼らの処遇改善が政策的な課題として指摘されることも増えてきている。いわゆる「非正社員」の現状をさまざまな

政府統計を通じて紹介しながらも，「非正社員」問題という問題設定のあり方に根本的な疑問を投げかけているのが「第2章 労働契約・雇用管理の多様化」（玄田論文）である。そもそも法律的に明確に区別できる雇用形態は，労働時間や日数の長短，契約期間の定めの有無，直接雇用か間接雇用かといった基準によるものであり，呼称による雇用形態の区別は法的な根拠をほとんど持たないことが指摘されている。雇用形態が多様化する中でそれぞれの雇用形態で働く労働者に対する保護が法律的に与えられるようになっているが，保護の対象となる労働者が法的に明確に定義できないことは，玄田がいうとおり根本的な問題を抱えているといわざるをえないだろう。また，この章は労働者の間に存在する不平等について，「正社員」と「非正社員」のレベルでの理解では十分ではなく，不平等の発生原因についてのより根本的な理解が必要であることを指摘している。

　職場における技能開発の土台となる基礎的な技能は学校教育を通じて形成される。進行する少子化は高等教育定員に対する18歳人口を減少させ，大学進学率を大幅に上昇させた。4年制大学への進学率が上がるにつれて，その教育効果が問われるようになってきている。また，初等・中等教育においても少子化の影響は大きく，児童数の減少に合わせて教員の定員を縮小させるべきか，あるいはこの機を利用して少人数教育を行うべきかといった論争が行われている。これらの社会的な疑問に正面から答えるためには，教育の効果を的確に推定する必要がある。労働経済学者は労働者の生産性の指標として賃金を用いて，教育年数や教育の質が賃金に与える因果効果を推定してきた。しかしながら，教育年数の決定や教育の質の選択は親や本人の選択の結果行われるものであるため，長い教育年数や高い教育の質を経験した者の賃金が高いという相関関係は，教育年数や教育の質が労働者の生産性と因果関係があることを必ずしも意味しない。「第3章 人的資本と教育政策」（佐野論文）はこれらの困難を乗り越えて，いかに教育の効果を推定するかを論じている。

3.2 「第Ⅱ部 労働市場における課題と政策対応」の概要

　続く第Ⅱ部では人口減少と高齢化がもたらす労働市場の変化がどのような課題を生み出し，それに対してどのような政策的な対応をすることが求められているかを考察していく。

　少子高齢化という人口構成の変化は年齢別人口構成の地域分布にも大きな影

響を与えている。地方においては都市部を上回るスピードで人口減少と高齢化が進行しているのである。今後，地方における労働市場がどのように変化していくかを見通すためには，これまでの労働人口の地域間分布がどのように変化してきたのかを冷静に振り返る作業が欠かせない。「第4章　地域経済が抱える課題と労働市場」（太田論文）においては，都道府県別のデータを用いて1995年から2015年の約20年間に首都圏への人口集中がいっそう進んだ一方で，失業率や有効求人倍率の都道府県間格差が縮小し，それに伴って人口移動が少なくなってきたことを報告している。そのうえで，どのようなメカニズムがこのような変化を生んでいるのかに関して理論的な考察を行っている。また，災害による地域労働市場へのショックがどのように吸収されるのか，地方公務員の賃金決定について，地域開発政策と労働市場の関係など，地域経済と労働市場の関係を考察するうえでは欠かすことができないテーマをバランスよく網羅的に紹介している。

　人口の減少が就業者数の減少につながらなかったことを前項で紹介したが，このことは就業者の構成が，20〜60歳男性を中心としたものから年齢，性別，国籍の点で多様化したことを意味する。20〜60歳の日本人男性を就業者の中心とする社会に高齢者，女性，外国人が入り込んでくる中で，異なるグループの人々がともに働くことによって生まれる摩擦が顕在化してきたのも事実であり，多様なグループからなる労働者がそれぞれの能力を十全に活かし充実した職業人生を送れる社会をいかに実現するかは，日本社会における最も大きな政策課題となっている。

　人口の高齢化が進む中で顕在化してきた問題が年金財政の悪化である。現役世代が年金会計への貢献をする一方で引退世代が年金を受給するという構造を持つ日本において，20〜60歳人口が減少し，61歳以上の高齢者が増えることは年金財政の悪化と直結する。この問題を部分的にでも解決するために，政府は年金受給開始年齢を60歳から65歳に徐々に引き上げてきた。また同時に企業に65歳までの雇用確保を求める政策を施行し，できる限り高齢者が就業を継続できるような環境を整えてきた。このような高齢者を取り巻く環境の変化は高齢者の就業行動にどのような影響を与えてきたのだろうか。「第5章　高齢者雇用の現状と政策課題」（近藤論文）では高齢者の就業率が上がってきていることを指摘したうえで，年金政策や高齢者への雇用確保措置が高齢者の労働市場に対してどのような影響を与えてきたかを検証している。また，多くの労働

者が 60 歳時点でいったん定年退職をして 65 歳まで再雇用されるという現状の持つ問題点をも指摘している。一方で，いまだに十分な検証がなされていない高齢者雇用政策についても触れられていて，今後，どのような研究が必要なのかが指摘されている。

　前節の分析でも指摘したように 2000 年代に入ってからの労働市場において最も特徴的な変化の 1 つは女性就業率の向上である。しかしながら，就業率の向上が進む一方で，女性の賃金は男性に比べて低い水準にとどまっていて，男女間賃金格差は先進諸国の中で，韓国と並んで最も大きなものとなっている。このような男女間賃金格差の存在は女性が労働市場において持っている能力を十全に発揮できていないことの証拠だともいえよう。「第 6 章　女性の活躍が進まない原因」（原論文）は日本の労働市場における就業率や賃金の男女差を述べたうえで，どのような要因が男女差を発生させているかを理論的に整理している。この章を読むことによって読者は労働市場における男女差はさまざまな要因が絡まり合って発生しているため，その問題解決は決して容易ではなく，政府，企業，個人が総合的に対応することが必要であることを理解できるだろう。

　人口が減少し将来の労働力不足が懸念されるに従って，外国人労働者の受け入れに対する議論が注目されるようになってきている。同時に，経済活動のグローバル化が進む中で外国人のもたらす活力をいかに私たちの社会に取り込んでいくかという議論も盛んになされるようになっている。このような議論の中で重要なのが，外国人労働者の受け入れが日本人の雇用や賃金にどのような影響を与えるのかといったことや，外国人労働者が日本社会にうまく溶け込んでいくことができるのかといった論点である。「第 7 章　移民・外国人労働者のインパクト」（神林・橋本論文）では，日本における外国人労働者の受け入れ制度に関する歴史を振り返り，今日に至るまでの外国人労働者の現状を各種の政府統計を用いて明らかにしている。そのうえで，外国人労働者の受け入れが，受け入れ国の労働市場にどのような影響を与えているかについて，研究の蓄積が厚いアメリカの事例を取り上げて紹介している。網羅的なサーベイを読むことによって，外国人労働者に関する議論には大きな広がりがあることを実感することができるだろう。アメリカの研究に比べると数はずっと減るものの，日本における研究も紹介されている。この章を読むことによって，今後の日本における外国人労働者の受け入れ論議において，より深めていかなければならない研究上の論点が明確になるであろう。

　多様なバックグラウンドを持った労働者がともに働ける社会を考えていくうえで重要なのは障がい者雇用に関する課題である。障がいを持つ人々が健常者とともに働いていけるような社会を目指すため，どのような政策的な対応が求められ，その課題はどこにあるのか。また，障がい者雇用政策の目標はいったいどこに置かれるべきなのか。これらの問題に対しても労働経済学は1つの分析の視角を与えてくれる。「第8章　障がい者雇用の現状と政策課題」（坂本・森論文）は障がいを持つ労働者がどれくらいいてどのような待遇で働いているのかを記述するところから章を始めている。そのうえで，日本における障がい者雇用促進の政策的枠組みを紹介し，その効果を分析した研究を彼ら自身の分析結果も含めて紹介している。彼らの分析結果によれば，日本の障がい者雇用政策は障がい者の雇用を増やす効果を持つ一方で，障がい者雇用が企業の利潤を低下させることはないことを明らかにしている。もっとも，障がい者雇用政策の目標は単純に雇用機会の最大化だとも限らず，幅広い観点からその目標を論じることが大切である。このように一見すると倫理的な議論にも経済理論の視点を持ち込むことができることが紹介されており，読者は経済学が持つ分析対象の広がりと深みを感じることができるだろう。

　第I部で見たようにいわゆる日本型雇用慣行は変化しつつあり，その変化が進行すると同時に有期契約で働く労働者が増えてきた。そのような中で雇用の安定性に対する不安を抱く労働者が増えてきたことも事実である。私たちの人生には健康上のリスクをはじめとしてさまざまなリスクが伴うが，職を失うという失業のリスクが最も大きなリスクの1つであることは間違いない。世の中にはリスクに対して多くの民間保険が販売されていて，リスクがさまざまな形で多くの人々に分散される仕組となっている。しかしながら，失業のリスクに対しては，さまざまな理由から民間保険の提供が難しい。そのため，職を失い所得を失うというショックを吸収するための仕組みは失業保険のような社会保険や生活保護のような政府からの所得移転という形で世の中に組み込まれることになる。生活保護は制度的には保険ではないが，その果たしている機能を考えると広い意味での保険といってよいだろう。いざというときに私たちの生活を下支えしてくれる，政府が提供するこれらの保険機能は，現在の経済環境のもとでうまく機能しているだろうか。失業保険について検討を加えるのが「第9章　失業保険政策」（酒井論文）であり，生活保護について検討を加えるのが「第10章　貧困問題と生活保護政策」（勇上・田中・森本論文）である。

　日本の失業保険は雇用保険という大きな枠組みの中に位置づけられている。第9章の酒井論文はまず雇用保険制度の紹介を行っている。失業した労働者が求職中に受給できるのが求職者給付であるが，失業等給付の支給額に占める求職者給付の割合は1995年には8割を超えていたものの，2015年には5割を切る水準まで低下している。その分増えたのが育児休業給付や高年齢者雇用継続給付で，両方を合わせると2015年の支給額の約4割を占めるまでに至っている。雇用保険にも就業者の構成が多様化したことの影響が色濃く表れていることが明らかである。さて，失業に伴う所得減少の生活への影響を和らげることを目的とした失業保険であるが，失業保険を受給できることが，再就職先が見つかっているのに再就職をせずに失業期間を長くするというモラル・ハザードを生み出すのではないかという指摘が伝統的に経済学者によってなされてきた。しかしながら，失業保険の受給期間が終わる前の再就職が増えているように見えるのは，測定上の問題や本当はもっと職探しをしたいのに切羽詰まってマッチングのよくない仕事にとりあえず再就職をするためではないかという指摘がなされるようになっている。このように考えると失業保険の受給可能期間は短すぎる可能性もある。このような失業保険に対する経済学者の幅広い見方を紹介したうえで，酒井論文は日本の失業者のうち失業保険を受給しているものの割合が低下していることに警鐘を鳴らしている。日本における望ましい雇用保険制度を考えるにあたってはまだわかっていないことも多いが，今後どのような研究がなされるべきかも提案されている。

　雇用保険制度でカバーされるのは企業で働く労働者であるが，より幅広く国民全体に張られたセーフティネットが生活保護制度である。1990年代前半以降より続く長期的経済停滞の中で注目されるようになってきた貧困問題と関係させながら，生活保護制度についての制度的背景，受給者の推移，制度の労働者の行動への影響に関する理論的分析，その実証研究の紹介をバランスよく紹介しているのが第10章の勇上・田中・森本論文である。歴史的な推移を見ると1990年代半ば以降，生活保護受給者は徐々に増加し，とくに2008年の金融危機以降，受給者が大幅に増加したことが報告されている。とくに世帯類型別で見ると障がい者・傷病者世帯，高齢者世帯，母子世帯以外の「その他世帯」の受給者数が失業率の増減と強く相関しており，生活保護が労働市場へのショックを吸収する社会的保険機能を持つことが示唆されている。

　このような側面に着目すると，生活保護が労働者の行動に対して与えるイン

センティブについても目を向けざるをえない。本章では生活保護制度が労働供給行動に与える影響が理論的に分析されたうえで，欧米における研究成果が概観されているが，所得に連動した貧困世帯への政府移転が，彼らの就労インセンティブを削ぐことが多くの研究より明らかになっている。本章の著者らの日本に関する研究結果も市町村合併の際に起こった保護額の引き上げが 25～49 歳の未婚の男女の就業率を引き下げたことを報告している。2005 年度から本格化した自治体独自あるいは自治体とハローワークの連携による就労支援事業への評価ともあわせて，今後よりよいセーフティネット設計に活かされていくことが期待される。

3.3　「第Ⅲ部　労働経済分析のフロンティア」の概要

　1980 年代半ばから現在に至るまで 30 年ほどの経済学の発展を振り返ったとき，労働経済学は経済学の中でもとくに大きな進歩があった分野だといえるだろう。とくに実証分析の分野において，労働経済学の発展が経済学全体の発展に与えた影響はとても大きい。労働経済学の実証分析が新たに持ち込んだアプローチは自然実験やデザイン・ベース・アプローチと呼ばれるものである。社会科学の実証分析では多くの場合，実験を行うことが難しいが，制度や歴史的な出来事を調べてあたかも実験が行われたかのような状況を探し出して，その状況を用いて実証研究を行うアプローチを自然実験やデザイン・ベース・アプローチという。たとえば，最低賃金が雇用量に与える影響を調べるときに，隣接する 2 つの地域を選び出し，最低賃金が上がった地域の雇用量の変化と最低賃金が上がらなかった地域の雇用量の変化を比較するというのが自然実験の一例である。このような自然実験のもたらす知見をより鮮明な形で取り出すための手法として操作変数法（instrumental variables estimation）や回帰不連続デザイン（regression discontinuity design: RDD）といったテクニックも発展してきたが，これらはあくまでも道具であって，根本には自然実験を上手に探し出すというデザイン・ベース・アプローチがある。これらの発展に関しては，中室・津川（2017）や伊藤（2017）が出版されたおかげで大学生でも十分に理解できるレベルで学ぶことができるようになった。

　デザイン・ベース・アプローチを用いて実証分析の結果を信頼のおけるものにできたことは労働経済学にとって大きな進歩であった。そのため，第Ⅱ部で網羅的に触れたような日本の労働市場が直面する重要な問題について，自然実

験を上手に探し，デザイン・ベース・アプローチで鮮明な回答を与えることができるのならば，これに越したことはない。ただ一方で自然実験を上手に探すというのは，高度な社会科学的なセンスが求められるうえに，すべての問題に関してデザイン・ベースのアプローチがとれるわけではない。目の前の重要な問題に対して，適切な自然実験が存在しないので取り組まないということになってしまえば，本末転倒の感もぬぐえない。そのため，大学生や大学院生，あるいは研究者が論文を書くにあたって引き続き重要だと考えるのが，さまざまな要因を制御しながらある変数からほかの変数への因果的な効果を推定しようとする伝統的な多重回帰分析やパネル・データ分析の手法である。これら伝統的な手法を中心に，はじめて実証分析をしようとする人が参考にできるように，丁寧な手ほどきをしているのが「第11章 エビデンス・ベースの労働政策のための計量経済学」（小原論文）である。実証分析を行おうとする学部生・大学院生にとっては必読の章である。

　労働経済学のみならず経済学全体の中で実証研究の比重が高まりつつある。これは経済学の最先端の研究成果が発表される一流国際査読誌に発表される論文の構成を見ても明らかである。労働経済学は実証分析の比重がもとより高い分野であり，研究の9割以上が実証分析となっているといっても過言ではないだろう。このように労働経済学の中で理論研究がその存在感を低下させているが，引き続き理論研究はきわめて重要である。それは個々の労働者や企業が与えられた環境の中で自身にとって最も望ましい行動をとることを前提に分析を行うという経済学の長所が，理論分析を行うことによって明確にされ，実証分析を通じて明らかにされる変数間の関係をもたらすメカニズムを明確にすることができるためである。労働経済学において実証分析が興隆を極める中で，理論分析を行うことの意義は何かを正面から取り扱ったのが「第12章 労働経済理論」（川田論文）である。とくに労働市場全体の動きを研究しようとするときには経済理論を用いた高度な抽象化が必要になることを，労働市場の均衡理論の1つであるサーチ理論の紹介を通じて論じている。さらに，実証分析と理論分析をどのようにうまく接合することを考えればよいのか，新しいアプローチも紹介されている。

　労働経済学の仮説を，実験を用いて検証するアプローチも近年盛んになりつつある。コンピュータ・ラボに被験者を集め作業をさせ，賃金の支払い形態を変えることで被験者の努力水準がどのように変化するかを調べたりするような

実験である。コンピュータ・ラボを使わなくても，紙と鉛筆だけできるような実験もあるが，通常の実証研究では難しいさまざまな要因の制御がコンピュータ・ラボではできるので，複雑な仮説でも検証できるなどさまざまな利点がある。コンピュータ・ラボでの被験者の行動は必ずしも現実の経済環境に置かれた人々の行動を描写したものとはならないため，被験者に実験対象となっていることに気づかれないような自然なセッティングのもとで実験を行うようなフィールド実験もある。非常に興味深いアプローチであるため，読者も実際に実験をしてみようと思うかもしれない。しかし，実際にどのような手続きを踏んだら実験ができるのか，その具体的な手続きがわからず実験の実施に二の足を踏んでしまうこともあるかもしれない。「第13章 労働経済学における実験的手法」（佐々木・森論文）は労働経済学における実験がもたらした知見を概観すると同時に，実験を実際に行って研究を進めようとするときにどのような手順に従って進めていけばよいのかが丁寧に書かれている。読者にとって思い切って一歩を踏み出すための一章になるかもしれない。

　人々の行動は伝統的な経済学が想定するほどには合理的ではない，という批判が経済学の歴史の中で繰り返しなされてきた。しかしながら，それは経済学の研究の方向性を変えるような大きな力とはなってこなかった。なぜならば伝統的な経済学の枠組みで議論を行っている経済学者は，各個人が合理的な行動をとるとするのはあくまでも現実の近似であり，人々が必ずしも経済モデルが想定するような行動をとっていると考えているわけではなかったためである。さらに，労働者や企業が合理的に行動しているというタガを外してしまうと，ほかにはめるタガがないため，彼らの行動を系統だって予測することができないという問題もあった。経済主体の行動を予測できないことは，理論に従って実証的な予測を出し，その予測が正しいかをデータを使って検証するという科学的なアプローチにとっては致命的な欠陥であった。ところが，近年盛んに研究が行われるようになった行動経済学的アプローチは，人々の非合理な行動をも系統だって説明する代替的理論を用意することに成功した。「第14章 労働経済学への行動経済学的アプローチ」（大竹論文）は行動経済学を用いてさまざまな労働経済学の問題に取り組んできた著者が，これまでに労働経済学の分野でどのような行動経済学的な研究が行われてきたのかを幅広い分野に及んで紹介している。著者自身のアイデアに満ちた研究成果も含めて多様な研究成果に触れることで知的好奇心が刺激されることだろう。

第Ⅲ部では労働経済学の中のさまざまなアプローチを紹介しているが，大切なことはさまざまなアプローチそれぞれが重要なアプローチとして併存していることである。あるアプローチやテーマがはやっているから飛びつくというわけではなく，それぞれのアプローチが持っている説得力の高さをできる限り取り入れながら，大学生・大学院生・研究者のそれぞれが自身の関心を持つテーマに地道に取り組んでいくことが大切だろう。新しいアプローチがもたらした知見を知らないために最低限の水準を満たす研究ができないという愚を避けるためには，新しく生産される知識を謙虚に学びながら地に足をつけて少しずつ前に進んでいく粘り強さが必要だといえよう。

本書の各章も簡単に読み進めることが難しい部分もあるかもしれないが，本文の注や参考文献を手がかりに粘り強く取り組んでほしい。

◆読者のための文献／学習ガイド

川口大司（2017）『労働経済学——理論と実証をつなぐ』有斐閣。

◆参考文献

伊藤公一朗（2017）『データ分析の力——因果関係に迫る思考法』光文社。

中室牧子・津川友介（2017）『「原因と結果」の経済学——データから真実を見抜く思考法』ダイヤモンド社。

第 I 部

労働市場と技能形成

第 **1** 章

日本的人事の変容と内部労働市場

1　はじめに──日本型人事制度を取り巻く環境変化

1.1　日本型人事制度の経済合理性

　本章のテーマは，日本企業の人事慣行は変化しているのか，変化していると
すれば，そのことは内部労働市場の特徴にどのような変化をもたらしているの
か，という2つの問いに答えることである。そのために，まずはこれまで日本型
人事制度の経済合理性として議論されてきたメカニズムをいま一度整理し，そ
れが合理性を持つ条件に変化があったのかどうかを評価する必要があるだろう。

　Aoki（1986, 1988）は企業を情報処理システムとして捉えたうえで組織構造
を2つのタイプに類型化し，両者の効率性を論じた。1つは水平的な情報共有
とコーディネーションを通じた情報処理システム，もう1つは垂直的な情報集
約と意思伝達経路に沿った垂直的コントロールを通じた情報処理システムであ
る。緩やかな環境変化に対しては漸進的改善に適した水平的コーディネーショ
ンが，断絶的な環境変化に対しては時間がかかりつつも統率のとれた変革を可
能にする垂直的コントロールが最適となる。水平的コーディネーションは，他
部門の同僚と同じ目標のもとに協働することが必要となるため，利害対立が小
さく，幅広い職能・知識を持ったジェネラリスト集団の育成が不可欠となる。
彼らは他部門・職能と互いの業務・役割について理解し，インフォーマルなネ
ットワークを通じて頻繁に情報共有を行い，意思決定のプロセスに関する共通
の期待を形成する。これらの行動は企業特殊的人的資本を蓄積することで可能
となるため，人事部は集権的かつ計画的な人材の採用，育成，配置を行い，労
働者の企業特殊的人的資本の蓄積を促進する。その考察を通じて，Aoki

(1988) は，「組織が効率的であるためには，情報構造が分権的である組織は集権的な人事システムで補完することが必要であり（J-firm），情報構造が集権的である組織は分権的な人事システムで補完することが必要である（A-firm）」と結論づけ，これを双対原理（duality principle）と名づけた。「J-firm」「A-firm」という名称からわかるように，この 2 類型は日本とアメリカのステレオタイプ化された典型的な組織特性を表しており，双対原理は日本企業の特徴である集権型人事システムの経済合理性を明らかにした。Aoki（1988）の理論に基づけば，分権的な情報構造および意思決定と集権的な人事システムで特徴づけられる J-firm が最適であるためには，環境変化が緩やかで，利害対立の少ない同質的な構成員を持つ組織である必要がある。

　Aoki（1988）の理論は，企業構成員の目的関数の一致を仮定したチーム理論という枠組みに沿って，企業を情報処理システムと捉えるアプローチであるが，構成員間の利害対立を前提とするエージェンシー理論[1]に沿って，企業をインセンティブ・システムとして捉えるアプローチにおいても同様の帰結が予見できる（Itoh 1994）。日本企業のインセンティブ・システムを構成するいくつかの制度については，集権的な人事システムを通じた企業特殊的技能形成や，長期的な雇用関係を支える企業側のコミットメントが補完的な役割を持つことが指摘されている。

　いくつか例をあげよう。まず，トーナメント競争を通じた長期インセンティブは，同質的な集団と内部昇進性によってその効果が強められる（Lazear and Rosen 1981; Chan 1996）。QC サークル[2]やプロジェクトチームなどの生産性改善のための小集団活動への参加インセンティブは，雇用保障があってはじめて可能となり，賞与や定期昇給といった形でのチーム業績給あるいは技能形成への報奨という処遇によって効果が強められる（Koike 1994; Milgrom and Roberts 1995; Che and Yoo 2001）。曖昧な職務範囲とジョブ・ローテーションは，相互依

1　プリンシパル（経済主体）とそのエージェント（代理人）の間の最適契約の導出を通じて情報の非対称性による非効率性の解消を検討するプリンシパル＝エージェント・モデルを用いた理論を指す。

2　QC（quality control）サークルとは，工場等の製造現場において品質管理活動のために自主的に形成されたグループを指す。第二次世界大戦後の日本の製造業において，TQM（total quality management；総合的品質管理）の一角をなすものとして誕生した（中條 2011）。

存性が高い生産技術のもとで，インセンティブを高めるのに役立つ（Itoh 1991, 1992）。ジョブ・ローテーションを通じた幅広い技能形成と職能等級制度は，製品市場における需要変化に対応して柔軟に人材の配置転換を行うことを可能にするため，雇用保障と補完的である（Carmichael and MacLeod 1993）。遅い昇進制度は，非管理職層の多数に将来の昇進期待を抱かせることにより，技能形成に向けたモチベーション維持を可能にする（Prendergast 1993; Owan 2004）。これらのインセンティブの仕組みの多くにおいて，企業特殊的人的資本蓄積と企業側のコミットメントが前提あるいは補完的な役割を担っている。こうした長期インセンティブへの依存が最適であるためには，強力なリーダーシップではなく，末端社員の継続的な創意工夫やコーディネーションに依存したレントの創出が十分大きいことが必要であり，やはり緩やかな環境変化と安定した成長期待が経済合理性の条件となる。

1.2　変革を促す環境変化

　しかし，日本的経営の合理性を担保する前提条件には変化が生じている。1つ目の要因はグローバル化の進展とそれによる競争の激化である。日本の集権的人事システムは日本企業が海外法人との統合度を高めるうえでの障害となってきている。1つの例が遅い昇進である。海外法人で日本的な遅い昇進政策を行うと優秀な現地採用社員は欧米企業に流れてしまう。また，グローバルレベルで迅速かつ効率的なグループ内資源再配分を行うためには，意思決定やそのための情報構造をより集権的にする必要がある（Alonso, Dessein and Matouschek 2015）。双対原理のもとでは，情報構造がより集権的になれば人事システムはより分権化へ移行する必要がある。加えて，競争激化に伴う不確実性の増大はリーダーシップ価値を上昇させるため，末端社員のインセンティブ維持に価値を置く日本型インセンティブ・システムの非効率性を高める可能性が高い。

　2つ目の要因は社員のニーズ，キャリア，および採用経路の多様化である。これまで比較的同質的な社員集団を維持してきたことは，水平的なコーディネーションを円滑に行ううえで重要な役割を果たした。しかし，社員の多様化が進めば利害相反は増し，情報共有コストは上昇する。情報処理システムとしての日本企業にとって，分権的な情報構造や意思決定は非効率となる可能性が出てきた（Alonso, Dessein and Matouschek 2008）。

　3つ目の要因は少子高齢化である。高齢化が進む中での遅い昇進政策制度は，

比較的若い社員に与えられる管理職・監督者ポストの減少を通じて，彼らのビジネス・スキル習得機会を奪う（Liang, Wang and Lazear 2014）。とくに，将来の会社経営や起業に必要な幅広い職能経験を積む機会の減少は，リーダー育成の面でデメリットが大きい。また，社員の高齢化は後払い賃金に基づく急勾配の給与プロファイルの維持を困難にし，賃金カーブのフラット化を促すだろう。こうした変化は，長期インセンティブに頼ることの限界を示唆する。さらに，再雇用や定年延長で高齢社員を活用していくためには，社員の専門性を高めることが必要となる。しかし，遅い昇進制度では多くの社員が管理職になることを想定して人材育成を行うので，ジェネラリストの過剰供給を生み出しやすい。少子高齢化は，優秀な社員の早い選抜と短期インセンティブのウエイトの引き上げの必要性を強め，そして社員の専門性を高めるための研修や職務配置の採用など，現場の管理職のインプットや協力なしには円滑には進められない制度変更を示唆する。

　最後に，労働市場に大きな影響を与えてきたと考えられる情報通信技術（ICT）の発達は，最適な情報構造や権限配分に対しては二面性を持つ。ICT の発達はコミュニケーションや情報共有の効率性を高めるため，垂直的なコミュニケーションと水平的コーディネーションの両方のコストを下げる。しかし，グローバル化，社員の多様化，少子高齢化が，集権的情報構造と分権的人事システムへの方向を促すのであれば，ICT はそうした変化を加速させる方向で用いられることになるだろう。

1.3　予想される変化

　本節における議論は次の大きな流れを示唆する。まず，意思決定や情報共有パターンの集権化は人事機能の分権化，つまり現場に人事機能をより配分することになるだろう。次に，雇用保障，内部昇進，年功賃金に特徴づけられた長期インセンティブから，業績給を中心とする短期インセンティブへややシフトしていくことが予想される。具体的には，以下の 4 つの変化の表れとなって確認できるだろう。

　①「終身雇用」社員の減少

　②賃金カーブのフラット化（①は②からも示唆される）

　③人事機能の分権化は企業内の幅広い異動を減少させ，専門職の増加，職種経験年数の増加，職種特殊的人的資本のリターンの上昇，中途採用の増加

をもたらす。

④遅い昇進制度の弊害が露見するにつれて，早い選抜へのシフトが始まる。

1.4　本章で使用するデータ

　本章では，厚生労働省が日本の賃金構造の把握を目的として毎年実施する「賃金構造基本統計調査（賃金センサス）」の2002〜15年のミクロ（個票）データを用いて，日本の内部労働市場の変遷を検証するための分析を行う。賃金センサスは，5人以上の常用労働者を雇用する民営事業所，および10人以上の常用労働者を雇用する公営事業所を対象としており，調査対象となった事業所は規模や産業によって決まった抽出率に従い，当該事業所の労働者をランダムに抽出する。質問項目は，雇用形態（雇用期間の有無），就業形態（労働時間の長短），学歴，年齢，役職（企業規模100人以上の事業所のみ），職種，職種経験年数（指定された職種のみ），実労働日数，所定内実労働時間数，超過実労働時間数，きまって支給する現金給与額，昨年1年間の賞与，などである。

　分析対象は長期雇用制度の主な適用対象とされる無期雇用の一般労働者とし，有期雇用労働者や短時間，臨時労働者は扱わない。賃金センサスの利用に際しては，1990年代から2000年代にかけて，「常用労働者」の定義，産業分類，職業分類などが数回にわたり変更となったことに注意が必要である[3]。

▎2　長期雇用制度の変容

　1節で述べたとおり，長期雇用制度は年功賃金とともに日本的雇用慣行の中心的な特徴であり，現在までに多くの実証研究が積み重ねられてきた。本節ではこれまでの主要な実証研究を概観した後，最新の賃金センサスのミクロデータを用いた検証を行い，2000年代初頭から15年の足元までの日本の長期雇用の状況を明らかにする。

2.1　日本の長期雇用制度に関する実証研究の流れ

　表1-1には長期雇用制度に関する主要な先行研究をまとめている。日本的雇

---

　[3]　賃金センサスを含む日本の賃金に関する代表的な政府統計の概要については川口章（2013）を，賃金センサスの変遷の詳細については川口（2011）を参照されたい。

表 1-1　長期雇用制度の主要な先行研究

論文	データ・期間	対象	主な分析手法	主な結果
Hashimoto and Raisian (1985)	就業構造基本調査 1962~77 年	男性労働者	平均勤続年数、15 年残存率の推移などを算出し、アメリカの CPS データから得た結果と比較。	アメリカと比較した場合、幅広い年齢層において残存率は日本の方が高く、長期雇用者の割合が普及している。日本では長期雇用慣行が普及していることが示唆された。
Chuma (1998)	賃金センサス 1980, 85, 90, 94 年	民営企業の無期雇用者	終身雇用の定義を、大卒は 22 または 23 歳、高卒は 18 歳で就職し、同じ企業に継続就業とし、15 年残存率の推移や終身雇用確率の推定などを行う。	1980~90 年初頭の中高年（主に 50 代）男性社員の長期勤続化を確認。長期雇用は安定的。
Kato (2001)	就業構造基本調査 1977~97 年	労働者（自営業除く）	Hashimoto and Raisian (1985) の手法を踏襲し、15 年、10 年残存率を算出。	勤続 5 年以上の 30~44 歳の労働者の残存率は、バブル期崩壊を挟んでも変化なし。長期雇用は安定的と見える。
Ono (2010)	賃金センサス、労働力調査など 1980 年代後半から 2000 年代初頭	自営・パートタイム・契約・臨時社員以外の一般労働者。	長期雇用のさまざまな指標（平均勤続年数の推移、長期雇用比率、残存率、サバイバルレートなど）を用いて変化を検証。	長期雇用制度でカバーされる労働者は減少しているが、フルタイム公労働者の中では長期雇用は頑健であり、長期雇用が適用されるされない者との二極化が進んでいる。
Hamaaki et al. (2012)	賃金センサス 1989~2008 年	18~54 歳の無期雇用の男性一般労働者	終身雇用比率の推移や残存率の変化を検証。	終身雇用比率は大企業若年層で 1990 年代半ばから急激に低下。残存率は企業規模を問わず、大卒若年層で 1990 年代初頭から終身雇用比率が低下。
Kawaguchi and Ueno (2013)	賃金センサス 1989~2008 年 就業構造基本調査 1982~2007 年	有期および無期雇用の一般労働者（パートタイム、アルバイトを含む）	勤続年数や無期雇用の正社員になる確率へのコーホートの影響を回帰式で推定。	失業率や学歴をコントロールしても、男女ともに平均勤続年数は世代を経るに従って減少。無期雇用の正社員に限定しても男性では勤続年数の減少傾向は変わらない。
加藤・神林 (2016)	賃金センサス 1991~2012 年 就業構造基本調査 1982~2012 年	25~55 歳までの有期・無期雇用の一般労働者	勤続年数を従属変数としてヤコーホートの影響を回帰式で推定。10 年残存率、離職率、失業率の推移を確認。	データから観察される勤続年数の減少傾向は、若年世代での短期勤続者の増加によるものであり、長期勤続者においては長期雇用は安定的であることがわかった。また、長期勤続者の割合にも明確な減少傾向は見られなかった。

用制度に関する実証研究の嚆矢としてしばしば言及されるのは，1960 年代か
ら 70 年代にかけての「就業構造基本調査」（現在は総務省統計局）のデータとア
メリカの CPS（Current Population Survey, the U.S. Census Bureau and the U.S. Bu-
reau of Labor Statistics）を用いて実証研究を行った Hashimoto and Raisian
（1985, 1992）である。彼らは日本とアメリカを比較し，同一企業に 15 年間在
籍する確率である 15 年残存率や長期勤続者の割合がアメリカより日本におい
て高いことから，長期雇用慣行が日本で広く見られることを示した。

　続く 1980 年代から 2000 年代初頭の政府統計を用いた実証研究では，主に中
高年男性を中心とした長期雇用制度の安定性が指摘される。Chuma（1998）は
1980 年代から 90 年代前半の賃金センサス・データを用いて，民営企業の無期
雇用者を対象に 15 年残存率や終身雇用確率の推定を行い，中高年の男性社員
において長期勤続化が起きていることを確認した。Kato（2001）は Hashimoto
and Raisian（1985, 1992）の手法を踏襲し，1977～97 年の就業構造基本調査を
用いて 10 年および 15 年残存率の推移を調べた。その結果，勤続 5 年以上の
30～44 歳までの労働者の残存率は，バブル崩壊を挟んでも変化がなく，長期
雇用は一見して安定的に見えることを示した。Ono（2010）は 1980 年代後半か
ら 2000 年代初頭の賃金センサスや「労働力調査」（総務省統計局）を用いて算
出した長期雇用のさまざまな指標（平均勤続年数の推移，長期雇用比率，残存率，
サバイバル・レートなど）の推移を比較検討した。その結果，同一企業である程
度の勤続を重ねた労働者の中では長期雇用慣行は頑健だが，長期雇用制度の対
象者の比率は減少しており，長期雇用が適用される者とされない者との二極化
が進行している可能性を指摘している。

　さらに，2000 年代後半以降のデータを扱った研究では長期雇用慣行に変容
の兆しが示唆される。Hamaaki et al.（2012）は，1989 年から 2008 年にかけて
の賃金センサスのミクロデータから無期雇用の男性一般労働者の終身雇用比率
や残存率の推移を見た結果，大卒若年層において長期雇用制度が衰退しつつあ
ると主張する。いわゆる「正社員」として長期雇用制度の中核に存在する労働
者に関するこの指摘は，これまでの長期雇用制度の内部では制度は安定的とす
る見方に異議を唱えるものである。さらに，Kawaguchi and Ueno（2013）で
は 1980 年代から 2000 年代後半の賃金センサスと就業構造基本調査を用いてコ
ーホート分析を行った結果，全年代で平均勤続年数の低下が見られ，無期雇用
の正社員に限定してもその結果が保持されていることから，やはり長期雇用制

度の内部においても変化が生じつつあると指摘する。しかし，加藤・神林（2016）では，2012年までの賃金センサスと就業構造基本調査を用いてコーホート分析や残存率，長期雇用者比率の推移を見た結果，長期勤続を重ねた者の中では長期雇用は安定的であり，長期勤続者の割合にも明確な減少傾向は見られないことから，長期雇用はいまだに頑健であると結論づけている。

　これらの先行研究を総括すると，長期雇用の二極化が進んでいるというOno（2010）の指摘はおおむね正しいものの，長期雇用が適用されていると見られるグループの中でも，長期勤続を重ねていないものの流動化が2000年代にやや進行し，その傾向はとくに若年層で顕著であるといえる。

2.2　長期雇用制度の最新の動向——賃金センサスのミクロデータを用いた分析

　先行研究の多くは2000年代の金融不況前後までのデータを用いた分析となっているため，本章では賃金センサスの2002〜15年のミクロデータを用いて長期雇用の指標の推移を確認し，最新の動向を明らかにしていきたい。ここでの分析対象は，長期雇用制度の適用対象と考えられる無期雇用の高卒と大卒一般労働者とする。

(1)　平均勤続年数の推移

　まず，最もシンプルな指標である平均勤続年数について，図1-1に学歴・年齢階層別の推移を示した。高卒の20代および大卒の20，30代では2008，09年に底を打った後，近年は横ばいである。また，高卒の30，40代，大卒では40代で緩やかではあるが減少傾向が見られる。これは，金融不況の影響を受

図 1-1　学歴・年齢階層別勤続年数の推移

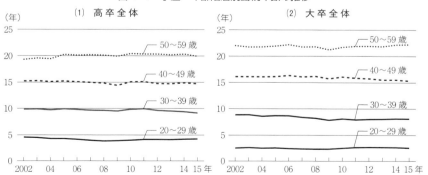

図1-2　学歴・年齢階層別終身雇用比率の推移

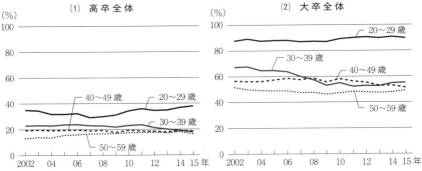

けたのは，高卒の 20 代および大卒の 20，30 代であり，時間をおいて，それぞれ 30，40 代の平均勤続年数に近年影響が出てきたと解釈できる。

(2)　終身雇用比率の推移

　次に，終身雇用者の割合が 2000 年代初頭から直近までどのように変化したのかを確認する。終身雇用の定義は文献によって異なるが，本章では大学院卒者の増加や大学浪人，加えて第二新卒採用の増加も考慮し，高卒者は「勤続年数＝潜在経験年数（年齢－18）」を，大卒者は「勤続年数≧潜在経験年数－3」とする。図 1-2 には学歴別終身雇用比率の推移を表す。高卒では 20 代が 2007年に底を打った後に上昇しているが，30 代は緩やかな減少傾向である。大卒は 2009 年まで 30 代で減少した後に横ばい傾向に入り，40 代は近年緩やかな減少傾向，20，50 代はほぼ変化は見られない。全体としては，人手不足を反映して高卒若年層の長期雇用が増える兆しが見られること，大卒経験者の転職市場が拡大し 30 代で転職する人が増えたことがうかがわれるが，それ以外の年齢層ではとくに大きな変化は見られず，安定的に推移しているといえる。

(3)　勤続 5 年未満比率

　(2) の終身雇用比率の推移では，大卒労働者に 2009 年までに 30 代における比率の減少傾向が見られた。これは，転職市場の拡大と解釈したが，この傾向は一過性のものであろうか，それとも傾向的なものであろうか。この年代の勤続年数の状況を詳細に見るために，図 1-3 には勤続 5 年未満比率の推移を，30代，40 代，50 代の年齢層ごとにプロットした。長期雇用制度は大企業に当てはまる雇用慣行であるとされるため，企業規模別に分析を行う。グラフを見る

図 1-3　大卒労働者の勤続 5 年未満比率の推移

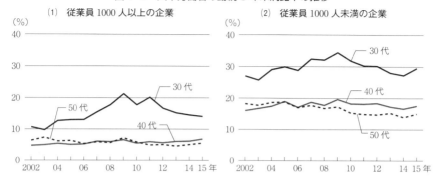

(1)　従業員 1000 人以上の企業　　　　(2)　従業員 1000 人未満の企業

と，1000 人以上と 1000 人未満の両方の表で 30 代の勤続 5 年未満比率が最も高く，もともと転職は 30 代で活発に行われることが明らかであるが，ともに 2009 年にピークを打った後，2000 年代初めの水準に戻りつつある。2009 年の 30 代における転職経験者の増加は一時的な側面が強いのではないだろうか。

(4)　「終身雇用」者の 5 年残存率の変化

　長期雇用の指標としてしばしば使用されるのが残存率である。Hamaaki et al. (2012) では，1990 年代前半から 2000 年代中盤までの残存率を比較し，無期雇用労働者の若年層では長期雇用が衰退していることを指摘している。本項では Hamaaki et al. (2012) と同様の定義・手法を用いて 2002 年から 15 年の残存率の比較を行い，その後の長期雇用の動向を確認する。Hamaaki et al. (2012) における「終身雇用」の定義は，「大卒の場合は『年齢－勤続年数』が 22，または 23，高卒の場合は 18 を取る時」となっており，本章で用いてきた定義とは大卒でのみ異なる。Hamaaki et al. (2012) の結果と比較するため，彼らの「終身雇用」の定義を用い，サンプルも男性のみに絞って 2005～10 年の期間と，2010～15 年の 2 つの期間で 5 年残存率を算出し，比較を行ったのが表 1-2～表 1-5 である。終身雇用者の残存率は各年齢階層の終身雇用比率を分母とし，5 年後の 1 段階上の年齢階層の終身雇用比率を分子として割り算を行い算出する。たとえば，(A) 列の 5 年残存率は，2005 年の 20～24 歳の終身雇用比率の 85.84% を分母とし，10 年の 25～29 歳の比率である 52.22% を分子として計算し，60.84% という数値を得ている。同様にして 2010 年から 15 年にかけての残存率を算出したのが表の (B) 列である。さらに，表の右端の

表 1-2　終身雇用者比率の推移と残存率（大卒・従業員 1000 人以上）

（単位：%）

年齢階層（歳）	2005 年終身雇用比率	2010 年終身雇用比率	5 年残存率 (A)	2010 年終身雇用比率	2015 年終身雇用比率	5 年残存率 (B)	【参考値】(1995-2000) — (1990-1995)	【参考値】(2000-2005) — (1995-2000)	【参考値】(2003-2008) — (2000-2005)	(B)-(A) (2010-2015) — (2005-2010)
20〜24	85.84	52.22	60.84	90.53	55.63	61.45	−9.70	−4.90	− 3.30	0.61
25〜29	50.09	39.46	78.77	52.22	41.32	79.12	1.90	−6.50	−10.00	0.35
30〜34	45.76	41.04	89.68	39.46	34.14	86.52	4.30	2.10	−11.80	−3.16
35〜39	56.64	52.60	92.87	41.04	37.21	90.69	3.60	−7.20	1.50	−2.18
40〜44	49.54	49.58	100.09	52.60	49.57	94.24	−1.90	−4.20	8.70	−5.85
45〜49	47.17	46.42	98.40	49.58	47.96	96.73	9.10	−7.30	−1.40	−1.68

表 1-3　終身雇用者比率の推移と残存率（大卒・従業員 1000 人未満）

（単位：%）

年齢階層（歳）	2005 年終身雇用比率	2010 年終身雇用比率	5 年残存率 (A)	2010 年終身雇用比率	2015 年終身雇用比率	5 年残存率 (B)	【参考値】(1995-2000) — (1990-1995)	【参考値】(2000-2005) — (1995-2000)	【参考値】(2003-2008) — (2000-2005)	(B)-(A) (2010-2015) — (2005-2010)
20〜24	88.41	48.60	54.97	91.06	48.84	53.63	−4.40	−2.60	−2.50	− 1.34
25〜29	47.53	31.23	65.71	48.60	32.25	66.36	−1.30	0.30	−8.80	0.65
30〜34	36.20	30.07	83.07	31.23	25.31	81.05	1.70	−0.30	−2.70	− 2.02
35〜39	33.83	30.42	89.92	30.07	26.50	88.11	2.40	−4.10	3.00	− 1.81
40〜44	29.90	29.53	98.75	30.42	26.82	88.16	3.60	1.10	−0.20	−10.58
45〜49	31.01	28.01	90.34	29.53	26.62	90.16	−6.90	1.60	−3.40	− 0.18

表 1-4　終身雇用者比率の推移と残存率（高卒・従業員 1000 人以上）

（単位：%）

年齢階層（歳）	2005 年終身雇用比率	2010 年終身雇用比率	5 年残存率 (A)	2010 年終身雇用比率	2015 年終身雇用比率	5 年残存率 (B)	【参考値】(1995-2000) — (1990-1995)	【参考値】(2000-2005) — (1995-2000)	【参考値】(2003-2008) — (2000-2005)	(B)-(A) (2010-2015) — (2005-2010)
20〜24	58.46	38.31	65.54	62.98	50.00	79.40	11.50	−6.10	−16.90	13.86
25〜29	49.79	38.87	78.07	38.31	30.09	78.54	3.10	4.10	−12.40	0.48
30〜34	52.42	46.40	88.52	38.87	35.91	92.40	0.00	−2.70	0.70	3.88
35〜39	39.34	40.04	101.78	46.40	43.80	94.41	0.20	0.40	− 3.90	− 7.36
40〜44	41.83	45.01	107.61	40.04	38.75	96.78	0.70	−0.80	1.80	−10.82
45〜49	45.12	43.49	96.38	45.01	40.41	89.77	−3.90	−1.00	4.60	− 6.61

表 1-5　終身雇用者比率の推移と残存率（高卒・従業員 1000 人未満）

(単位：%)

年齢階層（歳）	2005年終身雇用比率	2010年終身雇用比率	5年残存率 (A)	2010年終身雇用比率	2015年終身雇用比率	5年残存率 (B)	【参考値】(1995-2000) — (1990-1995)	【参考値】(2000-2005) — (1995-2000)	【参考値】(2003-2008) — (2000-2005)	(B)-(A) (2010-2015) — (2005-2010)
20〜24	34.33	19.65	57.23	42.35	24.14	57.00	7.60	− 2.60	−8.20	− 0.23
25〜29	21.67	17.76	81.96	19.65	13.05	66.43	16.60	− 0.40	−9.30	−15.53
30〜34	18.03	16.36	90.73	17.76	13.20	74.33	23.50	−12.00	1.10	−16.39
35〜39	14.42	14.18	98.35	16.36	12.95	79.16	17.40	− 7.10	−1.20	−19.20
40〜44	13.78	13.02	94.48	14.18	11.20	78.94	9.80	− 4.80	3.50	−15.53
45〜49	12.66	12.60	99.50	13.02	10.30	79.13	2.20	−10.80	−4.30	− 20.36

列では（B）と（A）の差をとることで，2005 年から 2015 年にかけて 5 年残存率がどのように変化をしたのかを確認できる。2005 年以前の値の参考値として，Hamaaki et al.（2012）の結果を掲載している。まず，大卒の動向を見ると，表 1-2 から 1000 人以上企業に在籍する大卒労働者では 2005〜10 年の期間から 2010〜15 年の期間にかけて 20 代で残存率が下げ止まりを見せており，Hamaaki et al.（2012）の分析で見られた長期雇用の減衰のさらなる進行は見られない。反対に，30 代以降では残存率は低下している。1000 人未満企業においても，1000 人以上企業とほぼ同様の傾向を示している。次に高卒の動向を確認すると，表 1-4 から 1000 人以上企業では，20 代から 30 代前半にかけて残存率は反転上昇に向かう一方，30 代後半以上では低下傾向である。1000 人未満企業ではこれとは対照的な結果となっており，すべての年齢層において残存率が低下している。高卒労働者の場合，中小企業では労働市場の流動化がいっそう進んでいることが示唆される。

2.3　ま と め

　賃金センサスのミクロデータを用いた分析の主要な結論は次のとおりである。まず，平均勤続年数の推移，勤続 5 年未満比率の推移から，30 代で金融不況の影響で 2009 年をピークに一度短期勤続者が増加したものの，15 年までに以前の水準に戻りつつあることが確認された。それ以外の年齢層では大きな変化は見られなかった。また，残存率の分析からも，2010〜15 年では大卒高卒ともに大企業で働く若年層において残存率に上昇が見られ，若年層の間で再び長期雇用関係が強まる兆しを見せている。一方で，中小企業に在籍する高卒労働

者では残存率がすべての年齢層で低下しており，労働市場の流動化が進行している様子がうかがわれる。つまり，大企業や大卒労働者を中心に長期雇用は頑健さを示す一方，中小企業や高卒労働者を中心に本章が対象とするフルタイムの無期雇用においても流動化が進むという「二極化」が進展しつつある。

3　年功型賃金制度の変容

　賃金の構造や決定要因を分析する場合，通常ミンサー型賃金関数の推定が行われる。ミンサー型賃金関数は人的資本理論に基づく実証モデルであり，左辺には時間当たり賃金率（対数表示），右辺には一般的人的資本を表す教育年数，潜在経験年数（もしくは年齢）や，企業特殊的人的資本を測る勤続年数を含めた式である。ただし，日本では教育年数よりも最終学歴ダミーの方が当てはまりがよいといわれている（川口大司 2011）。賃金がどの程度年功的なのかは，ミンサー型賃金関数を推定し，横軸に年齢もしくは勤続年数，縦軸に賃金をとりプロットしたときの曲線（賃金プロファイルと呼ぶ）の傾きによって表される。傾きが大きいほど経験や勤続年数が 1 年長くなることによる賃金の上昇度合いが大きいことを示すため，より年功的であると解釈できる。日本の賃金カーブの傾きは欧米諸国より大きいとされてきたが，近年の実証研究ではカーブのフラット化が指摘されている。本節では主要な先行研究を概観した後，賃金センサスのミクロデータを用いて賃金関数の推定を行う。

3.1　先 行 研 究

　2 節でも紹介した Hashimoto and Raisian（1985）は，1980 年の就業構造基本調査と 79 年の CPS を用いて日米で賃金関数の形状を比較し，アメリカと比べると日本では勤続年数が賃金を増加させる効果が相対的に強いことを明らかにした。同様の結果は Mincer and Higuchi（1988）や Clark and Ogawa（1992）においても得られている。この結果は 2 つの理論によって説明される。1 つは企業特殊的人的資本の投資収益率が高く投資水準が高いこと，もう 1 つは，後払い賃金の採用である。両者はともに年功的な賃金制度の説明として用いられ，企業特殊的技能形成を促すほかのインセンティブ施策（たとえば，雇用保障など）と補完的である。しかし，人事システムから生み出される準レント（雇用関係の解消で失われる付加価値）の配分の仕方は両説明で大きく異なる。

　企業特殊的人的資本投資からのリターンが大きく，企業と労働者の間の交渉で準レントの配分が決まると仮定できる場合は，非効率な離職を生み出さないように，企業特殊的人的資本投資のコストとリターンを企業と労働者で分配することになる。そのため，若年時には市場賃金＞賃金＞生産性が成立する。そして経験年数を積むにつれ，市場賃金＜賃金＜生産性と不等号が逆転する（Becker 1962；Hashimoto 1981；Carmichael 1983）。継続雇用で企業と労働者の双方が利得を得られるため，雇用関係は安定的となる。

　逆に，後払い賃金のもとでは，若年時に生産性以下の賃金が支払われる（賃金＜生産性）代わりに，中高年期には生産性以上の賃金（賃金＞生産性）が支払われ，前述のケースと不等号が逆になる（Lazear 1979）。この契約のもとでは，企業側が労働者から若年・壮年期に借り入れたお金を中年期に返済するような構造を持つため，中年期の社員を解雇する誘因が強まる。そのため，信用力のある成長企業や大企業でのみこうした契約は適用される。また定年制を合理的に説明できるのも後払い賃金モデルである。大企業では中小企業と比較して賃金プロファイルの傾きが急であり，定年制が幅広く採用されているという事実から，後払い賃金モデルの説明力が高いと考えられる。また，高年齢者雇用安定法の 2006 年改正により 65 歳までの継続雇用義務が生じたが，多くの企業で導入された再雇用制度で支払われる給与は定年前給与の 4〜7 割水準に設定されるケースが多いため，これも後払い賃金が幅広く普及している証左となる（労働政策研究・研修機構 2008）。

　企業内の具体的な賃金制度に目を向けると，これまで多くの日本企業で採用されてきた賃金制度は職能資格制度であった。これは労働者の「職務遂行能力」を基準に労働者を格付けするシステムであるが，実際には職務遂行能力の公正な評価は困難で，年功給に近い賃金制度として運用された。ところが，1990 年代後半以降，日本企業は人事戦略を見直し，職務価値や仕事で発揮した生産性に対応した賃金支払いを行う職務等級制度や，役割給の導入に踏み切った[4]。都留・阿部・久保（2003）は 1990 年代から 2000 年代初頭にかけての日本企業 3 社の人事データを用いて賃金構造の変化を分析した結果，職務等級制

　4　こうした人事戦略見直しの背景にあるのは，バブル崩壊による長期不況だけではなく，技術革新の進展によりスキルの陳腐化の速度が速まったことや，外国人株主の増加等のコーポレート・ガバナンスの変化が指摘されている（阿部 2006）。

度の導入により，賃金プロファイルのフラット化が起きたことを報告している。2000年代後半までの賃金構造の変化を追った研究としては2節でも紹介したHamaaki et al. (2012) がある。彼らは1989年から2008年の賃金センサスのミクロデータを用いて，無期雇用の男性一般労働者において，学歴・業種に関係なく，1989・90年と比較すると2007・08年の賃金・勤続プロファイルはフラット化し，とくに40歳以降の賃金の伸びが鈍化していることを明らかにした。また，Yamada and Kawaguchi (2015) は賃金プロファイルのフラット化が1990年代から2000年代にかけて進み，それが1990年代は不均衡を縮小させる効果を持つ一方，2000年代は拡大させる方向で働いたことを示した。

　本節では，上記のような変化が2007〜08年の金融危機以降も引き続き継続しているのかを明らかにする。

3.2　賃金プロファイルのフラット化

　本項では，まず2002〜15年の賃金センサスのミクロデータを用いて，ミンサー型賃金関数を推計した。ただし，通常の個人の人的資本情報だけに基づくミンサー型賃金関数を用いて賃金プロファイルの時系列変化をたどった場合，産業構造や企業規模構成の変化，あるいはセレクション効果（たとえば，高齢者を多く雇用し高賃金を支払うような企業の退出など）の影響を受ける。そこで，構成の変化やセレクションによる影響を除去し，個々の企業における賃金政策の変更を反映するよう，企業固定効果を含めた下記の賃金関数式を推定した。具体的には，企業 j に勤める労働者 i の t 年の賃金率 w_{ijt} の対数値を，学歴ダミー（edu_g），年齢（age^k，4次式），勤続年数（$tenure^k$，2次式）などの人的資本変数と年効果（$year_t$），企業固定効果 c_j を用いて回帰した。

$$\ln(w_{ijt}) = \alpha\, Female_i + \sum_{g=1}^{3} \beta_g\, edu_{gi} + \sum_{k=1}^{4} \gamma_k\, age^k + \sum_{k=1}^{2} \delta_k\, tenure^k$$

$$+ \sum_{t=2002}^{2015} \theta_t\, year_t + c_j + \varepsilon_{ijt} \tag{1.1}$$

この推定結果から導かれる予測値は，基準となる企業に依存して決まるため，22歳時点を100とする指数に正規化した。ここでは，従業員1000人以上の大企業（図1-4）と1000人未満の中小企業（図1-5）にサンプルを分けたうえで推計した結果を提示する。まず，両グループともに，観測期間中一貫して賃金プロファイルのフラット化が進んだことがわかる。とくに大企業における変化が

図 1-4　企業固定効果入りミンサー型賃金関数（従業員 1000 人以上）

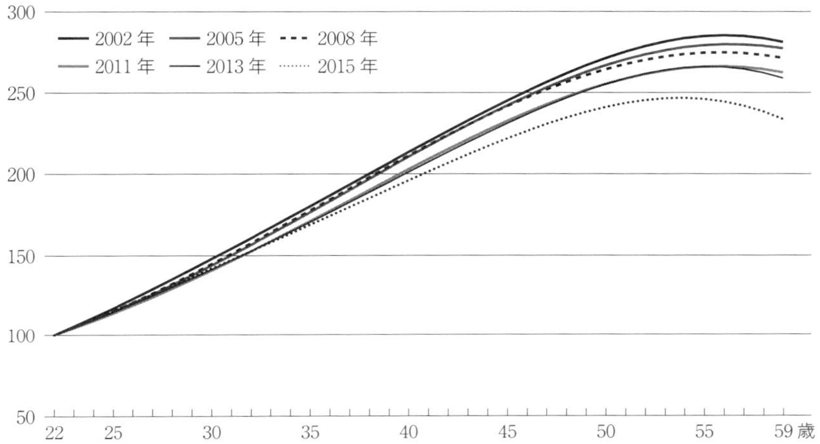

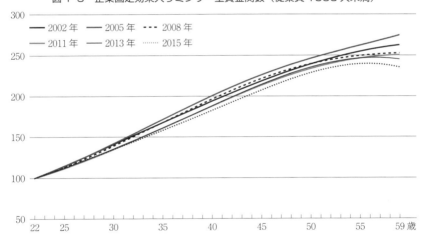

図 1-5　企業固定効果入りミンサー型賃金関数（従業員 1000 人未満）

大きい。また，後払い賃金の理論から予想されるように，大企業ほど，賃金プロファイルの傾きが大きいが，近年中小企業との差は縮まっているように見える。大企業では，ピーク時の年齢が 50 代後半から前半にシフトしてきているように見えるが，この傾向が定着するか，さらに進行するか今後も注視する必要がある。ミンサー型賃金関数は，同一時点における年齢や勤続年数と給与の

関係を見ており，同一個人が生涯にわたって経験あるいは期待する賃金変化とは異なる。また，先述のように，コーホートによって大学進学率が異なるため，能力の違いなどが影響を与える。つまり，過去数十年間大学進学率が上昇し，大卒者の平均的能力が低下してきていることを考慮すると，能力を調整した賃金プロファイルはさらにフラット化している可能性が高い。

　こうした問題に対処し，コーホート別の賃金プロファイルの差を見るために，ミンサー型賃金関数を拡張した以下の賃金関数を推定する。

$$\ln(w_{ist}) = \sum_{s=1}^{3} \alpha_s I_s \, Female_i + \sum_{s=1}^{3} \sum_{g=1,\, i \in I_s}^{3} \beta_{s,g} I_s \, edu_{gi} + \sum_{s=1}^{3} \sum_{k=1,\, i \in I_s}^{4} \gamma_{k,s} I_s \, age^k$$

$$+ \sum_{s=1}^{3} \sum_{k=1}^{2} \delta_{k,s} \, tenure^k + \sum_{t=2002}^{2015} \theta_t \, year_t + \varepsilon_{ijst} \qquad (1.2)$$

ここで，I_s はコーホート s への所属を示すダミー変数であり，w_{ist} はコーホート s に属する労働者 i の t 年の月給に前年賞与の 12 分の 1 を足したものである。コーホートは，観測年－誕生年＝年齢という関係があるため，各年でコーホートを定義すると，年齢と年効果を含んだ回帰式では一次独立の関係が成立せず，うまく経験効果が推定できない。そこで，コーホートを広くとり，以下の 3 つのグループの間での変化を比較することにした：1955～64 年生まれ（S 1 コーホート），1965～74 年生まれ（S 2 コーホート），1975～84 年生まれ（S 3 コーホート）。これより年長の世代や若い世代は，上記の世代と十分な重なりを確保できないので，サンプルから落とした。

　まず，これまでの分析と同様，22 歳で就職し，その後初職で勤め上げたモデルケースの賃金プロファイルを，2002 年時点の物価および経済状況で固定した水準で推定し，コーホート間で比較する（図 1-6）。ここでも若いコーホートほど，賃金プロファイルがフラット化していることが読み取れる。とくに，S 3 コーホートの中でも最も年長の労働者は，2010～15 年に 30 代後半に入るが，この年代の賃金上昇の鈍化が著しい。5 節で見るように，課長昇進時期が近年 30 代後半から 40 代前半へシフトしており，その影響が賃金プロファイルの傾きに影響を与えている可能性がある。

　また，表 1-6 に，各コーホートの年齢，勤続年数の限界効果を示した。38 歳時点では，S 1 コーホートと S 2 コーホートの間では大きな違いは見られないが，S 3 コーホートでは，勤続年数効果がほぼゼロとなっている。樋口（2001b，205 ページ）によると，転職により人々が経済的に損失を被っているよ

図 1-6　コーホート別賃金プロファイルの変化

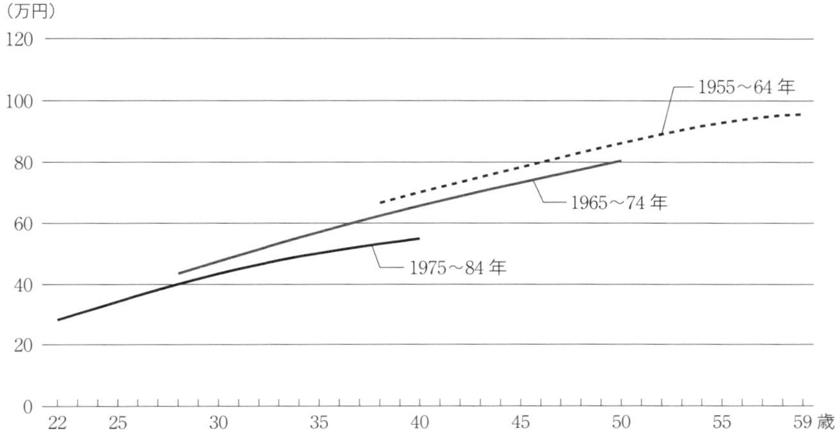

表 1-6　コーホート別年齢／勤続年数効果の限界効果

| | | コーホート | | |
		1955～64 年	1965～74 年	1975～84 年
38 歳時点	経験年数	0.6%	0.7%	1.6%
	在職年数	2.1%	2.0%	0.1%
50 歳時点	経験年数	−0.2%	0.4%	
	在職年数	2.0%	1.4%	

うに見えるのは, あくまで低所得者層に転職者が多いからで, 転職者に限って転職の前後で比較すれば, 転職によって賃金率が上昇している人が多い。先に述べたように, 2000 年代後半に 30 代の転職率が上昇したが, このコーホートの経験年数 (年齢が代理年数) に対するリターンが上がり, 勤続年数に対するリターンが低下しているということは, 比較的賃金の高い層の転職が増えているという指摘と整合的である。そうだとすると, 摩擦が大きいとして批判されてきた高度成長期以降の日本の労働市場において, 転職コストが低下してきている可能性があり, 今後のさらなる研究が必要である。加えて, 50 歳時点のＳ1コーホートとＳ2コーホートを比べると, 年齢と勤続年数のリターンの合計は変化していないが, 勤続年数の限界効果はやはり低下しており, ここにも変化の兆候が読み取れる。

　女性ダミーの係数をコーホート別に計算すると, −0.326, −0.273,

−0.184 となる。1965 年生まれは，男女雇用機会均等法施行元年（86 年）の翌年に就職した者たちであり，最初の 10 年で賃金格差が 5% 減少し，次の 10 年でさらに 9% 格差が縮小した計算になる。

　最後に，大卒者と高卒者の賃金比率も計算した。すると，比率は，1.47，1.41，1.29 と低下してきており，若い世代では，大学進学のリターンが低下してきている可能性が指摘できる。

　仮に，これまで明らかにしてきた賃金プロファイルのフラット化，とりわけ勤続年数の賃金に対する限界効果の低下が，後払い賃金モデルで説明されるような年功賃金の縮小を意味するのであれば，賃金プロファイルがフラット化している産業ほど，終身雇用比率の低下が加速しているはずである。筆者らは，産業ごとの賃金プロファイルの傾きの変化と「終身雇用者」5 年残存率の変化の関係に着目した分析を行ったが，明確な関係を見出すことはできなかった。しかし，賃金プロファイルの変化と離職行動の間に何の関係もないというのは少し考えにくい。報酬制度の変化と離職行動の関係を捉えることは今後の課題といえる。

4　集権的人事機能の変容

　1 節では伝統的な日本企業の特徴である集権的人事システムは近年の経済環境の変化によって合理性を失い，人事機能が現場へ権限委譲される可能性を指摘した。しかし，将来の経営幹部の育成や，人事制度の設計といった戦略的に重要な部分では逆に経営トップの関与が高まることが予想されるので，人事機能のすべてが分権化されることを意図しているわけではない。本節では日本企業の人事機能についてのこれまでの議論を整理し，人事機能の分権化から予想される労働者の職務配置の変化について，仮説を提示したい。

4.1　変容する人事部の役割

　人事部の機能は，企業の人的資源管理を実施するための制度設計，計画とその実施であり，人的資源管理は，採用，人材育成，評価，報酬管理，福利厚生，労使関係などを含む（平野 2011b）。制度設計と計画は高度な経営判断を必要とするが，実施部分は標準化され，人事の専門家に委ねられるか一部アウトソーシングされる傾向がある。

　日本の人事部は歴史的に社内で強い影響力を持ってきたが，アメリカでは概してその地位は低く，人事管理の権限は現場が持っていた（Jacoby 2005）。山下（2008）は日本の人事部の特徴を以下の 4 点に集約している。①内部労働市場の管理（昇進・昇格だけではなく，異動にも強い人事権を持つ），②労使関係における使用者代表機能（企業別労働組合との協調的な関係を重視する日本的労使関係において中心的な役割を果たす），③採用，賃金・雇用制度構築における強い権限（採用プロセスに関与，社内の統一的な賃金・雇用制度を設計），④職能部門としての高い位置づけ（社内で強い影響を持ち，取締役会にも人事担当役員を設置）[5]。

　日本の集権的な人事部のあり方に対して，批判的検討がされるようになったのは 1990 年代である。山下（2008）は当時の人事部改革論を大別し，「市場化・分権化」と「ビジネスパートナーへの移行」の 2 種類に分類する。1 つ目の人事部市場化改革論は八代（1998）によって提唱された。これは人事部の行っている指令的な人事配置を個人の選択に基づく市場メカニズムに代替させ，自律的な需給関係によって職務配置を調整する仕組みへの移行を意味する。たとえば，人気のあるポストには仕事量を増やすとともに失敗した場合のペナルティを付与し，不人気のポストはアウトソーシングする，などである。これに伴い人事部は社内の市場メカニズムが機能するための支援活動に専念し，市場機能の欠点を補う役割を担うことになる。

　一方，樋口（2001a）はグローバル化や高齢化などの経済環境の変化により，人事部には経営戦略と補完的な人事戦略の構築が必要であると指摘する。これによれば，日本企業に求められる新たな人事戦略は，集団的雇用管理から個々の労働者の資質やニーズに合わせた個別的な雇用管理への移行である。多様なタイプの労働者に対して，企業は労働者が自律的にキャリアや仕事を選べる環境を用意する必要があり，そのためには職務内容を明確にし，透明性の高い評価制度の構築が重要である。このような職務を基軸とした雇用戦略により，従来のジェネラリスト・タイプから専門性を重視するスペシャリスト・タイプへの人材タイプの移行が促進され，職種別採用の拡大とそれに伴うラインへの人事権の委譲が期待される。

　もう 1 つの人事部改革論である「ビジネスパートナーへの移行」は，守島編

　5　平野（2011a）は，日本の人事部のアメリカとの特徴的な違いは，日本の人事部は社内の全体最適の観点から異動等の個別の人事に直接関与することであると指摘する。

（2002）により主張される。これは，人事部を経営目標を達成するためのパートナーと位置づけ，その主な役割を戦略達成に貢献する人材の供給，および人材のメンテナンスとするものである。また，成果主義が導入され，現場に利益の責任がより求められるようになれば，現場においても人材管理の権利を要求する声が大きくなると考えられるため，人事権は従来の集権型から分権型への移行が適切であるとする。

　こうして見ると，本章 1 節での指摘を待つまでもなく，人事機能を分権化すべしという議論は従来から複数の研究者によって提唱されてきた。また，長時間労働の是正や男女間格差の改善のために，無限定という働き方に修正を加え，職務，勤務地，労働時間のいずれかを限定したジョブ型の雇用を増やすべきだという考え方が近年広まっているが（濱口 2013；鶴 2016），これも集権的な異動や人材育成の対象を狭め，人事機能の分権化につながる制度変更である。それでは，現実の人事部は実際に，そうした方向に変わってきているのであろうか。

4.2　人事機能の分権化の進展と労働者の職務配置の変容

　人事機能の分権化の進展をどのように測ったらよいだろうか。最も直接的な測り方は，現場のマネージャーが各マネジメント業務（採用，部下の評価，育成など）に割いた時間数を測定することであるが，そうした時系列の統計はない。もう 1 つは，労働者が異動せずに 1 つの部署で働く期間を調べることである。現場が権限を強めるに従い，現場の目的のために人が採用・育成・配置され，他部署やほかの職能への異動が減少すると考えられるからである。

　この点についても，大規模に調査された統計は管見の限り存在しないので，1 つの試みとして，人事データを用いた検証を行った。具体的には，製造業企業 A 社の人事データ（1994～2014 年）を用いて，職種経験年数の分布の変化を見た。現場の力が増すほど，現場のニーズに対応するため，異動せず 1 つの職種に長期滞在する社員が増えるというのがわれわれの仮説である。しかし，職種経験年数の分布の推移を観察したところ，2000 年代初頭や金融危機後の事業再編を受けた人事異動の影響が大きく，明確な傾向を読みとることはできなかった。また，職種経験年数を説明変数に加えた賃金関数の推定も行った。仮に人事機能の分権化が生じ，現場が専門的知識の高い人材の囲い込みを行っているのであれば，職種経験年数が賃金に与える影響は上昇しているはずである。

しかし，職種経験年数は一貫して勤続年数のリターンを5〜11%程度低下させる負の効果を持っており，とくに経年でトレンドの変化は見られなかった。職種経験年数が負の効果を持つというのは，将来の幹部候補とみなせる優秀な社員ほど異動を行い幅広い技能形成の機会を与えられることを示唆しているため，セレクション・バイアスが生じている可能性が高い。

　このように，上記1社の人事データを用いた分析では，人事機能の分権化が生じているという兆候は確認できなかった。

5　問われる遅い昇進制度の効率性

　1節では，日本型企業の特徴である水平的コーディネーションのもとで遅い昇進制度が制度的補完性を持つことを指摘した。実証研究においても，日本企業の昇進政策の特徴として，昇進に差がつく年齢が欧米よりも遅いことが指摘されてきた。本節では，理論研究を中心に遅い昇進制度の合理性と変容可能性について触れた後，賃金センサスのミクロデータを用いて管理職の構成や昇進時期の推移を示す。

5.1　先行研究

(1)　遅い昇進政策の合理性

　日本企業の昇進政策の特徴が遅い昇進（遅いトーナメント）であることは実証研究によっても指摘されてきた。トーナメント競争では労働者の相対評価によって昇進できる者とできない者が決定され，昇進できたものだけが次の段階に進み，そこで再び昇進競争を行うという一連のプロセスが繰り返される。小池(1991)は，日本企業の昇進に関する実証研究を概観したうえで，トーナメント競争が日本企業にもあてはまるが，実際に昇進状況に差がつく時期はアメリカよりも遅いことを指摘している。今田・平田（1995）は日本の製造業企業のデータから昇進構造を分析し，入社後約10年程度は，昇進速度に差はあれど同一年次の間で一律に昇進し，課長以降の昇進競争になってはじめてトーナメント競争になることを見出している[6]。

6　八代（2011）はこの現象を指して，トーナメントの第1次選抜が意図的に長く設定されているタイプのトーナメント競争であると指摘している。

　このような日本型の遅い昇進政策には一定の合理性があることが，ゲーム理論を用いた理論研究によっても明らかにされている。それらの理論では，昇進は企業から労働者および労働市場へのシグナルとして機能し，昇進させることは企業がその労働者が有能であるとのシグナルを送ることを意味する。Prendergast（1992）は，日本の分権型企業組織では現場の低位の職務レベルの労働者にも大きな裁量権が与えられているため，低位の労働者のモチベーションの低下による損害が大きいとする。そのため，企業はなるべく昇進に差をつけず（すなわち，有能な労働者にシグナルを送らず），選抜の時期を遅らせることで，有能な者とそうでない者を含めた全員のインセンティブを保持する必要がある。一方，アメリカ型企業のように中央集権型で一部のトップ層のみが意思決定を行う組織の場合，トップ層以外の労働者のモチベーション低下によるコストはそこまで大きくない。そのため，早い時期から有能な人間のみに訓練投資を行い昇進させる「スター・システム」が有効となる。昇進政策と離職および訓練投資の関係を明らかにした Owan（2004）においても同様の結論が得られている。企業は遅い昇進政策をとることで労働者が有能かどうかという情報を他企業から隠す。その結果，労働者が他企業で職を得るチャンスが得にくくなるため，賃金コストを圧縮できる。その代わり，労働者の離職の可能性が下がることで，企業は労働者に対して一般的人的資本（他企業に移動しても通用する人的資本）を蓄積させる訓練投資を提供する。

(2)　経済・社会環境の変化と昇進政策

　近年の日本経済に生じている多くの環境変化の中でも，長時間労働の問題や女性の社会進出の増加，成果主義の導入は遅い昇進政策を変容させる可能性がある。ここでは，そのような環境変化と昇進政策がどのように結びつくのかについて焦点を当てた研究を紹介したい。Kato, Ogawa and Owan（2016）は長時間労働のコストと昇進可能性の関係に注目し，リーダーシップ・スキルの価値の上昇や女性総合職の増加により，遅い昇進政策が変容する可能性があることを示した。具体的には，企業は労働者の勤務を通じた学習能力（OJT 能力と呼ぶ）に関する私的情報を獲得し，労働者は長時間労働のコスト（またはコミットメント）について私的情報を持っている。企業は早い昇進候補者選抜によって自らの私的情報を開示することもできれば，遅い昇進によって開示しないという選択もできる。それに対し，労働者は，長時間労働によって仕事へのコミットメント（または低い長時間労働コスト）をシグナルとして送ることができる。

Kato, Ogawa and Owan（2016）は，これまでは，遅い昇進制度を通じて，OJT 能力の高低にかかわらず，長時間労働コストが低い人のすべてに長時間労働を行う動機づけを与えることが最適であったと主張する。ところが，リーダーシップ・スキル価値の上昇により，選抜型研修のウエイトが上がり，女性の就業率上昇によって，組織内に優秀であるが長時間労働コストの高い労働者が増えてくると，早い選抜により，OJT 能力の高い人だけが長時間労働を行う均衡が効率的になることを示した。Kato, Ogawa and Owan（2016）では，日本の製造業企業の人事データを用いて，大卒女性社員は大卒男性社員と比較すると労働時間と昇進確率の相関関係が強く出ることを確認しているが，これは女性社員に対してはすでに早い選抜が行われていることと整合的であると主張する。

　そのほか，成果主義の導入も，高い能力を持つ社員を早期に開示することと同じ効果を持つため，昇進選抜を早める効果があると考えられる。労働政策研究・研修機構（2007）は日本企業 1280 社のアンケート回答を分析した結果，回答企業の約 6 割が成果主義を導入しており，さらに，成果主義を導入する企業では導入していない企業と比較して，昇進選抜の早期化に積極的であることを明らかにしている。

5.2　賃金センサスから見る管理職選抜の変容

　5.1 項では遅い昇進政策とその変容可能性について，先行研究の理論を中心に概観してきた。昇進制度の変容について，政府統計を用いて日本の労働市場全体の状況を検証した実証研究はあまり多くない。数少ない研究の 1 つに大井（2005）があるが，これは 1979〜2004 年の賃金センサス，「国勢調査」（総務省統計局），就業構造基本調査を用いて管理職者や昇進速度の推移を検証している。それによると，従来の意味での管理職者（管理・監督を主な業務とするライン管理職）数は 2000 年代に若干減少し，中規模企業では役職者の人数比率も減少した。また，部長への昇進が遅くなっていることが明らかになった。2000年代後半以降の役職者比率や管理職への昇進状況はどのようになっているのだろうか。本項では賃金センサスを用いて近年の管理職者の状況の推移を確認していく。

⑴　管理職比率の推移

　賃金センサスから男女別・学歴別の管理職比率（分母は各年の無期雇用一般労

図1-7　年齢別管理職比率の推移

(1)　部長比率（大卒）

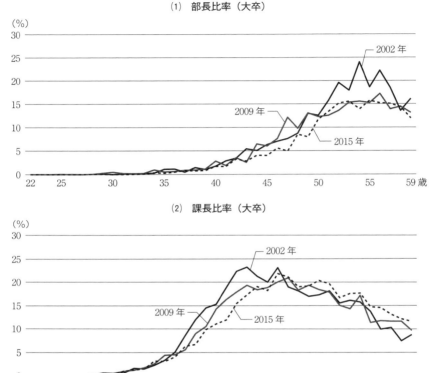

(2)　課長比率（大卒）

働者の人数，分子は各年の当該管理職の人数）の推移を確認した。紙面の都合で図
表は省略するが，高卒男性では職長および係長の比率は若干増加傾向だが，そ
れ以外は横ばいである。大卒男性においてもおおむね横ばいであり，目立った
変化は見られない。また，大卒女性において課長，係長やその他職階の比率は
上昇傾向にあるが，女性は男性と比べるとすべての管理職において比率が著し
く低い。

(2)　年齢別管理職比率の推移

　次に，管理職に昇進する年齢が2000年代でどのように変化したかを見るた
めに，大卒に限定して年齢別の管理職比率の推移を確認する。図1-7には
2002年，09年，15年の3年間の年齢別の部長および課長の比率をプロットし

ている。課長については 2002 年と比較すると 15 年では曲線が右に移動しており，2002 年では最も昇進の早いグループの多くが 30 歳代後半に課長昇進を果たしていたのに対し，15 年ではそれが 40 歳代前半にシフトしてきている。課長から部長に昇進する人が減り，高齢層で滞留が生じている可能性がある。そこで部長について見てみると，2002 年から 09 年にかけて 50 代で全般的に比率が下がっているが，この間団塊の世代が定年を迎え分母も大きく減少しているため，多くの企業で部長ポストの削減が行われた可能性がある。2009 年から 15 年にかけて 40 歳代で部長に昇進する人が明らかに減少しており，大井（2005）が指摘した部長への昇進時期の遅れがいっそう進展していることがうかがわれる。

(3)　昇進政策変容の可能性

　上記の賃金センサスの分析結果からわかったことは次のとおりである。2002～15 年の間で，管理職比率に明確な減少傾向は見られないが，大卒では課長への昇進時期の遅れと高齢化が進んでいる。このことは，部長ポストが削減され，部長へ昇進しにくくなっている様子がうかがわれる。部長比率に変化がないのは，分母に入る若年層の割合が人口構成の変化で低下しているためである。また，大卒女性では近年，係長や課長比率が上昇傾向にあるが，上位に進むほど男性と比較して昇進確率が低下しており，より広い職能経験とリーダーシップ・スキルを要求する上級管理職において，女性の昇進を阻む要因が強く作用していることがわかる。

　現状では，理論が予測するような遅い昇進から早い選抜への転換は起きず，むしろ昇進時期がいっそう遅くなっているといえる。

6　おわりに

　21 世紀に入り，「終身雇用」社員の定着率の低下が 20～30 代の若年層で見られたが，人手不足を反映して反転する兆しが見られる。ただし，30 代の転職比率は金融不況をピークに 2002 年時点の水準に戻りつつあるものの，1990 年代までと比べ高水準で推移している。転職の仲介機能を提供する産業の拡大や企業の一般的人的資本投資の増加が，転職を容易にしている可能性が浮かび上がる。また，従業員 1000 人未満の企業で働く高卒社員については，継続的に定着率が低下している。この層の大部分は，正規雇用とはいえ実質的には

「終身雇用」制度の外にいると見られる。日本企業における「終身雇用」制度は頑健に存続するも，その対象は絞られつつあると考えられる。

　賃金プロファイルのフラット化は，観測期間を通じてさらに進んでおり，このことは労働者にとっての継続就業の魅力を弱めていると考えられる。長期雇用関係への影響を調べるさらなる研究が必要であろう。また，賃金プロファイルのフラット化は，長期的には定年延長を見据えてさらに進行する可能性が高い。賃金をさらにフラット化させる際には，一部の企業ではすでに導入されている，降格も頻繁に起こりうる人材配置政策が真剣に議論されなければならない。しかし，降格の増加や後払い賃金の消失は，長期的インセンティブの低下を意味する。従業員のモチベーションを維持するためには，必然的に短期インセンティブの拡大が必要になろう。多くの企業で，業績給の導入や評価制度の精緻化が今後さらに議論されることになるだろう。

　本章では，グローバル化の進展や労働者のニーズ，キャリア，採用経路の多様化の兆候を受けて，人事機能の分権化の動きが生じているかどうかも議論した。現場の権限が強まると，画一的なジョブ・ローテーションが減り，専門職・職種経験年数の増加，中途採用の増加につながると考えたが，利用可能なデータの制約から実証的な検証はできなかった。組織設計上重要な問題であり，今後検証されるべき課題である。

　遅い昇進や年次管理の制度は今後修正される可能性が高い。管理職昇進比率が低下する中，課長も部長も高齢化している。結果として，「遅い」昇進制度のインセンティブ効果は低下しているうえ，グローバル化や女性活躍推進という面でも弊害が生じている。若いうちから組織の管理やグローバルなコーディネーションの権限を与えられる，欧米あるいは日本以外のアジアの企業に勤める管理職に比べ，日本企業の管理職は経営者になるために必要な幅広い経験やビジネス・スキルを獲得できる期間があまりにも短い。グローバル競争が激化する中，経営陣の能力の差が日本企業の競争力に与える影響が懸念される。また，遅い昇進によって，管理職になる前に多くの女性が出産と自身のキャリアの選択を迫られる。30代での管理職昇進が増加すれば，管理職あるいは管理職手前の女性は，キャリアと育児を両立させるための会社からの支援をより得やすくなるため，女性管理職も今より多くなるだろう。

　日本型人事制度がどのように変容していくか，それを受けて内部労働市場はどのような変化を示すかは，日本の労働市場を理解するうえで今後とも重要な

論点であり続ける。

◆読者のための文献／学習ガイド

大湾秀雄（2017）『人事を科学する――因果推論に基づくデータ活用』日本経済新聞出版社。

鶴光太郎（2016）『人材覚醒経済』日本経済新聞出版社。

◆参考文献

阿部正浩（2006）「成果主義導入の背景とその功罪」『日本労働研究雑誌』554号：18-35。

今田幸子・平田周一（1995）『ホワイトカラーの昇進構造』日本労働研究機構。

大井方子（2005）「数字で見る管理職像の変化」『日本労働研究雑誌』545号：4-17。

加藤隆夫・神林龍（2016）「1980年代以降の長期雇用慣行の動向」Discussion Paper Series A No. 644. Institute of Economic Research Hitotsubashi University。

川口章（2011）「「賃金構造基本統計調査」1989-2009年の概観」『同志社政策研究』5号：107-122。

川口大司（2011）「ミンサー型賃金関数の日本の労働市場への適用」，阿部顕三・大垣昌夫・小川一夫・田渕隆俊編『現代経済学の潮流2011』東洋経済新報社，所収。

川口大司（2013）「賃金（特集 テーマ別にみた労働統計：労働市場の諸要素）」『日本労働研究雑誌』633号：14-17。

小池和男（1991）『大卒ホワイトカラーの人材開発』東洋経済新報社。

今野浩一郎・佐藤博樹（2002）『人事管理入門』日本経済新聞出版社。

鶴光太郎（2016）『人材覚醒経済』日本経済新聞出版社。

都留康・阿部正浩・久保克行（2003）「日本企業の報酬構造――企業内人事データによる資格，査定，賃金の実証分析」『経済研究』54巻3号：264-285。

中條武志（2011）「QCサークル活動」『日本労働研究雑誌』609号：22-25。

濱口桂一郎（2013）『若者と労働――「入社」の仕組みから解きほぐす』中央公論新社。

樋口美雄（2001a）『人事経済学』生産性出版。

樋口美雄（2001b）『雇用と失業の経済学』日本経済新聞社。

平野光俊（2011a）「2009年の日本の人事部」『日本労働研究雑誌』606号：62-78。

平野光俊（2011b）「人事部の役割」，経営行動科学学会編『経営行動科学ハンドブック』中央経済社，所収。

守島基博編（2002）『21世紀の"戦略型"人事部』日本労働研究機構。

八代充史（2011）「管理職への選抜・育成から見た日本的雇用制度」『日本労働研究雑誌』606号：20-29。

八代尚宏（1998）『人事部はもういらない』講談社。

山下充（2008）「人事部」，仁田道夫・久本憲夫編『日本的雇用システム』ナカニシヤ出版，所収。

労働政策研究・研修機構（2007）「日本の企業と雇用――成果主義と長期雇用のゆくえ」第1期プロジェクト研究シリーズNo.5。

労働政策研究・研修機構（2008）「60歳以降の継続雇用と職業生活に関する調査――高齢

者継続雇用に関する従業員アンケート調査」JILPT 調査シリーズ No. 47。

労働政策研究・研修機構（2011）「高齢者の就業実態に関する研究」労働政策研究報告書，137 号。

Alonso, R., Dessein, W., and Matouschek, N.（2008）"When Does Coordination Require Centralization?" *American Economic Review*, 98(1): 145-179.

Alonso, R., Dessein, W., and Matouschek, N.（2015）"Organizing to Adapt and Compete," *American Economic Journal: Microeconomics*, 7(2): 158-187.

Aoki, M.（1986）"Horizontal vs. Vertical Information Structure of the Firm," *American Economic Review*, 76: 971-983.

Aoki, M.（1988）*Information, Incentives and Bargaining in the Japanese Economy: A Microtheory of the Japanese Economy*, Cambridge University Press.

Becker, G. S.（1962）"Investment in Human Capital: A Theoretical Analysis," *Journal of Political Economy*, 70(5, Part 2): 9-49.

Carmichael, H. L.（1983）"Firm-Specific Human Capital and Promotion Ladders," *The Bell Journal of Economics*, 14(1): 251-258.

Carmichael, H. L. and MacLeod, W. B.（1993）"Multiskilling, Technical Change and the Japanese Firm," *The Economic Journal*, 103(416): 142-160.

Chan, W.（1996）"External Recruitment versus Internal Promotion," *Journal of Labor Economics*, 14(4): 555-570.

Che, Y.-K. and Yoo, S.-W.（2001）"Optimal Incentives for Teams," *American Economic Review*, 91(3): 525-541.

Chuma, H.（1998）"Is Japan's Long-Term Employment System Changing?" in Ohashi, I. and Tachibanaki, T. eds., *Internal Labour Markets, Incentives and Employment*, Palgrave Macmillan.

Clark, R. L. and Ogawa, N.（1992）"Employment Tenure and Earnings Profiles in Japan and the United States: Comment," *American Economic Review*, 82(1): 336-345.

Hamaaki, J., Hori, M., Maeda, S., and Murata, K.（2012）"Changes in the Japanese Employment System in the Two Lost Decades," *ILR Review*, 65(4): 810-846.

Hashimoto, M.（1981）"Firm-Specific Human Capital as a Shared Investment," *American Economic Review*, 71(3): 475-482.

Hashimoto, M. and Raisian, J.（1985）"Employment Tenure and Earnings Profiles in Japan and the United States," *American Economic Review*, 75(4): 721-735.

Hashimoto, M. and Raisian, J.（1992）"Employment Tenure and Earnings Profiles in Japan and the United States: Reply," *American Economic Review*, 82(1): 346-354.

Itoh, H.（1991）"Incentive to Help in Multi-Agent Situations," *Econometrica*, 59(3): 611-636.

Itoh, H.（1992）"Cooperation in Hierarchical Organizations: An Incentive Perspective," *Journal of Law, Economics, and Organization*, 8(2): 321-345.

Itoh, H.（1994）"Japanese Human Resource Management from the Viewpoint of Incentive Theory," in Aoki, M. and Dore, R. eds., *The Japanese Firm: The Sources of Competitive Strength*, 233-264, Oxford University Press.

Jacoby, S. M.（2005）*The Embedded Corporation*, Princeton University Press.（鈴木良

始・伊藤健市・堀龍二訳『日本の人事部・アメリカの人事部』東洋経済新報社)

Kato, T. (2001) "The End of Lifetime Employment in Japan?: Evidence from National Surveys and Field Research," *Journal of the Japanese and International Economies*, 15 (4): 489-514.

Kato, T., Ogawa, H., and Owan, H. (2016) "Working Hours, Promotion and the Gender Gap in the Workplace," IZA Discussion Paper No. 10454.

Kawaguchi, D. and Ueno, Y. (2013) "Declining Long-Term Employment in Japan," *Journal of the Japanese and International Economies*, 28: 19-36.

Koike, K. (1994) "Learning and Incentive Systems in Japanese Industry," in Aoki, M. and Dore, R. eds., *The Japanese firm: The Sources of Competitive Strength*, 41-65, Oxford University Press.

Lazear, E. P. (1979) "Why is There Mandatory Retirement?" *Journal of Political Economy*, 87(6): 1261-1284.

Lazear, E. P. and Rosen, S. (1981) "Rank-Order Tournaments as Optimum Labor Contracts," *Journal of Political Economy*, 89(5): 841-864.

Liang, J., Wang, H., and Lazear, E. P. (2014) "Demographics and Entrepreneurship," (No. w20506) National Bureau of Economic Research.

Milgrom, P. and Roberts, J. (1995) "Complementarities and Fit Strategy, Structure, and Organizational Change in Manufacturing," *Journal of Accounting and Economics*, 19 (2): 179-208.

Mincer, J. and Higuchi, Y. (1988) "Wage Structures and Labor Turnover in the United States and Japan," *Journal of the Japanese and International Economies*, 2(2): 97-133.

Ono, H. (2010) "Lifetime Employment in Japan: Concepts and Measurements," *Journal of the Japanese and International Economies*, 24(1): 1-27.

Owan, H. (2004) "Promotion, Turnover, Earnings, and Firm-Sponsored Training," *Journal of Labor Economics*, 22(4): 955-978.

Prendergast, C. (1992) "Career Development and Specific Human Capital Collection," *Journal of Japanese and International Economies*, 6(3): 207-227.

Prendergast, C. (1993) "The Role of Promotion in Inducing Specific Human Capital Acquisition," *The Quarterly Journal of Economics*, 108(2): 523-534.

Yamada, K. and Kawaguchi, D. (2015) "The Changing and Unchanged Nature of Inequality and Seniority in Japan," *Journal of Economic Inequality*, 13(1): 129-153

第**2**章

労働契約・雇用管理の多様化

1 はじめに

　雇われて働く労働者を意味する「雇用者」の数は，2016 年平均で 5750 万人にのぼる。雇用者は快適な労働環境で満足のいく処遇で働くことを望む点で共通する一方，賃金や働き方で異なる状況に直面していることも少なくない。

　そこで，働く人々が抱える問題を把握するため，労働経済学では雇用者をいくつかの種類に分類したうえで考察を行うのが一般的である。具体的には，性，年齢，学歴，国籍など，雇用者個人の属性の違いによって分類したり，産業，職業，企業規模，地域など，雇用者が働く環境の違いに着目することで，多くの研究が蓄積されてきた。

　このような雇用者の分類のうち，近年最も注目を集めてきたのが，いわゆる「正規・非正規」による区分である。安定した雇用と高い賃金が得られる正規雇用に対し，相対的に不安定な雇用と低い賃金にさらされているのが非正規雇用の特徴とされる（阿部 2010 等）。

　非正社員の賃金が正社員に比べて低い理由として，経済学では①仕事の責任や負担が正社員よりも小さいから（「均等化差異」もしくは「補償賃金仮説」），②正社員が厳格に選別された雇用であるのに対し，就業上の資質や働く意欲が必ずしも高くない雇用者が非正社員には潜在的に多く含まれるから（「限界生産性仮説」），③長期雇用が前提の正社員には，綿密な OJT 等を通じて企業固有の熟練が蓄積されるから（「企業特殊熟練仮説」），④正社員採用の内部労働市場の入口で価格競争が制限され，正社員の賃金が高止まりしているから（「雇用割当説」もしくは「内部労働市場仮説」）などが指摘されてきた。そのほか，社会学で

は、⑤生計の主な担い手となる正社員の男性に対し、補助的なパート労働を担う女性への低賃金が社会的に受容されてきたという「男性稼ぎ主モデル説」などが主張されることもある。

　正規・非正規への着目は、困難な状況で働く人々をクローズアップし、職場環境や労働市場を改善するための重要な論点の提示につながってきた。事実、正規雇用とそれ以外の雇用者には、賃金をはじめ、能力開発、雇用安定、社会保障など、厳然たる違いが存在する。その違いを解消すべき社会的課題として考察する際、経済学には、上記の理論仮説を踏まえ、いずれの要因がどれだけ背景として重要かを実証的に明らかにし、適切な対応策を提案していくことが期待される。

　具体的には、①の均等化差異が主たる原因とすれば、仕事の差に見合った適切な賃金が支払われるには、仕事に対する選好に応じて自由に移動できる労働市場こそが整備されるべきである。②がより妥当なら、就業以前の段階で資質や意欲に著しい差が生じないよう、就学期ならびに幼児期における認知・非認知能力の獲得機会の平等化が求められる。反対に③の就業後の熟練機会の差こそが重要であれば、非正規雇用に対する職業訓練の充実こそが有効な政策となる。④が主因ならば、雇用保護や参入制限を含む、正社員に対して付与された既得権を解消する法制度の構築などが求められよう。さらに⑤に対しては、非正規が事実上の身分差として許容されることのないよう、性別役割分担の解消などの社会的な啓発や適切な規範の形成が欠かせない。

　このような地道な実証研究の蓄積が今後進まなかった場合、正規・非正規問題も、その所在が曖昧なまま放置されてしまう危険性があることも肝に銘じておくべきである。その実例として、かつては社会問題として深刻視されてきた大企業と中小企業の規模間賃金格差が、大きな処遇差を依然として残したまま、今ではほとんど顧みられなくなったことも、非正規雇用問題の研究者は忘れてはならない[1]。

　1　玄田（1996）では、大企業と小企業の間の賃金格差について、統計上観察できない労働者の資質と職場訓練による影響を転職データと転職後の賃金変化に注目することで数量分析した。その結果、製造業の男性ブルーカラー層の賃金差の3割から6割は資質の違いによる一方、ホワイトカラーや大学卒などでの賃金格差は大部分が訓練機会の違いによることを提示した。しかし、今では規模間賃金格差に関する分析はほとんど顧みられなくなっている。

　あわせて，正規・非正規という分類には，客観的な議論を行ううえで，別の課題が含まれていることも認識する必要がある。そこで本章では，正規・非正規という雇用管理区分について改めて考察し，多様化する働き方を適切に捉えるためには，契約期間や就業時間などに関する労働契約に基づく議論を深めることの大切さを考えてみたい。

2　「呼称」と「通常」の曖昧さ

　雇用者に占める非正規雇用の割合は，今や4割に迫りつつあると報道されている。だが，そこには一般にはあまり知られていない事実が隠されている。

　正規・非正規の政府調査といえば，毎月行われる「労働力調査」と，5年ごとの「就業構造基本調査」が代表的である（ともに総務省統計局が実施）。しかし，いずれの調査でも調べられているのは，勤め先における「呼称」であることを知っておく必要がある。

　2つの調査はともに，雇われている人が「正規の職員・従業員」「パート」「アルバイト」「労働者派遣事業所の派遣社員」「契約社員」「嘱託」「その他」から，職場での呼称として一番近いものを1つ選んで回答する。そこに「正規の職員・従業員」とは何かという説明が用意されているわけではない。

　正社員といえば，長期の雇用が保障される代わりに，さまざまな業務や勤務地で柔軟に働くことが求められるフルタイムの雇用者という漠然としたイメージはある。だが，どれだけをもって「長期」というのか，どこまで「柔軟」であるべきかという明確な基準があるわけではない。だから調査も「正規」とは何かを明示せず，あくまで職場の呼称をたずねている。正規・非正規は厳格な区分でなく，実のところ，職場でどう呼ばれているかという曖昧な線引きにすぎない。正規・非正規の範囲を統計的に捕捉するために，多くの国では契約期間，就業時間，直接・間接雇用などの客観的な労働条件を基準としている一方，職場における呼称を用いる国は日本以外に見当たらないという（有田 2016）。

　労働力調査と就業構造基本調査は，雇用者本人にたずねる世帯調査であるが，雇う側にたずねる事業所調査でも，正規・非正規の区分に明確な定義は存在しない。厚生労働省実施の「賃金構造基本統計調査」（賃金センサス）は，雇用者を雇う事業所に対する調査であり，正社員・正職員とそれ以外の賃金などが詳しく把握される。ただし調査では「正社員・正職員」とは，事業所で正社員，

正職員とする者をいい，「正社員・正職員以外」とは，正社員・正職員に該当しない者をいうと説明されているだけであって，曖昧な形で分類されているのは，そこでも同様である。

このように政府が実施する統計で，正規・非正規を呼称という曖昧な形で捉えざるをえなかったのは，なぜだろうか。それは，法律上，正社員ならびに正規雇用者に関する規定や定義がいっさい存在してこなかったからである。2015年に施行された「労働者の職務に応じた待遇の確保等のための施策の推進に関する法律」は「同一労働同一賃金推進法」と呼ばれ，正規・非正規といった雇用形態による格差を是正するための法律といわれる。ところが，法律の文言には 1 カ所も「正規雇用者」という表現は含まれない。その代わりに使われているのは「通常の労働者」という表現である。

パートタイム労働法の成立以降，正規雇用者の代わりに用いられているのは，もっぱらこの「通常の労働者」という表現である。社会的に明確な合意がない「正社員」概念を法律に明記するのを避けた苦肉の策でもあるが，「通常」とは何かという曖昧さがそこには残る。この点に関し佐藤（2015）も，企業として，自社における「通常の労働者」を特定することは難しく，正社員や正職員に関して世間一般の共通理解が存在するわけではないのが現状であると，課題を指摘する。今後，働き方の多様化がさらに進んでいくとすれば，何をもって通常であると決めるのかは，ますます困難になるだろう。

ただ，統計や法律に正規・非正規を明確に規定したものが存在しないのに対し，政策に「正規雇用者」を定義したものがまったくないかといえば，そうではない。キャリアアップ助成金は，非正社員から正社員への移行促進を求める社会的要請に応えるべく，従業員の正規雇用への転換などに努力する企業を助成する政策である。そこでは助成上，「正規雇用者」の定義はどうしても必要になる。そのため助成金では，正規雇用者を①無期雇用，②派遣以外，③勤務地・職務が非限定，④通常の労働者と同一の所定労働時間，⑤長期雇用を前提とした待遇，のすべてに該当するものとしている。

だが，ここでも「通常」や「長期」という曖昧さが依然として残るのに加え，勤務地・職務が非限定ということも，ポイントになる。現在，正規・非正規の二極化を解消するために，育児や介護とも両立可能な，勤務地や職務を限定した正社員である「限定正社員」，もしくは「多様な正社員」の拡充に期待が集まっている。ところが，上記の定義による限り，限定正社員は正社員の一部で

はあるが，正規雇用者ではないという，実にわかりにくいことになってしまうなど，さまざまな混乱を引き起こしかねない。

　このように政策を厳密な形で実行するうえで，明確な定義を持たない正規・非正規に執着することには，どうしても限界が残ってしまう。そもそも働いている社員を非正社員などと呼んだりしている職場は，実際にはほぼないだろう。筆者はかつて正社員以外で働いていると思われる中年男性から「"非正社員"って呼ばれるのが嫌だ。自分が"正しくない"働きをしているとでも言いたいのか」と抗議を受けた経験がある。このような抗議をナイーブな批判と片付けるのではなく，だとすればいかにして不安定雇用の問題を把握したり，受け止めたりするべきかを，労働経済学者は真剣に考え続ける必要がある。

3　契約期間について

3.1　期間の重要性

　曖昧な「正規・非正規」に代わり，働き方の違いを客観的に論じるための有効な指標とは何か。それは「無期・有期」の雇用契約期間である。

　労働基準法では，労働契約の締結に際し，労働条件の明示が義務づけられている。とくに，賃金，勤務地，業務内容，始業・終業時間，休日，退職と並び，雇用契約期間は書面での明示が求められる。契約期間は，無期・有期の期間の定めの有無に加え，有期雇用の場合は，契約年数のほか，契約更新の有無や更新の基準なども明確にしなければならない。

　会社で正社員と呼ぶべきか否かといった法規範が存在しないのに対し，雇用契約期間は労働基準法により，原則 3 年を超えてはならないという客観的な基準が設けられている。ただし，一定の事業の完了に必要な場合は 3 年を超えた契約が特例で認められるほか，高度な専門職や満 60 歳以上の有期契約は 5 年まで可能などの配慮もある。それだけ雇用契約期間の基準は，法的に整備されている。

　実際，雇用の安定促進を目指した政策も，主たる基準として採用しているのは「無期・有期」である[2]。2013 年に施行された改正労働契約法でも，雇用契約期間のルールが明確に定められた。そのルールとは，有期労働契約が繰り返し更新され通算 5 年を超えたとき，労働者からの申し込みがあった場合，使用者は無期労働契約に転換しなければならないというものである。なお，大学や

研究開発法人の教員等および，有期プロジェクト等に就く高収入の高度専門職には期間の上限を 10 年，定年後に継続雇用される高齢者には転換までの期間を設けない特例が認められている。

　2015 年施行された労働者派遣法の改正でも，契約期間が 1 つのポイントとなった。改正では，派遣労働者が派遣先の同一組織（課など）で働ける期間の上限を原則 3 年と定めた。そのうえで 3 年経過後の雇用安定化措置として，派遣先への直接雇用の依頼や新たな派遣先の提供に加え，派遣元への無期雇用などが義務づけられた。

　この措置には派遣という働き方を固定化するという批判がある。しかし一方で，同一の組織への派遣を継続するため，派遣元での契約が無期雇用に転換されるなど，雇用の安定を増す専門職も増える可能性がある。安定的な働き方の拡大は，明確な基準のない正規ではなく，法律上の基準に則った無期契約に沿って行うのが，政策の常道である。限定正社員も，勤務地や職務の限定された条件付きの無期契約として普及を図る方が明快だろう。

　海外に日本の非正規雇用が紹介される際にも，呼称によるものが引用されることもあれば，短期の臨時・日雇を指したり，短時間労働者を意味したりと統一性がなく，事実を伝えるうえで混乱が生じている。今後は "fixed-term" は期間を区切った短期の有期契約の労働者のことであり，"part-time" は所定労働時間以下の短時間労働者を指すなど，英訳を統一し，呼称である "non-regular" とは明確に区別すべきである[3]。

　契約期間への理解を深めることは，不安定雇用に関する誤解を取り除いていくうえでも意味を持つ。「正社員」をいったん雇うと，一定の要件を満たさない限り，容易には整理解雇できないという解雇権濫用法理が確立していることは，社会の中で一定程度知られている[4]。一方で，「非正社員」であれば，何か

2　ちなみに労働政策を担う厚生労働省の組織の中に「非正規」といった名称を含む部局は存在しない。代わりにあるのは雇用環境・均等局にある有期・短時間労働課である。

3　日本に限らず，不安定雇用の比較でも非正規雇用を規定する国際標準のないことは，国際機関も問題視してきた。ILO（国際労働機関）は従業上の地位に関する国際分類改訂ワーキンググループを設置し，検討を行っている。そこでも雇用者の分類を「雇用期間の定めなし」「雇用期間の定めあり」「オンデマンド／非常に短期の雇用」とするなど，雇用期間を軸にした分類が有力視されている（総務省統計局　2016）。

4　整理解雇の 4 要件と呼ばれ，人員整理の必要性，解雇回避努力義務の履行，被解雇者選定の合理性，手続きの妥当性が，すべて満たされていることが求められる。

のときにはすぐに解雇できると思っている人々も多い。しかし，それは誤解である。

　労働契約法には，契約期間中の解雇に関する明確な定めがある。第 17 条には「期間の定めのある労働契約について，やむを得ない事由がある場合でなければ，その契約期間が満了するまでの間において，労働者を解雇することができない」と記される。さらに解雇の困難を背景に「必要以上に短い期間を定めることにより，その有期労働契約を反復して更新することのないよう配慮しなければならない」とも明記されている。

　後で見るとおり，正社員と呼ばれていない就業者には有期雇用も多いが，それらの人々を自由に解雇することは法律で認められていない。ただし解雇ができなくても，契約終了時点での「雇い止め」は経営の自由と考える使用者もいる。だが，それも必ずしも正しいとは言えない。

　有期雇用の雇い止めには，契約を更新しない場合の事前予告のルールや，労働者が請求した場合の理由明示が求められてきた。加えて改正労働契約法では，それまで最高裁判例で確立してきた「雇い止め法理」が条文化された。雇い止めは「客観的に合理的な理由を欠き，社会通念上相当であると認められない」場合には，厳しく制限されている[5]。

　このように有期雇用者には，解雇に限らず，雇い止めにも明確な縛りがある。曖昧な非正社員に代わり，契約期間という視点の広がりは，安定的な雇用を求める法律への理解の普及にとっても有効だろう。

3.2　有期・無期への着目

　安定雇用の拡大を図る政策の多くは，雇用契約期間という概念に沿って展開されているのが，実際である。客観的な議論や政策を評価するうえでも，雇用

5　ただ同時にそれはすべての有期雇用の雇い止めが制限されていることを意味するものではない。雇い止めの制限対象となる有期労働契約は「過去に反復更新された有期労働契約で，その雇い止めが無期労働契約の解雇と社会通念上同視できると認められるもの」（実質無期），「労働者において，有期労働契約の契約期間の満了時にその有期労働契約が更新されるものと期待することについて合理的な理由があると認められるもの」（期待保護）とされる。さらに雇い止め法理が適用されるには，労働者からの有期労働契約の更新の申し込みも手続き上必要とされる。労働法における雇い止め制限に関する詳細は篠原（2014）を参照。

契約期間は重要な含意を持つ。にもかかわらず，契約期間を中心に据えた労働研究の蓄積は，正規・非正規研究に比べて乏しいのが現状だった。その理由の1つとして，雇用契約期間に関する公的統計の整備が長らく進んでこなかったことがあげられる。

　労働力調査および就業構造基本調査では，役員を除く雇用者の従業上の地位として「常雇」「臨時雇」「日雇」区分が長年採用されてきた。このうち，臨時雇は1カ月以上1年以内の期間を定めて雇われている者であり，日雇も日々または1カ月未満の契約で雇われている者として，短期の雇用契約期間に対応する。ところがそれら以外の常雇は，1年を超える有期雇用と，期間を定めない無期雇用が混在したまま，調査が続けられてきた。

　反面，雇用管理の多様化が進み，無期雇用のパート社員や，反対に有期雇用のフルタイム社員など，新たな雇用形態が広がり始めると，就業時間とあわせて，より詳細な雇用契約期間に関する実態把握の必要性が意識されるようになる[6]。そこで2012年に実施された就業構造基本調査では，雇用契約期間の定めの有無，ならびに1回当たりの雇用契約期間，さらには更新回数をたずねる調査票が新しく採用された。労働力調査も，2013年1月以降の基礎調査票は，常雇を無期の契約と有期の契約に分けて回答するよう変更されている。

　現在は，これらの統計での調査が始まった有期・無期の区分に着目することで，正規・非正規雇用問題を新たな視点から考えることもできる。表2-1は正規・正規以外の呼称区分を，期間の定めのない「無期の契約」（定年まで雇用の場合を含む），雇用契約期間が1年超の「有期の契約」，雇用契約期間が1年以内の「臨時雇・日雇」へさらに分類し，2013年以降の雇用者数の推移を示したものである。ここからは，いくつかの意外な事実が浮かび上がる。

　従来，正社員とは無期雇用のことであり，かつ非正社員はすべて有期雇用というイメージで正規・非正規問題を捉える場合も少なからずあった。たとえばウィキペディアで「非正規雇用」を調べてみると「いわゆる「正規雇用」以外の有期雇用をいう」と書かれている。しかし，表2-1を見てみると，それは事実と異なることがわかる[7]。

　確かに2016年時点で，有期の正規以外ははじめて1000万人台に到達し，役

　6　さらに労働力調査は2013年以降，月末1週間の労働時間に加え，週間および月間の就業日数を調べることで年間の総労働時間を把握できるよう整備されている。

表2-1　「正規・正規以外」および「一般常雇・臨時雇・日雇」「無期・有期の契約」
　　　　による区分

| 年次 | 雇用者総数（役員を除く） | | 一般常雇 | | | | | | | | 臨時雇・日雇 | | | |
| | | | 無期・正規 | | 有期・正規 | | 無期・正規以外 | | 有期・正規以外 | | 正規 | | 正規以外 | |
	万人	構成	万人	構成	万人	構成	万人	構成	万人	構成	万人	構成	万人	構成
2013 年	5,210	100.0	3,173	60.9	120	2.3	579	11.1	866	16.6	10	0.2	461	8.8
2014 年	5,249	100.0	3,160	60.2	117	2.2	587	11.2	954	18.2	10	0.2	421	8.0
2015 年	5,293	100.0	3,179	60.1	123	2.3	602	11.4	963	18.2	11	0.2	415	7.8
2016 年	5,381	100.0	3,224	59.9	131	2.4	607	11.3	1,001	18.6	10	0.2	407	7.6

(注)　一般常雇とは、1 年を超えるまたは雇用期間を定めない契約で雇われている者で「役員」以外の者。
　　2012 年調査以前は、有期・無期の区分なし。千人以下を四捨五入しているため、一般常雇と臨時雇・日雇
　　の和が総数と一致しない場合もある。構成はパーセント。
(出所)　総務省統計局「労働力調査」結果原表。

員を除く雇用者全体の 18.6％ を占めるに至っている。反面、期間の定めのな
い無期雇用の正規以外も、実のところ、607 万人存在している。それは雇用者
の 11.3％ に相当するなど、決して小さくない数字である。有期・正規以外と
同様、無期・正規以外も 2013 年以降、着実に増え続けている事実も見逃せな
い。

　労働市場の流動化が叫ばれる一方で、先行きの見通しが暗い経済情勢のなか、
短時間就業であっても、同じ職場で安定して長く働き続けることを望む雇用者
は少なくない。同時に、人手不足の深刻化を受け、技能を持つパート社員を無
期雇用として確保したい事業者も多い。そんな労使の合致した意図を背景に、
今後も正規以外の無期雇用者の増加が大いに予想される。育児や介護など家族
事情への配慮も含め、労使の合意を前提とした、無期雇用の短時間就業を拡充
するための環境整備は、今後ますます重要な課題となる。

　ただその一方で、正規以外には契約期間が 1 年以内と短く、雇用が不安定な
臨時雇・日雇が、減少傾向にこそあるものの、依然として約 400 万人にのぼる
ことも忘れてはならない。そもそも 2000 年代に正規・非正規問題に注目が集
まる以前の不安定雇用問題といえば、建設や製造の現場などで臨時雇・日雇と

7　卒論や修士論文を書くときには、ウィキペディアなどインターネットで一般に飛び交
　う説明を鵜呑みにするのではなく、法律の定義や政府、研究者の説明などを自分で直接
　確かめてみることをお奨めする。

して働く労働者を取り巻く状況を指すことが多かった[8]。労働力調査によれば，製造業は 1992 年，建設業は 97 年をピークに就業者数を減らし続けている。それでも，ごく短期間でたえず新たな職を求め続けざるをえない臨時雇・日雇労働者が，今も少なからず存在する。非正規のうち，安定雇用を最も必要としているのは，これらの臨時雇・日雇である。

　表 2-1 からは，割合こそいまだ低いものの，有期の正規雇用も 100 万人以上存在している事実も無視できない。その数は，3000 万人以上と大多数を占める無期・正規雇用に比べると小規模ではあるが，以下で説明するとおり，将来増加していくことも予想され，今後注目すべき新たな雇用グループといえる。

3.3　プロジェクト型雇用

　続いて雇用契約期間を詳細に把握した，もう 1 つの政府統計である就業構造基本調査（2012 年）からも，雇用の呼称と契約期間の関係を確認しておく。毎月約 4 万世帯が調査対象の労働力調査に比べて，5 年に 1 度，約 52 万世帯が対象となる大規模な調査である就業構造基本調査からは，より詳細な雇用契約区分ごとの雇用者数を把握できる。

　その結果が表 2-2 である。表 2-2 からも有期の正社員が 135 万人に達しており，有期契約の雇用者でも正社員と職場で呼ばれている人々は一定程度存在していることが確認できる。同様に，非正社員はほとんどが短期雇用契約というイメージは，ここでも覆される。正社員以外の呼称のうち，30% は無期契約のもとで働いている。さらに有期の非正社員でも約 15% は 1 年超 3 年以下，3 年超 5 年以下，その他のいずれかの契約となっている。

　非正社員のうち，比較的長い有期の契約で働く人々が増えた背景には，従来から多かったパートやアルバイト以外の多様な働き方が広がったこともある。パートやアルバイトでは，無期契約が 30% 後半を占めるなど，実は長期雇用が前提の場合も少なくない。それに対し，派遣社員や嘱託社員は，無期契約は15〜16% 程度と半分以下であり，契約社員にいたっては，そもそも有期の契

8　小倉（2013）では，朝日新聞キーワード検索から「正社員」「非正社員」を含む記事数の推移を調べている。1990 年代までは 1 日平均 1 件にも満たなかった記事数が 2001 年以降増加傾向となり，リーマン・ショック後の日雇派遣村などが話題になった 09 年に突出して急増していることなど，興味深い指摘をしている。

表 2-2　雇用形態（呼称）と雇用契約期間の関係（万人，カッコ内は構成比（％））

| | 総数 | 無期契約 | 有期契約 | 有期雇用契約年数 | | | | わからない |
				1年以下	1年超3年以下	3年超5年以下	その他	
雇用者全体	5,354 (100.0)	3,670 (68.5)	1,212 (22.6)	819 (15.3)	185 (3.5)	55 (1.0)	154 (2.9)	445 (8.3)
正社員	3,311 (100.0)	3,054 (92.2)	135 (4.1)	44 (1.3)	31 (0.9)	22 (0.7)	38 (1.1)	121 (3.7)
非正社員	2,043 (100.0)	616 (30.2)	1,076 (52.7)	774 (37.9)	154 (7.5)	32 (1.6)	116 (5.7)	323 (15.8)
「非正社員」に分類の呼称内訳　パート	956 (100.0)	371 (38.9)	438 (45.9)	339 (35.4)	56 (5.9)	9 (1.0)	34 (3.6)	135 (14.1)
アルバイト	439 (100.0)	157 (35.7)	149 (33.8)	114 (25.9)	16 (3.7)	3 (0.7)	16 (3.5)	128 (29.1)
派遣社員	119 (100.0)	18 (15.5)	84 (70.7)	67 (56.3)	10 (8.4)	2 (1.5)	5 (4.3)	16 (13.1)
契約社員	291 (100.0)	－ (－)	270 (92.6)	171 (58.9)	47 (16.2)	9 (3.0)	42 (14.6)	19 (6.7)
嘱託社員	119 (100.0)	18 (14.7)	95 (79.4)	61 (51.0)	18 (15.1)	8 (6.7)	8 (6.5)	6 (5.3)
その他	119 (100.0)	52 (43.6)	41 (34.9)	23 (19.2)	7 (5.5)	2 (1.3)	11 (8.9)	20 (16.6)

（注）　雇用契約期間については未回答の場合が除かれていることと，千人以下は四捨五入しているため，人数および構成比の総和は総数と一致しない場合もある。雇用者から役員は除く。
（出所）　総務省統計局「就業構造基本調査」（2012年）より筆者が加工作成。－は該当数値なし。

　約で働くことが条件の働き方となっている。派遣，契約，嘱託などは，約半分が1年以下の契約ではあるが，同時に1～3年の契約で働く割合は，ほかの呼称に比べて多くなっている。多様な働き方は，結果的に比較的長期の有期契約雇用者の増加に結びついている。

　そしてこれらの有期契約で働く人々は，大規模な組織の運営にとって不可欠な存在になりつつある。図2-1は同じく就業構造基本調査（2012年）から，従業者規模別に雇用総数に占める有期雇用の割合を求めたものである。ここから一見して明らかなのは，大規模組織の企業ほど，有期雇用の割合が高くなっている事実である。従業員が50人未満の企業では，有期雇用の割合は20％を下回る。それに対し従業員300人以上の規模の大きい企業では，有期雇用は27％台に達する。さらに図2-1には，契約社員や嘱託などの有期雇用で働くこ

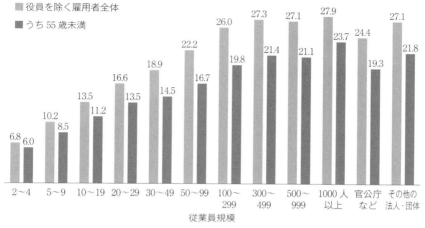

図 2-1　雇用総数に占める有期雇用の割合（％）

（出所）　総務省統計局「就業構造基本調査」（2012 年）。

との多い 55 歳以上を除いた場合の有期雇用割合も示されている。ここからは，55 歳未満の若年や壮年層に限っても，大規模な企業ほど有期雇用比率が高いという事実は，同様に観察される。

　従来から労働経済学では，日本的雇用システムとして，いわゆる年功賃金，企業別組合と並んで，長期雇用（「終身雇用」と一般に呼ぶこともある）などの特徴が指摘され，主に大企業で普及したと説明されてきた。そのため，定年まで期間の定めのない無期雇用は，大企業雇用者の間で広がっているというイメージも多かったのではないだろうか。

　しかし，図 2-1 からわかるのは，むしろ無期雇用は，中小企業の雇用者の間でより一般的という事実である。そもそも従業員の少ない企業では，定年制を採用しない場合もあるなど，1 人ひとりの雇用者が貴重であり，辞められると会社にとって困る存在である場合も多い。人手不足の続く状況では，ますますその傾向は強まるだろう。就職をこれから考えている大学生のうち，とにかく安定して長く働ける無期雇用を何より望むのであれば，大企業よりは中小企業への就職を目指す方が正解かもしれない[9]。

　一方，大企業では，経済環境の不確実性や企業間での競争に激しさが増すなか，迅速かつ柔軟な経営判断が，経営の死活問題となっている。その結果，多くの大企業は，業務遂行の軸足を，「組織型」から以下で述べる「プロジェク

ト型」へと移しつつある。

　組織型の業務遂行とは，無期雇用で働く組織内の雇用者に主要メンバーを限
定したうえで，その団結によって長期的な観点からの業務達成を目指すもので
ある。中心はあくまで企業組織内の男性正社員であり，女性社員やパート社員
などは補助的・周辺的な存在とみなされた。それは従来型の大企業の仕事の進
め方そのものだった。

　それに対し，プロジェクト型の業務遂行とは，経営判断としてまずプロジェ
クト（企画事業）が立ち上がる。そのうえで，既存組織の構成員に限定されな
い多才な人々の連携によって，一定期間内でのプロジェクトの達成を目指すも
のである。プロジェクトの最終的責任者こそ，組織内の中核人材が担うものの，
それ以外は，組織内の無期雇用者だけでなく，必要な人材を多様かつ柔軟に確
保したうえで，業務は遂行される。そこでは，無期雇用と有期雇用の人々が相
互補完的に働き，それぞれの役割について責任を持って仕事をすることが求め
られる。1990 年代以降の長きにわたる不況を経験し，市場ニーズに対して迅
速かつ弾力的な意思決定が可能となるよう，企業経営の構造変革が求められる
なか，試行錯誤の結果，多くの大企業がたどり着いたのが，組織型からプロジ
ェクト型への移行だったのである。

　これまで，組織の長期的な構成人員として雇用者を処遇する「メンバーシッ
プ型」と，担当する仕事によって短期的な処遇が決まる「ジョブ型」という区
分けを用いて，前者の性格が強いのが日本的雇用システムであり，後者が欧米
的雇用システムといった理解がなされることも多かった。あわせて日本的雇用
システムの中でも，正社員はメンバーシップ型であるのに対し，非正社員はジ
ョブ型の性格を色濃く帯びるという明快な整理もなされてきた（濱口 2013 等）。

　今後は，これらの２つの型に加えて，メンバーシップ型とジョブ型の両面を
兼ね備えた「プロジェクト型」雇用の存在が普及していくだろう。プロジェク
ト型の雇用者は，組織内に設置されたプロジェクトの遂行に不可欠と評価され
た比較的長期の有期雇用メンバーであり，同時に専門的かつ基幹的なジョブの

　9　無論，中小企業では，無期雇用であったとしても，倒産や事業閉鎖など別の雇用消失
　リスクがより強く存在することもまた事実である。さらに大企業では，厳選して採用さ
　れた無期雇用者に対して，企業特殊熟練の形成などを背景に，中小企業以上に強い雇用
　保護を実施する代わりとして，短期的な景気変動などには有期雇用の柔軟な調整によっ
　て対応しているといった解釈も可能である。

図2-2　雇用形態・雇用契約期間別に見た勤続年数・所定内給与プロファイル
（1000人以上の民営企業，大学・大学院卒・男性）

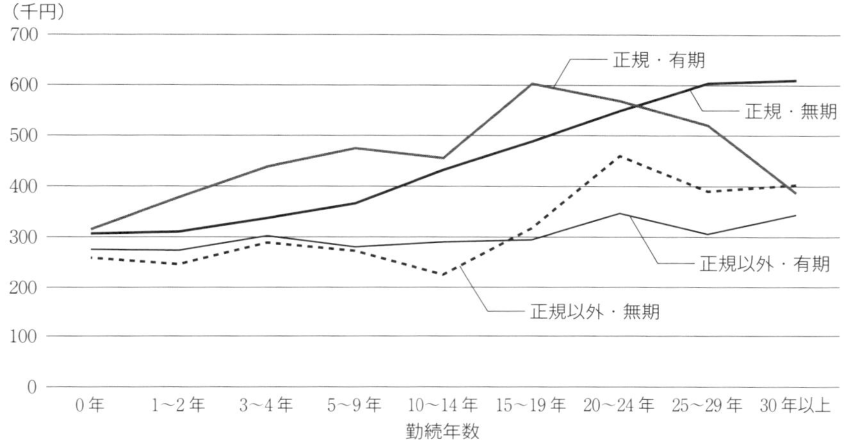

（出所）　厚生労働省「賃金構造基本統計調査」（2015年）。

内容によって処遇される人材である。そのような人材は，統計上は先に見た「有期・正規」の範疇に多く含まれることになる。

　有期・正規であるプロジェクト型雇用は，すでに大企業で重要な役割を発揮していることを示唆するデータもある。図2-2は賃金構造基本統計調査（2015年）から，1000人以上の民営企業における大学・大学院卒男性について，正規・正規以外と無期・有期の組み合わせごとに，勤続年数と毎月の所定内給与の関係を描いたものである。

　図2-2を見ると，正規の場合，勤続年数が20年未満では，賃金面で有期が一貫して無期を上回っている。一定期間のプロジェクトの遂行に必要なスキルを有する高度人材を有期・正規で雇用する場合，能力の市場価値に連動した賃金を支払う状況が強まっていることを予感させる[10]。

───────────────

　10　梅崎（2017）は，1990年代以降の日本企業の人事制度が，80年代以降のアメリカの状況をならいつつ，伝統的な内部労働市場を重視したものから，資本・労働の両面で市場原理に基づく雇用関係（New Deal at Work）へ移行してきたと指摘する。

3.4　契約期間の不明

　もう一度，表 2-2 に戻ろう。2012 年実施の就業構造基本調査では，有期の契約年数に細かい選択肢が設定されたことに加え，独自の選択肢が準備されている。それは，契約期間に定めがあるかないかが「わからない」場合も回答者は選択可能としたことである[11]。

　表 2-2 からわかるのは，雇用者のうち，実に 445 万人が自分の雇用契約期間が「わからない」状況にある事実だ。それは雇用者全体の 8.3％ に相当する。

　雇用契約期間が不明の人々のうち，73％ にあたる 323 万人は「正規の職員・従業員」以外の雇用者である。正規雇用以外に分類される人々の中では 15.8％ が自分の雇用契約期間を「わからない」としている。正規以外の雇用には「正規の職員・従業員の仕事がないから」今の仕事に就いているという「不本意非正規」が 2015 年平均で 17％ に及ぶといわれる[12]。契約期間不明の正規以外の割合は，そんな不本意非正規と遜色のない水準にある。呼称別では，パートは 14.1％，アルバイトは 29.1％，派遣社員が 13.1％，契約社員が 6.7％，嘱託社員が 5.3％，その他では 16.6％ が，契約期間不明となっている。

　先に述べたとおり，労働基準法では雇用契約期間は書面明示が義務づけられている。にもかかわらず，実際には雇用者全体の 1 割近くが自らの雇用契約期間を認識していない。この事実は何を意味するのだろうか[13]。

　経済理論では，労働者の配置や処遇は企業との間に明示的に結ばれた雇用契約に基づいて決定される[14]。Malcomson（1999）によれば，個別の雇用契約はリスクの適切な配分，熟練などの投資の保護，雇用者に対する動機づけなどを目的に，経済合理的に設定されることになる。その際，雇用契約期間の不明が多数存在する現実の解釈としては，企業に比べた労働者の交渉力の乏しさが考えられる。企業内での雇用や賃金の決定が競争的な労働市場における資源配分とは異なる場合，代わって労使間での直接的な交渉が重要な役割を果たす[15]。Becker（1993）を代表とする企業特殊熟練に関する人的資本理論，Lindbeck

---

11　2017 年の就業構造基本調査では，定めの有無が「わからない」に加えて，有期であることは認識しているものの，具体的な契約年数は「わからない」という項目も新たに設定されることとなった。

12　総務省統計局「労働力調査（詳細集計）」（平成 27 年平均）第 II-16 表。

13　以下の理論的説明は，玄田（2017）に依拠している。

14　労働経済学における経済理論の最新動向については，本書第 12 章を参照。

and Snower（1986）によるインサイダー・アウトサイダー理論，Layard, Nick-ell and Jackman（1991），Mortensen and Pissarides（1994）等のジョブ・サーチ理論など，代表的な経済理論では，賃金や雇用は労使間での交渉（bargaining）により決定すると想定される場合が多い。

　標準的なゲーム理論におけるナッシュ交渉モデルであれば，交渉解としての賃金や雇用に関する契約内容は，交渉が決裂した場合に労使双方にもたらされる状況（威嚇点）と，交渉妥結の結果として得られる全体利潤（パイ）の分配状況の両者によって規定される。労働者の企業に対する交渉力が乏しいとすれば，労働者にとって交渉が決裂した場合の損失が大きいか，得られたパイの労働者への分配率が低いことのいずれか，もしくはその両方を意味することになる。いうまでもなく，労働者の交渉力が弱ければ弱いほど，労働者は不利な契約内容に甘んじざるをえない。

　加えて，交渉力の違いがもたらす影響は，賃金や雇用の水準だけにとどまらない。企業の有する交渉力が労働者に比べて著しく強い場合，雇用や賃金のみならず，前提となる雇用契約の存在そのものを曖昧にしたまま，企業の自由裁量によって運用する余地が生じる可能性がある。条件明示の法遵守が求められているにもかかわらず，契約年数の不明が多数にのぼる事実は，乏しい交渉力のために，契約締結時に雇用契約期間が事実上提示されない労働者が，少なからず存在することを物語る。

　このうち，契約期間の事実上の不提示には，法律で定められた契約年数の書面での明示がなされていないほか，明示こそあるものの，説明が十分になされなかった結果，新規雇用者がその内容を認識するには至っていない状況も含まれる。厚生労働省（2012）およびみずほ総研（2014）の調査では，約 9 割の企業が正社員以外にも労働条件を明示していると回答していることからすれば，労働者は，不十分な説明しか受けておらず，自らの雇用期間を理解していない状況が多いのかもしれない。

　玄田（2017）は，リクルートワークス研究所が実施した「全国就業実態パネ

15　玄田（2008）は，独自調査と就業構造基本調査の分析の結果，非正規雇用についてもその多くは，外部労働市場で単純労働に終始する不安定雇用のイメージとは異なり，内部労働市場下位層の労働者像により合致することを指摘している。内部労働市場については，本書第 1 章を参照。

ル調査」（2016 年）を分析し，正社員以外の学卒雇用者の中でも，雇用契約期間の不明者は，時間当たり賃金，新しい知識・技術の習得機会，仕事への満足度などが，いずれも劣ることを明らかにした。非正規雇用が増え，その待遇改善が，喫緊の課題として取り上げられている。だとすれば，まずもって展開すべきは，非正規の中でもあらゆる面で劣位に置かれる契約期間不明の人々を救済する具体的な方策だろう。

　一方，職場に労働者の利益を代表して企業と交渉する組織があるほか，人材紹介会社やハローワークなど，労働法に関する専門的な知識を有する仲介者を通じて入職した場合に，契約期間の不明は生じにくいことも玄田（2017）では示した。労働法の遵守を促し，雇用契約期間を軸に安定した就業機会の拡大と正社員以外の待遇改善を図るには，労働基準監督署による監督行政の強化をはじめ，契約時の労働条件明示に関する事前確認ルールの作成など，期間不明の雇用者が存在する状況を解消するための諸方策の推進が求められる。

4　実証分析

4.1　雇用契約期間の規定要因

　雇用契約期間不明が，かくも多数存在する背景については，今後さらに詳細な検証が待たれるところである。ただ 1 ついえるのは，統計的な整備の遅れの問題も含め，雇用契約に関する社会的関心がこれまで十分でなかったことが，雇用は労使の明確な合意に基づく客観的な契約であるという基本認識を妨げていた可能性は否めない。今後は，契約期間のみならず，労働基準法により書面での明示が求められている就業時間についても，契約に基づく雇用管理を徹底することが，過剰な長時間労働の是正にとって重要になる。

　そこで以下では，正規・非正規という呼称区分に代わり，契約期間と就業時間により区分された雇用管理の状況について，就業構造基本調査（2012 年）を用いて見ていくことにする。

　表 2-3 は，契約期間別の雇用者数を，規則的就業とその他，さらには規則的就業を週 35 時間未満とそれ以上とに区分したものである。ここでいう規則的就業は，就業構造基本調査の調査票に従い，年間 200 日以上就業している場合と，200 日未満であるが「だいたい規則的」に就業していると回答した場合から構成される。また 1 週間の就業時間の区分は，労働基準法で定められた法定

表 2-3　雇用契約期間と就業時間区分別に見た雇用者数

雇用契約期間	全体		規則的就業				その他	
			週 35 時間未満（短時間）		週 35 時間以上（一般）			
	雇用者数（万人）	構成（%）	雇用者数（万人）	構成（%）	雇用者数（万人）	構成（%）	雇用者数（万人）	構成（%）
総計	5,327	100.0	1,098	100.0	3,865	100.0	363	100.0
定めがない	3,670	68.9	450	41.0	3,055	79.0	165	45.5
1 カ月未満	11	0.2	2	0.2	4	0.1	5	1.3
1 カ月以上 6 カ月以下	331	6.2	148	13.5	148	3.8	36	9.8
6 カ月超 1 年以下	477	9.0	212	19.3	231	6.0	35	9.5
1 年超 3 年以下	185	3.5	63	5.7	109	2.8	13	3.5
3 年超 5 年以下	55	1.0	15	1.4	35	0.9	4	1.1
その他	154	2.9	45	4.1	88	2.3	20	5.6
わからない	445	8.3	163	14.8	195	5.1	86	23.7

(注)　「規則的就業」は年間 200 日以上の就業と年間 200 日のうち「だいたい規則的」就業からなる。「総計」には，雇用契約期間が未回答は含まない。また千人以下を四捨五入しているため，規則的就業とその他の和は全体と一致しない場合もある。
(出所)　総務省統計局「就業構造基本調査」（2012 年）を特別集計。

　の週労働時間の上限である 40 時間を基準に行うことも考えられる。ただし，就業構造基本調査の週間就業時間区分は，「30〜34 時間」「35〜42 時間」「43〜45 時間」など，当てはまる区分から 1 つを選ぶことになっている。そこで週40 時間を含む区分の下限である 35 時間を基準に，以下では 35 時間以上を「一般」雇用者，35 時間未満を「短時間」雇用者と呼ぶことにする。

　表 2-3 からは，週 35 時間以上の一般のうち，79.0% は期間の定めのない雇用者から構成されることが確認できる。一方，週 35 時間未満でも期間の定めのない雇用者は 41.0% にのぼるなど，無期雇用の短時間雇用者の割合は小さくない。規則的就業でない「その他」でも無期雇用は 45.5% を占めている。

　先に見た期間不明は，規則的就業ではない「その他」では，23.7% に達している。さらに短時間雇用者でも期間不明が 15% に達するなど，一般的な就業とは異なる働き方が，不明確な雇用契約と結びつきやすいことを示唆している。反面，一般雇用者では期間不明は 5.1% と少なく，残る約 16% が有期契約で働く状況となっている。

　では，これらの契約年数と労働時間で区分された雇用管理の中でも，短時間ながら無期契約で働く人々，さらには一般の就業時間のうち有期契約で働く人々には，いかなる特徴があるのだろうか。加えて契約期間が不明に陥りやす

表2-4 雇用期間と個人属性の関係（主な特徴）

属性	短時間のうち無期	一般のうち有期	期間不明
性別	女性	女性	女性
年齢	20代，30代前半	50代以降	10代，20代
婚姻	無関係	未婚	未婚
世帯続き柄	世帯主	世帯主	子，配偶者，父母
教育	高学歴	低学歴	低学歴
育児	あり	なし	なし
介護	なし	無関係	無関係
前職	あり	あり	なし
職場呼称	正社員	契約社員，派遣社員，嘱託	アルバイト，パート

（注）　短時間のうち無期は，週35時間未満勤務の学卒雇用者のうち，期間の定めのない雇用の場合を「1」，それ以外を「0」とする被説明変数に関するプロビット・モデルの推定結果。一般のうち有期は，週35時間以上勤務の学卒雇用者のうち，有期雇用契約を「1」，それ以外を「0」としたプロビット・モデルの推定結果。期間不明は，学卒雇用者全体のうち，期間不明を「1」，それ以外を「0」としたプロビット・モデルの推定結果。説明変数としては，個人属性と勤め先属性に関する上記変数をすべて含める形で推定した。
（出所）　総務省統計局「就業構造基本調査」（2012年）を特別集計。

表2-5 雇用期間と勤め先属性の関係（主な特徴）

属性	短時間のうち無期	一般のうち有期	期間不明
勤続年数	長期	短期（5年未満）	短期（とくに1年未満）
産業（大分類）	生活関連サービス，娯楽，製造など	漁業，教育・学習支援，学術研究，専門・技術サービス，サービス（その他），建設，分類不能など	宿泊，飲食サービス，建設，生活関連サービス，娯楽，サービス（その他），分類不能など
企業規模	小規模	大規模，官公庁	小規模
職業（大分類）	管理，建設以外	管理	管理，専門，販売以外
経営組織	個人経営	個人経営以外	合名，合資，合同会社

（出所）　表2-4と同じ。

い雇用者とは，どんな人々なのだろうか。あわせて，それらの雇用管理および期間不明は，どのような勤め先の属性と関連しているのだろうか。以上について，プロビット・モデルによる推定結果から得られた特徴を整理したのが，表2-4および表2-5である[16]。

　表2-4から個人属性の特徴を見ると，短時間のうちの無期雇用には，幼児を

16　プロビット・モデルならびに後で言及する順序プロビット（ロジット）モデルなどについては，計量経済学の教科書を参照のこと。

抱える比較的年齢の若い高学歴女性が，職場で正社員と呼ばれつつ，働いているイメージが浮かび上がる。子育てと両立できる働き方が広がっていくためには，無期雇用の女性が，子どもが小さい期間中は，柔軟に短時間就業を選択できる環境が欠かせない[17]。

　一般のうちの有期雇用の中には，未婚の女性が派遣社員などで働く姿と並んで，50 代以降の世帯主男性が契約社員や嘱託として働く状況が想像される。定年を超えた男性が嘱託として雇用継続している場合のほか，定年前に早期退職をした 50 代男性が契約社員などの形で新たな会社に有期で再就職をしていることも考えられる。高齢者の働き方の 1 つとして，一般有期雇用は今後も広がっていく可能性は高い[18]。

　期間不明については，高校を卒業した直後の若年者が，正社員としての就職ができず，パートやアルバイトで働かざるをえない状況などで生じやすいことが表 2-4 からは推察される。それは 2010 年代以降，社会の関心を集めてきた，いわゆる「ブラック企業」「ブラック・バイト」の指摘とオーバーラップする結果となっている[19]。

　次に表 2-5 から勤め先の属性との関係を見ると，短時間無期によって長期勤続の機会が確保されているのに対し，一般有期は 5 年未満の短期勤続に就業が限定されることも多い。また期間不明が，就職直後の勤続 1 年未満で最も発生しやすいことは，採用時での契約期間の明示が多くの企業で遵守されていないことを物語る。

　人材確保が容易ではない小規模企業や個人経営の企業ほど，業務に秀でた女性の離職を，短時間無期雇用によって食い止めようとするケースは多いのかもしれない。さらにプロジェクト単位での活動が多い学術研究，専門・技術サービスのほか，大企業で一般有期が見られやすいことは，先のプロジェクト型人材の活用という指摘とも合致している。一方，小規模のサービス関連業務で期間不明が多いことは，いわゆるブラック企業がこれらの分野に偏在する傾向に

17　就業における女性の活躍に向けた課題については，本書第 6 章を参照。

18　高齢者の現状と課題については，本書第 5 章を参照。

19　ブラック企業問題については，小林（2015）等を含む『日本労働研究雑誌』654 号（2015 年 1 月号）の「違法労働」特集などを参照のこと。卒論や修士論文のテーマが見つからないとき，『日本労働研究雑誌』が設定している特集テーマなどから考えてみるのも，有益な方法の 1 つである。

あることも物語っている。

4.2　処遇への影響

　最後に，契約期間と就業時間の組み合わせが，処遇にもたらす影響を見ていく。具体的には，対象を年間就業日数や週就業時間などが把握可能な規則的に就業する雇用者に限定し，仕事から得られる年収，勤め先が実施する訓練，さらには就業継続の希望にもたらす影響を考察する。

　表2-6は，仕事からの1年間の収入への影響を考察した結果である。いうまでもなく仕事から得られる年収は，契約期間や就業時間以外にも，さまざまな要因によって左右される。仮に時間単位当たりの賃金に違いがなくても，年間の就業日数や，1週間の就業時間が異なれば年収は当然異なる。また雇用者の属性や勤め先の属性によっても年収は違ってくる。

　そこで就業構造基本調査で調査されている項目のうち，年収に影響を与える可能性のあるあらゆる要因を説明変数としてコントロールしたうえで，契約期間が年収にもたらす影響を，規則的就業全体，さらには短時間と一般に分けて推定した。コントロールした説明変数の内容は，表2-6の注に示されている。就業構造基本調査では，年収を「600～699万円」のように区分された内容から選ぶことになっているため，より高収入の区分に当てはまる確率を順序プロビット・モデルによって推定した結果が，表2-6には示されている。表の係数

表2-6　年収に関する規定要因（順序プロビット・モデル）

雇用契約期間	全体		週35時間未満（短時間）		週35時間以上（一般）	
	係数	標準誤差	係数	標準誤差	係数	標準誤差
定めがない	0.29405	0.00735***	0.04675	0.11747***	0.32847	0.00982***
1年超5年以下	0.10024	0.00948***	0.07684	0.01623***	0.09885	0.01189***
6カ月以下	−0.06253	0.00918***	−0.04521	0.01401***	−0.07878	0.01245***
その他	0.14886	0.01148***	0.06932	0.02048***	0.13874	0.01411***
わからない	0.12807	0.00903***	−0.03174	0.01448**	0.11949	0.01190***

（注）　雇用契約期間のリファレンスは「6カ月超1年以下」。説明変数には，雇用契約期間以外に，1年間の就業日数，1週間の就業時間，性別，年齢，婚姻，世帯主との続き柄，最終学歴，勤続年数，仕事の主従，産業大分類，職業大分類，従業員規模，雇用形態（職場呼称）に関するダミー変数を，すべてコントロール。対象は，学卒雇用中（在学中・会社役員を除く）のうち，1週間の就業時間が把握可能な，年間就業日数が200日以上，もしくは199日以下で「だいたい規則的」に就業している場合に限定。勤続1年未満の場合，1年間の就業日数ならびに1年間の収入（税込み）は，1年間の見込み，ならびに見積額。***，**，*は，1,5,10%水準で統計的に有意であることを示す。以下の表も同様。
（出所）　総務省統計局「就業構造基本調査」（2012年）を特別集計。

は，契約期間が「6 カ月超 1 年以下」と比較したときの値を意味する。

　全体について見ると，まず無期雇用の年収が突出して高くなっていることが確認できる。6 カ月超 1 年以下に比べると，1 年超 5 年以下，その他，期間不明は，有意に年収を高めている。それに対して，6 カ月以下では有意に年収は低い結果となっている。

　推定を一般と短時間に分けて行うと，一般に関しては，全体と同様の傾向が見られる。ところが短時間については，異なる結果が観察される。短時間雇用者で比べると，定めがない無期雇用の係数は，1 年超 5 年以下やその他に比べていくぶん小さくなっている。その結果は，短時間雇用者については，個人や勤め先の属性などの違いをコントロールした場合，比較的期間の長い有期の方が，無期に比べると賃金が高めになる「有期プレミアム」が存在する可能性を示している。背景として，無期を志向する短時間雇用者ほど安定的・継続的な雇用機会を確保する代償として，低めの賃金を許容しているのかもしれない。

　さらに短時間雇用者で見ると，期間不明は，6 カ月以下の短期間雇用者に次いで，年収が有意に少なくなっている。その結果は，期間不明の非正規雇用は，企業に対する交渉力の乏しさから賃金などの労働条件が著しく低下するという，別データを用いた玄田（2017）の検証結果とも共通する。正規雇用以外の多くの人々が安定した収入を得られる労働環境を実現するには，短期間の雇用契約と期間不明を極力少なくし，無期雇用ならびにより長期の有期雇用が普及することが重要になる。

　続いて表 2-7 からは，企業による技能形成の取り組みと契約期間との関係が浮かび上がる。就業構造基本調査では，勤め先での研修に加え，学校や施設での受講，研修への参加など，訓練や自己啓発の実施状況も調べられている。そこで過去 1 年間に勤め先がなんらかの訓練を実施したり，自己啓発や訓練の機会を提供したか否かについて，契約期間による影響をプロビット・モデルにより推定した。その結果が表 2-7 である。推定では表 2-6 と同様，その他の個人属性や勤め先属性をコントロールしている。

　表 2-7 に示された限界効果の数値を見ると，一般雇用者のうち，勤め先から最も訓練や自己啓発の機会を提供されているのは，1 年超 5 年以下の有期雇用であることがわかる。その大きさは，無期雇用の数値を上回っている。このような結果が得られる理由として，無期雇用も初期段階では企業による訓練が施されるものの，長期の無期雇用にはすでに訓練機会の提供が終了している場合

表 2-7　勤め先による訓練・自己啓発の機会の提供に関する規定要因（プロビット・モデル）

雇用契約期間	全体		週 35 時間未満（短時間）		週 35 時間以上（一般）	
	限界効果	標準誤差	限界効果	標準誤差	限界効果	標準誤差
定めがない	0.00585	0.00329*	−0.01953	0.00382***	0.01052	0.00492**
1 年超 5 年以下	0.02090	0.00431***	0.00583	0.00526	0.02900	0.00597***
6 カ月以下	−0.03044	0.00399***	−0.01834	0.00431***	−0.04024	0.00613***
その他	0.00443	0.00516	0.00646	0.00686	−0.00615	0.00708
わからない	−0.04594	0.00388***	−0.03847	0.00438***	−0.05362	0.00582***

（注）　雇用契約期間のリファレンスは「6 カ月超 1 年以下」。被説明変数は，過去 1 年間に勤め先が何らかの訓練を実施したり，自己啓発や訓練の機会を提供をした場合に「1」，何もしなかった場合を「0」とする変数。説明変数には，雇用契約期間以外に，性別，年齢，婚姻，世帯主との続き柄，最終学歴，勤続年数，仕事の主従，産業大分類，職業大分類，従業員規模，雇用形態（職場呼称）に関するダミー変数を，すべてコントロール。対象は，学卒雇用者（在学中・会社役員を除く）。
（出所）　総務省統計局「就業構造基本調査」（2012 年）を特別集計。

も含まれることが，まずは考えられる。

　ただそれにも増して重要なのは，比較的長期の有期契約の一般雇用者にも企業は訓練を実施している事実である。それは，契約期間を通じて得られるリターンを最大にすべく，長期の有期雇用者に対しては，一定水準の人的投資を，企業が経営合理的判断として実施していることを予想させる。先に指摘したプロジェクト型雇用との関係でいえば，プロジェクトの成果という固有のリターンを最大化するため，企業は有期雇用のプロジェクト型雇用人材に必要な技能形成の機会を期間中に提供していることを意味する。その結果は，プロジェクト型雇用人材には，有期期間中に企業が実施する人的投資によって，技能を高める機会が開かれていることを示唆している。

　さらに訓練を通じて持続的なリターンが得られると判断できる場合には，企業は有期雇用の人材を，契約期間終了後に無期雇用に転換する余地が生じる。小池（2016）によれば，有期雇用を含む非正規労働は，以前から広く存在し，正規雇用への選別手段として活用されてきたという。有期のプロジェクト型雇用から無期のメンバーシップ型雇用への移行は，小池の指摘する選別の可能性を含んだ有期雇用の合理的活用という意図とも合致する。

　表 2-8 は，現在勤めている会社への就業継続の希望を推定した結果である。その結果を見ると，一般雇用者の間では，就業継続希望は，無期雇用のみならず，1 年超 5 年以下やその他でも強くなっている。それは，有期契約者自身も契約期間中の人的投資を引き続き活用することで長期のリターンを得るべく，雇用の更新や無期への転換を望んでいる場合が少なくないことを物語る。

表 2-8　就業継続希望の規定要因（プロビット・モデル）

雇用契約期間	全体		週 35 時間未満（短時間）		週 35 時間以上（一般）	
	限界効果	標準誤差	限界効果	標準誤差	限界効果	標準誤差
定めがない	0.04703	0.00263***	0.02463	0.00442***	0.05389	0.00367***
1 年超 5 年以下	0.01822	0.00306***	0.00938	0.00608	0.02398	0.00360***
6 カ月以下	−0.01732	0.00314***	−0.01217	0.00534**	−0.01316	0.00421***
その他	0.01453	0.00364***	−0.00307	0.00779	0.02809	0.00424***
わからない	−0.00596	0.00296**	−0.01411	0.00546***	−0.00002	0.00390

(注)　雇用契約期間のリファレンスは「6 カ月超 1 年以下」。被説明変数は，現在就いている仕事を続けたい場合に「1」，それ以外の場合を「0」とする変数。説明変数には，雇用契約期間以外に，性別，年齢，婚姻，世帯主との続き柄，最終学歴，勤続年数，仕事の主従，産業大分類，職業大分類，従業員規模，雇用形態（職場呼称）に関するダミー変数を，すべてコントロール。対象は，学卒雇用者（在学中・会社役員を除く）。

(出所)　総務省統計局「就業構造基本調査」（2012 年）を特別集計。

　無論，だからといって，すべての長期有期雇用が無期雇用に転換可能なわけではない。有期雇用者への投資からは短期的なリターンしか獲得できないと企業が判断した場合には，契約末時点をもって雇用関係は終了する。有期契約を満了したプロジェクト型雇用人材は，既存の能力とプロジェクト期間中に形成した技能を最大限に活用可能な関連業務に再就職し，新たな職場でキャリアアップを目指すことになる[20]。

　対照的に能力開発において，最も困難な状況にあるのが，期間不明の雇用者である。表 2-7 からは，短時間と一般の両方において，期間不明者に対する勤め先による訓練・自己啓発の機会提供が乏しいことがわかる。そのような状況を受けてか，表 2-8 では期間不明の短時間雇用者は，短期契約と同様，継続就業を望んでいない状況にある。短期契約と期間不明の短時間雇用者の離職後には，公的職業訓練による能力開発の重点実施などが求められよう。

5　おわりに

　2000 年代以降，最も社会的関心を集めてきた日本の労働問題といえば，正規・非正規雇用の格差問題であることは，多くが認めるところである。本書でも正規・非正規の問題がさまざまな形で言及されているように，とくに非正規

　20　別の推定からは，勤め先によるものに限らず，雇用者本人による自発的な訓練や自己啓発の実施も，長期の有期一般雇用者が最も積極的であるという結果が得られた。

雇用と呼ばれる人々の処遇改善が重要な問題であることはいうまでもない。

　一方で，問題を解決するためには，冷静な議論と緻密な考察が必要になる。そこで本章では，正規・非正規という呼称区分は多分に曖昧さを含んでおり，その点に注意して議論を進めることが大切であることを指摘した。

　現在，正規と非正規の二分法にとどまらない，労働契約や雇用管理の多様化が進んでいる。本章では，契約期間という従来から労働政策で重視されてきた概念に着目しながら，労働契約ならびに雇用管理の多様化の現状について考察した。

　雇用契約期間の状況を把握した政府統計によると，正社員は無期，非正社員は有期という従来のイメージと異なった雇用も実際には広がっている。労働力の確保と柔軟で安定的な就業を可能にする，無期の短時間雇用が多く見られるほか，高齢者の活用や大企業のプロジェクトを円滑に遂行するため，有期での一般時間雇用も珍しくない。長期の有期一般雇用者には，期間内での事業に必要な専門能力を有するプロジェクト型雇用人材として評価され，企業が実施する人的投資によって技能を高める機会が得られる傾向もある。

　さらに本章の考察から，日本の労働市場には，自分の契約期間がわからない不安定雇用者が，少なからず存在することも見た。学校卒業直後に正社員になれなかった若年雇用者ほど期間不明に陥りやすく，短時間就業の期間不明の多くは，収入が著しく低いほか，技能形成の機会も乏しく，別の職場への転職を望んでいる。安定雇用の拡大には，無期雇用に加えて長期の有期雇用の普及が重要であり，臨時雇・日雇などと並んで，期間不明をできる限り少なくする取り組みが必要である。

　ここで紹介した実証分析は，就業構造基本調査のミクロデータを特別集計した結果であり，同様の分析を大学生が卒業論文として行うことは難しい。しかし，就業構造基本調査，労働力調査，賃金構造基本統計調査などの公表された集計結果を地道に観察しながら分析することで，労働研究者がいまだ認識していない重要な事実を発見できる可能性もある。労働研究を志す若手による労働契約や雇用管理についての新たな発見に期待したい

◆**読者のための文献／学習ガイド**
　今野浩一郎・佐藤博樹（2009）『マネジメント・テキスト　人事管理入門（第2版）』日本

　　経済新聞出版社。
小池和男（2005）『仕事の経済学（第 3 版）』東洋経済新報社。
厚生労働省（2016）『労働経済白書』。
佐藤博樹・藤村博之・八代充史（2015）『新しい人事労務管理（第 5 版）』有斐閣。
『日本労働研究雑誌』（2017 年 4 月号 681 号）「この概念の意味するところ」（そのほかに
　　も同誌毎年 4 月号では，労働研究の初学者向けの特集が企画されており参考になる）。

◆参考文献

阿部正浩（2010）「非正規雇用増加の背景とその政策対応」樋口美雄編『労働市場と所得
　　分配』慶應義塾大学出版会，所収。
有田伸（2016）『就業機会と報酬格差の社会学——非正規雇用・社会階層の日韓比較』東
　　京大学出版会。
梅崎修（2017）「人材育成力の低下による「分厚い中間層」の崩壊」玄田有史編『人手不
　　足なのになぜ賃金が上がらないのか』慶應義塾大学出版会，所収。
小倉一哉（2013）『「正社員」の研究』日本経済新聞出版社。
玄田有史（1996）「「資質」か「訓練」か？——規模間賃金格差の能力差説」『日本労働研
　　究雑誌』430 号：17-29。
玄田有史（2008）「内部労働市場下位層としての非正規」『経済研究』59 巻 4 号：340-356。
玄田有史（2017）「雇用契約期間不明に関する考察」『日本労働研究雑誌』680 号：69-85。
小池和男（2016）『「非正規労働」を考える——戦後労働史の視角から』名古屋大学出版会。
厚生労働省（2012）「パートタイム労働者総合実態調査報告　平成 23 年」。
小林徹（2015）「違法労働の発生要因と従業員の主観的ブラック企業認識」『日本労働研究
　　雑誌』654 号：26-44。
佐藤博樹（2015）「改正パートタイム労働法と企業の人材活用の課題」『ジュリスト』1476
　　号：37-41。
篠原信貴（2014）「労働法——〔1〕雇止め制限」，大内伸哉編『有期労働契約の法理と政
　　策——法と経済・比較法の知見をいかして』弘文堂，所収。
総務省統計局（2016）「ILO で開催された従業上の地位の国際分類改訂 WG（第 2 回）の
　　状況」第 6 回雇用失業統計研究会・参考資料。
濱口桂一郎（2013）『若者と労働——「入社」の仕組みから解きほぐす』中央公論新社。
みずほ総研（2014））「ディーセントワークと企業経営に関する調査研究事業報告書」。
Becker, G. S.（1993）*Human Capital*, 3rd ed., Chicago: The University of Chicago Press.
Layard, R., Nickell, S., and Jackman, R.（1991）*Unemployment*, Oxford: Oxford University
　　Press.
Lindbeck, A. and Snower, D.（1986）"Wage Setting, Unemployment, and Insider-Outsider
　　Relations," *American Economic Review*, 76(2): 235-239.
Malcomson, J. M.（1999）"Individual Employment Contracts," in Ashenfelter, O. C. and
　　Card, D. eds., *Handbook of Labor Economics*, Vol. 3B: 2291-2372.
Mortensen, D. T. and Pissarides, C. A.（1994）"Job Creation and Job Destruction in the
　　Theory of Unemployment," *Review of Economic Studies*, 61(3): 397-415.

第**3**章

人的資本と教育政策

1 はじめに

　少子高齢化に伴い労働力人口の減少が予測されている現状では，持続的な経済成長のため，1人当たりの生産性をいかに高めていくかが論点となる。それに加え，AI の進展など急速な技術革新のもとでは，既存の仕事の消滅（Frey and Osborne 2017），雇用・賃金の二極化（Autor 2015）が懸念されるため，新たな技術にどのように適応するかもまた論点となる。

　生産性向上と技術への適応でキーとなるのは人的資本への投資である。人的資本は生産活動に寄与する知識，技能，能力の総称を指し，生産性と関連した概念である。人的資本はライフサイクルを通しての投資により変化するが，その初期段階である学校教育による影響は無視できない。人々はどのくらいの期間教育を受けるのか，教育によるリターンはどの程度か，教育の中身としてどのような手段が効率的なのか，教育政策は人的資本蓄積にどの程度貢献するのか，これらの問いは労働経済学や教育経済学の中心テーマの1つである。

　本章では，教育投資の意思決定，教育資源の効率性の評価，教育政策の評価について分析の枠組みと国内の研究を概観する。本章は国内の教育経済学研究を概観した小塩・妹尾（2005），安井・佐野（2009），赤林（2010）を更新するものだが，網羅的ではない。むしろ，それらと比べデータの利用可能性や分析の枠組みの整理が進み，急速に研究が蓄積されている部分を紹介する。また，本章は，ライフサイクルの視点で研究を概観した川口（2016）を補完するものである[1]。

　本章の構成は以下のとおりである。次節において，人的資本の考え方，教育

の役割，関連するデータについて紹介し，論点を提示する。3 節では，人的資本投資モデルと投資のリターンについて紹介する。個人が最適な教育年数を決定するモデルから，投資のリターンを計測するミンサー型賃金関数を説明する。実証研究を行う際に，留意すべき点と日本で賃金関数を推定する際のデータについて紹介し，近年の国内における既存研究を紹介する。4 節では，教育成果の決定要因を分析する枠組みである教育の生産関数を紹介する。教育の生産関数を政策評価に用いる際の留意点，利用可能なデータ，国内の推定例について紹介する。5 節では，まとめと課題について述べる。

2　人的資本・教育・政府

2.1　人的資本と教育

　人的資本とは，生産活動に寄与する知識，技能，能力の総称である。高い人的資本は高い生産性を生み出し，それは高い報酬を導く。そのため，人的資本は所得分布を決める主要な要因と考えられている。人的資本は，新たな生産，イノベーション，技術普及を促し，経済成長に寄与すると考えられている。

　人的資本の違いは，生来の能力だけではなく，ライフサイクルでのスキル形成で生じる（Ben-Polath 1967; Heckman and Mosso 2014）。すなわち，幼少期の家庭教育から始まり，義務教育，高等教育，職業訓練[2] を通してスキルが蓄積されていき，人的資本水準に違いが生じる。そのため教育投資の意思決定への理解が必要となる。

　教育はその量だけではなく質によっても人的資本に差を生じさせる。同じ 1 年の教育でも，質の高い教育は低いそれと比べ人的資本蓄積への影響が大きいと考えられる。そのため，教育の質，とりわけどのような教育資源，施策が教育成果に効果的かを評価する枠組みへの理解が必要となる。

　人的資本水準はどのように計測されるのだろうか。個人の教育達成を示す最終学歴を見てみよう。2010 年の「国勢調査」（総務省統計局）によると，25〜64

1　中室（2015）も近年の研究動向について概観している。海外については Burgess（2016）が参考になる。

2　職業訓練は人的資本形成の重要な側面の 1 つだが，本章では扱わない。職業訓練に関しては原（2014）を参照。

歳の在学者を除く労働力人口約 5212 万人のうち，小中卒は 7.5%，高卒者は 42.3%，短大・高専卒は 16.4%，大学・大学院卒は 25.2% である。これらは年齢層や性別で異なる。時系列で見ると，最終学歴を規定する各学校段階への進学率は上昇傾向にある。「学校基本調査」（文部科学省）によると高校進学率と大学進学率はそれぞれ 1950 年では 42.5%，30.3% だったのが 2010 年ではそれぞれ 96.3%，54.3% にまで上昇している。この間，女性の進学率は大きく上昇している。

　教育達成が人的資本を示すのならばそれが労働市場での成果にも表れるはずである。『ユースフル労働統計 2016』によると，学卒後フルタイムの正社員を60 歳まで続けた場合の男性の生涯賃金は大卒で 2 億 7000 万円，高卒で 2 億1000 万円と推計されている。また，学歴別失業率は小中高卒で 4%，大学・大学院卒で 2.6% と試算されている。

　人的資本は教育達成だけではなく，学力などの認知能力やコミュニケーション能力などの非認知能力といったより広範な指標で把握可能である。Hanushek and Woessmann（2015）は，学力を教育年数では捉えられない教育の質，家庭環境，学校外学習を含んだ指標であると指摘し，クロスカントリー・データを用い経済成長率と学力に正の関係があることを示した。コミュニケーション能力などの非認知能力は労働市場での成功と関連していることが明らかにされている（Heckman 2013；李 2014）。

　このように人的資本と教育は関連を持つため，教育への投資の意思決定，労働市場との関連，教育成果の決定要因を分析するための枠組みへの理解が必要となる。

2.2　教育と政府

　教育を分析する際，政府の関与を考察することが必要不可欠である。各教育段階での標準在学年数，義務教育水準を規定する学級編成や教員定数の標準，さらに教育内容を規定する学習指導要領はルールにより定められ，これらのルールは教育成果に影響を与える。

　公的部門が教育に関与する経済学的理由は主として市場の失敗への対応と再分配である[3]（小塩 2002；Moretti 2006）。市場の失敗として，公共財としての側

3　価値財としての側面や社会的リターンを強調する場合もある。

面，教育の外部経済効果，借入制約があげられる。教育の外部経済効果の例は，高い教育水準を持つ個人がある地域に多く集まることでより多くのアイデアが生まれるといった生産性へのスピルオーバーである。この場合，市場で供給される水準は社会的に見て望ましい水準よりも過少となるために政府の教育への介入が正当化される。

　再分配としては主として所得格差是正の手段としての側面が強調される。たとえば，借入制約がある場合，教育投資水準は家計所得に依存してしまう。そのため親の所得が低いがゆえに，教育を受ければ子どもの将来の所得上昇が望める場合であっても，資金制約により子どもは望ましい教育水準を達成できない。このような場合，政府への介入が正当化される。とりわけ，日本は子どもの貧困が深刻であることが指摘されており，貧困による長期的な悪影響が懸念されている（阿部 2008, 2014：Oshio, Sano and Kobayashi 2010）。その際，公的教育を廉価で供給することや奨学金などの教育への補助は再分配としての役割を持ちうる。

　一方で教育は個人の賃金上昇に貢献し，他方で教育は公的な側面があることから，教育費の公私負担は争点となりうる。『図表で見る教育 OECD インディケータ 2016』によると，初等教育から高等教育にかかる公的および私的な教育費支出の対 GDP 比は約 4.5％ であり，OCED 平均の約 5.2％ と比べ低い[4]。初等・中等教育の私費負担割合は 7％（OECD 平均 9％）と大部分が公的負担であるのに対し，高等教育の私費負担割合は約 65％（OECD 平均 30％）と高い。高齢化に伴う教育費支出の低下（Ohtake and Sano 2010）が懸念される中で，限られた予算をどこに配分するのかは重要な政策課題である。そのため，教育への公的投資の判断指針としての教育のリターンの計測および，教育政策の評価が必要となる。

3　人的資本への投資としての教育

3.1　人的資本への投資の意思決定モデル[5]

　教育を人的資本への投資として捉えるモデル（人的資本理論）を説明しよう。

---

4 子ども 1 人当たりの教育費で評価することも可能である。日本の購買力平価で調整された子ども 1 人当たりの教育費は OECD 平均をわずかに上回る。

図 3-1　投資の意思決定

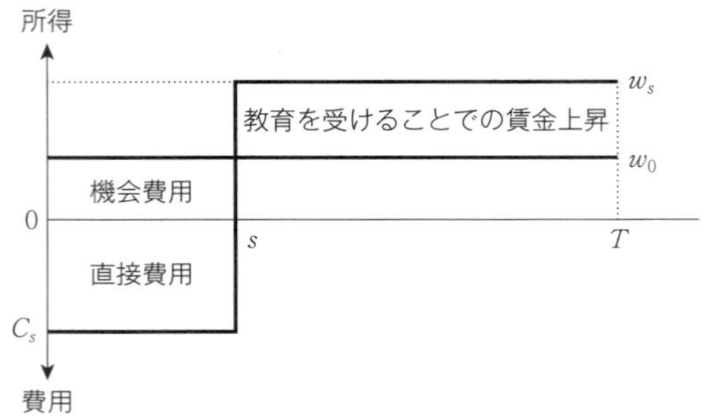

個人は教育投資による便益と費用を勘案して投資量を決定する。便益は，教育を受けることによる賃金上昇である。費用は，授業料などの直接費用と，教育を受けている期間の放棄所得（機会費用），さらに精神的な費用を含む。

図 3-1 は教育の意思決定を図示したものである。ある個人の教育を開始する時点を 0 とし，s 年の教育を受けるかどうかを決める。教育を受けなければ，0 から引退年齢 T の期間まで労働所得 w_0 を得る。教育を受ければ，卒業後 s から T まで w_s を得るが，直接費用 C_s と機会費用として 0 から s までの w_0 を支払う。個人はそれぞれの（市場利子率で評価した）割引現在価値を比較し，意思決定を行う。

これを別の方向から見ると，卒業後 s から T まで w_s の割引現在価値 NPV_s と，$s+1$ からの割引現在価値 NPV_{s+1} の比較となる。個人は $NPV_{s+1} > NPV_s$ となる限り教育年数を延ばす。所得獲得期間（T）が十分に長く，直接費用を 0 に近似できるとき，教育年数の意思決定式は s から $s+1$ の賃金上昇（教育のリターン）と市場利子率の関係になる。教育のリターンは教育の初期段階では大きいが，段階が進むと上昇の程度は低下していく。最適な教育年数は，教育のリターンが市場利子率と等しくなる年数である。

生来の能力が異なると，同一の教育年数であっても蓄積される人的資本水準は異なる。資金調達の可能性や，精神的費用の違いにより個人により直面する費用が異なる。そのため教育のリターンや直面する費用が個人により異なり，選択される教育年数は異なる。このことは，教育年数は，教育のリターンと市

5　以下の説明は Boeri and van Ours（2013）に従う。

場利子率の関係だけではなく，観察不能な要因の関係もあることを示唆しており，実証上の推定を困難にする。

⑴　シグナリング理論との対比

教育の違いによる賃金差を説明するもう1つの有力な理論はシグナリングである（Spence 1973）。シグナリングのキーとなる考え方は情報の非対称性であり，個人の能力（労働生産性）を，雇い手が正しく観察できない状況を想定する。高い能力を持つ個人と低い能力の個人がおり，高学歴を獲得する費用と能力に負の相関を想定する。学歴間の賃金差が適切な範囲で設定され，信念が形成されている場合，能力が高い個人は高い学歴を選択し，能力の低い個人は低学歴を選択するため，学歴は個人の能力を示すシグナルとして作用する。

このようにシグナリングは教育による生産性上昇を前提としないため，教育のシグナリング機能が強調されると，進学を促進する政策は望ましいとはいえなくなる。ただし，実証研究上では，シグナルが存在するケースが示されているものの（Tyler, Murnane and Willett 2000; Araki, Kawaguchi and Onozuka 2016），人的資本とシグナリングのどちらがもっともらしいか明らかにされていない。

⑵　私的リターンと社会的リターン

教育のリターンには，教育による賃金上昇がその個人に帰着する私的リターンと，社会に帰着する社会的リターンがある。社会的リターンは租税を通じた変化，外部経済効果，非金銭的リターンと考えられている（Lange and Topel 2006）。私的リターンは後述するミンサー型賃金関数を推定することで計測されるが，社会的リターンの計測はそれほど容易ではないうえ，明確な結論が出ていない。たとえば，外部経済効果は，それがあるとする研究（Moretti 2004 など）と小さいとする研究（Acemoglu and Angrist 2000 など）があり，確定的な結論は得られていない。非金銭的なリターンは犯罪の低下，健康の増進，政治参加などの広範なアウトカムで計測される。海外の研究では犯罪低下や健康への因果効果が計測されているが，日本では因果関係まで踏み込んだ分析はなされていない。

3.2　ミンサー型賃金関数

教育のリターンを計測する方法は，教育年数が増えることの賃金上昇を観察することであるが，それは以下のようなミンサー型賃金関数で定式化される。

図 3-2　能力バイアス

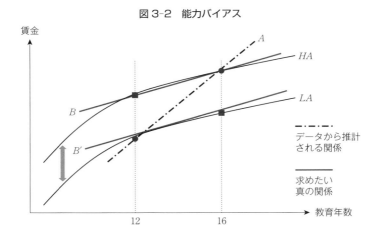

$$\ln(w_i) = \alpha + \beta s_i + \gamma_1 x_i + \gamma_2 x_i^2 + u_i \tag{3.1}$$

　ここで，w は賃金，s は教育年数，x は潜在経験年数（年齢－教育年数－6），u は誤差項を示す。教育のリターンは β で表され，教育年数が1年上昇したとき賃金が何％上昇するかを示す。ただし，能力バイアスの存在によりこのパラメーターが教育による賃金への因果効果であると断定することは難しい[6]。

(1)　能力バイアス

　図 3-2 は能力バイアスを図示したものである。高い能力を持つ個人（HA）の賃金プロファイルと低い能力を持つ個人（LA）の賃金プロファイルがあり，それらの切片は能力により異なるとする。すなわち，HA と LA は同じ大卒であったとしても賃金が異なる。（人的資本でもシグナリングでも）能力の高い個人は長い期間教育を受ける傾向があれば，HA は大卒を LA は高卒を選択し，それぞれの賃金を得る。知りたい関係は，同一の賃金プロファイル上で，教育年数が異なることによる賃金上昇であり直線 B あるいは B′ の傾きであるが，データ上観察されるのは直線 A で表される関係である。能力バイアスとは，教育により高い賃金を得ているのか，能力の違いにより高い賃金を得ているのかが識別できない問題を指す。

6　そのほかには測定誤差，同時性の問題がある（Wooldridge 2010）。

(2)　解 決 方 法

　能力バイアスの源泉は，能力の違いにより異なる教育年数が選ばれてしまうことにある。究極的な解決方法は，能力にかかわらず「無作為に」教育を選択させ，その結果として賃金が異なることを示す方法である。しかし，このような方法は通常，実施困難である。そこで，代理変数法，双子固定効果法，操作変数法のアプローチを用いて，能力バイアスの解決が試みられている。

　代理変数法は，一般的には研究者には観察できない「能力変数」を見つけ出しその変数を直接制御することで能力バイアスに対処する方法である。図3-2でいえば，切片の違いを能力変数で揃える方法である。能力の代理変数として学力やIQといった変数が用いられることが多い。しかし，完全な代理変数を見つけ出すことは容易ではなく，仮になんらかの変数が利用可能だとしても測定誤差の問題は残る。

　双子固定効果法は，遺伝的に同一である一卵性双生児同士を比較する方法である。前述のように能力を示す変数を探しだすことは容易ではないが，一卵性双生児であれば，遺伝的な性質と直面した家庭環境が同等とみなせ，図3-2でいえば同じプロファイルを観察していることになる。ただし，一卵性双生児同士にもかかわらず異なる教育年数を選択すること自体が個人で異なる何かがある可能性を否定できない。

　操作変数法とは，能力とは無関係だが，教育年数の選択のみに影響を与える状況を利用する方法である。操作変数によって賃金が変動した部分から，操作変数によって教育年数が変動した部分を除去したものが，教育年数が賃金の変動であるとみなす方法である。図3-2でいえば，同じプロファイル上で外生的な要因により選択される教育水準が変化する状況を観察する。教育年数の選択にのみ影響を与える要因として，義務教育年数の延長や教育制度の変化といった自然実験を用いるケースが多いが，そうしばしば観察されない。なお，教育が賃金に与える効果の異質性を想定する場合には注意が必要である（Angrist and Pischke 2009）。たとえば，大学定員が拡大し入学可能性が高まったことで進学を決定するグループと，授業料が低下したために進学を決定するグループは異なるかもしれない。この場合，異なる操作変数から影響を受けたグループから得られる効果は必ずしも同じとは限らない。

3.3 データ

　日本のデータを用いて教育のリターンを分析する際のデータについて概観しよう。賃金は個人によりばらつきがあるため，ミクロデータによる分析が望ましいが，その候補は学歴と労働市場の状況が同時に観察されるデータである。

　公的な統計で学歴と労働市場の状況が同時に観察されるデータ候補は「賃金構造基本統計調査」「国民生活基礎調査」（厚生労働省），「就業構造基本調査」「労働力調査」（総務省統計局）である。分析に際しては，各統計の特徴に留意する必要がある。たとえば，賃金構造基本統計調査は詳細な賃金情報がわかるものの，雇用者がサンプルなため，就業選択を考慮した分析ができない。また，いわゆる非正規雇用に関しては学歴が調査されていないため，非正規雇用に関して学歴と賃金の関係を分析することができない。就業選択を考慮に入れた分析をする際には就業構造基本調査などの家計側のデータが優れている。しかし，サンプリングの方法や非回答の問題による偏りに留意する必要がある（佐野・多田・山本 2015）。

　公的統計の調査票情報の利用は容易ではないが，研究者や研究機関によるサーベイデータの二次利用は比較的容易になってきている。代表的なデータは「日本版総合社会調査（JGSS）」，「社会階層と社会移動全国調査（SSM）」，「ワーキングパーソン調査」（リクルートワークス研究所）であり，パネル・データである「日本家計パネル調査（J/KHPS）」，「消費生活に関するパネル調査」（家計経済研究所，以下，家計研パネル），「くらしの好みと満足度についてのアンケート調査」（大阪大学）なども利用可能である。国際成人力調査（PIAAC）は国際比較可能で，賃金と教育だけではなくスキル指標も利用可能なデータである。なお，これらのデータを用いて分析する際にも調査の設計，対象に留意する必要がある。

3.4 日本における分析例

　安井・佐野（2009）以降の研究を中心に日本における分析例を紹介する。とくに，能力バイアスへの対処，スキルからのリターン，需給均衡との関係，質の違いに着目する。

(1) 教育のリターンの計測

　ミンサー型賃金関数に基づき教育のリターンを計測した研究は膨大であるが，その推定値はおおむね5〜15% の範囲にある（Boeri and van Ours 2013）。日本

表 3-1　JGSS を用いた教育のリターンの推定結果

	(1)	(2)	(3)	(4)
教育年数	0.101***	0.0983***	0.0981***	0.0822***
	(0.00433)	(0.00449)	(0.00453)	(0.00484)
経験年数	0.0356***	0.0369***	0.0369***	0.0362***
	(0.00375)	(0.00378)	(0.00378)	(0.00377)
経験年数 2 乗	−0.0472***	−0.0476***	−0.0476***	−0.0487***
	(0.00828)	(0.00827)	(0.00827)	(0.00824)
男性	0.633***	0.636***	0.636***	0.647***
	(0.0181)	(0.0181)	(0.0181)	(0.0180)
父親の教育年数		0.00472	0.00462	0.00306
		(0.00438)	(0.00443)	(0.00442)
母親の教育年数		0.00520	0.00513	0.00547
		(0.00578)	(0.00578)	(0.00575)
過去の生活水準			0.00258	−0.000528
			(0.0108)	(0.0108)
15 歳時点で成績				0.0647***
				(0.00876)
年，出身都市規模ダミー	YES	YES	YES	YES
観測数	5,143	5,143	5,143	5,143
決定係数	0.327	0.328	0.328	0.335

(注)　括弧の中は頑健な標準誤差を示す。詳細はウェブ付録を参照。

についても同様に膨大にあるが（安井・佐野 2009），たとえば大規模なミクロデータである 2005 年から 08 年の賃金構造基本統計調査でミンサー型賃金関数を推定した川口（2011）は教育年数の係数を 0.10 と報告している[7]。

　ミンサー型賃金関数の推定をはじめ，教育と賃金の関係を分析した研究は多いが，能力バイアスに対処した研究はそれほど多くない。能力バイアスを代理変数法で対処した研究に Ono（2004），安井・佐野（2009），佐野・安井（2009）がある。これらはそれぞれ用いているデータは異なるが，サーベイデータから得ることのできる家庭環境や調査対象者の過去に関する設問から得られた情報を能力の代理変数として用い能力バイアスに対処している点では共通している。具体的には，父親および母親の教育年数に加え，中学 3 年生時点の成績，15 歳時点の生活水準に関する主観的な回答を能力の代理変数として用いている。

7　川口（2011）はミンサー型賃金関数を日本のデータで適用する留意点について包括的に議論している。

　表 3-1 は佐野・安井（2009）による賃金関数の分析を JGSS 2000-2012 のデータで再現した結果である[8]。列 (1) によると，教育のリターンは 0.101 であり，川口（2011）のそれとほぼ同じである。父親と母親の教育年数を説明変数に追加した列 (2)，さらに過去の生活水準を追加した列 (3) の教育年数の係数はそれぞれ 0.098 と (1) とほとんど同じである。ところが，15 歳時点の成績を制御した列 (4) の教育年数の係数は 0.082 と列 (1) の係数と比べ約 18% 低下しており，能力バイアスの存在を示唆している。

　Nakamuro, Inui and Yamagata（2017）は双子固定効果法による研究である。この研究は，独自のウェブ調査で双子を識別する設問を巧みに設定することで，調査データでありながら双子のデータを収集することに成功している。推定結果によると，OLS（最小二乗法）では教育年数の係数は 0.1 だが，一卵性双生児の双子固定効果法では教育年数の係数は 0.045 と低下するため，能力バイアスの可能性を示唆している。加えて，出身高校の難易度を操作変数とし教育年数の測定誤差に対処した推定値は 0.093 と報告しており，能力バイアスの影響は欧米よりも大きくない可能性を示唆している。

　Kikuchi（2017）は，出身地の大学定員の変化や学費の変化の地域差を操作変数として利用し大卒の賃金に対するリターンを推定した研究である。政策に対応した推計値を明確にすることで，仮想的な政策がもたらす効果を検討している。追加的に大学教育を 1 年増加させることの賃金上昇への平均処置効果は 0.09 と推定している。仮想的な公立学校授業料無償化のリターンは 0.08 から 0.1，仮想的に定員を増加させた場合のリターンは 0.1 と推定している。

⑵　スキルからのリターン（認知能力・非認知能力）

　教育年数だけからではなく認知能力や非認知能力からの賃金へのリターンを計測した 2 つの研究を紹介する。Hanushek et al.（2015）は PIAAC を用いスキルからのリターンの国際比較をしている。日本に関する推定結果によると，教育年数のみの係数は 0.088，数的スキルのみの係数は 0.18，両方の指標を含めると教育年数の係数は 0.067，数的スキルの係数は 0.114 である。この結果

8　東京大学社会科学研究所附属社会調査・データアーカイブ研究センターより提供を受けた。日本版総合社会調査（JGSS）は，大阪商業大学 JGSS 研究センター（文部科学大臣認定日本版総合的社会調査共同研究拠点）が，東京大学社会科学研究所の協力を受けて実施している研究プロジェクトである。

はスキルの指標を変えても頑健であり，教育年数を一定にしてもスキルによるリターンが大きいことを示唆している。

　労働市場での成功には認知能力だけではなく非認知能力も重要である。Lee and Ohtake（2014）はビッグ 5 と呼ばれる性格特性を示す指標を質問紙調査から計測し，非認知能力が学歴獲得，所得と昇進に与える影響に日米差があるかを検証した。推定結果によると，「経験への開放性」が学歴獲得に，「外向性」と「勤勉性」が所得および昇進に対して，それぞれ正の影響を持つことが日米で共通して観察されたことを報告している。「協調性」に関しては日本では学歴獲得と所得に正の影響を持つが，アメリカでは負の影響を持つことを発見している。

⑶　均衡におけるリターン

　しばしば大学（大卒者）数は過剰であると主張されることがあるが，そうであるかは大卒と高卒の相対供給，相対需要の枠組みで考察する必要がある。一方で，大学数が増えたことで大卒供給が増加したとき，需要が一定であれば確かに学歴間賃金格差は縮小する。他方，技術進歩などで大卒への需要が増加すれば学歴間賃金格差を拡大させる方向に働く。その場合，賃金格差は拡大するか，縮小するか，一定であるかは自明ではなくなる。この点を Kawaguchi and Mori（2016）は日米のデータを用いて検証した。アメリカでは 1980 年代より大卒の需要が増加したにもかかわらず，大卒者数がその需要を埋めるように増加しなかったために学歴間賃金格差は拡大したが，日本では大学数が急速に増えたため学歴間賃金格差は拡大しなかったことを示した。これは，日本では技術進歩に対しそれを支える大卒供給があったこと，私的リターンを期待し大学を増やしたとしても，需給によりリターンは必ずしも上昇しないことを示唆している。

⑷　教育の質（大学院，銘柄大学）

　人的資本の違いは教育年数だけではなく質により異なるが，教育の質を計測することは容易ではない。たとえば，賃金関数の説明変数として出身地域の教師生徒比などを用いる方法（Card and Kruger 1992），出身学校の入試難易度や設備を説明変数として用いる方法（Ono 2004; Nakamuro and Inui 2013; Nakamuro, Oshio and Inui 2013）などあるが，確定的な結論は得られていない[9]。

9　そのほかには学部の違いに着目する方法（Altonji, Bloom and Meghir 2012）がある。

　次に，大学院と銘柄大学に着目した研究を紹介する。Morikawa（2015）は就業構造基本調査のミクロデータを用い，大学院のリターンが大きいことを示した。柿澤ほか（2014）は賃金プロファイルを描くことにより同様の傾向を確認している。これらの研究に対し，Suga（2017）は大学院進学の内生性を考慮した分析を行った。家計研パネルとワーキングパーソン調査を用い，大卒者と大学院定員の比率を大学院への進学の操作変数とした分析によると，大学院のリターンは観察されないことを発見している。

　銘柄大学についてはどうか。Araki, Kawaguchi and Onozuka（2016）は人事データを用い，企業内の昇進と出身大学，入社後の実績の関係を分析した。名門大学出身者は非名門大学出身者と比べ昇進が早く，過去の上司からの評価が同じであったとしても名門大学出身者の昇進は早いがその影響は入社後に徐々に弱まることを確認したうえで，雇用主学習モデルに基づくパラメーターの推定により，労働者の能力に関する誤差は3, 4年で半減することを示している。この結果は，名門大学出身であることは労働者の職務遂行能力とある程度相関するが，完全にその能力を示すほどではないことを示唆している。

┃ 4　教育成果の決定要因

4.1　教育の生産関数

　教育の生産関数は，学力をはじめ教育成果がどのように決定されるかを分析する枠組みである。教育の生産関数とは，初期時点の能力を一定にしたうえで，インプットである学校資源，家庭資源とアウトカムである学力の関係を定式化したもので，以下のように描写できる。

$$A_{it} = f(S_{it}, S_{it-1}, \cdots, F_{it}, F_{it-1}, \cdots, I_i, \varepsilon_{it}) \tag{3.2}$$

　ある生徒 i の t 時点での学力 A_{it} は，その時点までの学校資源（$S_{it}, S_{it-1}, \cdots$），家庭環境（$F_{it}, F_{it-1}, \cdots$），生来の能力 I_i と誤差項 ε_{it} によって決まることを意味している。

　データの利用可能性や分析対象に応じて（3.2）式に追加的な仮定を課すことにより（Todd and Wolpin 2003），たとえば以下のような付加価値モデルを推定するケースが多い。

$$A_{it} = \alpha A_{it-1} + \beta S_{it} + \gamma F_{it} + \varepsilon_{it} \tag{3.3}$$

付加価値モデルの特徴はA_{it-1}がそれまでの学校資源や家庭環境の影響を含んだ十分統計量として仮定されることにある。関心のある係数は研究目的によって変わるが，ほかの条件を一定にしたときの特定の学校資源の効果，教育の生産関数の形状そのものを明らかにする研究が多い。

教育の生産関数を用いた分析を行う際は何を分析対象とするかを明確にすることが重要である（Todd and Wolpin 2003）。（3.2）式で見たように，教育成果の決定要因はさまざまだが，分析対象によって分析者が観察可能な変数と観察不能な変数が発生する。たとえば，学校側のデータを用いクラスサイズの分析を行おうとしても，学校情報は豊富だが，家庭情報を得ることが困難な場合が多い。その際，家庭環境は誤差項あるいは個別効果として捉えられていることを明示する必要がある。

4.2　教育政策を評価する枠組みとしての教育の生産関数

インプット（学校資源，家庭環境）とアウトカム（教育達成，学力）の関係を明示した教育の生産関数は教育政策の評価の分析枠組みを提供してくれる。すなわち，学力の向上という評価軸のもとで，どのようなインプットの投入が学力決定に重要か，ある教育施策の費用対効果はどの程度かを評価する枠組みを提供してくれる。

たとえば，義務教育のクラスサイズ縮小政策を評価する1つの軸は，教育の生産関数を推計し，1学級当たり生徒数が1人減ると，学力がどの程度変化するかを定量的に示すことである。あわせて，学級規模縮小に関する費用を見積もることにより，費用対効果を計測できる。これを代替的な政策と比較することにより，クラスサイズ縮小が効果的であるかの評価を行うことができる。

政策評価をする際にはセレクション・バイアスの問題に対処する必要がある。これはある政策が実施されたときの成果は観察可能だが，その政策が実施されなかった場合の成果（反事実）は観察不能であることに起因する。

図3-3はセレクション・バイアスの例を示したものである。いま複数の個人がおり観察できないスキル獲得能力が進学を決めるとする。スキルがある閾値を越えると進学者として，越えなければ非進学者として観察される。賃金はスキルに対応しているが，進学した場合と進学しない場合の潜在的なプロファイ

図3-3　セレクション・バイアス

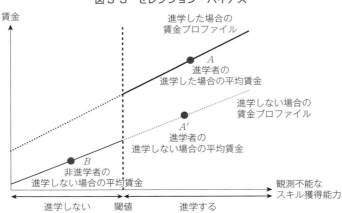

ルは異なる。このような設定で，進学による賃金への効果を計測することを考える。観察されるのは進学者の平均賃金 A と，非進学者の平均賃金 B であるが，両者の差は進学による賃金への効果とはいえない。むしろ，進学による賃金への効果は，進学者の平均賃金は A と進学者が進学しない場合の平均賃金 A' の差である。ところが，進学しない場合の平均賃金 A' は反事実なので，進学者のデータからは観察することができない。進学者は観察不能なスキル獲得能力が高いために進学しているが，進学しないとしても賃金が高いかもしれない。これがセレクション・バイアスと呼ばれる状況である。

　セレクション・バイアスの解決方法は，スキルによらず進学の有無を決めてやる無作為実験，あるいは観察データから自然実験や統計的手法により反事実を作り出すことである。たとえば，回帰不連続デザイン（regression discontinuity design: RDD）はスキルを入学試験の得点とし，閾値が合格ラインだとしたら，合格ラインをわずかに上回るグループと，わずかに下回るグループの差を比較する方法である。

4.3　デ ー タ

　日本のデータを用いて教育の分析を行う際のデータについて言及しよう[10]。教育の生産関数を推定するには教育達成，学校資源，家庭環境が同時に観察さ

10　赤林・直井・敷島編（2016）も詳しい。

れるデータを必要とする。また，教育達成は個人によってばらつくのでミクロ
データによる分析が望ましい。

　学力に関する代表的なデータは「全国学力・学習状況調査」（国立教育政策研
究所，以下，学力テスト）である。学力テストは，一部の年では抽出調査だが，
公立小中を対象とした（ほぼ）悉皆調査である。学力と同時に，児童・生徒や
学校への質問紙調査による回答を利用できる。2013 年には「きめ細かい調査」
として家庭背景を詳細に把握しているが，原則として家庭背景の情報は限られ
ている。年ごとに調査されているため繰り返しのクロスセクション・データで
あるが，地域・学校レベルまでならパネル・データ化することができる。学力
テストは項目反応理論に基づく等化がなされていないため経年比較には注意が
必要となる。都道府県単位あるいは自治体によっては市町村単位で公開してい
るが，それよりも詳細な情報は原則利用が限られている。

　学力と家庭環境について調査されかつ利用可能性の高いデータは TIMSS と
PISA である。TIMSS は国際教育到達評価学会により実施されている小 4
と中 2 の数学と理科[11]の達成度調査である。PISA は OECD により実施されて
いる 15 歳児を対象とした読解，数学的，科学的リテラシーの調査である。両
者とも，国際比較と経年で比較可能なように等化されている点と，生徒自身の
属性や家庭環境だけではなく実施校に対する学校長への調査，教員への調査を
行っているため児童生徒，学校，教師を結びつけた分析を可能とする特徴を持
つ。ただし，ある時点での実態把握を主眼とした調査であるため，個人を追跡
できる調査ではない。また，地域情報や公私立などの学校属性が必ずしも豊富
に把握されていない点にも留意が必要である。

　研究者や研究機関が中心となった「日本子どもパネル調査」（赤林・直井・敷
島編 2016）や「子どもの生活と学びに関する親子調査」（ベネッセパネル調査）
のように，パネル・データにより学力と家計属性の経年変化を把握しようとす
る動きがある。これらは近年開始されたものであり，今後の蓄積が期待されて
いる。

4.4　日本における分析例

　本小節では，小塩・妹尾（2005）でサーベイされた以降の日本における分析

11　言語に関する PIRLS もあるが日本は参加していない。

例について概観する。分析例は，教育の生産関数を推定し観察される属性同士の傾向を観察した研究，特定のインプットの影響や関連する教育政策の因果効果を計測した研究である。

(1)　教育成果の決定要因

まずは，日本の児童・生徒の単位データを用い，学力の規定要因として，クラスサイズ，教員の属性，性別といった個人属性，家庭背景の関係を分析したベンチマークとなる研究を紹介する。北條（2011）は TIMSS 1999, 2007 を用い，教育の生産関数を推定し，個人属性や家庭背景が学校・教師要因よりも学力に強い関連があることを確認している。Hojo and Oshio（2012）は同様の分析を日本を含むアジア 5 カ国に拡大し，比較している。

学力テストは学校に関する情報は豊富だが，家計属性に関する情報が少ないため，ある程度集計した分析を行う必要がある。篠崎（2008）は千葉県の学力テスト学校別集計データを用い，教育の生産関数を推定している。推定結果によると，学校資源と学力の関係は一様ではないが，学級規模，人的資源，教員研修など一部に学力と統計的な相関を確認している。

付加価値モデルを分析するには，教育前の学力と，教育後のアウトカムを同時に考慮する必要があるため，工夫が必要である。小塩・佐野・末冨（2009）は，首都・関西圏の中高一貫校の学校別データを構築し，付加価値モデルを推定している。学校別の入試偏差値を初期時点の能力であると想定し，授業時間などの学校資源と卒業時点の大学入試実績をアウトカムとした分析が特徴である。推定結果によると，中学入試偏差値が大学入試実績を強く規定することを確認したうえで，それを一定にすると，授業時間を除くと学校要因の多くは統計的に有意な関係にないことを確認している。

小塩・佐野・末冨（2009）は中学入試偏差値が大学入試実績を規定するとしているが，大学入試実績がよいことが受験生の人気を呼び，入試偏差値が高くなる逆因果が懸念される。その問題に対処したのが近藤（2014）である。近藤（2014）は東京・神奈川の私立女子中学校の受験日が外生的に変化することで併願パターンが変わり入試の難易度が変化したことを利用し，中学入試偏差値が大学合格実績に与える影響を，学校別のデータを用いて検証している。推定結果によると，入試偏差値による影響は観察されないことから，入試偏差値よりもむしろインプットの重要性を示唆している。そのため，どのようなインプットがアウトカムに重要であるかを検討する必要がある。

(2)　学 校 資 源

《クラスサイズ》　クラスサイズは教員定数と予算の関係から政治的に関心が強い政策の1つである。一方で「実感」ベースでは有益と思われているが，他方でセレクション・バイアスにより因果関係は自明ではない。クラスサイズ縮小の効果は異なるクラス規模への無作為割り当てによる実験（Krueger 1999），あるいは制度や政策変更によりクラスサイズが変化する自然実験により評価される。

　自然実験の代表例[12]はマイモニデス・ルールを利用した Angrist and Lavy (1999) であるが，日本も教員定数の関係でクラスサイズがこのルールにより決定され，また観察データで分析できるため，近年急速に研究が蓄積されている[13]。マイモニデス・ルールとは，1クラス当たり生徒数を 40 人以内になるように決める慣習やルールである。偶発的な理由から入学人数が 41 人になるとルールに従い 20 人と 21 人のクラスに分割される。入学人数が 40 人と 41 人の学校は限りなく近い性質だが，入学人数が1人違うだけでクラスサイズが非連続的に異なるので，両者の学力の差はクラスサイズ縮小による差とみなせる。Akabayashi and Nakamura (2014) は情報公開請求により横浜市の学校別データを構築し，マイモニデス・ルールを用いてクラスサイズと学力の因果関係の分析を試みている。学年末の自治体独自の学力調査の結果と，学年初めの学力テストの結果を組み合わせて付加価値モデルで推定していることが特徴である。推計結果によると，クラスサイズ縮小は国語にわずかに影響することを確認している。付加価値モデルではないが同様のデザインを学力テストの児童・生徒データに適用した妹尾ほか (2014) や家計属性を詳細に制御可能なきめ細かい調査を用いた妹尾・北條 (2016) も，同様の結果を発見している。

　クラスサイズと学力に明確な関係が見出せないとしても，クラスサイズが小さいことで目が届き学力以外の非認知能力に対して影響を与える可能性がある（Dee and West 2011）。二木 (2012) は TIMSS を用い，クラスサイズと学力および非認知能力の因果関係をマイモニデス・ルールで検討し，数学への自信を高

12　別のアプローチは地域の人口動態によってクラスサイズが決まる方法であり（Hoxby 2000; Urquiola 2006），日本では単学級に焦点を当てて学齢期人口が少ない地域では学級規模は外生的に決定されることを利用した妹尾・篠崎・北条 (2013) がある。

13　前述した北條 (2011)，Hojo and Oshio (2012) もクラスサイズの操作変数としてマイモニデス・ルールを適用した分析を行っている。

める効果を確認している。中室（2017）も同様の分析手法を用い，自治体独自のデータで分析している。

このようにクラスサイズと学力の関係は，マイモニデス・ルールを利用することで観測データから検証可能なため，その研究蓄積が進んでいる。これらの結果は分析の対象となる地域，制御可能な条件，用いるアウトカムによって若干の差異はあるものの，総じて強い影響がないことが観察されている。ただし，そのことがただちにクラスサイズ縮小の効果がないとするには留保が必要である。第1に，効果を識別しているのはルールの近傍であるため，その結果を一般化するためには追加的な仮定を必要とする。第2に，マイモニデス・ルールで識別するためには操作できない仮定が必要だが，ルールを熟知した家計が少人数クラスになるような学校を選択する余地がある（Urquiola and Verhoogen 2009）。第3に，ほかの条件を一定にした場合のクラスサイズの影響を検証しているため，サイズが変わることで教員配置の変更や，教育法の工夫などが行われている可能性が否定できない。

《教師》 教師もまた教育の生産関数における重要なインプットの1つである。とりわけ，教師の質がどのように定量化され，それが教育達成にどのような影響を与えているかを分析した研究は，海外で多く蓄積されているが日本ではほとんどない（Hanushek and Rivikin 2006）。Hanushek, Piopiunik and Wiederhold (2014) は PIAAC より職業が教師であるデータを抽出し，各国のスキルの分布を計算している。教師のスキルの中央値を並べると，日本の教師はフィンランドに次ぎスキルレベルが高い。また，クロスカントリー・データによる分析で，教師のスキルレベルはテストスコアを上昇させることを示している。

二木（2017）は集計データを用い教師の質の定量化とそれがもたらす影響を検証した研究である。教員採用倍率や教職と他職の初任給の賃金差を教員の質とみなし，それらの質が向上することの学力や長期欠席率への影響を都道府県パネル・データを用いて検証した。推定結果によると，教員の質の向上は算数の得点を引き上げ，長期欠席率を減らすことを確認している。

《授業時間》 生産関数におけるインプットと考えられる授業時間は，日本の公立学校において学習指導要領により規定されている。学習指導要領は定期的に変更されるため世代によっては各教科を学ぶ授業時間にばらつきが生じる。しばしば「ゆとり教育」は教科に割く時間よりもほかの活動のための時間を増やしたことにより学力に影響があったと主張されることがあるが，必ずしも定

量的な評価に基づいたものではない。ここでは授業時間が外生的に変化したことの影響を分析した研究を紹介する。

　Kikuchi（2014）は 1981 年の学習指導要領改訂により授業時間が大幅に削減されたことがその後の教育達成に与えた影響を分析している。授業時間が長かった改訂前の世代（1952～62 年生まれ）と授業時間が削減された改訂後の世代（1968～74 年生まれ）の前後と，改訂の影響を受けた公立出身者を処置群，影響を受けなかった私立出身者を対照群とした差の差（difference-in-differences）推定を用いている。家計研パネルで把握される女性のデータを用い，制度の影響を受けたグループのその後の教育年数が引き下げられたことを発見している。

　学校で過ごす時間が変化することは家庭での時間の使い方にも影響を与える。Kawaguchi（2016）は週休 2 日制が導入されたことで親の学歴により子どもの学習時間に差が生じたことを「社会活動基本調査」（総務省統計局）の分析より明らかにしている。さらに，TIMSS と組み合わせることにより，学力の差が生じたことを確認している[14]。

　《カリキュラム》　教育の質を規定するカリキュラムが教育成果に与える影響については分析が少ないが，多様なカリキュラムで異なる選好を持つ生徒と学校とのマッチングへの影響や政治的選好に与える影響は分析されている。荒木（2011）は普通教育と職業教育を総合的に提供する学科の設置が中退を抑制したかを，1988～2006 年の東北 8 県における学年，学科，学校別のデータを構築することで検証している。推定結果によると，公立学校において総合学科は生徒の中退を抑制するが，私立ではそのような傾向が観察されないことを発見している。

　学習指導要領は全国一律に実施されるが，各地域では異なった教育への取り組みが行われている。このような隠れたカリキュラムに直面した個人がその後どのような選好を持つのかを分析した研究が Ito, Kubota and Ohtake（2015）である。この論文は，独自の調査により子ども時代の出身地域での教育法を因子分析により分類し，反競争的な教育と互恵性の関係を発見している。

(3)　家庭環境，所得援助政策

　家計所得や親の学歴は，家庭内および学校外教育を通して子どもの教育成果に影響を与える。浜野（2014）や山田（2014）は学力テストのきめ細かい調査

14　Kubota（2016）は教育投資への影響を分析している。

を用い家庭背景と学力の正の相関を確認している。中村ほか（2016）は，子どもパネルを用い，クロスセクションでは家計所得の違いにより学力の差が生じることを確認できるが，2時点の階差モデルによる推計ではその関係は必ずしも確認できないとしている。ただし，これらの分析はいずれも統計的な相関を確認しており，因果関係に迫るには，外生的な所得変動を用いた分析が必要である。

　家計の教育投資に関連する教育政策は，授業料への補助と進学に関わる所得援助（奨学金）である。Akabayashi and Araki（2011）は都道府県が独自に設定していた私立高等学校授業料補助を広い意味で私立への教育バウチャーとみなし中退抑制への影響を検証した。彼らは独自に構築した東北8県の学校別パネル・データを用い，授業料補助の充実が私立高校，とくに専門学科の生徒の中退率を引き下げる効果を発見している。佐野・川本（2014）は旧日本育英会の奨学金予約申請の収入基準額の変化地域差があることを利用し，給付可能性が拡大された地域に住む高校生が大学に進学するようになったかどうかを差の差推定で明らかにした。

⑷　その他

　追加的な話題としてピア効果，就学前教育，フィールド実験について言及しよう。ピア効果とは周辺からの影響によりある個人の教育達成が影響を受けることである。Hojo and Oshio（2012）などいくつかの研究で，相関は確認されているが，ピア効果は優秀な生徒が優秀な生徒が多い集団を選ぶというセレクションと，ある生徒の学力が周辺の生徒の学力から影響を受ける一方で，その生徒の学力が周辺の生徒の学力に影響を与えるという双方向の影響を生み出すリフレクション問題によりその影響を検出することは容易ではない。

　就学前教育は，Heckman（2013）をはじめとする一連の研究により，注目を集めているが，日本の研究蓄積は多くない。確かに海外の制御された実験による結果は強力だが，Heckman（2013）が依拠するペリー就学前実験に基づく収益率の大部分は犯罪抑制効果であり，日本の文脈で同様の効果があるかは議論の余地がある。また，Duncan and Magnuson（2013）は，就学前教育に関する介入実験の結果をサーベイし，その収益率が近年低下していることを指摘している。

　セレクション・バイアスへの究極的な解決法は実験であるが，Higuchi, Sasaki and Nakamuro（2017）は日本で教育に関するフィールド実験を行った貴

重な研究である。この論文では，ある高校でのオンライン英会話補講が英語力と英語への関心に与える効果を介入実験により検証している。分析結果によると，処置群の英語への関心は喚起されるものの，英語スコアの上昇は観察されなかった。スコアが上昇しなかった原因としてはオンライン英会話の利用率が実験開始直後には高かったが，その後利用実績が急速に低下したことにあると推論している。

▌5　おわりに——まとめと残された課題

　本章は教育を分析するための枠組みとして，教育のリターンの計測と教育の生産関数について，そのモデル，実証上の論点，データ問題，日本の分析結果について紹介した。小塩・妹尾（2005）は，データの利用可能性の問題から日本の教育に関する分析は少ないことを指摘したが，2000 年代初期から現在にかけて，データの利用可能性は拡大傾向にあるといえる。加えて，リサーチ・デザインへの理解も進み，相関関係だけではなく因果関係に踏み込んだ分析も蓄積されてきた。

　残された課題は，因果関係に踏み込んだ分析の蓄積と，教師やピア効果といった研究の少ない分野への蓄積だろう。その解決には 3 つの方向性が考えられる。第 1 は，複数のデータを組み合わせることである。たとえば，学力テストは学校側の情報は豊富だが家計情報が把握されていないために単体では分析が困難である。集計単位を適切に設定し，外部データと接合した分析が適切だろう。第 2 は，制度変更や地域性に着目した自然実験アプローチが有益である。制度変更を利用した分析であれば，集計したデータでもある程度の分析が可能となる。第 3 は，フィールド実験による評価である。フィールド実験を実施するには家計，学校，自治体，企業などさまざまな主体との協力が不可欠であるが，どのような状況でどんな介入が効果的かそうでないかの知見を得ることができる。

◆読者のための文献／学習ガイド

赤林英夫・直井道生・敷島千鶴編（2016）『学力・心理・家庭環境の経済分析——全国小中学生の追跡調査から見えてきたもの』有斐閣。

小塩隆士（2002）『教育の経済分析』日本評論社。

濱中淳子（2013）『大学の効用』勁草書房。

Hanushek, E. A. and Woessmann, L.（2015）*The Knowledge Capital of Nations*, MIT Press.

◆参考文献

赤林英夫（2010）「バブル経済以後の学校教育と教育政策」，樋口美雄編『労働市場と所得分配（バブル/デフレ期の日本経済と経済政策第 6 巻）』内閣府経済社会総合研究所。

赤林英夫・直井道生・敷島千鶴編（2016）『学力・心理・家庭環境の経済分析――全国小中学生の追跡調査から見えてきたもの』有斐閣。

阿部彩（2008）『子どもの貧困――日本の不公平を考える』岩波書店。

阿部彩（2014）『子どもの貧困 II――解決策を考える』岩波書店。

荒木宏子（2011）「総合学科設置（コンプリヘンシブ・カリキュラム）が高等学校生の中退行動に与えた影響の計量分析」『経済分析』185 号：22-45。

小塩隆士（2002）『教育の経済分析』日本評論社。

小塩隆士・佐野晋平・末富芳（2009）「教育の生産関数の推計――中高一貫校の場合」『経済分析』182 号：48-69。

小塩隆士・妹尾渉（2005）「展望 日本の教育経済学――実証分析の展望と課題」『経済分析』175 号：105-139。

柿澤寿信・平尾智隆・松繁寿和・山﨑泉・乾友彦（2014）「大学院卒の賃金プレミアム――マイクロデータによる年齢・賃金プロファイルの分析」ESRI ディスカッションペーパー，NO.310。

川口大司（2011）「ミンサー型賃金関数の日本の労働市場への適用」RIETI Discussion Paper Series, 11-J-026。

川口大司（2016）「持続的成長に向けての人的資本政策の役割」『経済分析』191 号：94-120。

近藤絢子（2014）「私立中高一貫校の入学時学力と大学進学実績――サンデーショックを用いた分析」『日本経済研究』70 号：60-81。

佐野晋平・川本貴哲（2014）「奨学金の制度変更が進学行動に与える影響」RIETI Discussion Paper series，14-J-037。

佐野晋平・多田隼士・山本学（2015）「世帯調査の方法と調査世帯の性質――世帯構成，年収，学歴に関する比較」『フィナンシャル・レビュー』122 号：4-24。

佐野晋平・安井健悟（2009）「日本における教育のリターンの推計」『国民経済雑誌』200 巻 5 号：71-86。

篠崎武久（2008）「教育資源と学力の関係」，千葉県検証改善委員会『平成 19 年度「全国学力・学習状況調査」分析報告書』第 7 章：73-97。

妹尾渉・篠崎武久・北條雅一（2013）「単学級サンプルを利用した学級規模効果の推定」『国立教育政策研究所紀要』142 集：161-173。

妹尾渉・北條雅一（2016）「学級規模の縮小は中学生の学力を向上させるのか――全国学力・学習状況調査（きめ細かい調査）の結果を活用した実証分析」『国立教育政策研究所紀要』145 集：1-10。

妹尾渉・北條雅一・篠崎武久・佐野晋平（2014）「回帰分断デザインによる学級規模効果

の推定——全国の公立小中学校を対象にした分析」『国立教育政策研究所紀要』143集：89-101。

中村亮介・直井道生・敷島千鶴・赤林英夫（2016）「親の経済力と子どもの学力」，赤林英夫・直井道生・敷島千鶴編『学力・心理・家庭環境の経済分析——全国小中学生の追跡調査から見えてきたもの』有斐閣，所収。

中室牧子（2015）『「学力」の経済学』ディスカヴァー 21。

中室牧子（2017）「少人数学級はいじめ・暴力・不登校を減らすのか」RIETI DP，17-J-014。

二木美苗（2012）「学級規模が学力と学習参加に与える影響」『経済分析』186 号：30-49。

二木美苗（2017）「子どもの学習に対する教員の質の効果——都道府県パネルデータによる実証分析」『日本経済研究』74 号：56-83。

浜野隆（2014）「家庭環境と子どもの学力」，国立大学法人お茶の水女子大学『平成 25 年度 全国学力・学習状況調査（きめ細かい調査）の結果を活用した学力に影響を与える要因分析に関する調査研究』所収。

原ひろみ（2014）『職業能力開発の経済分析』勁草書房。

北條雅一（2011）「学力の決定要因——経済学の視点から」『日本労働研究雑誌』614 号：16-27。

李婳娟（2014）「非認知能力が労働市場の成果に与える影響について」『日本労働研究雑誌』650 号：30-43。

安井健悟・佐野晋平（2009）「教育が賃金にもたらす因果的な効果について——手法のサーヴェイと新たな推定」『日本労働研究雑誌』588 号：16-33。

山田哲也（2014）「社会経済的背景と子どもの学力（1）——家庭の社会経済的背景による学力格差：教科別・問題別・学校段階別の分析」，国立大学法人お茶の水女子大学『平成 25 年度 全国学力・学習状況調査（きめ細かい調査）の結果を活用した学力に影響を与える要因分析に関する調査研究』所収。

Acemoglu, D. and Angrist, J. D. (2000) "How Large are Human-Capital Externalities? Evidence from Compulsory Schooling Law," *NBER Macroeconomics Annual*, 15: 9-59.

Akabayashi, H. and Araki, H. (2011) "Do Education Vouchers Prevent Dropout at Private High Schools? Evidence from Japanese Policy Changes," *Journal of The Japanese and International Economies*, 25(3): 183-198.

Akabayashi, H. and Nakamura, R. (2014) "Can Small Class Policy Close the Gap? An Empirical Analysis of Class Size Effects in Japan," *Japanese Economic Review*, 65(3): 253-281.

Altonji, J. G., Bloom, E., and Meghir, C. (2012) "Heterogeneity in Human Capital Investments: High School Curriculum, College Major, and Careers," *Annual Review of Economics*, 4(1): 185-223.

Angrist, J. D. and Pischke, J.-S. (2009) *Mostly Harmless Econometrics*, Princeton Press. （大森美明・小原美紀・田中隆一・野口晴子訳『「ほとんど無害」な計量経済学——応用経済学のための実証分析ガイド』NTT 出版，2013 年）

Angrist, J. D. and Lavy, V. (1999) "Using Maimonides' Rule to Estimate the Effect of Class Size on Scholastic Achievement," *Quarterly Journal of Economics*, 114(2): 533-575.

Araki, S., Kawaguchi, D., and Onozuka, Y. (2016) "University Prestige, Performance Evaluation, and Promotion: Estimating the Employer Learning Model Using Personnel Datasets," *Labour Economics*, 41: 135-148.

Autor, D. H. (2015) "Why Are There Still So Many Jobs? The History and Future of Workplace Automation," *Journal of Economic Perspectives*, 29(3): 3-30.

Ben-Polath, Y. (1967) "The Production of Human Capital and the Life Cycle of Earnings," *Journal of Political Economy*, 75(4): 352-365.

Boeri, T. and van Ours, J. (2013) *The Economics of Imperfect Labor Markets*, 2nd ed., Princeton Press.

Burgess, S. (2016) "Human Capital and Education: The State of the Art in the Economics of Education," IZA DP No.9885.

Card, D. and Kruger, A. (1992) "School Quality and Black-White Relative Earnings: A Direct Assessment," *Quarterly Journal of Economics*, 107(1): 151-200.

Dee, T. S. and West, M. R. (2011) "The Non-Cognitive Returns to Class Size," *Educational Evaluation and Policy Analysis*, 33(1): 23-46.

Duncan, G. J. and Magnuson, K. (2013) "Investing in Preschool Programs", *Journal of Economic Perspectives*, 27(2): 109-132.

Frey, C. B. and Osborne, M. A. (2017) "The Future of Employment: How Susceptible are Jobs to Computerization?" *Technological Forecasting and Social Change*, 114: 254-280.

Hanushek, E. A., Piopiunik, M., and Wiederhold, S. (2014) "The Value of Smarter Teachers: International Evidence on Teacher Cognitive Skills and Student Performance," NBER working paper.

Hanushek, E. A. and Rivikin, S. G. (2006) "Teacher Quality," in Hanushek, E. A. and Welch, F. eds., *Handbook of Economics of Education*, Vol. 2: 1051-1078, North Holland.

Hanushek, E. A., Schwerdt, G., Wiederhold, S., and Woessmann, L. (2015) "Return to Skill around the World: Evidence from PIAAC," *European Economic Review*, 73: 103-130.

Hanushek, E. A. and Woessmann, L. (2015) *The Knowledge Capital of Nations*, MIT Press.

Heckman, J. J. (2013) *Giving Kids a Fair Chance*, Boston Review Books.

Heckman, J. J. and Mosso, S. (2014) "The Economics of Human Development and Social Mobility," *Annual Review of Economics*, 6: 689-733.

Higuchi, Y., Sasaki, M., and Nakamuro, M. (2017) "Impacts of an ICT-assisted Program on Attitudes and English Communicative Abilities: An Experiment in a Japanese High School", RIETI DP, 17-E-030.

Hojo, M. and Oshio, T. (2012) "What Factors Determine Student Performance in East Asia? New Evidence from the 2007 Trends in International Mathematics and Science Study," *Asian Economic Journal*, 26(4): 333-357.

Hoxby, C. M. (2000) "The Effects of Class Size on Student Achievement: New Evidence from Population Variation," *Quarterly Journal of Economics*, 115(4): 1239-1285.

Ito, T., Kubota, K., and Ohtake, F. (2015) "The Hidden Curriculum and Social Preferences", ISER DP.

Kawaguchi, D. (2016) "Fewer School Days, More Inequality," *Journal of the Japanese and*

International Economies, 39: 35-52.

Kawaguchi, D. and Mori, Y. (2016) "Why Wage Inequality Have Evolved So Differently between Japan and the US? The Role of Supply of College Educated Workers," *Economics of Education Review*, 52: 29-50.

Kikuchi, N. (2014) "The Effect of Instructional Time Reduction on Educational Attainment: Evidence from the Japanese Curriculum Standards Revision," *Journal of the Japanese and International Economies*, 32: 17-41.

Kikuchi, N. (2017) "Marginal Returns to Schooling and Educational Policy Change in Japan," ISER DP.

Krueger, A. B. (1999) "Experimental Estimates of Education Production Functions", *Quarterly Journal of Economics*, 114(2): 497-532.

Kubota, K. (2016) "Effects of Japanese Compulsory Educational Reforms on Household Educational Expenditure," *Journal of the Japanese and International Economies*, 42; 47-60.

Lange, F. and Topel, R. (2006) "The Social Value of Education and Human Capital," in Hanushek, E. A. and Welch, F. eds., *Handbook of Economics of Education*, Vol. 1, pp. 459-509, North Holland.

Lee, S. Y. and Ohtake, F. (2014) "The Effects of Personality Traits and Behavioral Characteristics on Schooling, Earnings, and Career Promotion," RIETI DP, 14-E-023.

Moretti, E. (2004) "Estimating the Social Return to Higher Education: Evidence from Longitudinal and Repeated Cross-Sectional Data," *Journal of Econometrics*, 121(1-2): 175-212.

Moretti, E. (2006) "Private and Social Returns to Education," *Rivista di Politica Economica*, 96(3): 3-46

Morikawa M. (2015) "Postgraduate Education and Labor Market Outcomes: An Empirical Analysis Using Micro Data from Japan," *Industrial Relations*, 54(3): 499-520.

Nakamuro, M. and Inui, T. (2013) "The Returns to College Quality in Japan: Does Your College Choice Affect Your Earnings?" ESRI DP, No. 306.

Nakamuro, M., Inui, T., and Yamagata, S. (2017) "Returns to Education Using a Sample of Twins: Evidence from Japan," *Asian Economic Journal*, 31(1): 61-81.

Nakamuro, M., Oshio, T. and Inui T. (2013) "Impact of School Quality on Student Achievements: Evidence from a Twin Survey in Japan," ESRI DP, No. 304.

Ohtake, M. and Sano, S. (2010) "The Effect of Demographic Change on Public Education in Japan," The Economic Consequences of Demographic Change in East Asia, NBER-EASE, 19: 193-219.

Ono, H. (2004) "College Quality and Earnings in the Japanese Labor Market," *Industrial Relations*, 43(3): 595-617.

Oshio, T., Sano, S., and Kobayashi, M. (2010) "Child Poverty as a Determinant of Life Outcomes: Evidence from Nationwide Surveys in Japan," *Social Indicators Research*, 99(1): 81-99

Spence, M. (1973) "Job Market Signaling," *Quarterly Journal of Economics*, 87(3): 355-374.

Suga, F. (2017) "The Returns to Postgraduate Education," ESRI DP.

Todd, P. E. and Wolpin, K. I. (2003) "On the Specification and Estimation of the Production Function for Cognitive Achievement," *Economic Journal*, 113: F3-F33.

Tyler, J. H., Murnane, R. J., and Willett, J. B. (2000) "Estimating the Labor Market Signaling Value of the GED," *Quarterly Journal of Economics*, 115(2): 431-468.

Urquiola, M. (2006) "Identifying Class Size Effects in Developing Countries: Evidence from Rural Bolivia," *Review of Economics and Statistics*, 88(1): 171-177.

Urquiola, M. and Verhoogen, E. (2009) "Class-Size Caps, Sorting, and the Regression-Discontinuity Design," *American Economic Review*, 99(1): 179-215.

Wooldridge, J. (2010) *Econometric Analysis of Cross Section and Panel Data*, 2nd ed., MIT Press.

第 **II** 部

労働市場における
課題と政策対応

第 4 章

地域経済が抱える課題と労働市場

1 はじめに

　同じ国の中であっても，地域はそれぞれ異なった特性を持つ。季候などの自然環境だけでなく，人口，交通の要路に位置しているか否か，さらには周辺地域の状況も当該地域を特徴づける重要な要素となる。そして，生産活動を行う企業はその技術的特性のために，特定の地域に立地することが少なくない。大量の水を使う醸造業者が水資源の豊かな地域に立地し，タンカーによって運ばれた原油を利用する石油精製業者が沿岸部に立地するのは，その典型的な例である。一方，人々も自分の居住する地域を選択する。自然環境のよさを求めて移住する人がいる一方で，豊かな生活を求めて経済的に発展した地域に移動することを望む人もいる。働く場所についても，幼少期から過ごしてきた場所にずっと居住し，仕事を得たいと考える人がいる一方で，自分の能力を最も活かす仕事がある地域に移動しようとする人々もいる。地域固有の環境と，多様な企業の立地選択，多様な労働者の就業地選択といった要素が組み合わさることで，地域経済はバラエティ豊かなものになる。

　こうした立地や就業地の選択に際して，企業や個人は瞬時にコストなく地域間を移動できるわけではない。地域間を移動するためには，現実にはさまざまな金銭的あるいは非金銭的な「移動コスト」を負担しなければならない。企業の場合には工場や事業所の移転費用，労働者の場合には引越し・新居取得費用，さらには住み慣れた場所を離れて新しい地域に適応する心理的負担などがあげられよう。こうしたコストの存在やほかの非競争的な要因[1]によって，それぞれの地域の労働市場は一定程度分断される。このことは，産業構造のみならず

賃金や失業率といった労働市場の指標の地域間格差にも影響をもたらす。

　実際，地域が多様であれば住む地域によって労働条件や就業面での格差が生じることは不思議ではない。たとえば，産業が高度に発展している地域ほど，当該地域で働く労働者の賃金水準は高くなる可能性がある。仮に，たまたまそうした地域に生まれた人が地元の高賃金の仕事に就きやすいならば，ほかの地域に生まれた人々との格差が生じるだろう。地域労働市場の分析における焦点の1つは，こうした賃金や就業面での地域間格差となる。実際にどの程度の格差が存在しているのか，その背後にある要因は何かを明らかにすることが必要となる。

　労働者の地域間移動は，地域間で賃金などの労働条件に大きな格差が生じたときの調整機能となりうる。たとえば，ある地域の賃金が高ければ，他地域から労働者が流入することで流入先の労働供給が増加して，賃金格差は縮小するかもしれない。高賃金を求めて移動する労働者は，交通費や移動元地域の賃金・アメニティを放棄するという機会費用を負担していることから，一種の人的資本投資を行っているとも見ることができる。実際，教育等の人的資本投資と同様に，地域間移動をする主体は若年者が比較的多い。これは，若い人の方が移動によるリターンを長期にわたって得ることができるためである。

　しかし，地域間の人の移動は，地域間の賃金格差や人材の偏在を是正させるばかりではないかもしれない。特定の地域に人や企業が集中することで，その地域での生産性が向上するという「集積のメリット[2]」が存在する場合には，一部の地域に労働力が集中する傾向が生じるとともに，地域間格差をむしろ拡大させるかもしれない。そして人材の地域分布は，「集積のメリット」の発現を規定することから，地域労働市場がどのように機能するかは，一国全体の経済的なパフォーマンスに大きな影響を及ぼす公算が大きい。日本でも長らく都市と地方の格差が問題にされてきたが，近年では「東京一極集中」の緩和によって地方の経済基盤の強化と少子化の抑制を図る政策が推進されている。地域

　1　たとえば，開発経済学で著名なハリス=トダロ・モデルでは，発展途上国の都市部における高賃金と失業の共存，および農村部の低賃金という現象を，都市部では最低賃金等によって硬直的な高賃金が設定されているという仮定から導き出している（Harris and Todaro 1970）。

　2　創造性の高い企業や人材が集まると，互いに学び合うことでイノベーションが活性化して生産性が高まる傾向がある。

の労働市場の機能を正しく理解することは，そうした政策について考察する際にも不可欠である。

　本章の目的は，日本の地域労働市場の特性を，統計資料と既存研究を中心に概観することになる。その中心となるのは，上で述べたような賃金や就業に関する地域間の格差と移動のメカニズムである（2節，3節）。それに加えて，本章では3つの追加的なトピックを論じることにした（4節）。第1は，地域の経済活動にショックが生じたときに，労働市場で何が生じるかという問題である。本章では，その具体例として東日本大震災を取り上げ，被災地域の労働市場が受けたインパクトを見る。第2は，地方公務員給与の問題である。地方公務員の給与水準は注目を集めることが多いテーマであるだけでなく，実際に地域の労働市場に大きな影響を与えている。地方公務員の給与水準はどのように決まっているのか，何が論点になっているのかを明らかにする。最後に，地域雇用政策を取り上げる。

2　人材と仕事の地域分布

2.1　人材の分布

　最初に，地域の労働市場における人材の分布を把握する。ここでは主要なものとして就業者数，学歴構成，年齢構造の3つを取り上げる。図4-1は，「国勢調査」（総務省統計局）を用いて，1995〜2015年の20年間で各都道府県において就業者数が何%変化したかを調べたものである。全国平均で就業者数はこの間に8.1%減少したが，図中の各地域の数値はその水準からの乖離として計算した。したがって，図の数値がプラス（マイナス）であれば全国平均よりも就業者数が増加した（減少した）地域である。図4-1によると，最も就業者数の伸びが大きいのは沖縄県だが，全体としては埼玉県，千葉県，神奈川県，愛知県，滋賀県，福岡県といった都市圏の就業者数の伸びが大きい一方で，東北地方，中国地方，四国地方の地方圏の就業者数が低下傾向にある。1995年段階で就業者数の多い地域でその後の就業者数の伸びが大きい傾向があるので，就業者規模で見た地域間の格差はこの20年間で拡大してきたことになる。

　次に，10年ごとの3時点（1990年，2000年，2010年）の「国勢調査」の都道府県別データを用いて最終学校卒業者に占める大卒・大学院卒の比率を見てみる（図4-2）。左から2010年時点で高い比率の順番に並べているが，最も大卒

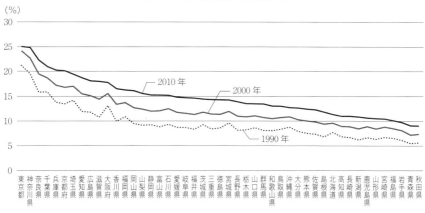

図 4-1　就業者数成長率の全国平均との差（1995〜2015 年）

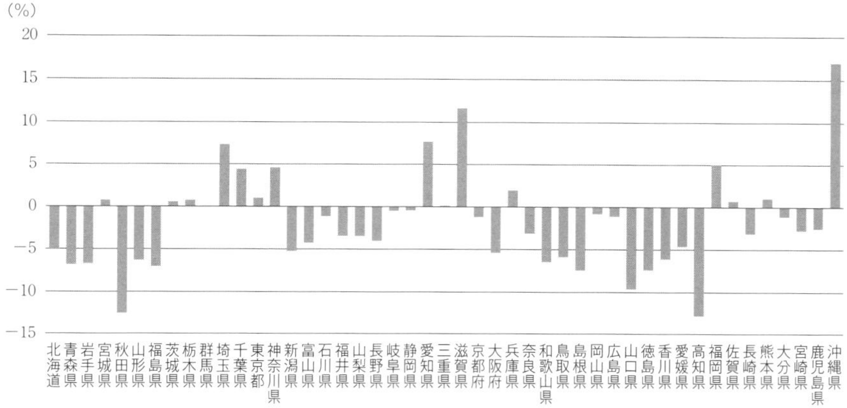

（注）　1995 年から 2015 年までの各都道府県の就業者数の成長率から全国の成長率を差し引いたもの。
（出所）　総務省統計局「国勢調査」より筆者作成。

図 4-2 大卒以上比率の地域分布

（出所）　総務省統計局「国勢調査」より筆者作成。

以上比率が高いのが東京都の 25.1％ で，それに神奈川県，奈良県，千葉県，兵庫県が続いている。ここからわかるように，東京圏や関西圏が上位に集中する傾向がある。逆に低い方からは，秋田県が 9.0％ で，青森県，岩手県，福島県，宮崎県が続いており，概して東北地方が低くなっている。最高の東京都と最低の秋田県の格差は 2.8 倍と大きい。学歴を人的資本の水準と捉える場合には，人的資本水準の高い人々が都市部に集中していることになる。これは，経

図 4-3   就業者に占める 40 歳未満比率の地域分布

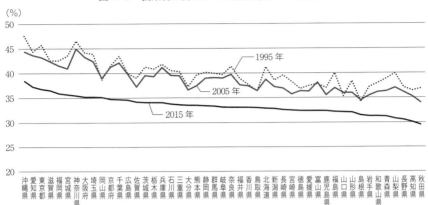

(注)   就業者総数に占める 40 歳未満の比率。左から 2015 年時点で高い比率の順番に並べている。
(出所)   総務省統計局「国勢調査」より筆者作成。

済資源や情報の集中している都市部で大卒者にとって魅力的な仕事が集中しているということと関係しているように思われる。また，そうした地域ほど大学が数多く立地しており，地方出身の学生を吸収している側面もある。ただし，20 年間を通じて大卒以上比率が全地域で上昇する中で地域間格差はやや縮小傾向にある。これは，東京圏などの最も大卒比率の高い地域で大卒以上比率の上昇スピードが鈍化していることによる。

　年齢構造については，就業者に占める 40 歳未満の割合を取り上げる。この指標は，地域の就業者の「若さ」を示すもので，近い将来にそれぞれの地域の中核となる人材のシェアを表すものと考えうる。図 4-3 には，図 4-2 と同様の方法で都道府県別の 40 歳未満のシェアを示している（時点は 1995 年，2005 年，2015 年の 3 時点）。まず，2015 年段階で就業者の若い県は，沖縄県の 38.5％ を筆頭に，愛知県，東京都，滋賀県，福岡県と続く。出生率が全国トップの沖縄県で就業者が若い一方で，出生率が最も低い東京都が比較的若い年齢構成を保っているのは，地方から移動する若者を吸収しているという事実による。逆に低い方からは，秋田県の 29.5％ がトップで，それに続くのが高知県，長野県，山梨県，青森県などとなっている。時系列的には，就業者に占める若年者比率は低下傾向にあるが，地域間格差の拡大・縮小についてはそれほど明確ではない。

　以上のように，比較的若く，学歴水準の高い労働者は大都市圏に集中する傾向が明確である。産業の発達した大都市圏に地方出身の若年高学歴者が移動してきていることがこうした人材分布を生み出しているものと考えられる。

2.2　就業・失業と賃金

　では，賃金や失業といった労働市場の主要指標はどのように分布しているのであろうか[3]。本項では，両者を地域労働市場において定まる労働サービスの価格と数量の代理指標として捉える。まず賃金について，「賃金構造基本統計調査」（厚生労働省）の「きまって支給する現金給与額」の都道府県別データを見ることにする。図 4-4 には，1981 年以降の，給与水準の上位 3 位の県と下位 3 位の県の格差（倍率）の動きを示している。ここから，給与格差は長期的に 1.5 倍から 1.4 倍に低下していることが判明する。しかしながら，同じ図 4-4 に示しているとおり，最高の県の水準と最低の県の水準の格差は広がってきており，2015 年には 1.6 倍を超えている。これは，最低の県の水準がさらに低下したことによるものではなく，最高の県（この場合には東京都）の水準が上昇したことによる。このことは，上位 3 位と最低との格差が，上位 3 位と下

図 4-4　「きまって支給する現金給与額」の地域間格差の推移

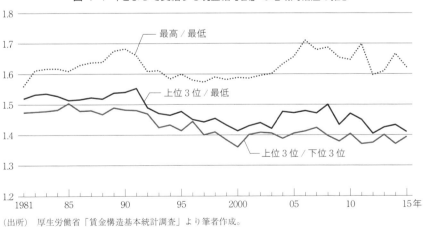

（出所）　厚生労働省「賃金構造基本統計調査」より筆者作成。

3　勇上（2010）が包括的な検討を行っている。周・大竹（2006）は都道府県単位よりも小さい都市雇用圏の失業構造を検討している。

表 4-1　都道府県間平均年収格差の要因分解

	平均年収＞全国平均 (A)		平均年収＜全国平均 (B)		(A) と (B) の差	
	金額（千円）	％	金額（千円）	％	金額（千円）	％
平均年収額の全国平均との差	556.6	100.0	−598.3	100.0	1154.9	100.0
年齢構成寄与	11.8	2.1	−3.3	0.6	15.1	1.3
学歴構成寄与	128.4	23.1	−169.9	28.4	298.3	25.8
雇用形態構成寄与	23.6	4.2	1.3	−0.2	22.3	1.9
企業規模構成寄与	120.7	21.7	−112.9	18.9	233.7	20.2
産業構成寄与	88.9	16.0	−81.0	13.5	169.9	14.7
物価水準寄与	60.4	10.9	−71.8	12.0	132.3	11.5
各要因の寄与を除いた賃金格差	122.7	22.0	−160.6	26.8	283.3	24.5

(注)　平均年収は，2014（平成 26）年 6 月のきまって支給する現金給与額×12＋平成 25 年の年間賞与その
　　　他特別給与額。平均年収が全国平均よりも高い県 (A) は，東京都，神奈川県，愛知県，三重県，大阪府。
　　　(B) はそれ以外の県。
(出所)　「労働経済白書（平成 27 年）」の第 4-(3)-6 図「一般労働者の平均年収額の全国平均との差の要因
　　　分解」バックデータを用いて筆者計算。元の分析で用いている賃金データは厚生労働省「平成 26 年 賃金
　　　構造基本統計調査」，物価データは総務省統計局「小売物価統計調査（構造編）」。要因分解式は「白書」
　　　の「付注」参照。

位 3 位の格差と同様に低下しているところからも確認される。実際，東京都は
この期間に給与水準が最も伸びた地域に含まれており，特異な位置を占めてい
る。

　翻って，地域の賃金格差はどのような要因によって生じているのだろうか。
「労働経済白書（平成 27 年）」では，上記調査を特別集計することで，各県の平
均年収と全国の平均年収との格差を要因分解している[4]。そこで得られている
各県の値を使って，平均年収が全国平均よりも高い県の平均値，逆に平均年収
が全国平均よりも低い県の平均値，さらに両者の差を筆者が計算したものを表
4-1 に示している。それによると，全国平均よりも高い地域の平均年収と低い
地域の平均年収の格差に最も大きく寄与している要因は「学歴構成」であり，
格差のうちの 25.8％ がこれによって説明される。すなわち，地域間年収格差
の 4 分の 1 は，学歴の構成比が地域によって異なることに起因している。それ

4　太田（2006）は，「賃金構造基本統計調査（2003 年）」を用いて，学歴，年齢，役職段
　　階を制御すれば，都道府県間賃金格差の最大・最小の乖離率は 3 割程度縮小するが，な
　　お大きな地域間給与格差が残存し，それは制御前の給与水準との相関が強いことを見出
　　している。表 4-1 のデータにおいても，各県の平均年収額の全国平均との差と，「各要
　　因の寄与を除いた賃金格差」の相関は非常に強く，0.83 であった。

に次ぐのが，「各要因の寄与を除いた賃金格差」の 24.5% で，ここで検討している要因では説明できない格差も大きいことを示している。さらに「企業規模構成」の 20.2%，「産業構成」の 14.7%，「物価水準」の 11.5% が続いている。雇用形態や年齢の構成の違いは，重要な年収格差の要因とはいえない。

　地域における企業規模や産業特性が地域間賃金格差に大きな影響を与えているという事実は，地域の生産技術特性が労働生産性を規定し，それが賃金水準に反映するという可能性を示唆している。実際，「労働経済白書（平成 27 年）」は，2001 年度から 11 年度にかけての実質稼働所得増減の要因分解を行い，いずれの都道府県でも，実質稼働所得を押し上げている最も大きい要因は，労働生産性の上昇であることを見出している。

　以上のように，地域における就業者構成と産業・規模構成は当該地域の賃金水準の規定要因となるが，当該地域の労働市場の需給バランスも賃金水準に影響を与える可能性がある。たとえば，賃金交渉や効率賃金などの要因で地域労働市場に非競争的な要素がある場合には，失業率の高い（低い）地域では賃金水準が低く（高く）なってもおかしくない。この点は，失業率の地域分布を見た後に再述する。

　続いて，地域における雇用状況を代表する変数として完全失業率を取り上げる。図 4-5 に都道府県別の完全失業率の推移を示している（時点は 1995 年，2005 年，2015 年の 3 時点）。2015 年時点で失業率が最も高い県は沖縄県の 6.3% で，青森県，大阪府，福岡県，徳島県が続いていた。逆に低い方は，島根県の 2.9% がトップで，富山県，福井県，石川県，岐阜県の順であった。また，この 3 時点を通じて変動係数あるいは最大・最小の比率で測った失業率の地域間格差は縮小傾向にあった[5]。

　地域別失業率の分析として，勇上（2005）は 1990 年および 2000 年の「国勢調査」の都道府県別完全失業率を年齢，学歴，性別，産業で推定し，地域間格差への寄与度を推計したところ，産業構成の寄与度が最も高く，学歴・性別がそれに続き，年齢の寄与度は大きくないことを見出している。実際，図 4-5 を見ても，愛知県などの第 2 次産業が発達している地域では失業率は低い傾向にある。

5　「労働力調査」（総務省統計局）の都道府県別失業率のモデル推計値を調べてみると，失業率の高い時期に失業率格差が縮小するという「反循環的変動」を示す。そうした傾向があるにもかかわらず，失業率の低い時点の 2015 年に失業率格差は縮小している。

図 4-5　完全失業率格差の地域分布

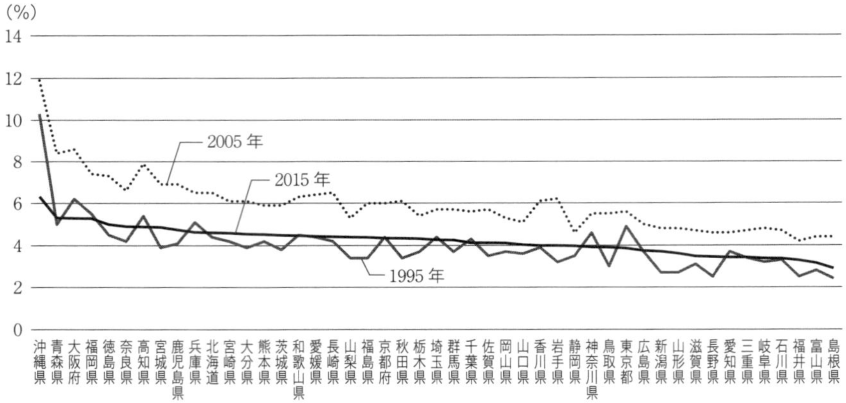

(注)　左から 2015 年時点で完全失業率の高い順番に並べている。
(出所)　総務省統計局「国勢調査」より筆者作成。

　太田 (2010) は，2002 年と 07 年の「就業構造基本調査」(総務省統計局) を用
いて 15〜24 歳の若年層の都道府県別失業率関数の推定を行った。その結果，
地域の若年失業率は，高校新卒求人倍率が低い地域，中高卒者比率が高い地域，
第 3 次産業比率が高い地域，大企業比率が低い地域，当該地域からの純流出率
が低い地域で高くなる傾向を見出した。純流出率が若年失業率に影響を与える
経路としては，ほかの条件を一定にして，若年者が地域から出ていく傾向の強
い地域では地域に残った失業者の再就職が容易になるという理由からであった。
このように，地域の若年失業率は，当該地域の学歴構成のみならず，労働需給，
産業構造，企業規模構成，そして県外移動等の地域要因に左右されることがわ
かる。

　また，太田 (2010) は各都道府県を「都市部」と「地方」に分割して，就業
構造基本調査 (2007 年) から無業者の意識の違いを分析した。その結果，若年
未婚無業者の中で就業を希望している割合は「都市部」の方が高いが，求職し
ている割合は「地方」で高い傾向があった。また，「地方」では「失業してい
るから」という理由により，就職希望者が仕事に就くことを希望する傾向が強
い。さらに，地方の就職希望者は「仕事の種類にこだわっていない」とする割
合が高く，非求職者では「探したが見つからなかった」とする割合が高かった。
このように，総じて「地方」の方が「都市部」よりも仕事を求める切実感が強
かった。そうした状況を生じさせる理由の 1 つとして，所得水準が「地方」に

おいては相対的に低く，無業状態にとどまるコストが大きいことがある。

　これまで地域における賃金水準と失業率を別個に見てきたが，相互にはどのような関係があるだろうか。Blanchflower and Oswald（1994）は，多くの先進諸国において地域別の賃金と失業率には右下がりの関係，いわゆる賃金カーブが存在することを明らかにした。日本についても，Montgomery（1993），Kano（2003），Poot and Doi（2005）らがそれぞれ賃金カーブの存在を確認している[6]。通常の需要・供給の分析では，高い賃金が設定される場合には，労働需要が労働供給を大きく下回ることで失業率が高くなると想定するので，逆の関係が生じているならば，それは労働市場の機能についての重要なヒントを与えることになる。賃金カーブの理論的根拠としては，失業率が高い地域では労働者にとって仕事を見つける可能性が低くなっているので，企業に対する労働者の賃金交渉力が低下したり，労働者から努力を引き出すために企業が設定しなければならない賃金水準（効率賃金）が低くすんだりするという点があげられる。ただし，データを用いて推定される賃金カーブの傾きはほかのどのような変数を制御するかによって変わってくることには留意すべきだろう。たとえば，大企業比率や第2次産業比率が高い地域では，賃金水準は高くなり，失業率は低下する傾向がある。よって，賃金カーブを計測する際に，説明変数として大企業比率や第2次産業比率を導入すれば，地域失業率が賃金に与える効果が少なからず減殺されることはありうる[7]。

2.3　求人・求職者のミスマッチ

　地域間で求人数と求職者数に偏りがあった場合には，労働市場全体のマッチングにとって阻害要因になる。求人に対して求職者が多すぎる地域から求職者に対して求人が多すぎる地域に求職者が移動すれば，地域間ミスマッチは抑制されるが，他地域の求人についての情報が不足していたり，労働者にとって移動コストが大きかったりする場合には，ミスマッチは容易には解消されない。それでも，ミスマッチの拡大は労働移動を促進する要因にはなる。ここではス

---

[6]　図4-4および図4-5の2015年のデータを用いて，都道府県別の「きまって支給する現金給与額」と完全失業率との相関を調べたところ，−0.19という弱い逆相関関係があった。

[7]　戸田・太田（2009）は，地域間の実質賃金格差と失業率格差の関係を検討したうえで，コントロール変数の如何によって賃金カーブの出現の傾向が異なることを見出している。

タンダードな Jackman and Roper（1987）による指標を用いて地域間ミスマッチの大きさを把握する。具体的には，47 都道府県について次式で表されるミスマッチ指標（MM）を計算する。

$$MM = \frac{1}{2} \sum_{i=1}^{47} \left| \frac{U_i}{U} - \frac{V_i}{V} \right| \qquad (4.1)$$

この式で i は都道府県，U_i/U は各都道府県の求職者数の全国に占めるシェア，V_i/V は各都道府県の求人数の全国に占めるシェアを表す。この指標は 0 と 1 の間をとり，1 に近いほどミスマッチが大きいことが知られている。

　都道府県別の求人・求職データを用いたミスマッチ指標の動向を図 4-6 に示している。図 4-6 では，全都道府県間のミスマッチ指標と東京圏（東京都・埼玉県・千葉県・神奈川県）とそれ以外の地域のミスマッチ指標の動きを示しているが，双方ともに長期的に低下傾向にある。これはすなわち，求人数と求職者数のバランスの地域間格差は長期的に縮小してきたことを意味する。しかし，東京圏については最近時点でミスマッチ指標がやや上昇している。

　大きな地域間ミスマッチは，一部の地域に求人とマッチできない失業者が集中していることを意味するが，そうした労働者は移動コストの存在のためにただちに他地域で仕事を見つけることができないので，労働市場全体における失業率を高める要因となる。この点に鑑みれば，ミスマッチ指標が低下している日本においては，地域間の求人・求職者の偏在に帰因する失業問題はそれほど

図4-6　地域間ミスマッチ指標の推移

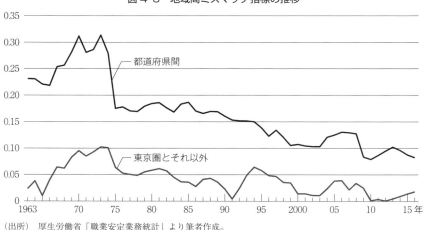

（出所）　厚生労働省「職業安定業務統計」より筆者作成。

大きくはないと推察される。また，図4-5で見たように地域間の失業率格差は
長期的に低下しているが，これは地域間ミスマッチ指標の低下と矛盾しない。

3　地域間労働移動

3.1　移動の実態

　人々はさまざまな契機によって地域間を移動する。実際，進学，就職・転職，
結婚，新居の購入といった多くのライフイベントにおいて居住地を変わること
はきわめて一般的である。2011年に実施された「第7回人口移動調査」(国立
社会保障・人口問題研究所) によると，「住宅を主とする理由」が全体の35.0%
と最も多く，それに「職業上の理由」(14.1%)，「結婚・離婚」(13.5%) などが
続く。年齢別に見ると，都道府県間移動を最も行っている年齢階級は20歳代
で，それ以降は低下していく。また，若年層では進学や就職といった理由によ
る移動の比率が高い傾向がある。

　人々の地域間移動の時系列的傾向を「住民基本台帳人口移動報告」(総務省統
計局) によって把握しておきたい。図4-7にいくつかの移動率を掲載している。
まず，全国の転入率 (各都道府県への転入者数を総人口で割ったもの) は1975年に
は3.3% であったが，長期的に低下して2015年には1.9% となった。東京都

図4-7　地域間労働移動率の推移

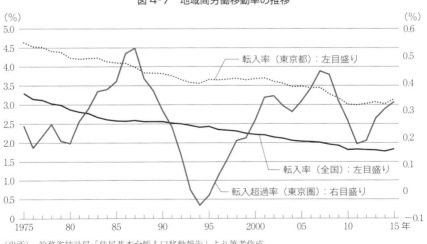

(出所)　総務省統計局「住民基本台帳人口移動報告」より筆者作成。

の転入率は全国の転入率よりも高いが，それでも長期的に低下している点は同様である。このように都道府県間の人の動きは総じて低下傾向にあるといえる。しかし，特定地域への移動の集中という問題は残っている。図4-7には，東京圏への純移動の指標として転入超過率（転入率から転出率を差し引いたもの）が掲載されている。これがプラスであれば，転入者数が転出者数を上回ることで東京圏の人口には増加圧力が働くことを意味する。この指標は最近では高い水準にあり，2015年には0.3%に達している。一見小さい数字に見えるが，人数にすれば約12万人に達する。全体の移動率低下と東京圏への集中が同時に進行しているのが，日本の特徴であるといえよう[8]。

3.2 地域間労働移動のメカニズム

地域間の人口移動を規定する重要な要因として，賃金や就業機会の地域間格差がある。これまでの実証研究の焦点も，地域間賃金格差や就業機会格差が実際に労働移動をどの程度規定しているかという点であった。これについては，海外ではすでに膨大な既存研究の蓄積があり（Greenwood 1975, 1997），日本についての研究も少なくない。ここでは比較的最近の研究をいくつか紹介する。

Montgomery（1993）は，「住民基本台帳人口移動報告」（総務省統計局）の都道府県別の長期データ（1960～88年）を用いて，転入超過率を被説明変数とする回帰分析を実施した。その結果，地域の雇用変化率および有効求人倍率と転入超過率との間に有意なプラスの相関が観察された。また，家賃水準はマイナスで有意であった。賃金上昇は有意ではなく，失業率については予想とは異なり，固定効果モデルでプラスの有意な結果を得た。玉田（2003）はMontgomeryと同様に「住民基本台帳人口移動報告」のデータを用いたが，都道府県間の粗移動率[9]の推計を行った点に特徴がある。その結果，日本では，失業率が移動先で移動元よりも相対的に高くなると移動が抑制されることが判明した。その一方で，平均賃金格差の符号は，定式化によって異なる結果が得られた。

戸田・太田（2009）は，年少者や高齢者を含む「住民基本台帳人口移動報

---

8 注意すべき点として，ここで掲載している住民基本台帳に基づく移動はあくまで住民票情報に基づくものであることから，住所変更の届け出をせずに移動した場合にはこの統計には反映されないことがある。

9 粗移動率は移動元地域から移動先地域への移動者数を移動元地域の人口で除したものとして定義される。

告」ではなく，1990年および2000年の2時点の「国勢調査」（総務省統計局）を用いて15〜64歳男性の粗移動率を推定した。都道府県パネル・データに基づく推計によると，都道府県間の移動について，実質賃金格差および失業率格差は双方ともに粗移動率の規定要因となっていることが判明した。なお，失業率格差の代わりに有効求人倍率格差を用いても有意な結果を得た。よって，日本において男性については失業率の高い地域から低い地域へ，また賃金水準の低い地域から高い地域への移動が行われていることになる。このように，賃金や就業機会格差は移動を促進する要因と考えられる。一方，橘木・浦川（2012）は，独自調査を用いることで，地方出身で都市に在住している人は，地方出身で地方に在住している人よりも，通勤・通学の便，買い物の便といった「アクセスの容易さ」という生活環境を高く評価していることを示しており，それが都市部への移動の一要因となっている可能性を指摘している。さらに，都市から地方への移動を分析した李・杉浦（2017）では，地元の「実家」の存在が最大のプル要因として機能していることを明らかにしている。

　属性別の労働移動については，太田（2010）が新規高卒者の県外就職を規定する要因として，主要受入地域の求人シェアが県外就職を促進していることを示している。また，都道府県データを使って純流出率を推定したところ，当該地域の新卒求人倍率や生涯賃金指標がマイナスの影響を及ぼしていることを明らかにした。一方，労働政策研究・研修機構（2015）や堀（2016）は，地方出身で地元に定着する層の増大を指摘している。

　東京圏への移動について，ライフステージごとに「人口移動調査」（国立社会保障・人口問題研究所）のミクロデータを用いて分析をしたものに太田ほか（2017）があげられる。そこでは，初職段階の移動では賃金格差が重要であること，東京圏からのUターンの低さは地方の雇用機会の少なさと連関していること，最近のコーホートでは東京圏への移動性向が低下していること，雇用形態の移動への影響は限定的であることなどを示している。

　地域間を移動した労働者の賃金についても，いくつかの研究が存在する。とくに，Borjas, Bronars and Trejo（1992a, 1992b）が注目したような，地域間労働移動が一定の選別（sorting）機能を持つ点を考察した研究が日本でも行われた。太田（2007, 2016），石黒ほか（2012），橘木・浦川（2012）は，出身地や個人属性が賃金に与える影響を分析し，地方在住者が都市部に移動することによって高い所得を実現していることを明らかにした。また，太田（2007）および石

黒ほか（2012）では，地方出身で恵まれた層が都市部に移動する傾向があることも示している。これらの解釈として，太田（2007）は都市部では能力に対する評価が高いために，地方の優秀な人材が集まってくるというメカニズムを推測している。一方，地方では都市部への移動によって地方の経済を支える人材が流出してしまい，それが地方経済にマイナスの影響をもたらす可能性がある。

　さて，図4-7で示したとおり，日本において都道府県間の移動頻度は全般的に低下傾向にある。上記の一連の研究結果に基づけば，都道府県間の粗移動率は就業機会の格差と賃金格差によって大きく規定されている。そして，前節で見たように，都道府県間の賃金格差と就業機会格差は全体的に縮小している。よって，日本全体での賃金・就業機会格差の長期的な低下が，地域間の移動の縮小をもたらした可能性がある[10]。では，同じ図4-7で見たような東京圏への転入超過率も同様のロジックで説明できるのであろうか。東京圏の転入超過率は，全国の転入率よりも変動が大きく，近年上昇しているが，これが東京圏とそれ以外との就業機会や賃金の格差によって説明しうるかがポイントになる。そこでデータを吟味した結果，有効求人倍率の格差（東京圏÷それ以外）で示した就業機会格差が，東京圏の転入超過率と比較的強いプラスの相関を持つことがわかった[11]。その結果によれば，東京圏の転入超過率の最近の上昇の一因は，就業機会の面で東京圏の優位性が高まっていることに求められる。

4　地域労働市場のトピック

4.1　地域ショック——東日本大震災

　地方経済にショックが生じた場合，それは地域労働市場にどのような影響を与えるのであろうか。ここでは，2011年3月11日に発生した東日本大震災が

10　これに関連して，アメリカにおいても州間の労働移動率が低下しており，その要因が分析されつつある。Kaplan and Schulhofer-Wohl（2017）は，職業から得られる収入の地域間での平準化や，最近は以前に比べて移動する前に移動先の情報を収集しやすくなったことが州をまたいだ移動性向の低下をもたらしているとしている。

11　1975〜2015年のデータを用いて，東京圏への転入超過率（％）と東京圏と非東京圏の有効求人倍率格差（倍率）の関係について，1年階差を使った回帰分析を行った。その結果，有効求人倍率の係数は0.42で，t値は3.44と1％水準で有意であった（決定係数は0.24）。

被災3県（岩手県，宮城県，福島県）に与えた影響について，公刊データを用いて分析した結果を紹介したい[12]。

　まず，賃金については必ずしも被災3県の平均水準が他県に比べて大きく低下したとはいえないが，個別の産業では低下が見られた。たとえば，福島県においては「電気・ガス・熱供給・水道業」で男性の給与水準が低下した。一方で，被災3県では震災によって労働時間は減少する傾向があった。

　雇用への数量的な影響の一部は，求人数・求職者数の動きに反映されていた[13]。しかも，それは阪神・淡路大震災と類似した側面があった。その点を明らかにするために，全国の有効求人数および有効求職者数に占める被災県のシェアが，震災直前からどのように相互に連関しながら変化するかを見ることにする。その際に，1995年1月17日に発生した阪神・淡路大震災の経験との比較は有用であろう。図4-8(1)は，横軸にハローワークに求職登録した全国の有効求職者総数に占める兵庫県の有効求職者シェア，縦軸に全国の求人数に占める兵庫県の有効求人シェアをプロットし，その推移（月次）を結んだものである。スタート時点は1994年12月，つまり震災の1カ月前であり，その点を原点に持ってきている。つまり，横軸は1994年12月からの兵庫県の求職者シェアの変化，縦軸は同じ時期からの兵庫県の求人シェアの変化となる。この図では最終月を1999年5月に設定している。図は原点をスタートして，左回りに進む。この図から，阪神・淡路大震災の場合には，求人・求職者の動きは次の4つのフェーズに分類される。

①混乱期：震災直後に求人・求職者シェアがともに一時的に低下する。
②参入期：震災のために職を失った人々が労働市場に参入し，求職者が増大，それと同時に求人も増大して双方のサーチ活動が活発化する。
③回復期：増加した求人に求職者が順次就職していくことで求職者シェアが低下する。
④調整期：求職者シェアは震災前を下回る一方，求人シェアが低下するとともに求職者シェアも震災前の水準を目指して調整されていく。

12　本節の分析は，太田（2015）に依拠する。震災時の雇用政策については，玄田（2015）が詳しい。

13　阪神・淡路大震災では大竹ほか（2012），東日本大震災では樋口ほか（2012）が求人・求職データを用いた研究として先駆的である。

図 4-8　震災ショック後の求人シェア・求職者シェアの変化

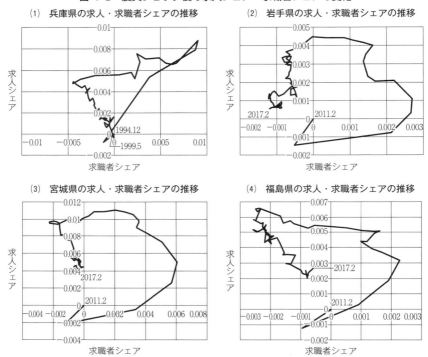

(注)　期間は兵庫県については 1994 年 12 月から 1999 年 5 月まで，東日本大震災の被災 3 県は 2011 年 2 月
　　　から 2017 年 2 月まで。
(出所)　厚生労働省「職業安定業務統計」より筆者作成。

　図 4-8(2)〜(4)には，東日本大震災後の岩手県，宮城県，福島県の求人・求
職者シェアの 2011 年 2 月以降の動きを示している。グラフの動きは相互に類
似しているのみならず，阪神・淡路大震災の経験とも符合しており，上記 4 つ
のフェーズを経ることがわかる。また，これら 4 ケースでは，「混乱期」は 1
カ月，「参入期」は 3 カ月，「回復期」は 1 年前後という点も同じである。ただ
し，調整期は兵庫県の場合には 3 年 2 カ月であったが，東日本大震災の場合に
は現時点においても原点への復帰は見られていない。
　こうした求人・求職者数の動きとともに，被災地では職業間の求人・求職の
ミスマッチが顕在化した。宮城県においては，石巻，仙台，気仙沼といった沿
岸部のハローワークで震災後のミスマッチがとくに大きくなっていた。ミスマ

ッチ指標が明確に上昇した地域で，それが震災以前の水準に戻ったのは，2011年 12 月から 12 年 2 月付近であった。気仙沼のハローワークを例にとると，震災後にミスマッチが拡大したのは震災によって水産加工メーカーが津波の影響で甚大な被害を受けたために求人が停滞する一方で，元の業種に就職したいと考える求職者が急増したためである。一方，ハローワーク仙台では，求職対象の職業を決めかねている被災者が増えたことがミスマッチの増大に寄与した。

　2012 年の「就業構造基本調査」(総務省統計局)を用いて被災離職者の再就職の傾向を調べると，震災以外の要因による離職者よりも再就職が困難となっていたが，男性の場合には徐々にキャッチアップしていた。女性の場合には，ミスマッチ等や就業希望の低下によって，より就業に困難が生じた。その一方で，震災前に正規の職員・社員として雇用されていた男性の少なくない部分が震災後の離職を契機に非正規の仕事についていた。被災離職者が再就職に至っても転職希望や追加就業を希望する人々も多く，その意味で被災者にとっての雇用の質が被災後に低下したといえる。被災に伴い無業になった人々については，避難に伴って就業意欲の低下が観察された。

　このように東日本大震災は，被災離職者の男性の非正規化，女性の労働市場からの撤退，避難生活をせざるをえなかった人々の就業割合の低下といったさまざまな側面において，被災地の人々の生活に大きな影響を及ぼした。

4.2　地方公務員給与

　地方公務員の総数は，2016 年 4 月 1 日現在で 273 万 7263 人であり，地方の財政状況の逼迫とともに 1994 年から総数は減少傾向にあるが，最近時点では子育て支援や地方創生への対応のために減少率は低下している。地方公務員は各地域に一定数必要なので，人口が少ない市町村では，地方公務員の比率は高くなる傾向がある。ただし，地方公務員については，その人数よりも給与水準が問題視されることが多かった。実際，地方公務員の給与水準は地域労働市場にさまざまな影響をもたらす。たとえば，地方公務員の消費支出は，当該地域の消費の下支えになることがある。しかしながら，地方公務員給与が地域の賃金水準よりもかなり高い場合には，各地域の住民にとっての負担が大きくなるだけでなく，民間部門にとって良質の人材獲得が難しくなるという問題も生じる。

　地方公務員給与は，地方公務員法に基づき，地域の人事委員会が給与勧告を

行い，議会の承認のもとに決定される。その際に考慮すべき要件として，法令では「生計費並びに国及び他の地方公共団体の職員並びに民間事業の従事者の給与その他の事情を考慮して定められなければならない」（第24条）としているが，1978年時点では地方公務員給与は国家公務員の水準を7.3%上回る状況であった。その後，地方公務員給与は急速に国の水準との格差を縮小させていった。稲継（2000）は，1974年からのラスパイレス指数[14]の公表を契機に首長が給与水準の削減に取り組んだことが，給与水準の長期的・自律的な低下に結びついたとしている。こうした背景に加えて，総務省による指導，厳しい地方財政の状況，さらに地域の民間給与をより重視する方向性などが打ち出されたことが総合的に作用して，地方公共団体の給与水準の抑制が実現したと推測できる。

　一般市のデータを用いて地方公務員給与の決定要因を分析した研究（太田2013）によると，各地方公共団体の給与水準は，当該地域の所得水準以外にも，人口規模や財政の厳しさ，さらには各地方公共団体の人事制度（級別人員構成）によって影響を受けていることを明らかにしている。このように，地方公務員の給与水準は，民間給与水準のみならず，制度や慣行によって複雑な形で決定されている。その一方で，国家公務員給与や民間給与とのバランスが常に問われる状況下にあり，「どのような給与水準が各地方公共団体にとって望ましいのか」という本質的な論点については，必ずしもコンセンサスが得られているわけではない。

4.3　地域の労働市場と雇用政策

　1960年に池田内閣のもとで策定された「国民所得倍増計画」では，太平洋ベルト地帯の整備とともに，地方部の開発促進と地域間の格差是正のために国土総合開発計画を推進することが決められた。これを受け，1962年に最初の全国総合開発計画（全総）が閣議決定され，「地域間の均衡ある発展」が明記されることとなった。それ以来，政府は公共事業によって地方の社会資本を整

14　地方公共団体間で地方公務員給与を比較したり，国家公務員との給与格差を調べたりするためには，団体間に存在する学歴や経験年数の構成比の違いを考慮しなければならない。そこで，国の職員数の構成比を用いて，学歴や経験年数の差による影響を補正したうえで，国の行政職俸給表（一）適用職員の俸給月額を100として計算した指数のことをラスパイレス指数という。

備するとともに，都市部から農村部への所得移転や民間工場の地方分散を促進
してきた。そうした取り組みは，地方の発展に一定の寄与をした一方で，地方
の労働市場には副作用とも思われる事態をもたらした。

　まず，地方の雇用に公共投資への依存体質が生まれた。樋口（2005）による
計測によれば，地方において公共事業によって生み出された雇用の割合は都市
圏よりも高く，とくに沖縄県，高知県，島根県，北海道は雇用のうちの 2 割以
上が公共事業によって生み出されたものとなった。また，地方には高齢者が多
いために，年金給付によって生み出された雇用割合も高い傾向があった。公務
員が受け取る給与によって創出された雇用の割合も地方で高く，これら全部を
合計した，政府による雇用創出が雇用水準全体に占める割合は，地方では
26.8％ で東京圏の 17.2％ を大きく上回った（1999 年）。政府部門で財政赤字削
減が求められるという事情や，地域の発展に持続的な影響を持つのは民間部門
であることから，従来型の地域雇用政策の限界が指摘されるようになった[15]。

　また，政府が立案した画一的政策が必ずしも各地域の実情に合うものとなっ
ていないために政策効果が縮小しているのではないかという指摘もなされるよ
うになり，雇用政策の主体を地方に移していくという流れが 2000 年以降に加
速した[16]。近年では，特区での規制改革による雇用創出や地域の創意工夫に対
する交付金の支給によって，地域経済と労働市場の活性化を図る取り組みに重
点が置かれるようになってきている。それに加えて，積極的雇用政策において
も「地元重視」の流れが定着しつつある。その基本的な考え方としては，各地
域は産業構造や労働市場の構造が大きく異なっているので，それぞれの地域に
立脚した雇用対策が必要であるということがある。国と地方公共団体が共同し
てハローワークを運用することで，福祉と職業紹介を緊密に連関させる取り組
みや，地元産業界の要請に即した職業訓練の実施は，その典型例である。

---

[15]　地域における雇用政策のもう 1 つの類型として，特定の地域に大量発生した離職者
　　への対応を行う緊急雇用対策がある。オイル・ショックや円高不況といったネガティブ
　　なショックにとくに強く影響を受けた地域において，職業紹介・職業訓練の特別措置，
　　失業給付の延長，雇用維持・事業転換への助成・給付，公共事業への就労を図るもので
　　ある（伊藤・勇上 2005）。
[16]　玉田（2017）は，就業者数の変化に与えるショックを全国共通のショック，海外か
　　らのショック，地域固有のショックに分けたところ，地域固有のショックのシェアが大
　　きいことを示したうえで，地域別の雇用政策の重要性を指摘している。

　最近では，地域間格差の是正という視点からさらに進んで，「東京一極集中の是正」が政策課題としてあげられることが多い。その背景には，東京に若年人口が集中し続けることで，地方の市町村が消滅に瀕するだけでなく，都市部への若年流入が少子化をもたらして日本の人口が減少していくという危機感がある（増田編 2014）。第2次安倍政権では，「地方創生」の考え方のもと，地方自治体自らによる「地方版総合戦略」の策定と実施に対して国が情報・人材・財政の各種支援を行うことで，地方における安定した雇用の創出や，地方への人口の流入とそれに伴う出生率の上昇を目指している。

　経済学は地域の再生に対してどのような知見をもたらしているであろうか。Moretti（2013）は，都市経済学および労働経済学の視点から多くの重要な指摘を行っている。まず，地域再生には2つのアプローチがある。1つは，労働市場の需要サイドからのアプローチで，雇用主である企業を誘致して高技能の働き手が移住することを期待するもので，もう1つは供給サイドからのアプローチで，高い技能を持った働き手を引きつけて，それを追って企業が進出することを期待するものである。前者については，「ビッグプッシュ（大きな一押し）」の重要性が指摘されている。過去の均衡から抜け出して好ましい均衡に移行するためには，地域の自力によって経済集積のプロセスが持続する環境が整うまで公的な介入が必要になる。ただし，その場合には政府が将来的に有望な産業についての「目利き」の役割を果たし，地域に産業を集積させる必要があり，ハードルは低くない。実際，アメリカでは特定の企業や産業を対象とする政策よりも，都市全体の中の特定の地区を絞り込んだ政策に効果が表れているという（エンパワーメント・ゾーン・プログラム）。後者については，地元に大学を呼び込む政策が多く実行に移されてきたが，それは地域の労働力の教育レベルを引き上げ，賃金水準を上昇させる。ただし，事前に地域に産業の集積地が形成されている場合には大学の存在は集積地の成長を促す可能性があるが，地元に大学があるだけではイノベーション産業の集積地が形成されるとは限らないと指摘している。

　「東京一極集中」の問題に即していえば，東京圏では集積による経済的利益が大きいために，企業と人材の集中が発生していると考えられる。問題は，それが「東京一極」になっており，多様な産業が多様な地域に集積して発展するという理想像から離れているという点であろう。だからといって，Moretti（2013）による議論を踏まえれば，人材の東京への移動を規制するといった施

策は問題の解決になるとは限らない。「地方創生」は，日本の重要な政策課題だが，その実現のためには政策効果の詳細な検討が不可欠であろう。

5 おわりに

　本章では，日本の地域労働市場の現状とそれに関する実証研究を概観した。もちろん，地方の労働の問題には多様なアプローチが可能であり，人口学や都市工学をはじめとして関連する学問分野も多いが，筆者の力量の限界のために，本章では経済学分野の研究を取り上げるにとどめた。その一方で，経済学分野の研究においても地域労働市場の研究はいまだ十分とはいえないように思われる。

　まず，既存研究の多くが都道府県別の研究にとどまっていることがある。実際には同じ都道府県でも，県庁所在地のような都市部とほかの地域には相当な労働市場特性の違いがあり，本来はその点を考慮した分析が求められる。そのためには，市町村といったより細かい地域区分でのデータ整備と利用の促進が必要となろう。

　また，政策評価の論文がまだ少ないように思われる。地域主体となった雇用政策の実施が，地域の労働市場にどのようなインパクトを及ぼしたかについて，今後詳細な分析が望まれる。この点に関しては，高橋（2005），永瀬・水落（2011），山本・野原（2014）等によるジョブカフェの若年雇用促進効果の分析が先駆的な取り組みとして位置づけられよう。

　今後この分野の研究がさらに活発化することで，地域労働市場の活性化の条件がより明確になっていくことに期待したい。

◆読者のための文献／学習ガイド

橘木俊詔・浦川邦夫（2012）『日本の地域間格差——東京一極集中型から八ヶ岳方式へ』日本評論社。

モレッティ，エンリコ（2014）『年収は「住むところ」で決まる——雇用とイノベーションの都市経済学』（安田洋祐解説，池村千秋訳）プレジデント社。

政府統計の総合窓口である e-stat の「都道府県・市区町村のすがた」（https://www.e-stat.go.jp/SG1/chiiki/Welcome.do）には数多くの地域別統計が収録されており，きわめて有用である。ただし，そのデータを的確に利用するためには，分析者自身が元データの性質と変数の定義を慎重に確認する必要がある。

◆参考文献

李永俊・杉浦裕晃（2017）「地方回帰の決定要因とその促進策——青森県弘前市の事例から」『フィナンシャル・レビュー』131 号：123-143。

石黒格・李永俊・杉浦裕晃・山口恵子（2012）『「東京」に出る若者たち——仕事・社会関係・地域間格差』ミネルヴァ書房。

伊藤実・勇上和史（2005）「日本における地域雇用政策の変遷と現状」，樋口美雄，S. ジゲール，労働政策研究・研修機構編『地域の雇用戦略』日本経済新聞社，所収。

稲継裕昭（2000）『人事・給与と地方自治』東洋経済新報社。

太田聰一（2006）「地方公務員給与と民間給与の地域間格差について」『地方公務員月報』511 号：36-57。

太田聰一（2007）「労働市場の地域間格差と出身地による勤労所得への影響」樋口美雄・瀬古美喜編『日本の家計行動のダイナミズムⅢ』慶應義塾大学出版会，所収。

太田聰一（2010）『若年者就業の経済学』日本経済新聞出版社。

太田聰一（2013）「地方公務員給与の決定要因——一般市データを用いた分析」『日本労働研究雑誌』637 号：20-32。

太田聰一（2015）「労働市場から見た震災直後・復興過程における経済状況」齊藤誠編『大震災に学ぶ社会科学（第 4 巻 震災と経済）』東洋経済新報社，所収。

太田聰一（2016）「東京圏への転入者の仕事・所得・U ターン志向」Works Discussion Paper, No. 11。

太田聰一・梅渓健児・北島美雪・鈴木大地（2017）「若年者の東京移動に関する分析」『経済分析』（内閣府経済社会総合研究所）196 号，近刊。

大竹文雄・奥山尚子・佐々木勝・安井健悟（2012）「阪神・淡路大震災による被災地域の労働市場へのインパクト」『日本労働研究雑誌』622 号：17-30。

玄田有史（2015）『危機と雇用——災害の労働経済学』岩波書店。

厚生労働省（2015）『平成 25 年労働経済白書』。

周燕飛・大竹文雄（2006）「都市雇用圏からみた失業率の地域的構造」『応用地域学研究』11 号：1-12。

高橋陽子（2005）「自治体による就業支援としての『ジョブカフェ』の現状」『日本労働研究雑誌』539 号：56-67。

橘木俊詔・浦川邦夫（2012）『日本の地域間格差——東京一極集中型から八ヶ岳方式へ』日本評論社。

玉田桂子（2003）「地域間経済格差は労働移動を促すのか？」『大阪大学経済学』53 巻 3 号：436-449。

玉田桂子（2017）「マクロショックが地域の雇用の変化に果たす役割」『日本労働研究雑誌』683 号：44-52。

戸田淳仁・太田聰一（2009）「都道府県間労働移動の再検証——『国勢調査』による粗フロー分析」，清家篤・駒村康平・山田篤裕編『労働経済学の新展開』慶應義塾大学出版会，所収。

永瀬伸子・水落正明（2011）「若年層は経済回復期に安定雇用に移行できたのか——前職およびジョブカフェ利用の影響」『生活社会科学研究』18 号：27-45。

樋口美雄（2005）「日本で地域による雇用戦略が必要な理由」，樋口美雄，S. ジゲール，労働政策研究・研修機構編『地域の雇用戦略』日本経済新聞社，所収。

樋口美雄・乾友彦・細井俊明・高部勲・川上淳之（2012）「震災が労働市場に与えた影響——東北被災 3 県における深刻な雇用のミスマッチ」『日本労働研究雑誌』622 号：4-16。

堀有喜衣（2016）「若者の地域移動はどのような状況にあるのか——地方から都市への移動を中心に」『Business Labor Trend』（労働政策研究・研修機構）May，20-23。

増田寛也編著（2014）『地方消滅——東京一極集中が招く人口急減』中央公論新社。

山本勲・野原快太（2014）「積極的労働市場政策と若年雇用——ジョブカフェ関連事業の政策評価分析」『三田商学研究』57 巻 4 号：25-48。

勇上和史（2005）「都道府県データを用いた地域労働市場の分析——失業・無業の地域間格差に関する考察」『日本労働研究雑誌』539 号：4-16。

勇上和史（2010）「賃金・雇用の地域間格差」『バブル/デフレ期の日本経済と経済政策 6 巻』慶應義塾大学出版会，所収。

労働政策研究・研修機構（2015）『若者の地域移動——長期的動向とマッチングの変化』資料シリーズ No. 162。

Blanchflower, D. G. and Oswald, A. J.（1994）*The Wage Curve*, MIT Press.

Borjas, G. J., Bronars, S. G., and Trejo, S. J.（1992a）"Assimilation and the Earnings of Young Internal Migrants," *Review of Economics and Statistics*, 74(1)：170-175.

Borjas, G. J., Bronars, S. G., and Trejo, S. J.（1992b）"Self-Selection and Internal Migration in the United States," *Journal of Urban Economics*, 32(2)：159-185.

Greenwood, M. J.（1975）"Research on Internal Migration in the United States: A Survey," *Journal of Economic Literature*, 13(2)：397-433.

Greenwood, M. J.（1997）"Internal Migration in Developed Countries," in Rosenzweig, M. R. and Stark, O. eds., *Handbook of Population and Family Economics*, Chapter 12, Elsevier, North-Holland.

Harris, J. R. and Todaro, M. P.（1970）"Migration, Unemployment and Development: A Two-Sector Analysis," *American Economic Review*, 60(1)：126-142.

Jackman, R. and Roper, S.（1987）"Structural Unemployment," *Oxford Bulletin of Economics and Statistics*, 49(1)：9-36.

Kano, S.（2003）"Japanese Wage Curve: A Pseudo Panel Study," IPPS Discussion Paper 1032, Institute of Policy and Planning Sciences, University of Tsukuba, Tsukuba, Ibaraki, Japan.

Kaplan, G. and Schulhofer-Wohl, S.（2017）"Understanding the Long-run Decline in Interstate Migration," *International Economic Review*, 58(1)：57-94.

Montgomery, E. B.（1993）"Patterns in Regional Labor Market Adjustment: The United States vs. Japan," in Blank, R. M. ed., *Social Protection versus Economic Flexibility: Is There a Trade-Off?* University of Chicago Press.

Moretti, E.（2013）*The New Geography of Jobs*, Mariner Books.（安田洋祐解説，池村千秋訳『年収は「住むところ」で決まる——雇用とイノベーションの都市経済学』プレジデント社，2014 年）

Poot, J. and Doi, M.（2005）"National and Regional Wage Curves in Japan 1981-2001," *Review of Urban and Regional Development Studies*, 17(3)：248-270.

第 **5** 章

高齢者雇用の現状と政策課題

▍1 は じ め に

　高齢化の進展に伴い，社会保障制度の維持や労働力確保の観点から，高齢者の就業を促進する必要が高まっている。日本は先進国の中でもとくに高齢化が進んでおり，人口に占める 65 歳以上の比率は，2015 年現在で 26.7%[1] に達し，今後ますます上昇していくことが見込まれる。高齢者の活用は，女性の活用と並んで，重要な政策課題となっている。

　こうした事情を背景に，2000 年代には，年金支給開始年齢の引き上げや在職老齢年金制度の変更など，労働供給を促す方向での年金制度改革が行われ，65 歳までの雇用機会の確保を目指して高年齢者雇用安定法が改正されるなど，大きな変化が生じた。ちょうど団塊の世代が 60 歳に達するタイミングとも重なり，日本の高齢者雇用をめぐる状況が大きく変化した時期である。これに鑑み，本章では主に 2000 年代以降の時期について，基本データと先行研究を概観していく。

　本章の構成は以下のとおりである。まず，2 節で 2000 年代以降の 60 歳以上の就業率・就業者数の推移を概観する。高齢者の就業率は，全体的には上昇傾向が続いているが，年齢階層・性別に区切っていくと，需給バランスの影響の受けやすさなどがグループごとに異なることがわかる。

　3 節では，年金支給開始年齢の引き上げに伴って生じた，年金と雇用の接続

　1　総務省「人口推計（平成 27 年国勢調査人口速報集計による人口を基準とした平成 27 年 10 月 1 日現在確定値）」より。

問題について論じる。厚生年金の支給開始年齢の段階的な引き上げに伴い，60歳で定年退職してから，年金を満額受給できるまでに空白期間が生じるようになった。この期間の収入を確保するために，高年齢者雇用安定法の改正が行われ，65歳まで継続して働く機会の提供が義務づけられた。まずは一連の制度変更について説明したあとで，雇用に与えた影響についての先行研究を概観する。

　4節では，在職老齢年金制度が労働供給に与える影響について，やはりまず制度を説明した後で，先行研究をサーベイする。在職老齢年金制度のもとでは，給与所得に応じて年金の受給額が減ってしまうため，賃金税と同じように労働供給に影響することを示す。

　5節では，3,4節で解説した現行制度を踏まえて，再雇用制度に代わり定年年齢を引き上げるには，どのような障壁があるのかを考察する。年功賃金制度と定年制は切っても切れない関係にあり，比較的賃金の年功度が高い大企業において，定年前後の賃金の落差が目立つ。この落差を解消するためには，賃金制度全体の見直しが必要だが，なかなか進んでいないのが現状である。

　6節ではまとめと，今後の展望を述べる。

2　60歳以上の就業率・就業者数の推移

2.1　60歳代前半の動向

　2000年代に入り，高齢者雇用をめぐる状況は大きく変化した。次節で詳述するが，2001年から年金支給開始年齢の65歳への段階的引き上げが始まり，ついで2006年には改正高年齢者雇用安定法により継続雇用措置の導入が義務づけられた。

　こうした制度変更の影響を最も強く受ける60歳代前半の男性の就業者数と就業率の推移を図5-1に示す。2000年代前半は就業者数，就業率ともに緩やかに増加していたが，06年から07年にかけて就業率が急上昇する。これは，次節で詳述する高年齢者雇用安定法改正の影響によるところが大きい。さらに団塊の世代が60歳に達するタイミングとも重なって，この1年だけで就業者数は27万人も増加した。その後，2007～11年の期間で就業者数は約70万人増加するが，これはほぼ人口の増加によるもので，就業率はむしろ一時的に低下している。この就業率の低下は，リーマン・ショック後の不況に，人口増加

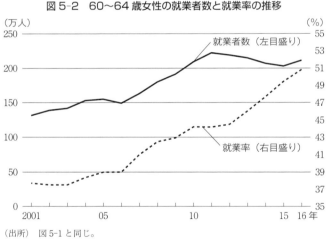

図 5-1 60～64 歳男性の就業者数と就業率の推移

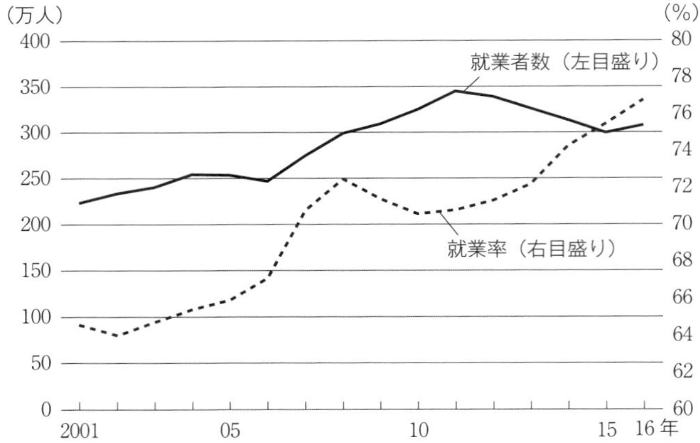

（出所） 総務省統計局「労働力調査」の年平均データより筆者作成。

図 5-2 60～64 歳女性の就業者数と就業率の推移

（出所） 図 5-1 と同じ。

による供給過剰が重なったためと考えられる。団塊の世代が 65 歳に差し掛かる 2012 年以降は人口減を反映して就業者数は減少に転じるが，就業率は再び上昇に転じている。

　続いて，図 5-2 に 60～64 歳女性の就業者数と就業率の推移を示す。就業者数は人口の増減を反映するため男性と似た動きだが，就業率は男性と異なり，

一貫して増加し続けている。2006 年前後の変化は男性ほど大きくないが，リーマン・ショック後の落ち込みも見られない。2006 年前後の変化が男性に比べて小さいのは，厚生年金の支給開始年齢の引き上げや継続雇用措置の義務化といった政策変更の影響を受けるのが主に 50 代までフルタイムの正社員だった人に限られ，女性には該当者が少なかったためだろう。

　日本の 60 歳代前半の就業率は，国際的に見ても高い。2016 年現在，男性の76.8%，4 人に 3 人は働いている状態だ。同じ年齢層の男性の就業率は，アメリカでは 59.0%，ヨーロッパではドイツやイギリスなど比較的高めの国で 6割弱であり，フランスやイタリアなど 50% を大きく下回る国もあるのに比べて非常に高い水準である[2]。女性も，約半数に当たる 50.8% が就業しているが，これはアメリカと遜色なく，ヨーロッパの多くの国を上回る。60 歳未満の女性の就業率が国際的に見て低い方であることを考えると，女性に関しても高齢者だけ突出して就業率が高いといってよいだろう。

2.2　65 歳以上の動向

　では，65 歳以上の動向はどうだろうか。65～69 歳と，70 歳以上に分けて，男女別の就業率を見てみよう。まず，図 5-3 に 65～69 歳の就業率を示す。2000 年代には，男性は横ばい，女性はやや上昇傾向にあったが，12 年以降は男女ともに以前よりも速いペースで上昇している。理由としては，65 歳未満人口の減少による人手不足のほか，2006 年に改正された高年齢者雇用安定法により 60 歳代前半の雇用機会が確保されていた世代が 65 歳に達し，その一部が 65 歳以降も働き続けていることもあげられる。図 5-1・5-2 で見たとおり，60 歳代前半の就業率も上昇傾向にあるため，今後も 60 歳代後半の就業率は上昇し続けると期待される。

　一方，図 5-4 に示したように，70 歳以上の就業率は男女ともに横ばいである。70 歳以上の就業率が上昇していない理由としては，まず平均寿命が延びたため，70 歳以上人口の平均年齢が上昇していることがあげられる。年齢が上がるほど就業率は下がるので，平均寿命が延びると高齢者人口全体の就業率は下がる。「国勢調査」（総務省統計局）から 70 歳以上人口に占める 80 歳以上の割合を計算すると，2000 年には 32.5% だったのが，15 年には 41.3% に達して

　2　労働政策研究・研修機構（2016a）より，2014 年の数字。

図5-3　65〜69歳の男女別就業率の推移

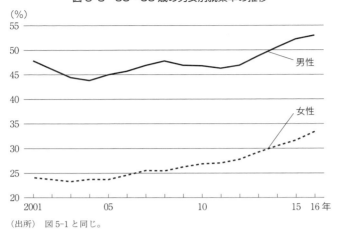

（出所）　図5-1と同じ。

図5-4　70歳以上の男女別就業率の推移

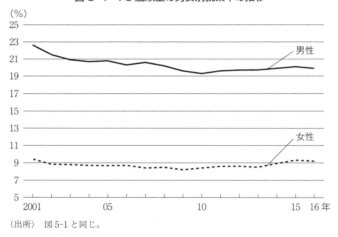

（出所）　図5-1と同じ。

いる。

　むしろ，これだけ高齢化が進んでいながら就業率が横ばいで推移していることから，70歳以上でも各年齢階層内の就業率は上昇傾向にあったことが示唆される。2012年以降の「労働力調査」（総務省統計局）では70〜74歳の集計結果も公表されており，12年は男性の就業率が30.4％，女性が16.5％だったのが，16年には男性32.5％，女性18.8％まで上昇していることが確認できる。

とはいえ，4年間の就業率の増加幅は2%ポイント程度であり，同じ時期に60〜64歳や65〜69歳の就業率は5%ポイント以上増加しているのに比べると上昇ペースは緩やかである。体力面での制約が大きくなってくることに加え，現役時代に自営業だった割合が減少していることも，この世代の就業率の伸びを抑えているのかもしれない[3]。

3　年金と雇用の接続問題

3.1　厚生年金支給開始年齢の引き上げ

2001年から，それまで60歳だった厚生年金・共済年金の支給開始年齢の段階的な引き上げが始まった。現在もまだ引き上げの途中だが，最終的には65歳まで引き上げられることになっている。

現行公的年金制度[4]では，20〜60歳のすべての国民は国民年金に加入し，これに加えて民間の会社員は厚生年金，公務員は共済年金に加入することになっている。国民年金の支給開始年齢は発足当初から65歳であり，毎月の保険料は収入によらず定額で，支給される金額も基本的に加入期間だけで決まる。したがって，現役時代に一度もサラリーマンだったことのない人は厚生年金の支給開始年齢の引き上げの影響を受けない。

厚生年金や共済年金の保険料は給与にほぼ比例し，現役時代に払った保険料が高ければ老後の支給金額も増える仕組みになっている。具体的には，国民年金にしか加入していなかった場合に受け取れる金額に相当する「定額部分」に，現役時代に支払った保険料に比例して決まる「報酬比例部分」が加算される。

1994年の厚生年金法改正では，定額部分の支給開始年齢を2001年から段階的に引き上げることが決定された。これに続いて，2000年の改正で，報酬比例部分の支給開始年齢も12年より段階的に引き上げることが決定された。表

---

[3]　自営業には定年がないことと，受け取れる年金額が厚生年金や共済年金に加入していた人（つまり元雇用者）に比べて少ないことから，壮年期に自営業だった人が高齢期まで働き続ける割合は，壮年期に雇用者だった人よりも高くなる。「国民生活基礎調査」（厚生労働省）によれば，70〜74歳の公的年金・恩給受給者のうち，基礎年金のみ受け取っている割合は，2004年の44.4%から15年の32.2%へ大きく下がっており，その分，基礎年金＋厚生年金や基礎年金＋共済年金の割合が増えている。

[4]　公的年金制度のより正確で詳しい解説は小塩（2013）第4章を参照。

表 5-1　生まれた年度ごとの年金支給開始年齢・雇用確保措置義務年齢

生まれた年度 (注)	定額部分支給開始年齢	報酬比例部分支給開始年齢	雇用確保措置義務年齢	備　考
1938–40	60	60	60	定年＝年金満額支給開始
1941–42	61	60	60	定額部分支給開始年齢と定年にギャップ
1943–44	62	60	60	
1945	63	60	60	
1946	63	60	63	継続雇用措置導入，報酬比例部分は60歳から
1947–48	64	60	64	
1949–52	65	60	65	
1953–54	65	61	65	65歳までの継続雇用義務化，報酬比例部分の支給開始年齢段階的引き上げ
1955–56	65	62	65	
1957–58	65	63	65	
1959–60	65	64	65	
1961–	65	65	65	

(注)　該当年の4月2日生から翌年の4月1日生。厚生年金の支給開始年齢引き上げは女性のみ，5年遅れて実施。

5-1 に，男性の厚生年金加入者と，すべての共済年金加入者の，生まれた年度ごとの年金支給開始年齢をまとめた。女性の厚生年金加入者はこれより5年遅れて引き上げられる。

　このように，支給開始年齢の変化が段階的なだけではなく，まず定額部分だけを引き上げ，それから報酬比例部分を引き上げる2段階になっている。厚生年金に40年間加入した場合，定額部分は月約6万5000円，報酬比例部分は男性の平均的な収入で月約9万1500円[5]であり，報酬比例部分の方が大きな場合が多い。

3.2　高年齢者雇用安定法改正

　高年齢者雇用安定法は，高年齢者の雇用安定，定年退職者などの就業機会の確保・雇用促進を目的として1971年に制定されて以来，何度も改正・強化を繰り返してきた。1980年代から90年代にかけて多くの企業で定年退職年齢が55歳から60歳に変更されたのも，高年齢者雇用安定法による部分が大きい。

5　2016年度，平均標準報酬（賞与含む月額換算）42.8万円のケース。2016（平成28）年1月29日付厚生労働省プレスリリース（http://www.mhlw.go.jp/file/04-Houdou happyou-12502000-Nenkinkyoku-Nenkinka/0000110901.pdf）に記載の例から計算。

最終的に 1998 年に，定年退職年齢を 60 歳未満に設定することが禁止された。これにより，1938 年 4 月以降に生まれた世代は，当時の老齢厚生年金支給開始年齢である 60 歳まで働けることとなった。

　ところが，前項で述べたように，2001 年より厚生年金・共済年金の支給開始年齢の段階的引き上げが始まり，定年退職年齢と年金の受給開始年齢にギャップが生じることとなった。このギャップを埋めるために，65 歳までの雇用確保措置を講ずることを義務づけたのが，2004 年 6 月成立，06 年 4 月施行の改正[6] である。ただし，移行措置として，定額部分支給開始年齢が 65 歳未満の間は定額部分支給開始年齢までの雇用確保措置を講ずればよいことになった。表 5-1 の最後の列に，コーホートごとに何歳までの雇用確保措置が義務づけられたかを示す。

　高年齢者雇用安定法が規定する雇用確保措置には定年の引き上げ・継続雇用措置・定年制の撤廃の 3 種類があるが，現実には 8 割の企業が定年を 60 歳に据え置いたまま継続雇用措置を導入している[7]。定年の引き上げは正社員としての雇用契約を 65 歳まで延長することを意味する。継続雇用措置は，定年年齢に到達した者をいったん退職させた後，再び雇用する再雇用制度と，定年年齢が設定されたまま，その定年年齢に到達した者を退職させることなく引き続き雇用する勤務延長制度の両方を含む。再雇用者の賃金は定年退職前よりも大幅に下がることが多く，勤務延長制度のもとでも定年年齢に到達すると賃金が下がることが多い。定年の引き上げに比べると企業の賃金コストの増加はかなり抑えられる。

　2006 年の改正の段階では，継続雇用措置の対象となる高年齢者の基準を前もって労使協定で定めておくことにより，基準を満たさない者は継続雇用しないことが認められていた。2013 年 4 月施行の改正によって，希望者全員を継続雇用措置の対象とすることが義務づけられたが，継続雇用者の賃金や労働時間等について明確な規定はなく，60 歳で退職する場合に比べて退職金を減額するような措置も法的に禁止されてはいない。したがって，本当に就業率を上

6　この改正についてのより詳しい解説は森戸（2014）を参照。
7　「平成 27 年 就労条件総合調査」（厚生労働省）によれば，一律定年制を定めている企業の 80.5% は定年を 60 歳に設定し，92.9% は，再雇用制度または雇用延長制度のどちらか，あるいは両方を導入している。

げる効果があるのか，制度上は自明ではない。

　継続雇用措置の義務化は，日本に特異な政策である[8]。欧米では年齢差別禁止法により定年制自体が違法であったり，定年年齢の下限が年金支給開始年齢や平均的な引退年齢より高く設定されていたりすることがほとんどで，そもそも定年と年金支給開始年齢のギャップといった問題が発生しない。韓国等，東アジアでは定年と年金支給開始年齢のギャップの問題は発生しているが，継続雇用の義務化に類似した政策は私の知る限りない。5節で詳述するように，継続雇用制度は，多くの企業で定年制の撤廃や定年延長の実現が難しい現実を踏まえた，妥協案としての色彩が強いためではないかと思われる。

3.3　60歳代前半男性の就業率に与えた影響

　厚生年金の支給開始年齢の引き上げも，高年齢者雇用安定法も，主に長い期間正社員として働いてきた人の60代前半の就業率を押し上げる効果を持つ政策変更である。現在60歳以上の世代では，正社員として働き続けてきた女性は少数であるため，本項では60代前半の男性の就業率に与えた影響に焦点を絞る。

　老齢厚生年金の定額部分の支給開始年齢の引き上げは，就業状態に関わらず月約6万円の収入減となるものであり，所得効果により余暇が減る，すなわち労働供給が増えることが予想される[9]。石井・黒沢（2009）は2000年と04年の「高年齢者就業実態調査」（厚生労働省）のデータを用いて，定額部分の支給開始年齢の引き上げの影響を検証し，厚生年金の定額部分の受給開始年齢が2歳引き上げられたことで就業率は約3%上昇したというシミュレーション結果を出している。

　報酬比例部分の引き上げは，2013年に始まったばかりであるためまだ十分な研究の蓄積がなされていない。定額部分より報酬比例部分の方が金額が大きくなるケースが多いことから，定額部分の支給開始年齢引き上げよりも大きな

8　年齢差別禁止法や高年齢者のみを対象とする解雇税引き上げといった，欧米における高齢者雇用政策に関する文献サーベイは近藤（2014）を参照。

9　公的年金制度上の標準引退年齢の変更が実際の引退年齢に与える影響を見た欧米の先行研究（Krueger and Pischke 1992; Mastrobuoni 2009; Manoli and Weber 2016; Behaghel and Blau 2012 等）でも，標準引退年齢の引き上げは労働市場からの引退を遅らせるという実証結果が得られている。

影響が出る可能性がある。また，現役時代の収入が高いほど影響が大きくなることが予想される。データの蓄積と検証が待たれる。

　2006年4月施行の高年齢者雇用安定法改正の影響を分析した研究としては山本（2008）とKondo and Shigeoka（2017）があげられる。山本（2008）は「慶應義塾家計パネル調査」を用いて，55歳時点で雇用者だった人を処置群，自営業主だった人を対照群とする差の差（difference-in-differences）推定により，2006年4月の改正以降で処置群の60〜62歳時点の就業率が有意に上昇したことを示した。Kondo and Shigeoka（2017）は，労働力調査を用いて，改正高年齢者雇用安定法の対象となった1946年生まれコーホートと，その1年前に生まれたコーホートを比較することで，やはり統計的に有意な雇用就業率の上昇を示している。

　さらに，Kondo and Shigeoka（2017）は，高年齢者雇用安定法改正の影響は大企業のみに偏っていることも示した。中小企業では，2006年の改正法施行以前から60歳で退職する割合が低く，継続雇用者が増加する余地が少なかったためである。これに対し，大企業では画一的な定年制の実施による60歳時点の退職割合が大きく，継続雇用措置の適用も比較的明示的なルールに沿って行われたため，影響が大きく出たものと考えられる。企業規模間の差については次節でまた触れる。

3.4　若年層への影響

　高年齢者雇用安定法は，大企業を中心に60歳代前半の就業率を押し上げる効果があったが，一方で，高齢者の雇用維持のためにほかの年齢層，とりわけ若年層の雇用機会が奪われているのではないか，という批判がある。実は，この点については結論の異なる実証分析が並存しており，労働経済学者の間でもコンセンサスが得られているとはいいがたい[10]。

　一般的に，高齢者の雇用を維持することが若年の採用を抑制するかを直接的

---

　[10]　なお，玄田（2004）をはじめとする，従業員に占める中高年比率が高まると新卒採用が抑制される，といういわゆる「置換効果」の文脈と混同しないよう注意したい。年功賃金制のもとで中高年の比率が上がり賃金コストが上昇することと，大幅な賃金カットを伴う再雇用者が増加することでは問題の質がまったく異なる。地域別データを用いた太田（2010）は，40〜50歳代の中高年男性と若年男性は代替関係にあるが，2005年以前においては若年男性と60歳以上の就業率の相関はないことを示している。

に検証することは難しい。高齢者の雇用維持の度合いを測る変数に何を用いるかによって，異なる方向にバイアスが生じてしまうからである。

　まず，就業者全体に占める高齢者の比率と若年の新規採用数や就業率には負の相関があることが多いが，これはなんらかの理由で新規採用が減った結果，相対的に高齢者の比率が増えてしまった，という逆因果を拾っている可能性が高い。逆に，地域別や時系列のデータで若年層と高年層それぞれの就業率の関係を調べると，労働需要の増減の影響を受けてすべての年齢層の就業率が同じ方向に動くため，正の相関が出る方向にバイアスがかかる[11]。

　より直接的に，60 歳以降の継続雇用が増えれば若年の新規採用が減るかどうかを検証したのが周（2012）である。企業レベルのデータを用いて定年に達した従業員のうち継続雇用された割合と，新卒採用比率（新卒採用数÷従業員数）の間に負の相関があることを示し，継続雇用の拡大は新卒採用を抑制する可能性が高いと結論づけている。しかし，新卒採用で十分な人手を確保できなかった企業が継続雇用制度を積極的に活用している，という逆の因果関係は排除できない。

　高年齢者雇用安定法による継続雇用措置の義務化自体は，企業にとっては外生である。したがって，各年に 60 歳に到達した従業員数と新規採用数が正確にわかる企業レベルのパネル・データがあれば，差の差推定を応用した以下の式を推計することで厳密な検証ができる。

$$\log Y_{it} = \alpha \log X_{it} \times after_t + \beta \log X_{it} + \theta_i + \tau_t + \varepsilon_{it} \qquad (5.1)$$

ここで，Y_{it} は企業 i の t 年の新規採用数，X_{it} は 60 歳に到達した従業員数，$after_t$ は 2006 年以降を示すダミー変数，θ_i は企業固定効果，τ_t は年効果である。係数 β は高年齢者雇用安定法が改正される前に 60 歳に到達する従業員が 1%増えたときに新規採用数が何% 変化するか，α はこの数値が継続雇用措置の義務化後にどれだけ変化したかを示し，もし α が有意に負であれば，継続雇用措置の義務化によって新規採用が抑制されたといえる。

　しかし，この分析を可能にするデータがないため，間接的な検証しかなされ

ておらず，結論も食い違っている。(5.1) 式に最も近いのは「雇用動向調査」
(厚生労働省) から大規模事業所のパネル・データを構築した Kondo (2016) で
あるが，雇用動向調査では年齢別の従業員数が5歳刻みでしかわからないため，
60 歳に到達した従業員数の代わりに 50 歳代後半の従業員数を用い，基準年で
固定したり前年度の数値を使うなど，さまざまな定式化を試した。いずれの定
式化でも継続雇用措置の義務化が若年のフルタイム雇用を抑制するような傾向
は見られなかった。また，永野 (2014) は雇用動向調査の事業所票のミクロデ
ータをクロスセクション・データとして用いて，雇用を増やす企業では若者か
ら増やす傾向があること，2009 年には雇用確保措置の影響で 60 歳代の雇用が
増えているが 20 歳代の雇用が減っているわけではないことを示した。

　一方，太田 (2012) は，2004〜08 年の雇用動向調査の産業レベルの集計デー
タを用いて，55 歳以上に占める 60 歳以上の比率が若年労働者数に占める新規
採用の比率に与える影響が，2006 年以降のみ有意に負になることを示し，継
続雇用措置の義務化は若年の新規採用を抑制した可能性があると結論している。
ただし，影響は性別や雇用形態によって異なっている。まず，若年に影響を与
えるのは男性労働者のうちの 55 歳以上に占める 60 歳以上の比率であって，女
性の 60 歳以上の比率は影響しない。また，転職入職も含む若年の新規採用に
ついては，若年女性への影響が統計的に有意で数値も大きく，若年男性への影
響は有意ではない。新規学卒者については，男性の一般労働者と女性のパート
タイム労働者に有意に影響があった。

　関連して，年金の支給総額の期待値を高齢者の就業率を外生的に左右する変
数とみなし，若年層の就業率・失業率への影響を検証した Oshio, Shimizutani
and Sato Oishi (2010) は，年金支給総額の減少によって高齢者の労働供給が
増えても若年層には影響しないと結論している。Kondo (2016) の結果も踏ま
えて，2000 年代の年金支給開始年齢の引き上げと継続雇用措置の義務化は若
年正社員の採用には影響しなかったと筆者自身は考えているが，あくまでも暫
定的な結論といわざるをえない。将来は行政データ等の活用により，より精緻
な分析が可能になることを願っている。

4　在職老齢年金制度と労働供給

4.1　在職老齢年金制度とは

　在職老齢年金制度は，年金支給開始年齢に達した後も就業し一定の収入を得ている場合に，年金を減額して支給する制度である。1965 年にこの制度が導入される前は在職中は年金を支給しないことになっていたため，「在職中でも年金がもらえる」というニュアンスの名称になっているが，実態としては，給与所得を得ると年金が減る仕組み，と考えてよい。

　具体的には，2017 年現在の制度では，以下のように減額される。65 歳未満であれば，1 カ月当たりの年金受給額（基本月額）と給与（厳密には総報酬月額相当額，後述）の合計が 28 万円までは年金を全額受け取ることができるが，それを超えた分は，超えた分の半分だけ年金が減額され，さらに給与が 46 万円を超えると超えた分と同じ金額だけ減額される。65 歳以上では，年金と給与の総額が 46 万円までは年金を全額支給するが，それを超えた分は，超えた分の半分だけ年金が減額される。

　このように，一定の基準を超えたあとは，給与が増えるとその半分だけ年金が減ってしまう。これは限界税率 50% の賃金税をかけているのと同じ効果を持ち，年金受給資格者の労働供給を歪めてしまう。

　この点は以前より指摘されており，実は現行の制度は急な減額が起こらないよう改められた後のものである。2004 年度以前は，所得に比例した減額に加えて，就業するだけで一律に年金額が 20% カットされていたため，場合によっては就業することで逆に可処分所得が減る可能性があった。さらに，1994 年度以前は減額幅が段階的に変化するような制度であったため，減額幅が変わる境目では給与所得が増えることで手取りが減る逆転現象も生じていた。こうした，給与と手取りの逆転が生じるような状況では，減額幅が増えないように就労調整するインセンティブが強く働き，労働供給への歪みも大きくなる[12]。

　さらに，在職老齢年金制度では，社会保険の総報酬月額相当額を用いて減額幅を計算しているため，ここで捕捉されないような就業形態を選ぶインセンティブも発生する。この結果，自営業や，社会保険が適用されないような短時間就業を促進してしまう可能性がある。

　12　1994 年以前の制度の変遷は，大竹・山鹿（2003）の表 1 を参照されたい。

4.2　労働供給への影響の実証分析

在職老齢年金制度が労働供給に与える影響を分析した研究は数多いが，とくに，1989年と94年の2度の大幅な改正の前後のデータを用いた研究が多い。1989年の改正は，減額幅の区分を細かくすることで，減額幅が増える際の手取りの減少額を小さくし，労働供給を抑制する効果を弱めようというものである。さらに，1994年の改正では，減額幅の変化を連続的にすることで，給与収入と手取りの逆転現象を解消した。

安部（1998）は，1989年の在職老齢年金制度の改正が60～64歳のみに影響したことを利用して，65歳以上を対照群として用いた差の差推定により，制度改正の影響を検証した。安部によれば，1989年の制度改正が60歳代前半の男性の労働供給を増やす効果はとくに見出されなかったが，年金の減額が労働供給を抑制していることを示唆する結果を得た。

同じく1989年の改正について，岩本（2000）は労働供給の動学モデルを構築し，そのモデルのパラメーターを推計する構造推計アプローチで分析している。結論は安部と同様に，労働所得の上昇に伴う年金の減額は労働供給を抑制するが，1989年の改正自体の高齢者の就業率を上げる効果は限定的であったとしている。

大竹・山鹿（2003）は，1994年の改正の影響を分析した。彼らはまず，改正前には年金の減額幅が増えないように就労調整が行われていたことを示したうえで，改正前後の労働供給の変化は，本来受け取れる年金の額が低い高齢者ほど大きかったことを示した。彼らの結果は，低所得層の方が制度に合わせて労働供給を変化させやすいことを示唆している。ただし，60歳代前半の男性全体の労働供給に与えたインパクトは大きくないこともわかった。

大石・小塩（2000）は，手取りの逆転現象が解消された後の，1996年の高年齢者就業実態調査のデータを用いて，年金のみならず雇用保険制度をも分析の枠組みに取り入れて引退か就業継続かの Option value model を推計し，推計されたパラメーターを用いてシミュレーションを行った。彼らは，在職老齢年金は労働供給を抑制するが，雇用保険制度からの雇用継続給付[13]がこれを半分以上相殺していることを明らかにした。梶谷（2011）は，1997年のデータを用

13　賃金が60歳以前に比べ25%以上下がった場合は雇用保険から，最大で60歳以降の賃金の15%相当の雇用継続給付の支給を受けることができる。

いて，在職老齢年金の減額は，就業・非就業の選択のみならず，定年後の職業選択にも影響を与えていると指摘する。

　このように，1990 年代までのデータを用いた研究は数多くあり，ほぼすべてが在職老齢年金制度の労働供給抑制効果を支持している。しかし，2005 年の改正以降のデータを用いた分析は多くない[14]。2004 年度までは，65 歳未満は就業しただけで一律 20% 減額されていたが，05 年度以降は月当たりの年金と給与の総額が 28 万円までは減額されないようになったので，60 歳代前半の労働供給を抑制する効果はかなり弱くなったはずである。労働政策研究・研修機構（2011）では，厚生年金の受給権が 60 歳代の就業確率に与える効果が，2009 年の調査ではじめて有意ではなくなったことを示し，05 年の改正によって在職老齢年金制度の就業抑制効果が弱まったと解釈している。

5　再雇用 vs. 定年年齢引き上げ

5.1　年功賃金と定年制の理論

　定年制度の合理性を説明する理論として，Lazear（1979）の後払い賃金モデルが有名である。Lazear（1979）は，企業は労働者が一生懸命働いているかどうかをリアルタイムで監督することできないが，あとから手抜きを見つけることはある程度可能である，という設定のもとでは，年功賃金制度を導入することで労働者に一生懸命働くインセンティブを与えることができることを示した。労働者は，なるべく長く勤め続けて高い賃金を得たいと考えるので，手抜きが露呈した場合には解雇する，と脅しをかけることで，手抜きを未然に防ぐことができるのだ。

　この脅しに効力を持たせるためには，長く勤め続けた場合に得られる賃金を，解雇された労働者が再就職して得られる賃金よりも高く設定しなければならない。再就職先の賃金はそのときのその労働者の生産性で決まるとすれば，一定期間勤め続けた労働者には，その時点での生産性よりも高い賃金を支払わなければならない。

14　2005 年の改正は，65 歳未満の年金の減額を大きく減らした一方で，65 歳以上にも減額制度を導入した。石井・黒澤（2009）は，減額制度の導入が 65 歳以上の就業に与えた結果を分析したが，統一的な結果が得られていない。

　しかし，いつまでも生産性を上回る賃金を払い続けていては赤字になってしまう。そこで，ある年齢に達したところで雇用契約を打ち切る「定年制度」を導入する。そして，若いときの賃金を低く設定する代わりに，手抜きをしなければ定年までは雇用し続けると労働者に約束することで，全体として採算を維持しながら手抜きを防ぐことが可能になる。

　ただし，Lazear（1979）のモデルには，いくつか現実にそぐわない点がある。大橋（1990）は，これらの問題を解決するとともに，内部昇進制を取り込んだ，より日本企業の実情に近いモデルを構築した。大橋（1990）のモデルでも，定年制が存在する状況においては，定年直前の賃金は生産性を上回ることが示される。また，大橋（1990）のモデルでは，企業は利潤を最大化するように定年年齢・初任給・賃金プロファイルの傾きを決定する。

　もっとも，現実には，定年年齢の下限が法律によって規制されており，必ずしも利潤を最大化するよう，自由に定年年齢を設定できるわけではない。現に，日本の企業の大多数は，法律上の下限である60歳定年制を採用している。このように法律によって外生的に定年年齢が決められている場合でも，企業が利潤を最大化するように賃金プロファイルを設定すると，若いうちは「生産性＞賃金」だが，一定年齢を超えると「賃金＞生産性」となる点は変わらない[15]。

　さて，この状況で，定年退職年齢を5歳引き上げるとどうなるだろうか。現行の賃金プロファイルをそのまま5年延長すると，生産性より賃金の方が高い期間が5年間延びることになる。これでは，企業にとって大幅な赤字が発生してしまう。

　赤字を発生させないためには，賃金プロファイル全体を見直して，若年期の生産性＞賃金となる期間をより長く設定したり，中高年の賃金上昇を抑えたりしなければならない。しかし，今いる従業員の給与を大幅に引き下げるのは難しいので，時間をかけて徐々に変えていくしかない[16]。

　その点，定年は据え置いたままで，定年後の再雇用制度を導入する場合は，再雇用契約の賃金を生産性に見合った水準に設定すれば赤字は発生しない。高

15　賃金プロファイルと生産性の関係を検証した実証分析も数多くある。国や産業，手法によってもちろん結果は異なるが，若年労働者は生産性に比して賃金が低く，中高年労働者は逆に賃金が高いケースが多い。詳細は児玉・小滝（2010）によるサーベイを参照されたい。

図5-5　フルタイム労働者の企業規模別賃金プロファイル

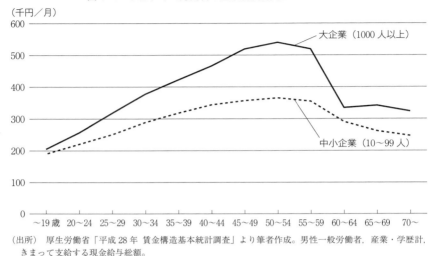

（出所）　厚生労働省「平成28年 賃金構造基本統計調査」より筆者作成。男性一般労働者，産業・学歴計，きまって支給する現金給与総額。

年齢者雇用安定法が規定する雇用確保措置のうち，定年延長や定年制の撤廃を選ぶ企業が少なく，8割の企業が継続雇用措置を選んだ背景にはこうした事情がある。

5.2　企業規模による違い

　図5-5に，企業規模別の男性の平均賃金を年齢階級別にプロットした。一般に，大企業の方が中小企業よりも賃金は高いが，10代や20代前半では賃金の差はそれほど大きくない。年齢が上がるにつれ差が開き，定年直前の50代で最もその差が大きくなるが，60歳になると，大企業の賃金が大きく下がり，中小企業と大企業の差は再び小さくなる。大企業では，賃金と生産性のギャップが定年直前で最も大きくなるような年功賃金制が採用されており，60歳で定年退職した後の再雇用では生産性に見合った水準に賃金が設定し直されていることが推測できる。

16　1980年代から90年代にかけて，多くの企業が定年を55歳から60歳に引き上げた際には，実際にこうした変化が起きていた。三谷（1997）は，1987～88年に実施された調査を用いて，60歳定年制をすでに導入している企業では給与に占める能力給の割合が高く，中高年が多い企業では賃金プロファイルの傾きが緩いことを示している。

　一方，中小企業では，年齢による賃金の上昇は緩やかであり，40 代に入ったころからほとんど上昇しなくなる。その代わり，50 代と 60 代の間の差も小さく，全体としてなだらかな逆 U 字型を描いているといえる。ここから，中小企業の賃金と生産性の乖離は，平均的にはそれほど大きくないと推測される。

　中小企業では，そもそも 60 歳定年制ではなかった企業も多い。高年齢者雇用安定法改正前の 2004 年時点ですでに，従業員数 5〜29 人の企業では，38.2 % が 65 歳以上の定年年齢を設定しているか，定年がなかった[17]。また，定年は 60 歳であっても，継続雇用措置として勤務延長制度を導入する割合や，勤務延長の際に定年前と同じ給与で雇い続ける割合も企業規模が小さくなるほど高くなる[18]。実務面でも，満 60 歳になる従業員が数年に 1 人しかいなければ，そのときの状況に合わせた柔軟な対応が可能であり，その企業にとって欠かせない人材であれば事実上定年前と変わらない条件で契約を延長することも可能だろう。

　一方，1000 人以上の大企業では，93.3% の企業が一律定年制を定め，そのうち 91.2% ではいまだに定年年齢が 60 歳のままである[19]。大企業のほとんどが導入している再雇用制度では，再雇用者の賃金は定年前の給与の 50〜80% 程度に設定されることが多く，図 5-5 からもそれが読み取れる。定年退職前後の賃金の落差は，主に大企業における問題であるといえる。

5.3　再雇用者の処遇をめぐる問題

　前述のとおり，継続雇用対象者の，再雇用ないし勤務延長後の賃金や処遇については明確な規定がなく，とくに大企業においては定年退職前の賃金から大幅に賃金が下がる。こうした定年前後の処遇の変化が，継続雇用者本人ないし職場全体の就業意欲に悪影響を与えるという懸念がある。確かに，これまでと

17　厚生労働省「平成 16 年 高年齢者就業実態調査」。

18　厚生労働省「平成 27 年 就労条件総合調査」。一律定年制を定めている企業のうち，勤務延長制度がある割合は従業員数 30〜99 人の企業では 23.4% なのに対し，1000 人以上では 8.8%。勤務延長制度がある企業で，賃金が定年退職時と同じ割合は，従業員数 30〜99 人の企業では 43.4% なのに対し，1000 人以上では 24.6%。

19　厚生労働省「平成 27 年 就労条件総合調査」。なお，職種ごとに異なる定年年齢を設定している企業が 5.8%，定年制がないのはわずか 0.3%。ちなみに調査対象の中で最も規模の小さい階級である 30〜99 人の企業では，定年制がない企業が約 1 割，一律定年制を定めている企業の 2 割が定年年齢を 65 歳以上に設定している。

同じような仕事をしているにもかかわらず，年齢が 60 歳に達したというだけの理由で急に賃金が下がれば，仕事に対するモチベーションが失われやすいことは想像に難くない。多くの企業で，定年年齢到達後の社員の処遇改善が課題となっている。

とはいえ，5.1 項で説明したように，定年前の賃金が生産性を大きく上回るような状況では，給与水準を維持したまま雇用を維持することは困難である。定年年齢を 65 歳まで引き上げるには，賃金プロファイル全体を変えなければならないが，労働政策研究・研修機構が 2015 年に実施した調査では，継続雇用の実施に伴って若年者・中年者の賃金水準や制度を変更した企業は 5% 程度にすぎず，継続雇用措置の義務化から 10 年近くたった時点でも賃金プロファイル全体の見直しは進んでいないことがうかがえる（労働政策研究・研修機構 2016b）。

同じ調査で，今後の高年齢者の賃金についての考えもたずねているが，「定年後でも仕事が同じなら原則，賃金を下げるべきではない」という見解について肯定的な企業は回答企業全体の 3 分の 1 程度存在する一方で，高年齢者の雇用確保や現役世代の賃金水準の維持のためには定年後の賃金は下げてもよいと考える企業も 3 割前後存在する。

さらに在職老齢年金や，雇用保険の雇用継続給付といった制度的な要因も，60 歳以上の賃金を低く設定することを助長する。60 歳以降の賃金が 60 歳時点に比べて，75% 未満に低下した場合，雇用継続給付を受け取ることができ，賃金が元の水準の 60% を切るまでは，雇用継続給付と賃金を合計すると 60 歳時点の収入の 75% の水準を維持できる。60 歳直前の賃金を 100 とした場合の 61 歳時点の賃金水準の最頻値は 60〜70 であり，60 を割ると急に数が減る[20]ことからも，雇用継続給付の仕組みが賃金決定に無視できない影響を与えていることが示唆される。労働者側が低賃金の再雇用契約を受け入れやすくし，結果的には低賃金で高齢者を雇用する企業への補助金として機能してしまっているのだ。

長期的に見れば，60 歳を境にした処遇の不連続性は解消されることが望ましいが，そのためには，賃金プロファイルを見直して，中高年の賃金と生産性の乖離を縮めていかなければならない。そして，従業員のモチベーション維持

20　労働政策研究・研修機構（2016b）。

のために「後払い賃金」に代わる方法が必要になる。とりわけ，一定以上の年齢になると加齢とともに生産性が下がっていくような職種では，降格や減給を導入することも必要になり，その際のモチベーションの低下をどう解決するかが重要なカギになる。詳細は第1章に譲るが，これからの高齢者雇用を考えていくうえでは，人事制度とモチベーションの関係についての知識が必要となるだろう。

6　おわりに

　本章では，2000年代以降に焦点を当て，年金制度の変更や継続雇用措置の導入によって，主に60歳代の就業状況がどう変化してきたかをまとめた。65歳までの就業機会の確保が進み，60歳代前半の男性の就業率は8割近くまで上昇した。女性や，60歳代後半の就業率も上昇し，就業率という観点からは大きな進展が見られる。一方で，とくに大企業において定年前後の処遇の変化が新たな問題として顕在化しつつある。

　今後注目すべきはおそらく，60歳定年制＋再雇用という現状の仕組みがどこまで続くのか，定年の引き上げあるいは定年制の撤廃という形で，処遇の不連続性が解消されていくのか，であろう。世界的な年齢差別禁止の流れについては紙幅の関係で扱わなかったが，今後日本においても年齢差別禁止の機運が高まれば，定年制を撤廃する企業も増えてくるかもしれない。

　高齢化は日本だけの問題ではない。ヨーロッパにもイタリアやドイツなど総人口に占める65歳以上人口比率が20％を超える国があり，高齢者就業の促進は共通の課題となっている。また，アジアの多くの国ではここ数十年のうちに出生率が急激に低下し，今はまだ高齢化率が低くても，将来は急速に高齢化が進むことが予想されている。現在主要国の中で最も高齢化率が高く，高齢者の就業率も高い日本の事例は，世界からの注目も高い。日本の高齢者雇用の分析は，今後ますます重要性を増すだろう。

◆読者のための文献／学習ガイド
　清家篤・山田篤裕（2004）『高齢者就業の経済学』日本経済新聞社。
　清家篤編（2009）『高齢者の働きかた』（叢書・働くということ，第8巻），ミネルヴァ書

房。

労働政策研究・研修機構編（2012）『高齢者雇用の現状と課題』（JILPT 第2期プロジェクト研究シリーズ1）労働政策研究・研修機構。

NBER Aging Program（http://www.nber.org/programs/ag/）

◆参考文献

安部由起子（1998）「1980～1990年代の男性高齢者の労働供給と在職老齢年金制度」『日本経済研究』36号：50-82。

石井加代子・黒澤昌子（2009）「年金制度改正が男性高齢者の労働供給行動に与える影響の分析」『日本労働研究雑誌』589号：43-64。

岩本康志（2000）「在職老齢年金制度と高齢者の就業行動」『季刊社会保障研究』35巻4号：364-376。

大石亜希子・小塩隆士（2000）「高齢者の引退行動と社会保障資産」『季刊社会保障研究』35巻4号：405-419。

太田聰一（2010）『若年者就業の経済学』日本経済新聞出版社。

太田聰一（2012）「雇用の場における若年者と高齢者」『日本労働研究雑誌』626号：60-74。

大竹文雄・山鹿久木（2003）「在職老齢年金制度と男性高齢者の労働供給」国立社会保障・人口問題研究所編『選択の時代の社会保障』東京大学出版会，所収。

大橋勇雄（1990）『労働市場の理論』東洋経済新報社。

小塩隆士（2013）『社会保障の経済学（第4版）』日本評論社。

梶谷真也（2011）「在職老齢年金と定年退職者の再就職行動」『日本経済研究』64号：56-76。

玄田有史（2004）『ジョブ・クリエイション』日本経済新聞社。

児玉直美・小滝一彦（2010）「賃金カーブと生産性」『日本労働研究雑誌』597号：18-21。

近藤絢子（2014）「高年齢者雇用安定法の影響分析」岩本康志・神取道宏・塩路悦朗・照山博司編『現代経済学の潮流 2014』東洋経済新報社，所収。

周燕飛（2012）「高齢者は若者の職を奪っているのか──『ペア就労』の可能性」労働政策研究・研修機構編『高齢者雇用の現状と課題』（JILPT 第2期プロジェクト研究シリーズ1）労働政策研究・研修機構，所収。

永野仁（2014）「高齢層の雇用と他の年齢層の雇用──『雇用動向調査』事業所票個票データの分析」『日本労働研究雑誌』643号：49-57。

三谷直紀（1997）『企業内賃金構造と労働市場』勁草書房。

森戸英幸（2014）「高年齢者雇用安定法──2004年改正の意味するもの」『日本労働研究雑誌』642号：5-12。

山本勲（2008）「高年齢者雇用安定法改正の効果分析」樋口美雄・瀬古美喜編『日本の家計行動のダイナミズムⅣ──制度政策の変更と就業行動』慶應義塾大学出版会，所収。

労働政策研究・研修機構（2011）「高齢者の就業実態に関する研究」労働政策研究報告書，137号。

労働政策研究・研修機構（2016a）『データブック国際労働比較 2016』労働政策研究・研修機構。

労働政策研究・研修機構（2016b）『高年齢者の雇用に関する調査（企業調査）』調査シリ

ーズ，156号。

Behaghel, L. and Blau, D. (2012) "Framing Social Security Reform: Behavioral Responses to Changes in the Full Retirement Age," *American Economic Journal: Economic Policy*, 4(4): 41-67.

Kondo, A. (2016) "Effects of Increased Elderly Employment on Other Workers' Employment and Elderly's Earnings in Japan," *IZA Journal of Labor Policy*, 5: 2.

Kondo, A. and Shigeoka, H. (2017) "The Effectiveness of Demand-side Government Intervention to Promote Elderly Employment: Evidence from Japan," *Industrial Labor Relations Review*, 70(4): 1008-1036.

Krueger, A. B. and Pischke, J. (1992) "The Effect of Social Security on Labor Supply: A Cohort Analysis of the Notch Generation," *Journal of Labor Economics*, 10(4): 412-437.

Lazear, E. P. (1979) "Why Is There Mandatory Retirement?" *Journal of Political Economy*, 87(6): 1261-1284.

Manoli, D. and Weber, A. (2016) "The Effects of the Early Retirement Age on Retirement Decisions," NBER Working Paper Series, No. 22561.

Mastrobuoni, G. (2009) "Labor Supply Effects of the Recent Social Security Benefit Cuts: Empirical Estimates Using Cohort Discontinuities," *Journal of Public Economics*, 93(11-12): 1224-1233.

Oshio, T., Shimizutani, S., and Sato Oishi, A. (2010) "Does Social Security Induce Withdrawal of the Old from the Labor Force and Create Jobs for the Young? The Case of Japan," in Gruber, J. and Wise, D. A. eds., *Social Security Programs and Retirement around the World: The Relationship to Youth Employment*, University of Chicago Press.

第 **6** 章

女性の活躍が進まない原因
男女間賃金格差からの検討

1 はじめに

　少子高齢化社会を迎え，労働力人口が減少局面に直面している昨今，女性の活躍推進への関心が高まっている。その実現のために，安倍政権ではさまざまな取り組みを行っており，2016 年 4 月には女性活躍推進法が施行されたところである。経済成長を維持するためには，労働力を確保し，1 人当たりの生産性を高めることが必要であるから，男性だけでなく女性も意欲を持って能力を十分に発揮して働ける環境の整備は効率性の観点からも，そして公平性の観点からも重要である。

　女性も男性も働きやすい社会を目指すという意識を社会全体で高め，働きづらさをより強く抱える女性のための制度を導入していくことは大切なことではあるが，労働市場で賃金や就ける仕事に男女間格差があれば，女性の労働供給インセンティブは質・量ともに高まらない。すなわち，市場労働の経済的成果の男女間格差の解消は，女性の活躍推進を目指すにあたって根源的な課題である。

　しかしながら，男女間格差の解消は簡単ではない。日本だけでなく，世界各国の労働市場で男女間格差が観察され，かつ持続している。また，男女間格差は市場労働のあらゆる状況下で観察される。そのため，労働経済学者の間でも男女間格差は関心の高い問題であり続けている[1]。

　日本に目を向けると，そもそも労働市場に参加する人の割合，すなわち労働力率に諸外国と同様に男女間格差がある。労働力率は（労働力人口）÷（15 歳

図 6-1　男女別，労働力率の推移（15〜64 歳）

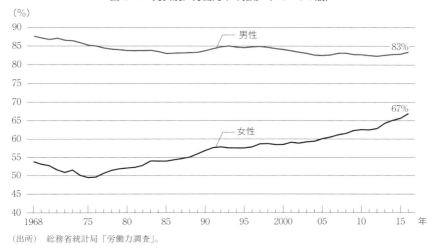

（出所）　総務省統計局「労働力調査」。

以上人口）×100 で定義され[2]，15〜64 歳のその推移を男女別にまとめた図 6-1 を見ると，男性の労働力率は 80% 台半ばで安定的に推移している一方で，女性の労働力率は 70 年代半ばにいったん落ち込みが見られるものの，基本的に上昇し続けている。しかし，2016 年でも男性は 83%，女性は 67% と労働力参加に 16% ポイントの男女間格差がある。

　全年齢で見た労働力参加に男女間格差があるだけでなく，年齢別に見ても違いが観察される。図 6-2 は男女別に年齢階級ごとの労働力率をまとめたグラフであるが，男性は 20 代後半から 50 代後半にかけて労働力率は一定で，グラフの形状は台形であるが，女性は 30 代でいったん落ち込み 40 代で回復する傾向が見られ，グラフは M 字を描いている（M 字型カーブ）[3]。このように，年齢による市場労働への参加パターンに男女で違いが観察され，とくに女性は出産・育児期に労働市場から一時退出しやすいことがわかる。

　このように労働力参加に男女間格差があるが，主な労働の経済的帰結である

1　労働市場における男女間格差について日本語で書かれた最近のサーベイ論文に朝井（2014）がある。

2　なお，労働力人口は「（就業者）＋（完全失業者）」で定義される。

3　M 字の窪みの部分は以前よりも浅くなっており，徐々に解消してはいるが，まだ残されている。

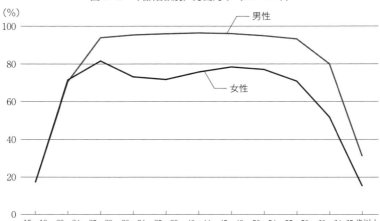

図6-2　年齢階級別，労働力率（2016年）

（出所）　総務省統計局「労働力調査」。

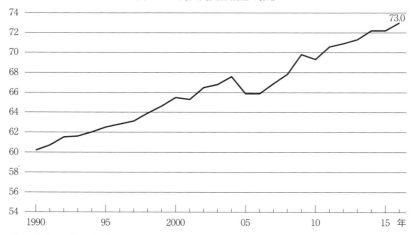

図6-3　男女間賃金格差の推移

（注）　数値は男性の所定内給与額を100とした場合の女性の所定内給与額の割合を表す。
（出所）　厚生労働省「賃金構造基本統計調査」。

　賃金の男女間格差はどうなっているだろうか。図6-3は男女間賃金格差の推移
を表したグラフで，男性の所定内給与額を100とした場合の女性の所定内給与
額の割合をプロットしているので，値が大きくなるほど男女間格差が小さいこ

とを意味する。よって，図 6-3 から男女間賃金格差が縮小していることがわかるが，それと同時に，2016 年でも平均で女性は男性の 7 割程度の賃金しか受け取っておらず，男女間賃金格差が依然残されていることが読み取れる。

　労働市場ではさまざまな経済的帰結に男女間格差が発生しており，ここで紹介した労働力参加や賃金だけでなく，雇用形態や仕事や職種の違い（性別職域分離），昇進機会の違いなど，重要な論点はたくさんある。しかし紙幅の関係上，本章では，市場労働による経済的帰結の中で最も重要である賃金の男女間格差にフォーカスし，その発生メカニズムを整理したうえで，女性と男性がともに働きやすい環境を考える手がかりとしたい。

2　人的資本理論からの説明——労働供給

2.1　人的資本理論と男女間賃金格差

　個人が就く仕事や受け取る賃金はその人の仕事に必要な知識やスキルレベルに依存する。知識やスキルレベルに着目して，労働供給側から労働市場で男女間格差が発生するメカニズムを説明する経済理論の中で代表的なものが人的資本理論である。

　学校教育や教育訓練は直接的にも間接的にも費用がかかるが，行うことで労働者の経済的能力の伸びが期待できる。この現在の費用投入と将来の収益獲得という構造はまさに投資であることから，学校教育や教育訓練は人的資本投資と呼ばれ，人的資本投資を通じて培われる知識やスキルを人的資本という。人的資本量が増えれば労働市場での成果は高まるという仮定のもとで，男女で期待収益が異なることから人的資本投資行動にも違いが生まれ，結果として労働市場での成果に関しても男女間格差が観察されるというのが，人的資本理論が説明する男女間格差の発生メカニズムのエッセンスである[5]。

　人的資本理論以外にも，男性と女性が異なる人的資本投資行動を選択する理由は複数考えられ，家計生産における役割分担や，性別役割分担意識や社会規範等の文化的・社会的な要因[6]，さらには心理学的あるいは社会心理学的要因も労働市場の成果における男女間格差を生み出す潜在的な要因であることが明

5　人的資本量の男女間格差そのものが労働市場における差別によって引き起こされている可能性は残される。

らかにされてきており，実験的手法を用いた分析が成果をあげている。実験的手法を用いた分析については，本書 13 章を参照されたい。

2.2　人的資本投資に関する男女間格差──データからの確認

　理論メカニズムを説明する前に，データを使って人的資本投資行動の実態を確認しよう。まず，人的資本投資行動のうち学校教育における男女間格差を見ていこう。2012 年の 15 歳以上人口の最終学歴構成を見ると，男性は大卒割合が 28%，大学院卒割合が 3%，一方女性は大卒割合が 12%，大学院卒割合が 1% と，ストックでの高学歴者の割合に男女間格差があることがわかる（総務省統計局「就業構造基本調査」）。

　フローにあたる大学進学率を確認すると，1990 年以降，女性の進学率は上昇しているが，男性も上昇している。2016 年で男性は 51%，女性は 47% と 4% ポイント男性の方が女性よりも大学進学率が高い（文部科学省「学校基本調査（2016 年度）」）。

　また，大学教育の内容を見ると，男女ともに社会科学系の学部に在籍する学生の割合が最も高いが（男：38%，女：25%），男子学生は工学（23%），保健（9%），人文科学（9%）と続くが，女子学生は人文科学（21%），保健（17%），教育（10%）と続き，大学で学ぶ内容にも違いがある（文部科学省「学校基本調査（2016 年度）」）。以前と比べれば，高等教育における男女間格差は縮小してきているが，まだ量・質ともに男女間で違いが観察される。

　次に，職業能力開発の男女間格差を見ていこう。仕事に役立つ能力やスキルを身につけるための学習活動のことを職業能力開発という。就業者の職業能力開発は，勤務先の指示・命令によって行われる企業内訓練（教育訓練）と，就業時間外に自身で費用を負担して自身の意思に基づいて行われる自己啓発[7] の 2 種類に大きく分けることができる。さらに，企業内訓練は普段の仕事をしながらの学習活動である OJT と[8]，研修や講習会への参加といった普段の仕事か

6　Bertrand, Kamenica and Pan（2015）は，性別役割分担意識が経済合理的な行動からの逸脱を起こすことがあることを明らかにした非実験的手法の研究である。

7　個人が，勤務先の指示ではなく，自分の意思で，就業時間外に自身で費用を負担して行う，現在の仕事やこれから就きたい仕事に関わる学習のことを，自己啓発という。自己啓発には，本やインターネットを通じて自習をしたり，通信教育を受講したり，専門学校や各種学校の講座を受講することなどが含まれる。

ら離れて行う訓練の Off-JT に分けられる。

　雇用者の職業能力開発を確認すると，2015 年度に Off-JT を受講した雇用者の割合は，正社員は男性 50.9%，女性 36.9%，非正社員は男性で 29.6%，女性は 19.0%，自己啓発実施割合については，正社員は男性 47.9%，女性 41.0%，非正社員は男性 27.8%，女性 19.5% であった（厚生労働省「能力開発基本調査」）。Off-JT の内容に関して男女で差が大きいものを見ると，男性が多く受けているものは管理者向け研修，評価者訓練や，コーチング，ロジカルシンキングの研修，女性が多く受けているのはビジネスマナー等の基礎知識や社内の事務的手続き・ルールに関する Off-JT である[9]。つまり，職業能力開発に関しても量・質ともに男女間で違いがある。

　このような人的資本投資行動の違いが人的資本量の男女間格差を引き起こし，その結果賃金や仕事といった労働市場での成果にも男女間格差が発生してしまうことが理論的に予想されるが，それではなぜ男女で人的資本の獲得行動に違いが生まれるのだろうか。以下で，この理論メカニズムを企業内訓練の理論的な一類型である企業特殊訓練を取り上げて確認していく。

2.3　職業能力開発に関して男女で異なる意思決定がなされる理由
──企業特殊訓練を取り上げて
(1)　企業特殊訓練の共同投資

　男女で企業特殊訓練の受講に違いが発生するメカニズムを考える前に，企業特殊訓練が実施されるメカニズムを理解する必要がある。訓練実施に関する理論メカニズムは，訓練によって身につけることのできるスキルをどの企業でも役に立つスキル（一般的スキル）と，訓練が行われた企業（訓練企業）でしか役に立たないスキル（企業特殊スキル）の 2 つの理論的概念に分け，それぞれを習

8　上司や同僚から指導やアドバイスをされたり，逆に指導やアドバイスをしたり，上司や同僚の仕事のやり方を見て学んだりといったことが含まれる。担当する仕事の範囲や幅が広がったり，より権限の大きな仕事が任されるようになったり，ジョブ・ローテーションを通じてさまざまな仕事を経験したりすることも OJT に含まれる。

9　Off-JT の内容に関しては，労働政策研究・研修機構「第 2 回働くことと学ぶこと調査」（調査期間：2011 年 10 月末〜12 年 1 月末，調査対象：全国 19 の政令指定都市，および東京 23 区部に居住する 25 歳以上 45 歳未満の男女就業者および非就業者〔学生を除く〕）を筆者が集計した結果である。

得するための訓練も一般訓練と企業特殊訓練に分けて考えると理解しやすい。実際には，個人に体化されたスキルは一般的スキルと企業特殊スキルのコンビネーションと捉えた方がより現実的であるし，実際に行われている企業内訓練を一般訓練と企業特殊訓練に区別することは困難ではあるが，議論を単純にするためにそうした扱いをする。また，紙幅の関係上，男女間格差を考えるうえで企業特殊スキルはより重要であることから，ここでは企業特殊訓練のみを取り上げることにする[10]。企業特殊スキルの具体例として，その企業の組織特性に関する知識であったり，独自の機械設備の使い方等がある。

　ところで，訓練にはコストがかかるので，訓練に関わる経済主体，すなわち企業と労働者がともに訓練コストを負担しなければ，訓練は行われないことになる。企業特殊訓練の場合，訓練後に絶対に解雇あるいは離職がないとは言い切れなければ，労働者も企業もともに訓練コストを"全額"負担するインセンティブを持たない。企業が訓練コストを全額負担した場合，もし訓練労働者が離職してしまったら，企業にとって無駄になってしまう。一方，企業特殊スキルは訓練企業以外の企業（外部企業）では役に立たないため，労働者が訓練コストを全額負担した場合，もし解雇されてしまったら，労働者にとって負担したコストは無駄になってしまう。よって，企業にも労働者にも訓練コストを全額負担するインセンティブはない。しかし，人的資本理論の仮定のもとでは，訓練が行われた方が生産性は向上するので，企業にとっても労働者にとっても企業特殊訓練の実施は望ましい。それでは，どうしたら訓練が行われるだろうか。

　その答えは，共同投資，すなわち企業特殊訓練のコストと収益の両方を企業と労働者でシェアすることである。それでは，なぜ共同投資であればうまくいくのであろうか。図6-4を使って確認しよう。

　図6-4の横軸は労働市場での経験年数を，縦軸は金額を表す。UU' は企業特殊訓練が行われなかった場合の生産性かつ経験年数――期待賃金プロファイルを表し[11]，YY' は企業特殊訓練が行われた場合の生産性である。労働者は定年を迎える R 年まで働き続けるとする。

10　一般的訓練に関してもほぼ同様の議論ができる。

11　ここでは，訓練を受けなければ労働者の生産性は変化しないという強い仮定を置いている。

図6-4　企業特殊訓練の実施メカニズム

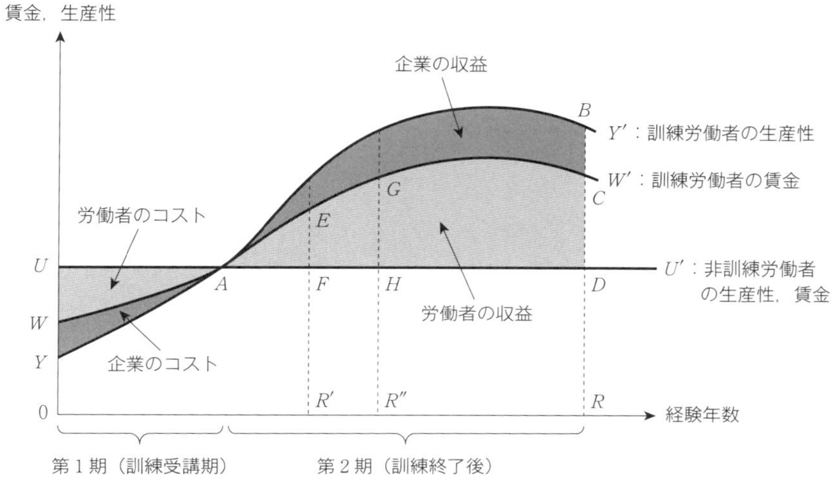

（出所）　筆者作成。

　企業特殊訓練が行われる場合，企業は労働者に WW' の賃金プロファイルを提示し，労働者もこれを受け入れるインセンティブを持つ[12]。労働者にとって，訓練コストは UAW である。なぜならば訓練を受けなければ UA の賃金を受け取れたのに，訓練を受けたことで訓練生としての低い賃金 WA を受け取らなければならなくなったので，その差は労働者にとってコストとなる。しかし，訓練終了後，訓練労働者は ACD の収益を獲得することができる。なぜならば，訓練を受けなければ AD しか賃金を得られなかったのに，訓練を受けたことで AC の賃金を得られるようになるので，その差は訓練収益を意味する。そして，訓練収益が訓練コストを上回るのであれば（$ACD>UAW$），労働者はこのような共同投資での企業特殊訓練を行うことに同意する。

　企業にとっても，同様の説明ができる。企業にとって，訓練コストは WAY である。なぜならば訓練を実施しなければ UA の生産性を労働者は達成してくれるのに，訓練を実施したため訓練労働者の実際の生産性は YA になってしまったので，その差は企業にとってコストとなる。しかし，訓練終了後，企業は

12　費用と収益をシェアする割合が企業と労働者の間でどのように決まるかは Hashimoto（1981）を参照のこと。

ABC の収益を獲得することができる。なぜならば，訓練を実施したことで AB の生産性を労働者は達成できるようになったのに，支払う賃金は AC で構わないので，その差は訓練収益を意味する。そして，企業も訓練収益が訓練コストを上回るのであれば（$ABC>WAY$），このような共同投資での企業特殊訓練を行うことに同意する。

　また，この場合，訓練労働者は離職するインセンティブを持たないし，訓練企業も訓練労働者を解雇するインセンティブを持たない。なぜならば，訓練終了後に訓練労働者が外部企業で働いた場合，企業特殊スキルは役に立たないので，賃金プロファイルは UU' である。よって，WW' の賃金プロファイルであれば，労働者は他企業よりも高い賃金をもらえるので，訓練企業に残り続けるインセンティブを持つのである。かたや，企業も労働者を雇い続けるインセンティブを持つ。なぜならば，企業は労働者の実際の生産性よりも低い賃金しか支払わなくてすむからである。よって，多少，需要が落ち込んでも，解雇する必要はなくなる。つまり，企業と労働者のインセンティブが合致するので，長期雇用が実現されやすくなる。

　以上の説明には，3つの重要なインプリケーションがある。第1に，労働者と企業の双方にとって訓練収益≧訓練コストとなることが予想される場合のみ，企業特殊訓練は行われる。第2に，訓練労働者は，非訓練労働者よりも高い賃金を獲得する。第3に，企業と企業特殊訓練労働者の間で長期雇用関係が作られやすいということである。そして，長期勤続者ほど訓練企業でさらに経験を積み，生産性が上がり，賃金もさらに上がることが予想される。

(2)　なぜ企業特殊訓練受講に男女間格差が発生するのか？

　それでは本題に戻って，なぜ男女で企業特殊訓練の受講に差が生まれるのかを，同じ図6-4を使って考えよう。いま，大学卒業後（0年）から R' 年働き，$R'R''$ の間は就業を中断し，R'' 年に再就職しようと考えている労働者がいて，この労働者は企業特殊訓練を受けるとしよう。そうすると，訓練終了後から R' 年の間は AE の賃金を獲得できるので，訓練収益は AEF となる。就業中断中は賃金を獲得できないので，訓練収益はゼロとなる。それでは，再就職後の訓練収益はどうなるであろうか。

　再就職後はもちろん賃金を獲得できるが，再就職の場合，就業中断前に勤務していた会社に戻ることは少なく，異なる企業（外部企業）に再就職することが多い。そうすると，再就職先では企業特殊スキルは使えないので，再就職後

の賃金プロファイルは HD となり，訓練収益はゼロである。よって，この労働者が R 年まで再就職先で勤め続けたとしても，訓練収益の総額は AEF となる。この場合でも，訓練コストは (1) の場合と同じく UAW かかるので，訓練コストが訓練収益を上回る可能性（$UAW>AEF$）は高くなることが予想されるので，企業特殊訓練を受けるインセンティブが弱くなり，企業特殊訓練の少ない仕事に就くことを望むであろう。そして，結果として，賃金も低くなる。

　このような職業生活を予想する労働者は男性と女性のどちらで多いかというと，女性である。そのため，女性の方が企業特殊訓練の必要のない仕事を選ぶようになる。

　また，企業にとっても，企業特殊訓練を行いたい労働者は，当然，勤続年数が長いことが見込まれ，企業にとっての期待収益も大きい男性ということになる。このように，人的資本理論は，企業特殊訓練に男女で違いが発生することを予測する。そして，(1) で確認したとおり，訓練労働者は非訓練労働者より高い賃金を獲得しやすくなるので，訓練機会の男女間格差によって賃金格差が引き起こされることが予想される[13]。

3　労働市場における差別——労働需要

　次に，男女間賃金格差を生み出す労働需要側，とくに企業・事業主に起因する要因を見ていく。男女間格差に影響を及ぼす主な企業行動は，「労働市場における差別（labor market discrimination）」と呼ばれる[14]。これは社会的な差別とは異なる概念で，男女が同じ人的資本量であっても，女性であるということを理由に異なる取り扱いを受けることを指す。

　たとえば学歴や勤続年数等の人的資本量が同じ男性労働者と女性労働者は，理論的には同じ生産性を発揮する。そうであれば，採用，配置，昇進等の雇用管理のあらゆる場面において，男女で異なる取り扱いを企業がする理由はない。そして，利潤最大化企業は，男性労働者にも女性労働者にも生産性と等しい賃

13　ただし，3 節で後述するように，このような人的資本投資の男女間格差は労働市場における差別からも発生する可能性は否定できない。

14　労働市場における差別とは，等しい人的資本量を持つ個人が，外形的な属性が異なることだけを理由に，異なる取り扱いをされることである。外形的な属性には，性，人種，民族（ethnicity），年齢，障がいの有無といったものが含まれる。

金を支払う。つまり，労働者の性の違いは企業の意思決定と無関係になるので，職域や賃金に関して男女に違いは生じない。

　しかし，企業が女性に対して差別的意識を持っていると，話は異なってくる。なぜならば，企業が差別的意識を持っていると，男女が同じ生産性を発揮しても同じ賃金が支払われなくなるからである。つまり，労働市場における差別が存在すると，女性の労働市場での成果に負の影響が直接的にもたらされることになる（差別の直接効果）。

　ただし，労働市場における差別は直接効果だけでなく，フィードバック効果も持つ。労働市場における差別が，女性の人的投資行動や就業インセンティブに悪影響を及ぼし，結果として差別を正当化してしまう（Arrow 1971）。このように労働市場における差別には直接効果とフィードバック効果の2つの経路の存在が理論的に考えられ，かつ2つの効果が負の相乗効果をもたらすことが予想される。フィードバック効果も重要な要素であるが，紙幅の関係上，ここでは賃金格差に対する直接効果のみを取り上げる[15]。

3.1　労働市場に差別は本当に存在するのか？——実証的エビデンス

　そもそも労働市場に男女差別は存在しているのであろうか。差別という目に見えないものの存在を証明するために，これまでさまざまな工夫が凝らされ，手法の開発を伴いながら検証されてきた。ここでは計量的手法を使った研究のエッセンスを紹介する。

(1)　要因分解

　男女間賃金格差の規定要因を明らかにするために用いられるスタンダードな計量経済学的手法に「要因分解（decomposition）」がある。男女間賃金格差を経済合理的に説明できる格差（すなわち，人的資本量の違いによって説明できる格差）

15　性別職域分離も重要な論点である。男性が多く働いている職種（male dominant job），女性が多く働いている職種（female dominant job）のある性別職域分離があると，賃金格差を引き起こすだけでなく，社会的認識にも影響することが予想される。職域分離が拡大したり，持続したりすると，女性と男性では社会的・経済的な役割が違うという誤った認識が社会に広がり，根づいてしまう恐れがある。こうした認識の広がりは，女性の就業環境を制約し，たとえば男性の多い職種で働く女性であっても，仕事に関する機会が制限され，その結果として成果をあげられないということが起こってしまうかもしれない。

と，説明できない格差に分解するというのがこの手法のエッセンスである[16]。

　関連する先行研究は多数あるので，ここでは日本に関する推定結果を報告している川口（2005）の主な結果を紹介すると，男性の平均賃金を 100 としたとき，女性の平均賃金は 1990 年で 48.62，2000 年で 39.21 であることが示されている。そして，この平均賃金格差を人的資本量の違いで説明できる格差と説明できない格差に分解すると，後者すなわち経済合理的に説明することができずなんらかの差別の可能性が残される賃金格差は，1990 年で 40.4%，2000 年で 35.8% を占めており，差別による賃金格差は低下していることを明らかにしている。

⑵　同質性の高い男女の比較

　賃金格差を考えるには能力等の観察できない要素の影響をいかにして取り除くかが重要であるが，理論的に同質性が高いと考えられる男女の賃金を比較することで，一定程度，この問題に対処することができる。具体的には，MBA 取得者同士，弁護士同士，または同じ大学・大学院の卒業生の男女間賃金格差を計測するといった方法がとられてきた（Black et al. 2008; Bertrand, Goldin and Katz 2010 等）。

　Bertrand, Goldin and Katz（2010）は，アメリカ・シカゴ大学ビジネススクールの修了生（MBA）の男女間賃金格差の研究であり，MBA 取得直後の賃金に大きな男女間格差は観察されないものの，MBA を取得してから 10 年後の賃金は，ビジネススクール入学前や在学中の成績，MBA 取得後の労働市場での経験等をコントロールしても，女性の方が約 30% 賃金が低いことを明らかにしている。同質性が高く，かつ MBA 取得者という高学歴の人の間でも男女間賃金格差が観察されることから，合理的には説明できない格差があることを示す結果であると考えられる。

　さらに興味深いことに，Bertrand, Goldin and Katz（2010）は，就業中断の有無や週当たり労働時間の長さの違いをコントロールすると，男女間賃金格差は 7% にまで縮小することも明らかにしている。就業中断や労働時間の短縮は子育てと関連して発生しやすいが，ファミリー・コミットメントが男女間賃金

16　Oaxaca-Blinder 分解に始まり，さまざまなバリエーションが開発されている。近年では分布統計（distributional statistics/parameter）の要因分解に注目が集まっている。手法の詳細や近年の発展については Fortin, Lemieux and Firpo（2011）を参照のこと。

格差の大きな規定要因になっていることをうかがわせる結果である。それと同時に，これらの要因をコントロールしても男女間賃金格差は残されるということが重要なインプリケーションであろう。

(3) 監査調査法と自然実験

実験的フレームワークを使った研究も行われている。ここでは2つの研究を紹介しよう。

1つは「監査調査法（audit study）」を使った研究である（Neumark, Bank and van Nort 1996）。監査調査法はフィールド実験の1つで，差別の有無を検証するための手法として経済学，社会学や心理学等の分野で用いられている。男女間格差の文脈では，学歴や職歴等の性以外の属性が同じ仮想的な男女のペア（監査者）を作り，彼/彼女が労働市場で異なる取り扱いを受けるかを実証する。Neumark, Bank and van Nort（1996）では，アメリカ・フィラデルフィア州の飲食業で監査調査を行い，監査者である男女にほぼ内容の似た履歴書を与えて，レストランの求職に応募してもらい，レストランが男性と女性の応募者で採用に関する反応が異なるのかを記録し，記録データの分析が行われた。

その結果，従業員に通常高い賃金を支払っている高級レストランで，女性の応募者が面接に呼ばれる確率は男性よりも40%ポイント低く，採用される確率は50%ポイント低いことが示された。つまり，履歴書に書かれた内容が同じ，すなわち属性が同一であっても，面接に呼ばれる確率も採用される確率も女性の方が低いのである。

もう1つ，「自然実験」のフレームワークを使ったオーケストラ（交響楽団）の団員の採用に関する研究を紹介しよう（Goldin and Rouse 2000）。オーケストラの新規団員の採用選考では，通常履歴書等の書類やデモテープによる選考を経て，演奏技術に関する審査が行われるが，アメリカのオーケストラでは1970〜80年代にブラインド・オーディションが普及し，それまでの団員の採用方法から大きな変化があった。つまり，審査員の目の前で候補者が演奏し審査されるというスタイルから，衝立などで応募者を隠し，性別等の個人の属性がわからない状態で，演奏技術が審査されるようになったのである。

このオーディション方法の変化がオーケストラにおける採用に影響を及ぼしたのかを分析したのがGoldin and Rouse（2000）である。分析の結果，アメリカのトップ5のオーケストラでは1970年代は女性団員は5%未満だったのに，1996年には25%にまで上昇したことが示された。つまり，応募者の性別がわ

からない状況下で，女性の採用率が高まったのである。

(4)　生産性の男女間格差の直接的な計測

　労働市場における差別は，女性が差別のせいで限界生産性に等しい賃金をもらえないために発生するというのが基本的な考え方である。Hellerstein and Neumark（2005）はこれを直接的に明らかにすることを試みた研究で，製造業という労働者の生産性を直接的に計測しやすい産業でデータを収集し，分析を行っている。

　分析の結果，女性の限界生産性は男性よりも少し低いが，生産性の違い以上に女性は男性よりも賃金が低いことが示された。つまり，男女間の生産性格差より賃金格差の方が大きいことを明らかにしている。

(5)　ま　と　め

　ここまで，労働市場における差別に関する実証研究を紹介してきたが，男女間賃金格差の一定割合が経済合理的には説明できないことを示す結果がこのように複数報告されている。経済合理的に説明できない部分というのが，必ずしも差別によるものではないかもしれないが，労働市場における差別によって引き起こされた格差と解釈した方が自然な部分も残される。

　それでは，なぜ労働市場に男女差別が発生するのであろうか。次に，理論メカニズムを考えよう。

3.2　差別はなぜ発生するのか？——労働市場における差別の理論

　経済学には差別が生まれるメカニズムを説明する理論モデルが複数あるが，ここでは(1)嗜好による差別（tastes for discrimination），(2)統計的差別（statistical discrimination），(3)制度による差別（institutional discrimination）の3つを取り上げる。これら3つのモデルは，それぞれが市場で観察されることをすべて説明できるというわけではないし，相互排他的な関係にあるわけでもない。むしろ，それぞれのモデルが起こっていることの一部を説明していると考える方が自然である。

　以下では，男性と女性の属性や能力は完全に等しく，生産性も等しいという仮定を置き，それにもかかわらず賃金や職域に関して差別が発生するメカニズムが何なのかを見ていく。

(1)　嗜好による差別——ベッカーの差別理論

　G. ベッカーは，ある特定のグループと付き合うことへの嫌悪的な感情に基

づいて，労働市場における差別をモデル化した。この嫌悪的な感情をベッカー
は差別の嗜好と呼んだが，偏見と捉えることもできる。つまり，雇用主や同僚，
顧客が潜在的に差別的嗜好を持っていることを差別発生の源と考える[17]。

　ここでいう特定のグループと付き合うという状況を男女という文脈で捉える
と，「家庭やプライベートな場面での付き合い」ではなく，「社会的な役割を果
たす際の付き合い」のことである。極端な例ではあるが，女性を配偶者にする
ことはよくても，女性を社内の主要ポストに就けることに抵抗を感じる男性が
いるかもしれない。また，秘書のように自身の仕事を補助してくれる女性であ
ったり，部下の女性と働くことには違和感を覚えなくても，課長同士というよ
うに職位や権限が等しい同僚として接することには違和感を持つ男性もいるか
もしれない。

　仕事の場で女性と対等に付き合うことへの「嗜好」から，結果として男女間
賃金格差が生まれるというのが嗜好による差別のモデルのエッセンスである。
ただし，女性の方が生産性が低いという「雇用主の信念」から男女間格差が発
生する場合は，あとで取り上げる「統計的差別」のモデルで説明される。

　《雇用主による差別——モデルの基本構造》　嗜好による差別のモデルでは，女性
に対して差別的嗜好を持つ男性は，女性と仕事をすることにまるで金銭的コス
トがかかるように行動すると仮定する。そして，差別的嗜好の強さは，差別係
数（discrimination coefficient）で測られる。これは，女性を雇ったり，女性と一
緒に働くことの非金銭的なコストを金銭的価値に換算して測る指標である。雇
用主，同僚，顧客による差別の３つが考えられるが，本章では雇用主による差
別のみを取り上げる。

　女性に対して差別的嗜好を持つ雇用主は，女性を雇うことには dr 円の非金
銭的コストがかかると考え，そのコストを織り込んで意思決定を行う。この
dr が差別係数（discrimination coefficient）であり，雇用主の差別的嗜好が強けれ
ば dr は大きくなるし，差別的嗜好が弱ければ dr は小さくなる。

　いま，労働市場は競争的で，男性と女性の求職者と，女性に対して差別的嗜
好を持つ雇用主（差別的企業）とそうではない雇用主（非差別的企業）が存在す
るとしよう。w は賃金，MP は限界生産性，添え字の f は女性，m は男性を表
すとすると，非差別的企業は男女に同じ賃金を支払うので，男女を雇うコスト

17　Becker（1957）を参照のこと。

は $w_f = w_m = MP$ となる。

その一方で，差別的企業に目を向けると，男性を雇うコストは賃金 w_m のままであるが，女性を雇うコストは女性の賃金に差別係数を足したもの $w_f + dr$ となる。よって，差別的企業は，$w_f + dr \leqq w_m$ であれば，つまり，女性を雇うコストが男性を雇うコストと同じか小さければ，女性を雇うという意思決定をする。

言い換えると，差別的企業は $w_f \leqq w_m - dr$ でなければ，女性を雇用しない。よって，もし限界生産性が男女で同じであっても（$MP_m = MP_f = MP$），男性は限界生産性と等しい賃金が支払われるが（$w_m = MP$），女性は限界生産性より低い賃金しか支払われないということになる（$w_f = MP - dr$）。つまり，たとえ男女の人的資本や能力が同じであっても，dr 円の賃金格差が発生することになる。

雇用主による差別の存在を支持する実証研究は複数報告されており，3.1 項で紹介した研究以外にも，「市場テスト」という手法を用いた研究がある。これは，企業の女性雇用比率と利潤の相関を検証することで，男女間賃金格差の原因に嗜好による差別があるのかを検出する手法である（Hellerstein, Neumark and Troske 2002）。日本に関しても，女性をより多く雇用する企業ほど利益率の高いことや（Kawaguchi 2007），雇用主の嗜好による差別により女性が過少にしか雇用されていないなど（佐野 2005），雇用主の嗜好による差別の存在を支持する分析結果が報告されている。

《男女間格差が拡大する条件》　差別的企業が労働市場に存在する場合に，市場の男女間の平均賃金格差が拡大するか否かは，①差別係数の大きさ，②差別的企業の割合，③職を探している女性の人数に依存する。まず，差別係数が平均的に大きくなれば，労働市場で観察される男女間賃金格差も大きくなることは自明であろう。次に，差別的企業の割合が増えると，そこで働かなければならない女性の割合が増え，賃金が $w_f = MP - dr$ となる女性の割合が上がり，女性の平均賃金は低下し，結果として男女間賃金格差は拡大する。最後に，女性の求職者が増えると，差別的企業で働かなければならない女性の割合が増えることから，②と同じロジックとなる。

ここからわかることは，差別的企業が増えたり，雇用主の差別の度合いが強くなる（差別係数が大きくなる）と，男女間賃金格差は拡大するということである。よって，差別的企業が減れば（差別の度合いが下がることも含めて），男女間

賃金格差も縮小することになる。それでは，差別的企業が減るのはどのような場合であろうか。

　結論から述べると，理論的には市場が競争的であればあるほど，差別的企業は存続しづらいことが予想される。いま，男性の市場賃金の平均が，女性の市場賃金の平均よりも高いとする。それでも，差別的嗜好を持つ雇用主は，男性をたくさん雇い，女性を少ししか雇わないという選択をする。その一方で，非差別的企業は女性だけを雇っても構わないし，女性の平均賃金は低いのでむしろ望ましい。

　そうすると，差別的企業は，非差別的企業よりも生産コストが高くつくことになる。このことは，すなわち，差別的企業は利潤最大化を実現するにあたって不利な立場に置かれることを意味する。生産コストが高ければ，生産物価格を引き上げなければならない。あるいは，生産物価格を据え置いて，利潤をあきらめるということになる。そうすると，差別的企業は競争に負けて，市場から退出せざるをえなくなり，市場には非差別的企業だけが残ることになる。そうなった場合，男女間賃金格差はなくなる。つまり，「差別」は利潤最大化行動から逸脱した行動なのである。

　このように，理論的には，市場が競争的であると市場から退出せざるをえなくなるが，製品市場が独占や寡占といった非競争的な市場であると差別的企業も残りやすいことになる。そのため，競争的な市場では男女間賃金格差が小さく，非競争的な市場で格差が大きいというような，市場の競争の度合いと格差の発生には負の相関関係が理論的には予想される。そして，実証研究によって，アメリカでは実際にこのような関係が観察されることが明らかにされている（Hellerstein, Neumark and Troske 2002; Black and Strahan 2001）。

　《雇用主による差別はなぜ持続してしまうのか》　市場が非競争的であるということが，雇用主による差別が存在し続ける要因の1つと考えられる。しかし，そのほかにも複数の要因があるため，このような差別は持続しやすい。

　まず，サーチ理論から説明ができる。サーチ理論の詳細は本書12章を参照されたいが，ここでは男女間格差の持続という切り口で簡単に説明しよう。

　労働市場が完全である場合，どの企業がいくらの賃金で従業員を雇っているのか，市場におけるすべての企業や労働者が知っている。この場合，直接的にも間接的にも職探しのための費用（サーチ・コスト）がかからないので，転職したい人は，「ただで」「すぐに」転職することができる。そして，もしほかの企

業が現在の勤務先よりも高い賃金を支払っていて，転職コストがかからないのであれば，労働者は転職する。その結果として，差別的企業から女性は逃げてしまい，労働力不足に直面することになり，結局は市場から駆逐されることになる。

　しかし，労働市場が不完全で情報の非対称性がある場合，労働者の転職にはサーチ・コストがかかる[18]。その場合，外部企業が高い賃金を支払わない限り，労働者は転職しない。つまり，限界生産性より低い賃金を支払っても，労働者が逃げないことを企業は知っているという状況となり，買い手独占が発生する。このような場合，自身が低い賃金で働かされているのではないかと察していても，サーチ・コストの高い労働者は，転職はせず，そのまま働き続けることを選択するようになる。

　それでは，サーチ・コストがより高いのは女性と男性のどちらであろうか。いま，いくつかの外部企業は差別的企業であり，女性を雇いたくないと考えていると仮定しよう。この場合，女性は男性よりも新しい仕事を見つけるまでにより長い時間を要することが予想されるため，サーチ・コストが男性よりも高くなる。そうすると，企業は買い手独占力を女性に対してより強く行使できてしまう。つまり，低い賃金しか支払わなくてもサーチ・コストが高い女性従業員は転職をしないので，企業は行動を変える必要はなく，差別的行動を持続させ，その結果，差別的企業は市場で存続できてしまう。

　第2に，心理的要因となるが，偏見が無意識である場合（unconscious biases）が考えられる[19]。男女は平等に扱われなければならないと公言している人でも，やっぱり女性の方が仕事ができないというように無意識のうちに女性を過小評価してしまう人はいる。このような暗黙的な差別（implicit discrimination）は市場競争によって駆逐することはできないため，無意識の偏見が雇用主の中にある場合も，男女差別が持続しやすい。

(2)　統計的差別

《統計的差別と男女間賃金格差》　統計的差別とは，女性は男性よりも生産性が低い，女性は男性より勤続年数が短いなど，男女で経済活動に違いがあると企業が信じていることが引き起こす差別のことである。つまり，企業が女性とい

18　基本的なロジックは Black（1995）を参照されたい。
19　Bertrand, Chugh and Mullainathan（2005）。

う「グループ」についての「信念・考え（belief）」に基づいて意思決定することで起こる。この企業の信念は差別的嗜好と異なり，潜在的に利潤最大化行動と矛盾しないため，より長期に持続しやすいことが予想される。

　なぜ男性グループと女性グループとの間に，企業の信念に違いが発生するのであろうか。それは，企業は常に不確実な状況下で，不完全な情報に基づいて意思決定をしなくてはならないからである。

　たとえば，労働者の採用選考の際にどんなに注意深く面接や選考試験等を行っても，その労働者のことを「完全に」知ることはできない。どの程度の生産性を発揮してくれるか，何年くらい勤めてくれるかなど，わからない情報が残されてしまう。

　採用の段階で企業が判断を誤って労働者を採用してしまうと，短期的にも問題は起こるが，訓練終了後などよりその労働者に企業がコミットしてしまった後には損失はさらに大きくなる。もちろん，採用に関してだけでなく，昇進に関する意思決定でも，同様の問題が起こりうる。こうした問題を避けるために，採用や昇進という局面で，情報が不完全であったり，不確実性がある場合，企業は，いま持っている過去の情報を使って意思決定を行おうとする。なぜならば，企業はある女性のことを完全に観察することはできないが，過去に採用・昇進した女性は平均的にこうだったという統計的情報は持っているからである。

　例を使って考えよう。いま，企業は課長への昇進人事を行おうとしている。候補者は，男性Aさんと女性B子さんであるとしよう。AさんとB子さんは，観察できる属性は同じで，同じ年齢で，同じ大学を同じ年に卒業し，勤続年数も同じで，入社してからの仕事上の業績も同じであるとしよう。しかし，「グループ」として女性を見ると，女性は平均勤続年数が短いので，B子さんも課長に昇進させても，いずれ辞めてしまうのではないかと企業は推測する。そうすると，企業にとってAさんを昇進させることが望ましい選択となる[20]。

20　統計的情報に基づく「大雑把な」スクリーニングではなく，もっと注意深くスクリーニングをすればよいではないか，という疑問が浮かぶ。たとえば，この女性がキャリア志向なのか，そうでないのかを識別する方法はある（1人ひとりの過去を詳細に調べる。過去の職歴，職場での評判，学生時代の課外活動など）。しかし，詳細な調査を行うことの追加的費用が，追加的な便益を上回らないかもしれない。つまり，費用対効果に見合っていない可能性があるため，費用対効果を考えて企業は，これ以上の調査は行わないのかもしれない。

　このような統計的情報に基づいて男女が異なる取り扱いをされる統計的差別があると，男性は高賃金の仕事，女性は低賃金の仕事に割り振られるということが発生しやすくなり，男女間賃金格差が生み出されることになる。

　《統計的差別の"罪"》　差別自体が由々しき問題ではあるが，統計的差別に内在する問題はとくに深刻である。統計的差別は企業の信念に基づいて引き起こされるが，もし企業の信念が正しくなかったり，あるいは統計的情報は過去の情報にすぎず現在の状況を表していなかったりすれば，単なる不公平であるし，結果的に嗜好による差別との違いはないことになる。

　しかし，もし企業の信念が「平均的に」正しければ，それは不確実な市場環境下で企業は自身ができる選択肢の中から最もよい選択をしただけであって，偏見に基づいた行動ではなく，合理的な行動をとっただけということになる。このように，統計的差別の罪深さは，第 1 に，企業の信念が正しい場合，市場競争によってでも取り除くことはできないということにある。第 2 に，一見，合理的に見えるので，「仕方がない」と私たちが思わされてしまう点にある。しかし，統計的差別は決して仕方がないものでも受け入れなければならないものでもない。平均的な情報に基づいて，企業が合理的な行動を選択した結果といわれても，どうして女性個々人が男性と異なる取り扱いをされなければならないのであろうか。もしかしたら，ある女性は，同僚の男性よりも生産性が高く，長期勤続の希望が強いかもしれない。また，平均的に女性はこうであるという見方や信念は，差別に基づいていることも多い。

　第 3 に，前述したとおり，統計的差別にフィードバック効果があるので，統計的差別の影響はさらに悪化する。たとえば，企業が「女性はすぐに辞めてしまう」という「予言」をしているとしよう。この場合，企業は女性労働者をすぐに辞められても構わないような仕事に配置したり，企業特殊訓練の必要のない仕事に配置する。その仕事がやりがいのないものであると，女性の意欲は低下し，本当に短期で離職してしまう。つまり，企業の予言が実際に成就してしまうのである（予言の自己成就）。いずれにせよ，フィードバック効果の罪の大きさは，当初の企業の信念が間違っていても，自己実現してしまい，結局は正しいものとなってしまうことにある。さらには，その結果，統計的差別はより強い形で持続することになる。

(3)　制度による差別（institutional discrimination）

　《内部労働市場と男女間賃金格差》　制度や市場構造が雇用における男女の処遇

の違いをもたらし，結果として男女間賃金格差が生まれることもある。このような市場や企業の組織構造や制度によって引き起こされる差別は制度による差別と呼ばれる。つまり，この仮説は，労働市場における差別は(1)と(2)で説明した企業の嗜好や信念によってだけではなく，企業の顕在的な行為の結果として生み出される可能性を指摘する。

　簡単な例を考えると，たとえば新入社員が担当するエントリー・レベルの仕事に男女で違いがあるとしよう。そして，一度，男女が異なるタイプのエントリー・ジョブに割り振られてしまうと，仕事は日々のことであるから，生産性に差が生まれ，昇進機会にも差が生まれ，その結果として賃金に男女間格差が発生する。

　実際には市場や企業にさまざまな制度があるが，ここでは内部労働市場を取り上げ，男女間賃金格差との理論的関係を説明しよう。内部労働市場とは企業内部の労働市場のことで，採用した労働者の仕事への配置・転換・昇進など従業員と仕事のマッチングが行われること，あるいはマッチングが行われる仮想的な場のことを指す。大企業は外部労働市場からエントリー・ジョブに人を雇う。それより上のランクの仕事は，仕事に関連するスキル，とくに企業特殊スキルを獲得することによって昇進ラダーを労働者が昇っていくことで割り当てられるという形式で，外部労働市場とは切り離されて内部で配置が行われる。

　このように，企業特殊スキルが強調され，仕事の多くが内部からの登用・昇進に基づいている場合，その企業では内部労働市場が発達しているという。つまり，内部労働市場では，企業が賃金や労働者の配置を決めるが，その決定は市場圧力から一定程度隔離された状態で行われる。

　ところで，雇用した従業員に効率的に生産活動を行わせるために，企業は従業員を管理する必要がある。従業員を管理することを人事管理あるいは人的資源管理と呼び，①雇用管理（採用，配置，人事考課，昇進，退職），②労働時間管理，③賃金管理，④教育訓練からなる。

　そして，内部労働市場が発展しているのは主に大企業である。大企業は，人事管理システムを機能させるために，管理ユニットを従業員1人ひとりではなく，複数の従業員からなるグループとすることが多い。なぜならば，1人ひとり個別に管理するよりもグループで管理した方が効率的な側面があるからである。ただし，グループで管理を行うのであれば，グループ内の労働者は可能な限り同質である方が管理をしやすいことは明らかである。

　そうすると，異なる属性の労働者は別のグループに割り振るインセンティブ
が企業には働く。そして，もし企業が経験的に男性と女性では勤続年数や離職
率等の生産活動に関する属性が異なることを知っていれば，男性と女性を異な
るグループに割り振るであろう。そして，グループごとの人事管理を効率的に
行うために，男性と女性は異なる管理ユニットに割り当てられ，性別職域分離
が生まれる。この性別職域分離の結果，賃金格差が発生する。つまり，内部労
働市場が発展している経済では，男女間賃金格差が生まれやすいことが示唆さ
れる。

　《日本型雇用システムに内在する制度的差別[21]》　それでは，日本に目を向けよう。
日本の大企業では内部労働市場が発展してきた。高度成長期にとくに企業特殊
スキルを持つ労働者の安定的な確保が求められたため，長期雇用システムが社
会に普及し，内部労働市場が発達した。つまり，管理職の任命は既存の従業員
の中から行われ，役員も生え抜き登用が行われるなど，ポストが空いたときは
外部市場からではなく内部から補充され，外部から人材を補充するのは新卒採
用のときである（新卒一括採用システム）。このように外部労働市場を使わず，
内部労働市場だけで企業内のさまざまな職種へと人材を供給し続けるために，
日本企業は正社員を主にジェネラリストとして育成してきた。これは，職務が
限定的でない働き方が主流となり，またチームワークを重視する傾向が強まっ
たため，従業員が自分自身で労働時間管理を行えなくなったことを意味する。

　日本の大企業が正社員に対して長期雇用を前提とした人事制度を構築する一
方で，日本社会は法律的に[22]正社員を解雇することが非常に難しいという側面
を持っていた。そのため，大企業は雇用調整をする際に，正社員の人数を減ら
すのではなく，正社員の労働時間または非正規労働者の人数で調整するように
なり，一部の正社員の超過時間勤務が恒常化した。

　つまり，正社員の典型的な働き方は，長時間労働で，企業に強く拘束される
ため柔軟な働き方を認められないものとなった。このような働き方と家庭での
責任を果たすことの両立は難しい。そして，家計生産を多く分担する女性の大
半は，典型的な働き方を選択することができず，結婚や出産と同時に離職する
ことを前提としたキャリア設計を行うようになった。

21　山口（2009），大沢（2015）を参考にしている。
22　解雇権濫用法理という。

　その一方で，企業は，企業の基幹的な業務を担当し幹部候補生とする仕事は男性に，補助的な業務の担当は女性にというように，男女別の雇用管理を行ってきた。1986 年の男女雇用機会均等法の施行によって男女という性に基づいた雇用管理は明示的に禁止されたことから，担当する仕事に基づいて総合職と一般職などに区別して採用・雇用管理を行うコース別雇用管理制度を導入し，現在に至っている[23]。

　コース別雇用管理制度は性に基づく異なる処遇を排除し，かつ女性労働者のキャリアの選択肢を多様化することを目的に導入され，その導入目的は正しいものであった。しかしながら，実際の運用において男女で異なる取り扱いのなされるケースが多いのが実態である。たとえば，コース別雇用管理制度を導入している企業のうち，総合職のほとんどを男性が占め，一般職はすべて女性とするといった，事実上の男女別の雇用管理として機能させているケースは少なくはない[24]。一般職への女性の配置は女性を管理職候補から外すことを意味するので，女性が活躍しづらい状況を生み出す側面を持ち，実質的には間接差別を助長しているとの主張もある[25]。

　さらに，内部労働市場が強く機能してきたために，外部労働市場が発達せず，一度離職し，就業中断をした女性はよい再就職の機会に恵まれづらくなっている。このように，日本の労働市場の構造自体が男女間賃金格差を引き起こすとともに，女性の活躍が遅々として進まない状況を生み出していると考えられる[26]。

23　厚生労働省雇用均等・児童家庭局，都道府県労働局（雇用均等室）「コース等で区分した雇用管理について」(http://www.mhlw.go.jp/general/seido/koyou/danjokintou/dl/koyoukanri-a01.pdf) を参考にしている。ただし，2012 年でコース別雇用管理制度のある企業の割合は 6.9％ と高くはないが，従業員数 5000 人以上の企業で 46.8％，1000 ～4999 人の企業で 44.5％ と大企業では依然半数近くが導入している（厚生労働省「雇用均等基本調査」）。

24　総合職（全国転勤あり）の採用をした企業のうち，「ほとんどが男性」と回答した企業の割合は 72.0％ で，一般職の「ほとんどが女性」と回答した企業は 59.2％ で，総合職は男性主体，一般職は女性主体である（厚生労働省「雇用均等基本調査（2012 年度）」）。

25　雇用機会均等法は 1999 年改正で間接差別の一部禁止が盛り込まれ，2014 年改正で間接差別の対象範囲が拡大され，さらに厳格化されている。

26　Chiang and Ohtake（2014），Kawaguchi（2015）も内部労働市場や賃金支払方式と男女間賃金格差には関係があることを示している。

4　「ガラスの天井」と「床への張りつき」

　3 節で取り上げた労働市場における差別と関係して，「見えない障壁（subtle barrier）」と呼ばれる現象がある。これは，労働市場における差別によって形成されるものであるとも捉えられ，労働市場における差別の一形態とも捉えられるが，いずれにせよ目に見えない障壁は男女間賃金格差発生の一因となる。

　目に見えない障壁でよく知られているのは「ガラスの天井（glass ceiling）」で，昇進に値する人材が女性やマイノリティであることを理由に，企業や政府，アカデミックな世界でより上位の仕事に就くことを阻害する障壁を指す。ガラスの天井は，女性のキャリア発展を阻害し，高賃金の仕事に就けなくすることで男女間賃金格差を生み出す。

　そして，もう 1 つ知られているのは「床への張りつき（sticky floor）」と呼ばれる現象で，女性労働者が低位の仕事に張りついてしまう，つまり低賃金の仕事から抜け出せなくなっており，低賃金の仕事に多くの女性が滞留してしまうことを指すが，これも男女間賃金格差を生み出す要因の 1 つである[27]。

　前述したように，このような障壁は目に見えないものなので存在を証明することは難しい。しかし，3.1 項 (1) で説明した要因分解の手法が発展し，平均での要因分解だけでなく，分布を通じた要因分解の手法（distributional decomposition）が開発されたことで，各国で実態解明が進んでいる[28]。ここでは，日本についての分析結果を主に紹介しよう。

4.1　実証的エビデンス

　目に見えないものの存在証明は難しいが，たとえば，女性の役員比率や管理職比率が低いことはガラスの天井が存在することの傍証にはなる[29]。

　もう 1 つ，直接的に証明する方法として，賃金分布の上位や下位で合理的に

27　ほかにも男女間賃金格差の発生は女性が高賃金の企業で働いていないからではないか（between gap），または企業内で高賃金の仕事に就けていないからではないか（within gap）といった議論がある（Card, Cardoso and Kline 2016）。また，前者のことを Javdani（2015）では「ガラスのドア」と呼んでいる。

28　近年の手法の発展については Fortin, Lemieux and Firpo（2011）を参照のこと。

29　2011 年で，係長・課長・部長等の管理職に占める女性の割合は 10.2% である（厚生労働省「賃金構造基本統計調査」）。

説明できない賃金格差を計測する方法があり，スウェーデンに関する Albrecht, Bjorklund and Vroman（2003）の発表を契機に，各国で同様の研究が盛んに行われるようになっている[30]。

　日本に関しては，平均賃金の男女間格差については複数の先行研究があり，実態解明が進んでいるが[31]，分布を通じた賃金格差の計測は日本に関して追加的な情報をもたらしてくれる。これは，男性と女性の賃金分布の各パーセンタイルを比較するという方法である。賃金分布の X パーセンタイルとは，賃金の低い人から順番に並べ，下から X パーセントの人がもらっている賃金を表す。つまり，10 パーセンタイル賃金は低賃金を意味し，90 パーセンタイル賃金は高賃金を意味する。よって，男性の 90 パーセンタイル賃金と女性の 90 パーセンタイル賃金を比較して男女間格差が観察されれば，女性が男性より高賃金の仕事に就いていないこと，すなわちガラスの天井の存在を示すと捉えることができる。逆に，たとえば男女の 10 パーセンタイル賃金を比較して格差が観察されたとすると，女性の方が低賃金の仕事でより多く働いていることを意味し，低賃金の仕事に女性が滞留している状況，すなわち床への張りつきが起こっていることが示唆される。

　Hara（2016）では，厚生労働省「賃金構造基本統計調査」の 1990 年，2000 年，14 年のミクロデータを使って，Firpo, Fortin and Lemieux 要因分解（FFL 分解）を行い，日本の労働市場ではどのような目に見えない障壁が存在している可能性があるのかを検証した。ここでは詳細は省略するが，FFL 分解を行うと，賃金分布の各パーセンタイルで観察される男女間格差を人的資本量の違いで説明できる格差と説明できない格差に分解することができる[32]。また，説明できる格差と説明できない格差それぞれを詳細分解することもできる。

　まず，近年（2014 年）の男女間賃金格差についての分析の結果を示したのが図 6-5 である。図 6-5 から，人的資本量の違いをコントロールせずに観察され

30　ヨーロッパ各国については Arulampalam, Booth and Bryan（2007）があり，オーストリア，ベルギー，イギリス，デンマーク，フィンランド，フランス，ドイツといった多くの国でガラスの天井が観察されることが示されている。また，日本については，Chiang and Ohtake（2014）が独自データを使って，分布を通じた男女間賃金格差について分析している。

31　川口（2005），Miyoshi（2008）等。

32　詳細は Fortin, Lemieux and Firpo（2011）を参照のこと。

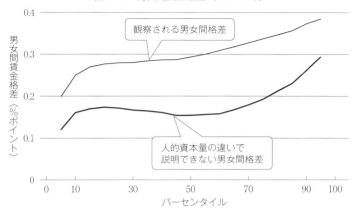

図6-5　男女間賃金格差（2014 年）

観察される男女間格差

男女間賃金格差（％ポイント）

人的資本量の違いで
説明できない男女間格差

パーセンタイル

(注)　1.　横軸はパーセンタイル，縦軸は各パーセンタイルで男女の賃金格差が何％ポイントあるかを表す。
　　　2.　「観察される男女間格差」は人的資本量の男女の違いをコントロールしていない状況で観察される格差で，「人的資本量の違いで説明できない男女間格差」はFFL 分解によって求められたもので，「観察される男女間格差−説明できる男女間格差」である。
(出所)　Hara（2016）（データ：厚生労働省「賃金構造基本統計調査」）。

る男女間格差は，分布の上位の方が下位よりも大きい。しかし，FFL 分解を行い，人的資本量の違いでは説明できない賃金格差を抽出すると，分布の中位よりも上位や下位で大きいことがわかる。先行研究に従って賃金分布の下位で説明できない男女間格差が大きいことを床への張りつき，逆に上位で男女間格差が大きいことをガラスの天井と定義すると[33]，日本ではガラスの天井と床への張りつきの両方の現象が観察されると捉えられる。

　次に，時系列的変化を確認するために1990 年と2000 年についても同様の分析を行った結果が図6-6 である。図6-6 から，観察される男女間賃金格差は，分布のすべての分位において1990 年から2014 年にかけて縮小していることがわかる。また，その観察される男女間格差の縮小は，人的資本量の男女間格差の縮小が重要な役割を果たしていることも読み取れる[34]。さらに，ガラスの天

33　Arulampalam, Booth and Bryan（2007）では，分布の中位と比べて分布の下位で 2 ％ポイント以上男女間格差が大きい場合を床への張りつき，分布の上位で同じように 2 ％ポイント以上の男女間格差がある場合をガラスの天井と定義している。

図6-6　男女間賃金格差（1990・2000・2014年）

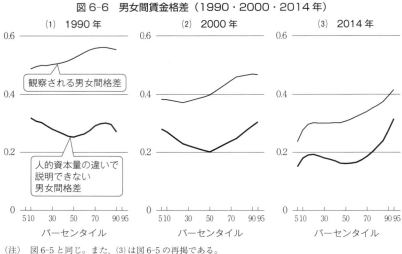

(注)　図6-5と同じ。また，(3)は図6-5の再掲である。
(出所)　Hara（2016）（データ：図6-5と同じ）。

井や床への張りつきといった現象は1990年と2000年にも観察され，近年に限った現象ではないことも示された。

4.2　メカニズム

　このような現象が観察されるメカニズムを考えよう。まず，床への張りつきが観察される理由の1つは，男女で割り振られる仕事が異なることである。Lazear and Rosen（1990）の理論モデルは，男性はキャリアトラックを伴う仕事（good job）に，女性はキャリアトラックを伴わない仕事（bad job）に割り振られやすく，結果として男女間賃金格差が発生することを示している。これはコース別雇用管理制度を男女別の仕事の割当と捉えると，よく説明していると考えられる。

　次に，ガラスの天井が観察される理由の1つは，パイプライン効果，すなわちそもそも女性の適格者の供給の少ないことがあげられる。つまり，人的資本蓄積の男女の違いである。ただし，女性の大卒者が急速に増大したり，わずか

34　ただし，ここではサンプル・セレクションの問題は考慮していない。この点に関しては，Onozuka（2016），朝井（2014）を参照されたい。

ずつではあるが女性の勤続年数も上昇したりしていることを考えると，将来的には影響が小さくなることが予想される。

　もう 1 つ，上位の仕事は，とくに家庭や子育てとの両立の難しいことがあげられる。たとえば，アメリカに本社がある 10 のグローバル企業の重役・役員（executives）を対象にしたアンケート調査の結果によると，男性役員と女性役員では子どものいる割合は男性役員の方が高い（男性 90％，女性 65％）[35]。慎重な解釈が必要ではあるが，役員になっている女性は子どもをあきらめている，言い換えると子どもがいると役員になることが難しくなるという可能性は残される。

　最後に，目に見えない障壁の何が問題なのかを整理しておこう。第 1 に，女性が公平に取り扱われていないという，公平性の問題である。第 2 に，ガラスの天井があり，組織の重要な意思決定に関われる女性が少ない，すなわち役員や管理職の女性比率が低いと，労働市場における差別がさらに強まる可能性があることである。たとえば，女性が職場や仕事に関する意思決定の場から除外されてしまうと，女性の声・要望が届きづらくなり，意識的にも無意識的にも女性に不利な意思決定がなされやすくなるかもしれない。その結果として，女性が成果をあげづらい環境となり，結果として企業の女性に対する差別意識を増長させるかもしれない。第 3 に，床への張りつきによって女性は低位の仕事にしか就けないという意識が社会に広まると，女性のモチベーションは下がり，さらに性別役割分担意識が強まるかもしれない。

　ガラスの天井に関してはこれまでもよく知られており，2016 年施行の男女活躍推進法が導入されたり女性の管理職への登用を促すなどの対策がとられてきた。しかし，日本では，男女間賃金格差を解消するためにはそれだけでは必ずしも十分ではなく，低賃金の仕事から抜け出しにくいことを意味する床への張りつきへの対策も必要であることが示唆される。

---

[35]　The Families and Work Institute, Catalyst, and the Boston College Center for Work and Family（2003）*Leaders in a Global Economy: A Study of Executive Women and Men.*（http://www.catalyst.org/system/files/leaders_in_a_global_economy_a_study_of_executive_women_and_men.pdf）

5　おわりに

　賃金や就ける仕事など労働市場での経済的成果に男女で違いのあることが，女性の活躍が進まない要因の1つと考えられる。本章では，男女間賃金格差に着目して，格差発生の理論メカニズムを整理するとともに，データや実証分析の先行研究を紹介することで，経済理論がどこまで男女間格差の発生メカニズムを説明できているのかも確認した。これから，1つの理論が労働市場で観察される現象のすべてを説明しているわけではないが，複数の理論が現実の事象を相互補完的に説明していると思われる。さらに，互いが互いを強めあう悪循環の発生が理論的に予想される（図6-7）。

　たとえば，上述したように女性に対する労働市場における差別は，女性の人的資本投資を減らし，さらなる差別的取り扱いを助長する。また，本文では触れられなかったが，差別によって，女性が労働市場へのコミットメントを弱め家計生産における役割分担を優先させるように行動すると，労働市場における女性差別の合理性を高めることになり差別が助長される。その結果，性別役割分担がさらに強まり，差別の助長が起こるという悪循環が止まらなくなる。

　しかし，悪循環を好循環に変えることは理論的には可能である。たとえば，労働市場における差別が減れば，女性は労働供給行動を変えることが予想される。そして，女性の行動変化を観察すれば，企業の信念にも変化が起こり，差別的行動も減少し，女性が男性の仕事に進出し，女性のロールモデルが増えれば，さらに女性の社会進出が起こるであろう。

　女性が働きやすい環境を作るために，それを阻害する需要要因と供給要因の

図6-7　男女間格差発生のメカニズム

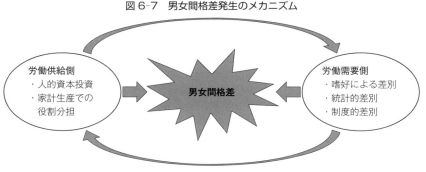

（出所）　筆者作成。

両方を同時に弱めるような政策が導入できれば大きな効果が期待できるが，両方いっぺんにというのは難しい。それでは，何から，あるいはどこから手をつけたらよいであろうか。

　供給サイドを考えると，家庭内での男女の公平な役割分担の実現が必要であろう。家計生産活動が男女間格差に与える影響の大きさが近年とくに指摘されているが[36]，家計生産における男女間の公平性が担保されなければ，市場労働における男女間格差は縮小しない。

　しかし，供給サイドの変革以上に，需要サイドの変革が女性の経済的地位に対する好循環を生み出すのではないだろうか。女性が働きやすい企業を増やす，男女関係なく雇用する企業を増やすということであるが，そのためには企業に拘束される度合いの強い働き方が典型であるという労働市場構造が変わる必要がある[37]。

　それに加えて，就業中断・再就職を選択することの多い女性労働者は，内部労働市場でキャリアを形成することができない。男性労働者にも転職を経験する人が増えている。また，短時間勤務や在宅勤務などフレキシブルな働き方を望む人も増えてきている。そうした労働者がきちんと処遇され，かつキャリア形成をできる社会システムの導入が必要であろう。たとえば職業能力評価システムの導入は 1 つの手段となるだろう[38]。

　いずれも長い時間がかかることばかりであるが，これらを実現するような取り組みは女性の活躍だけでなく，男性が働きやすい環境を実現するためにも必要であると考える[39]。

---

[36]　育児等による就業中断や労働時間の短縮が男女間賃金格差の大きな規定要因であることが Bertrand, Goldin and Katz（2010）によって明らかにされている。

[37]　たとえば，山口一男氏は，労働時間の上限を規制するような仕組みが必要であると指摘している（日本女子大学 RIWAC セミナー，2012 年 12 月開催）。政策に関しては，大沢（2015），川口（2008），山口（2009）等の議論も参照されたい。

[38]　最近の厚生労働省における議論は厚生労働省職業能力開発局（2014）『「職業能力開発の今後の在り方に関する研究会」報告書』を参照されたい（http://www.mhlw.go.jp/file/04-Houdouhappyou-11801000-Shokugyounouryokukaihatsukyoku-Soumuka/0000059559.pdf）。

[39]　諸外国の議論も参考になるが，たとえば Goldin（2014）を参照のこと。

◆読者のための文献／学習ガイド

（初学者向け）

大沢真知子（2015）『女性はなぜ活躍できないのか』東洋経済新報社。

川口章（2013）『日本のジェンダーを考える』有斐閣。

（もう少し勉強したい方向け）

川口章（2008）『ジェンダー経済格差』勁草書房。

Blau, F. D., Ferber, M. A., and Winkler, A. E.（2013）*The Economics of Women, Men, and Work*, 7th ed., Oxford University Press.

Becker, G. S.（1957）*The Economics of Discrimination*, 2nd ed., University of Chicago Press.

◆参考文献

朝井友紀子（2014）「労働市場における男女差の30年——就業のサンプルセレクションと男女間賃金格差」『日本労働研究雑誌』648号：6-16。

大沢真知子（2015）『女性はなぜ活躍できないのか』東洋経済新報社。

川口章（2005）「1990年代における男女間賃金格差縮小の要因」『経済分析』175号：50-80。

川口章（2008）『ジェンダー経済格差』勁草書房。

佐野晋平（2005）「男女間賃金格差は嗜好による差別が原因か」『日本労働研究雑誌』540号：55-67。

山口一男（2009）『ワークライフバランス——実証と政策提言』日本経済新聞出版社。

Albrecht, J., Bjorklund, A., and Vroman, S.（2003）"Is There a Glass Ceiling in Sweden?," *Journal of Labor Economics*, 21(1): 145-177.

Arrow, K.（1971）"The Theory of Discrimination," Working Paper No. 403, Princeton University, Department of Economics, Industrial Relations Section.

Arulampalam, W., Booth, A. L., and Bryan, M. L.（2007）"Is There a Glass Ceiling over Europe? Exploring the Gender Pay Gap across the Wage Distribution," *Industrial and Labor Relations Review*, 60(2): 163-186.

Becker, G. S.（1957）*The Economics of Discrimination*, 2nd ed., University of Chicago press.

Bertrand, M., Chugh, D., and Mullainathan, S.（2005）"Implicit Discrimination," *American Economic Review*, 95(2): 94-98.

Bertrand, M., Goldin, C., and Katz, L. F.（2010）"Dynamics of the Gender Gap for Young Professionals in the Financial and Corporate Sectors," *American Economic Journal: Applied Economics*, 2(3): 228-255.

Bertrand, M., Kamenica, E., and Pan, J.（2015）"Gender identity and Relative Income within Households," *Quarterly Journal of Economics*, 130(2): 571-614.

Black, D. A.（1995）"Discrimination in an Equilibrium Search Model," *Journal of Labor Economics*, 13(2): 309-334.

Black, D. A., Haviland, A. M., Sanders, S. G., and Taylor, L. J.（2008）"Gender Wage Disparities among the Highly Educated," *Journal of Human Resources*, 43(3): 630-659.

Black, S. E. and Strahan, P. E.（2001）"The Division of Spoils: Rent-Sharing and Discrimination in a Regulated Industry," *American Economic Review*, 91(4): 814-831.

Card, D., Cardoso, A. R., and Kline, P. (2016) "Bargaining, Sorting, and the Gender Wage Gap: Quantifying the Impact of Firms on the Relative Pay of Women" *Quarterly Journal of Economics*, 131(2): 633-686.

Chiang, H.-Y. and Ohtake, F. (2014) "Performance-Pay and the Gender Wage Gap in Japan," *Journal of the Japanese and International Economies*, 34: 71-88.

Fortin, N. M, Lemieux, T., and Firpo, S. (2011) "Decomposition Methods in Economics," in Ashenfelter, O. and Card, D., eds., *Handbook of Labor Economics*, Vol. 4A, Ch. 1: 1-102, Elsevier.

Goldin, C. (2014) "A Grand Gender Convergence: Its Last Chapter," *American Economic Review*, 104(4): 1091-1119.

Goldin, C. and Katz, L. F. (2008) "Transitions: Career and Family Life Cycles of the Educational Elite," *American Economic Review*, 98(2): 363-369.

Goldin, C. and Rouse, C. (2000) "Orchestrating Impartiality: The Impact of "Blind" Auditions on Female Musicians," *American Economic Review*, 90(4): 715-741.

Hara, H. (2016) "Glass Ceilings or Sticky Floors? An Analysis of the Gender Wage Gap across the Wage Distribution in Japan," RIETI Discussion Paper Series, 16-E-099.

Hashimoto, M. (1981) "Firm-Specific Human Capital as a Shared Investment," *American Economic Review*, 71(3): 475-482.

Hellerstein, J. K, Neumark, D., and Troske, K. R. (2002) "Market Forces and Sex Discrimination," *Journal of Human Resources*, 353-380.

Hellerstein, J. K. and Neumark, D. (2005) "Using Matched Employer-Employee Data to Study Labor Market Discrimination," IZA DP No. 1555.

Kawaguchi, A. (2015) "Internal Labor Markets and Gender Inequality: Evidence from Japanese Micro Data, 1990-2009," *Journal of the Japanese and International Economies*, 38: 193-213.

Kawaguchi, D. (2007) "A Market Test for Sex Discrimination: Evidence from Japanese Firm-Level Panel Data," *International Journal of Industrial Organization*, 25(3): 441-460.

Javdani, M. (2015) "Glass Ceilings or Glass Doors?: The Role of Firms in Male-Female Wage Disparities," *Canadian Journal of Economics*, 48(2): 529-560.

Lazear, E. P. and Rosen, S. (1990) "Male-Female Wage Differentials in Job Ladders," *Journal of Labor Economics*, 8(1): Part 2, S106-S123.

Miyoshi, K. (2008) "Male-Female Wage Differentials in Japan," *Japan and the World Economy*, 20(4): 479-496.

Neumark, D., Bank, R. J., and van Nort, K. D. (1996) "Sex Discrimination in Restaurant Hiring: An Audit Study," *Quarterly Journal of Economics*, 111(3): 915-941.

Onozuka, Y. (2016) "The Gender Wage Gap and Sample Selection in Japan," *Journal of the Japanese and International Economies*, 39: 53-72.

第**7**章

移民・外国人労働者のインパクト
研究動向と日本におけるデータ

1 はじめに

　外国人に閉鎖的といわれる日本社会だが，戦前の時点ですでに，現在の日本
に相当する地域には，朝鮮半島出身者らが 200 万人以上，工場や炭鉱等で働い
ていた。そのうち約 140 万人が終戦後 1950 年までに帰国したものの，平和条
約発効後の日本に居住し続け「在日韓国・朝鮮人」と呼ばれるようになった
人々は約 65 万人いたといわれる（姜・金 1989）[1]。彼らは長らく日本における
代表的な外国人だったが，高齢化や帰化申請者の増加によって徐々に減少し，
2016 年末時点では約 34 万人を数えるにすぎない[2]。在日韓国・朝鮮人は，も
はや外国人の中でも少数派となってしまった感がある。
　日本の外国人は，国際情勢や政府の政策変更など幾度かの転機を経て，人数
の増大と出身国・地域の多様化が進み，2016 年末現在，196 の国・地域の

1　だが，当事者によれば，戦後の在日韓国・朝鮮人は，「民族を取り戻す闘いと生存権
を守る闘い」に専心せざるをえず，「労働者」としての在日韓国・朝鮮人が抱える問題
は，ほとんど取り組まれなかったと総括されている（在日高麗労働者連盟 1992）。実際，
在日韓国・朝鮮人を対象とした 1990 年以前の研究は，岩村（1972），戸塚（1977），朴
（1957），姜・金（1989），原尻（1989）などいくつかあるものの，戸塚（1977）を除い
て，在日韓国・朝鮮人の職業や賃金にも触れてはいるが，歴史や住居，教育，犯罪，彼
らの生活過程全般を描こうとする「生活史」（姜・金 1989）としての性格が強い。在日
高麗労働者連盟（1992）や小熊・姜（2008）など，戦中・戦後の彼らの就労の実態を明
らかにするような研究が出始めたのは 1990 年代以降である。
2　法務省在留外国人統計。在日韓国・朝鮮人は，「特別永住者」の在留資格を有する韓
国，朝鮮出身者の合計である。

238.3 万人が在留する。戦後 1980 年代前半までは，中国残留邦人の血縁者，インドシナ難民（いわゆるボート・ピープル）など例外もあったが，まとまった規模で来日・定住する外国人の集団はほとんどなかった[3]。ところが 1980 年代後半になると，日本の好況を背景に，エンターテイナーとしての東南アジア人女性，親族訪問を名目に来日した日系ブラジル・ペルー人出稼ぎ労働者，イランやバングラデシュからの不法就労者など，就労目的の入国者が急増した。そして，外国人労働者に対する政策もなし崩し的に変更を迫られ，なかでも1990 年の出入国管理及び難民認定法（以下，入管法）改正は大きな転換点となった[4]。専門的・技術的職種で就労する高技能外国人の受け入れを積極的に推進する一方で，専門的・技術的ではない職種の「単純労働者」の受け入れは慎重に検討するという，現在に続く外国人労働者政策の二分法的枠組みはこのときに整備された[5]。

　1990 年の入管法改正からほどなくして，今度は日系人労働者が急増する。同時期，研修生も漸増していたが，その数が一気に増えたのは，実質的に研修期間の延長を認めた技能実習制度の創設（1993 年）後である。日系人労働者や技能実習生は，労働市場での需要を反映して増減を繰り返しながら，現在では専門的・技術的でない外国人労働者の中心となっている。

　以上のように，日本における外国人は，戦後 70 年間変転を繰り返しつつも，1990 年代後半と 2000 年代後半の不況期を除き，おおむね増加してきた。そして外国人労働者数の増加とともに，彼らの雇用実態の解明に取り組む研究も

---

3 1975 年から 2005 年までの間に日本政府が受け入れたインドシナ難民定住受入数は約1.2 万人。中国残留邦人血縁者の人数に関する公的統計はない。在日韓国・朝鮮人と同様，彼らも入国後は，全国のさまざまな職場で就労していたが，数的なインパクトの小ささゆえか，彼らの就労実態を明らかにすべきという社会からの要請は弱かったように思われる。そのため，彼らを日本人労働者と区分して，労働者としての特徴を捉えようとする調査・研究は少ない。例外としてあげられるのは，内閣官房インドシナ難民対策連絡調整会議事務局（1997）だろう。ただし，この調査も，インドシナ難民の生活全般の解明が目的で，労働に関する設問は一部にすぎない。受け入れの決定が，人道的見地での外交政策の産物だった経緯から，法律や政治学分野の研究は多い。

4 法改正の経緯や内容は，明石（2010）などを参照されたい。

5 このとき日系人に付与された「定住者」としての地位は親族訪問の円滑化が目的であり，研修生受入企業への規制緩和は，途上国に日本の先端技術を伝える研修事業の拡大が目的であった。法改正は，表立って外国人労働者受け入れへの積極的転換を企図したものではなかった。

徐々に増えてきた。その趨勢を要約すれば，1990 年代は，日系人労働者や研修・技能実習生の雇用に関する調査研究，とくにケーススタディが中心で，その後，外国人労働者の雇用や日本人との関係性に着目した定量的な実証分析が進展した，とまとめられる。

　本章では，日本における外国人労働者の現状をまとめるとともに，関連する文献を渉猟することで，外国人労働者に関する研究の現在地を確認する。

2　日本における外国人労働者に関するデータ

　外国人の日本在留の態様を政府統計から詳しく見ようとすると，ほとんどすぐにデータの壁に突き当たるといってよいほど，データは少ない。世帯調査・事業所調査を問わず，調査項目に個人の国籍区分を設けた政府統計はほとんどなく，外国人の実態把握に利用でき，かつ継続的に実施されているのは，法務省「在留外国人統計」，総務省統計局「国勢調査」，厚生労働省「外国人雇用状況報告」に限られる[6]。以下，順次簡単に解説しよう。

2.1　在留外国人統計（旧登録外国人統計）

　在留外国人統計は，法務省が実施する在留外国人（中長期在留者と特別永住者）を対象とした統計で[7]，各年末時点での外国人の実態を見ることができる。その時点で有効な在留資格を持つすべての外国人について，資格別に在留状況を把握できる点が，この統計の特徴である。

　この統計を用いて，「技術的・専門的」在留資格保有者，技能実習・特定活動の在留資格保有者[8]，留学生（旧「就学」在留資格保有者も含む），身分・地位に基づく在留資格保有者の 4 グループに外国人を分類し，1959 年からの推移を示したのが図 7-1 である。

　戦後から 1990 年代までは，特別永住者を中心に身分・地位に基づく資格の

6　これらの統計データの集計表（おおむね 2000 年代以降）は，総務省統計局のウェブページからアクセスできる。国勢調査など一部の統計は，公表されていない統計表についても，学術研究を行う者であれば，独立行政法人統計センターが提供するオーダーメード集計サービスを利用することで集計データを入手できる。

7　2012 年までは外国人登録法に基づき「外国人登録統計」が作成されてきたが，2012 年に同法が廃止され，以後は，在留外国人統計が作成されている。

図 7-1　外国人在留者数の推移（在留資格別）

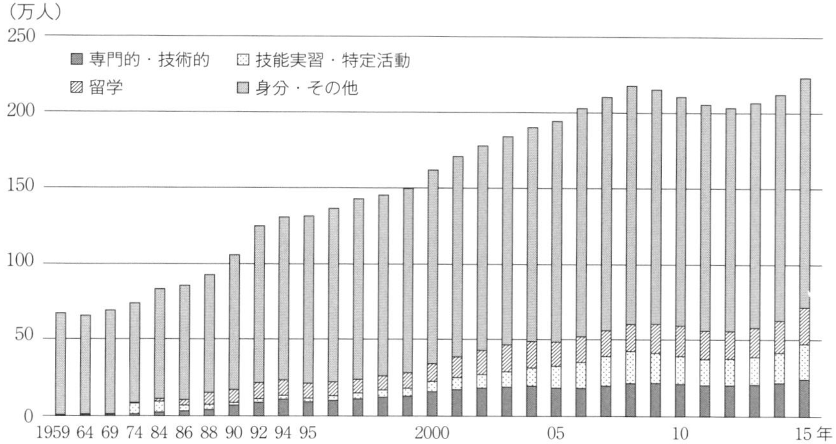

（出所）　法務省「在留外国人統計」。

在留者が 80% 以上を占めていたが，近年は，専門的・技術的外国人，技能実習生，留学生が増えているのがわかるだろう[9]。最近政府は，専門的・技術的在留資格を持つ高技能外国人の受け入れを積極的に推進しており，その数は徐々に増加しつつあるものの，対前年比で見た増加率は技能実習生や留学生の方が高い点には注意が必要だろう。

2.2　国勢調査

　国勢調査は 5 年に 1 度，総務省統計局が日本に居住するすべての人を対象に，

8　現在の在留資格「特定活動」には，「法務大臣が個々の外国人について特に指定する活動」として，「ワーキングホリデー」，「経済連携協定（EPA）に基づく外国人看護師・介護福祉士候補者」，「高度人材」，「家事使用人」等が含まれる。だが，在留資格「技能実習」が創設される 2009 年以前は，2 年目以降の技能実習生には，「特定活動」が付与されていた。当時の登録外国人統計では，「特定活動」従事者の活動内容の内訳は非公表だったが，新たに在留資格「技能実習」が設けられた直後，「特定活動」の在留資格者は大きく減少していた（13 万人→2 万人）。よって，2009 年以前の「特定活動」に従事する外国人の大半は技能実習生だったと推測され，「特定活動」在留者は，「技能実習」生と同グループに分類した。

9　ただし，専門的・技術的在留資格で就労する外国人は，一定期間の在留後，「永住者」に在留資格を変更する者が多い。

図 7-2　外国人・日本人の労働力状態（男女計）

(1)　外国人の労働力状態

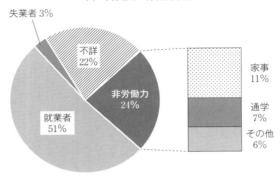

(2)　日本人の労働力状態

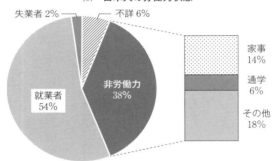

（出所）　総務省統計局「国勢調査」。

国内の世帯や人口の実態を明らかにする調査である。

　外国人も調査対象に含まれるので，年齢や性別といった個人属性のほか，配偶関係，労働力状態，仕事の種類や従業上の地位などの集計値が，国籍別に公表されている。ただし，外国人の在留資格に関する情報は採取されていない。

　図 7-2 は，2015 年調査で報告された外国人の労働力状態である。15 歳以上の総数に占める各状態の人数を割合で示し，比較のために日本人についても掲載した。就業率・失業率は，外国人と日本人の間に大きな差はない。だが，非労働力の内訳を見ると，外国人は，「家事」と「通学」を理由とした非労働力者が多く，日本人の非労働力者は，「その他」が多い。「その他」には引退した高齢者が多く含まれるので，非労働力者の内訳の相違は，外国人と日本人の年齢構成の差を反映している可能性が高い。また外国人の 22% は労働力状態が

「不詳」であり，日本人の6%とは大きな差がある。

2.3　外国人雇用状況報告

　厚生労働省は1993年から2007年までは，外国人の雇用状況について，従業員50人以上の全事業所と，地域の実情や行政の必要性に応じて管轄の公共職業安定所が選定した従業員49人以下の事業所に対して年1回の報告を求めていた[10]。2008年調査からは，すべての事業者に，外国人労働者（特別永住者等を除く）の雇い入れまたは離職の際に届け出を義務づけている[11]。各年10月末現在の提出状況を集計し，公表されるものが外国人雇用状況報告である。外国人雇用状況報告には，外国人「雇用者」の状況がわかる年次調査であること，雇用事業所の情報も含むという強みがある。

　2016年10月末現在の，雇用されている外国人労働者数は約108万人で，届出の義務化以来はじめて100万人を突破した。2014年以降は，毎年約10〜20%増加している（図7-3）。同年に外国人を雇用した事業所数は17.3万カ所で，これも過去最高である。厚生労働省は，この要因として，①留学生の日本企業への就職や高度外国人材受け入れの成果に伴う「専門的・技術的分野」の在留資格の外国人労働者数の増加，②留学生の増加に伴う「資格外活動」（アルバイト）の増加，③就労に制限のない身分に基づく在留資格の外国人労働者の増加をあげ，外国人労働者の性質が変化していることを示唆している。ただし，産業別の内訳を見ると，製造業が（依然最大ではあるものの）徐々に低下していることを除き，各産業のシェアは安定的に推移しており，必ずしも明確な傾向があるわけではない。

　さらにこの報告では，労働者派遣・請負事業を行っている事業所数も公表される。その事業所数は2016年では約1.6万カ所（事業所全体の9.5%）を数え，

10　旧外国人雇用状況報告の問題点は，佐野（1996, 2002），金・依光（2003）で言及されている。①従業員49人以下の事業所の選定は各自治体の裁量に任せられるため，中小事業所の外国人雇用の実態が正確に把握できない，②毎年の対象事業所が一定せず，公共職業安定所担当職員の業務量に比例して報告数が伸びる傾向がある，③任意調査という性格上，回収率は60%前後で毎年変動する，など未捕捉・未回答企業の問題が深刻であったとされている。

11　事業主については，事業所名および所在地，電話番号，雇用保険適用事業所番号を報告する。外国人雇用者に関する報告事項は，氏名，生年月日，性別，国籍，在留資格，在留期間，資格外活動許可の有無，雇い入れ年月日，離職年月日である。

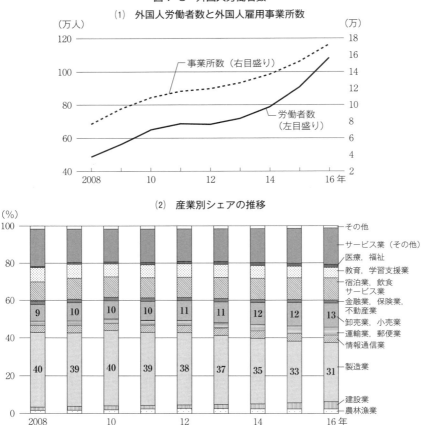

図 7-3　外国人労働者数

(1)　外国人労働者数と外国人雇用事業所数

(2)　産業別シェアの推移

(出所)　厚生労働省「外国人雇用状況報告」。

これらの事業所に雇用される外国人は約 23.8 万人（外国人労働者全体の 21.9%）
だった。このような間接雇用で働く外国人の割合は，「サービス業（他に分類さ
れないもの）」や「製造業（特に，電気機械器具製造業と輸送用機械器具製造業）」で
高い傾向がある。

　外国人雇用状況報告は，強制力のある行政データとして一定の役割を果たし
ているものの，利用・解釈する場合にはいくつか留意点があることも指摘せね
ばなるまい。第 1 に，同一人物（と思われる者）の複数事業所での登録（兼業サ
ンプル）が少なからず存在する[12]。使用者は，保険適用の有無によらず，外国

人の雇い入れと離職の際に在留資格や在留期間などをハローワークに届け出ることが義務づけられており，外国人雇用状況報告ではこの届出情報の集計値が報告される。このとき，2つ以上の事業所で働く外国人は，各事業所で雇用情報が登録されるため，政府が公表する外国人労働者の数値は「のべ人数」となる。筆者らの独自の集計によれば，2015年には，5.7万人（公表労働者数の6.8％）が，2つ以上の事業所で登録された兼業労働者と推測された。第2に，事業主が外国人従業員の在留資格や在留期間を正しく報告していない可能性がある点にも注意が必要だろう。おそらく，同一事業所に長期間雇用される外国人労働者が在留資格を変更したとしても，その情報がデータに反映されないケースがあるのだろう。また，報告義務のない特別永住者を外国人労働者として届け出ているケースも相応に存在する可能性も指摘しておこう。

2.4　3つの政府統計

　以上が継続的に実施されている外国人の状況を把握できる代表的な政府統計である。この3つの統計には，しかし，一長一短があり，各統計の特徴を把握したうえで，目的に応じた使い分けが必要である。

　たとえば，在留外国人統計と国勢調査で報告される在留外国人数には大きな開きがある。2015年の在留外国人統計では223.2万人，同年の国勢調査では175.2万人と約48万人の乖離がある。この差の一部は，両統計の調査時期や方法の相違によって説明される（石川 2005）。具体的には，①国勢調査は10月1日，在留外国人統計は12月末時点の数値のため，調査時期が3カ月異なること，②国勢調査は常住外国人数を捕捉するが，在留外国人統計には再入国許可を持つ一時帰国者も含まれること，③国勢調査には日本人か外国人かわからない「不詳」者が存在すること――などによって，在留外国人統計が国勢調査より，外国人数が大きくなっていると考えられる。また，国勢調査は2015年調査では27言語の調査票が用意されたが，調査の認知やオンラインでの多言語対応の不十分さなどを理由に，同調査の外国人回答率は日本人よりも低いと推測されている。

　労働者としての外国人の動態を見る場合には，国勢調査と外国人雇用状況報

12　厚生労働省に申請して許可された同報告データを，氏名，国籍，性別，生年月日で名寄せして再集計した結果明らかになったものである。

告が有用なはずだが，両調査の結果にもまた，違いが見られる。2015年の国勢調査の外国人就業者数は80.8万人だが，同年の外国人雇用状況報告の労働者数は90.8万人であった。この差は，2.2および2.3項で見たように，国勢調査では労働力状態が不詳の外国人が多いことや，外国人雇用状況報告では兼業者がダブルカウントされていることから生じていると思われる。

　以上のように，政府統計間には少なからずの齟齬があり，分析に用いる場合には相互比較によるチェックが欠かせない。また，政府統計がカバーできない部分を補おうと，多くの研究が，アンケートやインタビューによって，日本の外国人労働の実態を明らかにしようと試みてきたことも付言しておこう。外国人を雇用する企業や事業所については，政府や研究機関が不定期に実施する調査報告などが参考になる（たとえば労働政策研究・研修機構 2013；三菱UFJリサーチ＆コンサルティング 2016）。

2.5　日系人労働者

　さて，ここで日本の法体系で独特の「日系人」という概念をまとめておきたい。「日系人」とは，「日本国籍を有する永住者（原則として当該在留国より永住権を認められており，かつ重国籍を含めて日本国籍を有する者）及び日本国籍を有しないが日本人の血統をひく帰化一世，二世及び三世等」の総称として定義される（外務省領事局）。世界の日系人数は約350万人（2014年）と推定され，うち約180万人がブラジルなど中南米に住む（海外日系人協会）。そして，日本に在住する約25万人の日系人が，「在日日系人」（以下，「日系人」と呼称）である。

　日本に在留する日系人の第1の特徴は，労働力率の高さである。彼／彼女らは，「日本人の血統をひく」ことを理由に，「定住者」や「日本人の配偶者等」などの在留資格を付与され，就労職種に制限がない。そこで，この「特権」を活かすべく，1980年代後半以降，多くの日系人とその家族が就労目的で来日し，そのほとんどが製造業を中心に，専門的・技術的ではない単純労働の仕事に就いている。

　来日時，彼らの多くは出身国に基盤があると考え，日本での就労は，本国での生活の維持・向上のための手段としての「デカセギ」[13]であった（佐野 1996；梶田 1998）。つまり，日本への永住は希望せず，日本で数年働いて目標が達成され次第，本国に戻る意思を持つ者が多かった。しかし，技能実習職種が現在ほど多くなかった1990年代，製造業の単純労働職種で就労できる合法

的な外国人労働者として日系人への需要は高く，結果的に，多くの日系人が「永住者」となり日本への在留期間は伸びていった。

　また，日系人労働者の雇用形態は，1990 年代の中ごろまでは直接雇用が多かったが，やがて派遣や請負などの間接雇用が主流となった。2007 年からの金融危機（リーマン・ショック）時に，多くの日系人労働者が解雇された背景には，彼らの就労形態が間接雇用に集中していたことがある。2008 年以降，失業保険の給付終了後も仕事が見つからない者を中心に，多くの日系人が当面の再入国の予定なく帰国した[14]。だが，近年は日本の景気回復とブラジルの不況を背景に再び来日し，製造業などの職場で就労する者が増えつつある。外国人の出入国（フロー）に関する「出入国管理統計」（法務省）を見ても，2012 年以降は，入国者の超過が続いている[15]。

　以上が，政府統計を中心としたデータ群から観察される日本における外国人労働者の概況である。それでは，経済学はこうした移民・外国人労働者を，どのように研究対象としてきたのだろうか。節を改めて紹介しよう。

▌3　アメリカにおける外国人労働者に関する研究の論点

　移民研究の「本場」とされるアメリカでは，1965 年の移民法改正後の移民の質の変化が，移民研究，とくにデータを用いた研究が増える契機だったと認識されている。もっとも，アメリカは 1965 年以前から継続的に移民を受け入れており，この法改正が移民労働者に広く門戸を開く転換点となったわけではない。しかし，法改正時の割当制度の廃止によって，主だった移民の出身地域が，国内のマジョリティと同じヨーロッパ諸国から，当時マイノリティだった

13　「デカセギ」（decasségui）はブラジルの辞典にも所収されているポルトガル語であり，「あくまでも一時的に，ほとんどの場合労働力として，日本に働きに行く者」という意味で用いられる（イシ 2003）。農閑期に季節工として地方から都会に働きに出ることをいう「出稼ぎ」とは意味を異にする。

14　2009 年，厚生労働省は日系人離職者に対して帰国支援事業として帰国支援金を支給し，2010 年 3 月までに約 2 万人が当該事業を使って帰国した。

15　「入国者」は，新規入国者から短期滞在者を引いた者の数，「出国者」は，再入国許可を得ずに出国した者の数である。1980 年代後半から金融危機以前は，基調としては入国超過だったが，不況期（1993 年，1998 年，2001 年など）に出国超過となる年もあった。

ラテンアメリカやアジア諸国へと，大きく変化した。そして，新たに流入した移民は，地域生活や労働市場などさまざまな面での異質性を，先住のアメリカ人に意識させ，移民労働者への関心の高まりは，彼らがアメリカ人の生活や雇用に及ぼす影響の解明を求める社会的要請につながった。以降，低技能移民や不法移民の増加，世界の人材獲得競争を背景に，アメリカでは，移民問題への社会的関心は非常に高く，センサスや各種統計を利用したデータ分析が中心的役割を果たしつつ，実態調査と相補的に研究が深化してきた。

　移民研究の理論的基礎となったのは，まずは，基本的な需要供給モデルだった。移民の流入は労働供給の外生的な増加として解釈され，全体の余剰は増加するが，均衡における賃金水準は下落することが導かれる。しかしこのモデルは少々単純にすぎ，移民送出国と受入国の2国，低技能労働者と高技能労働者の2種類の労働者を想定するモデルに拡張された。そして，資本と技能との代替・補完関係を体現した生産関数などをもとに，どの種類の労働者がどちらの方向に移民し，結果として賃金水準がどのように変化するかなどが議論されるようになったわけである。

　ところが，労働経済学も含め移民を対象とする研究は，現実の移民の動きを受けて，移民が惹起した（と推測される）事象を説明するという，事実先行の順序で進むことが多かった。その1つの理由として，実際の移民政策や移民のインパクトは，経済モデルの予測と矛盾することも少なくないことがあげられるだろう。たとえば，Borjas（1999a）では，移民と自国民の技能格差が大きいほど，移民の受け入れ増加に起因する余剰も大きいという理論が提起される。しかし，相対的に高学歴者が多い先進国では，ほぼ例外なく低技能移民を制限し高技能移民を積極的に受け入れるという，彼の理論から導出される結果とは逆の政策を採用している。一般に，移民の自国民への雇用の影響は，モデルの仮定（移民と自国民の代替・補完の程度，市場の競争性の程度，高技能者と低技能者の労働市場での分断の程度）いかんでさまざまな効果のパターンが導出され，現実のデータから経済メカニズムを識別することが難しい。以上のような理由で，理論モデルから実証研究に直接示唆を得られる範囲は限定的であると考えられており，これまでの研究は，モデルの定式化や効果の予測を行うことなく，直接，誘導形の推定式から移民の効果を捉えようとする手法が中心となってきた（Pischke and Velling 1997）。

　こうした背景から，移民労働者に関する研究は，事実確認を重視した実証研

究が理論研究に先行した。そして，分析の対象（国籍，年代，年齢，教育，性別
など）を拡張した場合にも整合的な結果が得られるか，異なる統計分析手法を
用いても頑健な結果が得られるかという点に，研究の主眼が置かれてきた。す
なわち，理論モデルの構築とその検証という方向ではなく，特定の理論モデル
に依拠することなく，より頑健な推定方法を用いてデータに「虚心坦懐に語ら
せる」（市村 2010）方向で研究の蓄積が進んだ[16]。具体的には，センサスなどの
世帯調査を用いて，移民の雇用実態や政策変更のインパクトを分析する研究が
盛んに行われた。一方で，移民労働者を需要する側の事業所調査を使った研究
はいまだにそれほど多くない。

　以下，アメリカを中心に移民研究で取り上げられてきた論点を4つ——自国
民の賃金・雇用へのインパクト，移民労働者の同化の程度の測定，移民のセレ
クション，新たなトピック——にまとめ，文献を整理する[17]。

3.1　自国民の賃金・雇用へのインパクト

　「移民の労働供給の増加は，自国民の雇用や賃金にどのような影響を及ぼす
のか」——この論点は，移民と自国労働者の間の代替・補完の程度の測定とも
言い換えられ，影響を受ける主体の広さ，政策的関心等の理由から，移民研究
の中心であり続けている。1990 年代前半までの研究成果は，Borjas（1994a）
や Friedberg and Hunt（1995）が詳しいが，ここでは，分析手法の精緻化を軸
に，1990 年代後半以降の主要研究を展望したい。

(1)　地域アプローチ

　1990 年代前半までの移民は，ゲートシティと呼ばれるロサンゼルス等の大
都市に集中していたため，Grossman（1982），La Londe and Topel（1991）や
Altonji and Card（1991）などの研究では，地域（都市）間の移民比率の高低差
を利用して，移民のインパクトを識別する「地域アプローチ」が主流だった。
しかし，移民の賃金への効果に関する研究についてメタ分析を行った Longhi,
Nijkamp and Poot（2005）が述べるように，「地域アプローチ」の推定式の定

16　近年は，Borjas（2003）を端緒に，関数形（多くの場合 CES 型関数）を明示的に指
　　　定し，対象パラメーターの推定を試みるような研究も増えつつある。

17　アメリカを対象とした研究を中心に取り上げるが，ヨーロッパの移民研究は，Kerr
　　　and Kerr（2011）によるレビューが詳しい。

式化には，理論的裏づけはほとんどない。一方で，Card（1990）は，外生的な移民流入のショックを利用してパラメーターを識別しようと，1980年のマイアミへのキューバ人大量流入（いわゆるMariel Boatlift）前後のデータから，自国民の賃金と雇用へのインパクトを推定した。こうした自然実験に着目した研究も，移民の効果測定のスタンダードの1つとなっている[18]。

これらの研究では，移民の労働供給増加に伴う自国民の賃金や雇用への負の効果は，非常に小さいという結論で一致している。だが，自然実験などを用いた手法も，欠落変数バイアスや，短期での資本の一定を仮定する強い制約，推定式の理論的裏づけの欠如という「地域アプローチ」の問題点を根本的に解決するものではない。さらに，「地域アプローチ」は，自国民の移民集中都市からの移動や資本の調整の影響，すなわち移民の影響の他地域への拡散効果を考慮していないため，移民の効果を過小に推定している可能性が高い（Borjas, Freeman and Katz 1996）。

そのため，分析結果は一貫性を持ちつつも十分な信頼を得られず，2000年代には，資本を明示的にモデルに組み込むなど経済理論との整合性をより意識した実証研究が志向された。その代表が，Card（2001）とBorjas（2003）である。Card（2001）は，労働と資本を要素とする生産関数に基づくモデルを定式化し，移民の集中的な流入によって地域内で労働者シェアを高めたグループについて，賃金や雇用量の低下が観察されるか否かを検討した[19]。その結果，シェアが高まったグループの，自国民や先住移民の雇用比率や賃金に，ごくわずかな低下傾向を見出した。さらに，Card（2001）では，移民の流入に伴う自国民の転出行動の影響も分析している。そして，Borjas, Freeman and Katz（1996）の仮説に反し，アメリカの主要都市では，移民と自国民の移動パターンには弱い正の相関があることを確認した[20]。これは，「地域アプローチ」の

18　ほかの自然実験を利用した研究には，アルジェリア帰還兵のフランス労働市場へのインパクトを分析したHunt（1992）や，イスラエルへのロシア移民を分析したFriedberg（2001）などがある。

19　分析の単位は都市で，各都市の技能グループの労働力シェアの差異を利用して移民の効果を識別するので，この研究も「地域アプローチ」に分類される。

20　Wright, Ellis and Reibel（1997）やCard and DiNardo（2000）も同様の結論を得ている。しかし，Borjas（2006）は，移民の流入地域では自国民の転出が転入を上回ることで，地域労働市場の賃金の低下が緩和されていると主張する。

結果において，自国民の移動による過小推定の影響は深刻ではなかったことを
意味する。

(2)　要素比率アプローチ

Borjas（2003）は，資本が速やかに調整されない短期で，移民と自国民が代
替的なとき，理論上，移民の流入は，同技能の自国民の賃金を低下させるはず
と考え，集計された時系列モデルを用いた「要素比率アプローチ（factor pro-
portions approach）」を提起し，「地域アプローチ」と同様の結論が得られるか
を比較・検討した。このアプローチは，労働と資本を同時に考慮した生産関数
（nested CES 型関数）に拠って，移民と自国民の賃金や雇用の代替の弾力性を測
定するが，全国レベルのデータを用いることで，労働者の地域間移動に起因す
る問題を回避できる。分析の結果，10% の移民の労働供給の増加は，同程度
の技能の労働者の賃金を 3〜4% 下げるという比較的大きな負の効果を得た。

Borjas（2003）の「要素比率アプローチ」は移民の効果分析の一手法として
確立し，以後，この枠組みを発展させてモデル・推定方法を精緻化する研究に
つながる。Ottaviano and Peri（2005, 2012）は，技能や経験が同じでも，言語
レベルや訓練の質等の違いから自国民と移民は完全に代替的ではないと考え，
両者の異質性を Borjas（2003）のモデルに組み込んだ。そして，代替の弾力性
を計算し，移民による労働力供給の増加は，自国民の賃金にトータルで正の効
果をもたらすことを実証した。これに対し，Borjas, Grogger and Hanson
（2008）は，Ottaviano and Peri（2005, 2012）が用いたデータのサンプリングの
問題を指摘し，修正したデータセットで同様の推定を行った。そして，同一の
技能と経験を持つ自国民と移民の完全代替の仮定は棄却されないうえ，賃金へ
の正の効果もないことを確認した[21]。

一方で，Cortes（2008）など，自国民と移民の不完全代替を支持する実証研
究も増えている。とくに，Peri and Sparber（2009）では，建設業や清掃業等
の肉体労働部門で移民労働者が増加すると，同等技能を持つ自国民は，コミュ
ニケーション能力が要求される相対的に高賃金の職業に移行するため，移民の

---

[21]　この反証論文の批判を受けて，Ottaviano and Peri（2008）は，Borjas（2003）や
Ottaviano and Peri（2005, 2012）では考慮されなかった資本の調整の影響も含めて分析
した。その結果，同一技能と経験を持つ自国民と移民の不完全代替を再確認し，Borjas
（2003）や Borjas, Grogger and Hanson（2008）のようなアメリカ人賃金への強い負の
効果もなかったと主張する。

流入による自国民の賃金低下は抑制されることを明らかにした。そして，同技能（学歴）の自国民と移民は，同じ職業で競合しないことを理由に，両者の不完全代替を認めている。

このように，「要素比率アプローチ」では，移民の流入がアメリカ人全体の賃金や雇用に及ぼす影響について，Borjas（2003）や Borjas and Katz（2007）が強い負の効果を主張する一方で，Ottaviano and Peri（2008, 2012）などは負の効果はほとんどないと主張し，自国民と移民の代替の弾力性値に関するコンセンサスは得られていない。

(3)　ま　と　め

移民がアメリカ人の賃金や雇用に及ぼす影響をまとめると，Card（2001, 2005）などの「地域アプローチ」では，移民の労働供給増加はアメリカ人の賃金や雇用にほとんど影響がないことで一致し，Borjas（2003）や Ottaviano and Peri（2008）などの「要素比率アプローチ」では，効果の大小や方向は定まっていない。つまり，移民がアメリカ人の賃金や雇用に及ぼす「トータル」の効果にはコンセンサスがない。だが，新規の低技能移民の流入が，高技能自国民とは補完関係にあること，同等技能を持つ先住移民の雇用や賃金とは強い代替関係にあることなど，技能別に効果を捉える分析では，おおむね一貫した実証分析結果が得られている。

移民が自国民の賃金や雇用に及ぼす影響に関する分析は，移民政策に指針を与えうること，労働市場の異質性がアメリカと同じ結論を保証しないことから，諸外国での応用例も多い。ヨーロッパの移民の効果を比較分析した Angrist and Kugler（2003）は，賃金の硬直性や解雇法制の厳しさなど，各国固有の制度も自国民の雇用や賃金に影響を与えるという仮説を提起した。そして，アメリカよりも雇用の流動性が低いヨーロッパ諸国では，移民による自国民の雇用への負の効果がより強まる傾向を明らかにした。一方で，ドイツに関する，Pischke and Velling（1997）や D'Amuri, Ottaviano and Peri（2010），イギリスに関する，Dustmann, Fabbri and Preston（2005）や Manacorda, Manning and Wadsworth（2012）など，移民と自国民の代替について分析したほかの研究では，移民と自国民の代替の程度は小さいという結論を得ている。ヨーロッパ諸国の研究でも，移民が惹起する代替効果の大きさは，評価が定まっていない[22]。

Aydemir and Borjas（2011）は，移民のトータルの効果について結果が定まらない原因として，サンプリング・エラーの影響を主張する。すなわち，技能

や経験で分けた各分析単位（セル）のサンプル・サイズが十分でない場合，推定値は attenuation bias の影響を強く受けるという。また，Lewis（2011）は，設備投資や技術選択等の資本調整を考慮すると，移民のアメリカ人賃金への効果が小さくなることを確認している。さらに Peri（2012）も，移民の労働供給が TFP（全要素生産性）成長率を高め，移民と代替的な低技能アメリカ人の賃金の下方圧力を減殺する仮説を実証している。Lewis（2011）や Peri（2012）などの研究は，分析に資本の影響を明示的に組み込む必要性を含意する。

　国際貿易理論に依拠した分析も，近年，新たな発展の方向性を示している。たとえば，Borjas（2009）は，移民労働者が自国民の賃金や物価に及ぼす影響を，マーシャルの法則を応用した要素需要モデルを用いて説明し，Lewis（2003, 2004）は，標準的なヘクシャー＝オリーン定理では移民の労働供給増加に伴う地域の産業構造の変化（がなかったこと）を十分に説明できないことを確認している。また，Ottaviano, Peri and Wright（2013）は，移民とオフショアリングの効果を比較検討し，移民の増加は，アメリカ人の雇用を増やす一方で，海外外注先の雇用を減少させることを見出した研究である。

3.2　移民労働者の「同化」の測定

　移民の「同化（assimilation）」は，移民国の文化や価値観の受容，伝統への適応などさまざまな意味を持ちうる。労働経済学では，移民の相対賃金の経年変化，すなわち自国民との賃金差の経年的な解消・縮小として（狭義の）「同化」を定義し（La Londe and Topel 1997），出身国別，入国時期（コーホート）別に，移民の賃金水準の時系列の変化を自国民と比較することが多い。同化が進まず移民が低賃金層に滞留し続ければ，社会保障負担の増大など労働市場を越えた政策問題にも直結するため，移民の同化速度や程度の解明にも大きな関心が寄せられてきた。

　1970 年センサスを用いて移民の賃金上昇率をアメリカ国民と比較した Chiswick（1978）は，移民（白人男性）の賃金は，職業訓練や言語習得の結果，移住後 10～15 年でアメリカ人の水準に追いつき，その後アメリカ人の水準を上回

22　そのほか，Mishra（2007）はメキシコ，Ayçemir and Borjas（2007）はカナダ，メキシコ，アメリカについて，Borjas（2003）の手法を用いて，移民の効果を比較検討している。

ることを見出した。しかし，Borjas（1985）は，人種と入国時期のコーホート別に見ると，移民の賃金上昇率は Chiswick（1978）のクロスセクション・データを用いた推定値よりかなり低くなることを発見した。彼は，この理由として，1970年代以降の移民出身国の変化と，それに伴う移民の低学歴化，コーホートの質の低下を指摘している。これに続く Borjas（1994b, 1995a）では，移民の賃金水準は，移民後 20～30 年間かけて徐々に上昇するが，最終的にアメリカ人の水準には到達しないこと，Borjas（2000）では，移民時の賃金水準とその後の賃金上昇率には弱い正の相関があり，賃金水準の低い低技能移民の流入によって，移民とアメリカ人の賃金格差が拡大していることを明らかにした。

　2000 年代に入ると，同化の程度や速度について，先行研究の仮定の緩和や異なるデータの使用によって，より正確な測定を試みる研究が志向される。Borjas の一連の研究では，景気変動による影響は，移民とアメリカ人の間で差がないことが仮定されていた。これに対し，Bratsberg, Barth and Raaum（2006）は，移民の雇用が景気循環の影響をより強く受ける仮説を提起し，理論と実証の両面から景気循環の効果の非対称性を明らかにした。また，Lubotsky（2007）は，帰国移民や両国を行き来する移民の影響を考慮しなければ，移民の同化速度（賃金上昇率）が過大に推定されると主張する。さらに，移民自身の同化に加え，アメリカ国民となった移民 2 世の同化について，3 世以上のアメリカ国民と比較する研究も近年は増えている（Trejo 1997, 2003; Card, DiNardo and Estes 2000; Card 2005; Borjas and Katz 2007）。

　移民の同化が進展しない理由に関しては，集住によって英語力が高まらない結果としての，人的資本への負の効果を指摘する研究が多い（Borjas 1992, 1995a; Chiswick and Miller 2002; Lazear 2007）。また，Friedberg（2000）は，出身国と移民の教育を受けた場所（出身国か移民国か）によって移民後の人的資本の評価が異なる結果，移民の賃金プロファイルが多様となることを，イスラエルを事例に実証している。

　賃金水準以外の指標を用いた研究としては，労働力率の同化過程を見た Funkhouser（2000）があるほか，移民の教育や結婚，居住地選択などの観点から同化の程度を測定した研究も多い。また，Baker and Benjamin（1997）や Blau and Kahn（2007）は，移民労働者の就業や家庭内役割分担の男女差に着目した実証研究である。

3.3　移民のセレクション

　移民の「質」に関する議論も，重要な論点の1つである。「誰が移民するのか」という自己選択の問題は，上で見た2つの論点とも関連する。出身国から相対的に高技能者が移民することを「順選択」，相対的な低技能者の移民を「逆選択」と呼ぶが，余剰最大化のためには，順選択が望ましく（Borjas 1987），受入国の余剰はすべての移民が高技能者のときに最大となる（Borjas 1995b, 1999a）。

　実証研究では，送出国の残留者の平均属性と移民者の平均属性（所得や学歴）を比較するが，送出国のデータの制約から，実際の意思決定のパターンを確かめる実証分析は少ないうえ，結論も一貫しない[23]。

　注意が必要なのは，移民の帰国選択はランダムではないため，帰国移民や両国を行き来する移民の影響を正しく捉えなければ，移民の賃金への影響や同化速度は過大（小）評価となることである（Lubotsky 2007）。この問題を意識した帰国移民に関する研究としては，入国時の意思決定と帰国移民の意思決定を，理論と実証を関連づけて分析した Borjas and Bratsberg（1996）や，高技能移民の意思決定と定住傾向を所得最大化モデルから説明する Grogger and Hanson（2011），イギリスからの帰国移民を分析した Dustmann and Weiss（2007）などがある。

　そのほか，移民の移住行動や職業選択等が先住移民に規定される「ネットワーク効果」に着目し，同効果の測定を試みる研究も少なくない。ネットワークの定義に関する困難はあるが，Munshi（2003）では，メキシコ移民について，移民コミュニティへの包含によって，移民の就職確率や非農業部門での就業確率が有意に上昇することを実証している。また，Hanson（2007）は，過去と現在の移民比率の正の相関，すなわち移民の経路依存性を確認し，高移民比率地域出身者の順選択の可能性を認めている。

3.4　新たなトピック

　近年，上記の論点の範疇に包含されない新たな視点から，移民の影響を捉えようとする研究も増えつつある。

---

[23]　このテーマに関する代表的な研究としては，Chiquiar and Hanson（2005），Orrenius and Zavodny（2005），Ibarraran and Lubotsky（2007）などがある。

(1) 価格（物価や住宅価格）への影響

Borjas（2009）は，移民の流入に伴う賃金水準の低下と同時に，移民自身の消費による需要曲線のシフトが物価水準にも影響を及ぼすモデルを提案している。実証研究では，イスラエルの旧ソ連移民が消費者として物価に及ぼす影響を測定し，移民の需要が大きい消費財を中心に商品価格の下落を観察したLach（2007）や，アメリカについて，低技能移民の流入が大きいサービス部門で財価格の低下を見出したCortes（2008）などがある。

また，移民の流入が住宅価格に及ぼす影響については，Saiz（2003, 2007）やOttaviano and Peri（2005）が，移民集住都市での移民増加と住宅価格上昇の関係を確認している。ただし，Saiz and Wachter（2011）による地域区分を細分化した分析では，移民割合が大きく増えた地域ほど，住宅価値の増加が緩いことが観察された。これらの結果は，都市間では，移民と自国民の流入に正の相関があるが，都市内部では，移民と自国民の間で居住地が分離する実態を示している。そのほかの移民と居住地選択の関係を見た論文には，Borjas（1998），Cutler, Glaeser and Vigdor（2008）などがある。

(2) 高技能移民のイノベーションへの貢献

1990年代，それまで一貫して低下してきた入国直後のアメリカ移民の相対賃金が，一転上昇に転じた。しかし，この原因については，過去の低下理由とされた移民の出身国構成の変化などによっては説明できず，Jasso, Rosenzweig and Smith（2000）やBorjas and Friedberg（2009）は，入国資格審査時に技能を重視する制度変更が移民の質を変えた理由であると主張する。

アメリカは，1990年にIT分野の技術者に優先的に在留・就労を認めるH-1Bプログラムを開始した。以降，インドと中国を中心に大卒以上の高学歴移民の入国が増加し，1965年の移民法改正以来上昇してきた低技能移民シェアが減少に転じた。この政策に着目し，高技能移民がイノベーションに及ぼす影響について，特許申請・取得数などを代理変数として捉えようとする研究が2000年代以降増えている。たとえば，Kerr and Lincoln（2010）は，このプログラムがアメリカ国内のSEの雇用やイノベーションに及ぼした正の影響を，Hunt and Gauthier-Loiselle（2010）は，理工系分野の高学歴移民の増加が特許数と正の相関を持つことを見出している。一方で，Borjas（2005, 2009）は，博士号を取得した移民労働者の増加が，競合するアメリカ人の賃金水準を引き下げていることを実証している。

(3)　社会保障サービスや財政への影響

　移民の相対的な高失業率や低賃金の傾向が，社会保障関連支出の増大として財政負担を高めることへの懸念は，移民と社会保障サービス利用の関係を明らかにするような研究につながる。この分野は，社会保障負担の高いヨーロッパ諸国でも関心が高い。

　Borjas and Hilton（1996）と Borjas（1999b）は，アメリカでは移民の福祉プログラムの利用率が自国民よりも有意に高いことに加えて，エスニック・ネットワークが介在するサービス利用の経路依存性や，厚生水準の高い地域への移民の集住傾向を確かめている[24]。他国では，スウェーデンで，移民の福祉サービス利用率が自国民よりも高く（Hansen and Lofstrom 2003），カナダでは逆の結果が報告されている（Baker and Benjamin 1995）[25]。

　しかしながら，社会保障に関する研究は，Kerr and Kerr（2011）が指摘するように，移民の受給資格者と実際の受給者の特定・分離が困難なこと，帰国移民による影響の問題が避けられないことから，効果の正確な測定は非常に難しい。

　移民と財政の関係については，Storesletten（2000）が，40〜44歳の高技能移民を集中的に受け入れることで，アメリカの財政状況を増税なしに好転させられることを，カリブレーションによって示している。ほかにも，Auerbach and Oreopoulos（1999）は，移民の流入に伴う財政へのインパクトを世代会計の手法を用いて分析している。

　こうした社会保障や財政への移民のインパクトは，景気や移民の雇用状況（所得や失業）に規定される部分も大きく，今後は，労働市場の分析と並行して研究が進展すると予測される。

(4)　その他

　自国民の属性（教育や価値観）によって支持する移民政策の方向性が異なることについては，Scheve and Slaughter（2001）や Mayda（2006）が検討している。移民の旺盛な起業性向については，Borjas（1986）や Yuengert（1995），

---

[24]　Bertrand, Luttmer and Mullainathan（2000）も，アメリカについて，福祉サービスの利用と共同体ネットワークの強さとの間の正の相関を確認している。

[25]　ヨーロッパにおける移民の社会保障利用に関する研究のレビューは，Barrett and McCarthy（2008）。

Fairlie and Meyer (1996) による分析がある。移民の残留家族への送金の効果
は，Funkhouser (1995)，Amuedo-Dorantes and Pozo (2006)，Woodruff and
Zenteno (2007)，Dustmann and Mestres (2010) などが分析している。不法移
民の経済効果に関しては，Hanson (2006) によるレビューが参考になる。

4　日本における外国人労働者に関する研究の論点

4.1　事例・質問票調査を用いた研究

　2節で言及したデータの制約もあり，日本の外国人労働者が直面する問題は，
1990年代当初，主に事例や質問票を用いた研究によって明らかにされてきた。
たとえば，日系人労働者が徐々に直接雇用から間接雇用に移行したことや，間
接雇用の日系人労働者もさらに「低賃金」の外国人研修・技能実習生に置き換
えられた事実は，事例研究による発見である[26]。

　1990年代の代表的な質問票調査としては，まず稲上・桑原・国民金融公庫
総合研究所編 (1992) があげられよう。約8000の中小企業事業主に，バブル
経済下での人手不足への対応策としての外国人雇用について調査し，外国人労
働市場と事業所属性との関連を描いた同研究は，日本における外国人労働者研
究の初期の典型例といえる。桑原編 (2001) は，外国人労働者集中地域として
静岡県浜松市とアメリカ・サンディエゴ市を選び，外国人労働者と使用者双方
へのインタビュー結果をまとめた，国際比較研究である。送出国と受入国を同
時に考察対象とする研究は，実証経済学ではデータの制約から緒についたばか
りだが，事例研究では古くから重視されてきた方法なのである。このように，
日本における質問票調査を用いた事例研究では，長らく外国人労働者の実態把
握が課題に据えられてきた。

　2000年代は研究の視角が広がり，外国人が自国民に与える影響などが調査
者の関心にのぼるようになった。具体例としては，雇用開発センター (2004)
やUFJ総合研究所 (2005) を指摘しておきたい。前者は，日系人集中地域の製
造業メーカーを対象に実施した比較的小規模な調査で，後者は全国2万件余の
製造業事業所に対する大規模調査である。

　研究対象別に見ると，とくに1990年代から2000年代の事例研究は，小内・

26　事例研究などをまとめたものとしては渡辺 (2009) がある。

酒井編（2001）や梶田・丹野・樋口（2005）など，日系人に関する研究が多数を占めた。日系人以外で，とくに2000年代以降に注目を集めた集団としては，高度人材や技能実習生，留学生がある。このうち留学生についての研究は緒についたばかりだが，高度人材や技能実習生については徐々に研究が蓄積されている。たとえば，前者については村上（2015），後者については上林（2015）や橋本（2015）がある。

4.2　定量的手法を用いた研究

　データを用いた定量分析は，1990年代半ばごろから散発的ではあるが行われるようになった[27]。大竹・大日（1993）および三谷（1997）は，外国人と日本人の代替・補完関係を調べた研究である。前者は小規模調査票調査によるが，後者は政府統計の集計データを用いて，とくに非正規雇用と外国人労働者との関係について統計的検証を重ねている。さらに西岡（2004）では，技能実習生に焦点を絞って，日本人労働者との代替・補完関係を検証している[28]。

　これらの研究の結論は，用いる調査や対象とした時期・業種によってさまざまで，一定しない。その一端には，個別事業所でのパネル・データが不足するだけではなく，労働需要そのものを制御する変数に欠けるというデータ構築上の問題がある。たとえば，中村ほか（2009）3章では，厚生労働省「賃金構造基本統計調査」と「外国人雇用状況報告」を事業所レベルで接合し，初任給・新規学卒採用者と外国人雇用に正の相関があることを報告しているが，日本人労働者と外国人労働者が補完関係にあるというよりも潜在的労働需要の制御が難しいという解釈が捨てきれないと説明している[29]。また，橋本（2009）は，日本で発行されたポルトガル語求人広告というユニークな材料を用いて，日系ブラジル人への求人の景気動向への反応を，日本人と比較検証し，前者が後者

27　標準的な実証経済学の枠組みを用いた研究の概要をまとめたものとしては，最初期の樋口（1988）や，中村（2011），町北（2015）を参照されたい。

28　技能実習生について，志甫（2012）は，都道府県パネル・データを用いて景気動向との相関関係を検証し，景気低迷期に技能実習生の受け入れが進むことを明らかにした。

29　2節で紹介したように，外国人雇用状況報告は雇用保険台帳を，賃金構造基本統計調査は事業所・企業統計調査（現経済センサス）を母集団としており，事業所レベルで接合するためには，名簿までさかのぼり電話番号や事業所名などテキストで接合するしかない。詳細は中村ほか（2009）2章を参照のこと。

よりも先行することを示している。

　日本における外国人の同化に関する研究で比較的重視されてきたのは，労働環境やキャリアを外国人労働者と日本人労働者とで比較し，同化の進展を検証する論点である。勇上（1999）は，小規模ながら定住外国人労働者に関する個票データを用いた点が特徴的で，在日韓国・朝鮮人の賃金水準などに関して一定の経済的同化を認めている。ただし，同民族が多数を占める企業に就業した場合には，教育の収益が認められないなど就職時の差別も示唆しており，一貫する論理は見出されていない。この論点については，社会学などを参照理論とした研究もある。Takenoshita（2006）や是川（2015），Holbrow and Nagayoshi（2016）などでは，とくに日系ブラジル人に関して，経済的同化に懐疑的な結論が導出されている。一連の研究を見る限り，日本でも諸外国と同様，分析対象とする民族や就業地・産業などによって，同化の速度や程度が異なる可能性が高い。

　同化メカニズムが民族間で異なる理由としては，居住時選択時のエスニック・ネットワークの存在が指摘される。たとえば是川（2008）は，国勢調査と在留外国人統計の市町村別国籍別集計値を利用した分析で，外国人の居住地選択に正のネットワーク効果があることを主張し，事例研究の指摘を統計的に確認している。ただし，中村ほか（2009）5章では，同じ国勢調査の人口移動データを吟味して，日本人が外国人増加地域から流出していた事実を発見し，外国人の居住地選択と自国民の居住地移動が並存していたと結論づけている。これらの研究は，日本ではアメリカとは異なって，外国人の流入は同地域の自国民の労働供給行動に無視できない影響があることを含意し，分析にあたっての注意深い実証戦略の要請へとつながる。

　また，外国人の同化メカニズムは，社会保障の文脈で議論されることも多い。外国人の経済的同化が進まない場合には，異質であり続ける外国人コミュニティが社会保障財政になんらかの影響を及ぼすと考えられるからである。実際に，外国人労働者の受け入れに伴う社会的費用の計測は，1990年の入管法改正時からの関心事であり，労働省職業安定局（1992）を皮切りに，中村（1993）や日本総合研究所（2011）など，折に触れて試みられてきた。社会的費用としてとくに懸念されるのは，年金財政への影響で，たとえば石井・是川・武藤（2013）は，マクロ・モデルのシミュレーションによって外国人労働者の年金財政への貢献を推測している。しかし，得られた結果はやはり，物価スライド

の有無といった年金給付のあり方や，外国人労働者の送金・家族呼び寄せ志向
などに依存するもので，ただ 1 つの明快な示唆は得がたいことがわかった。

　外国人労働者の受け入れに伴う社会的費用や厚生の計測については，国際貿
易論からの議論も付言しておきたい。移動した外国人労働者の福祉水準を想定
するためには，移民がなかった場合に起こりうる逆向きの資本移動も考慮し，
当該労働者が移民しなかった場合の福祉水準を参照する必要がある。このよう
な外国人労働者を受け入れない場合の反実仮想の想定には，国際貿易・資本移
動の観点が欠かせないとされ，後藤（1990），中馬（1993），大橋（1995），Sasa-
ki（2007）などの理論研究の成果が発表されている。送出国と受入国の両国に
わたるデータが必要なことから実証研究が進んでいるとはいいがたいが，貿易
モデルに基づく理論的予測は蓄積されている。

5　おわりに

　本章では，まず，日本の外国人の現状について，3 つの代表的な政府統計か
らわかる，在留資格や就業状況，近年の雇用労働者の増加傾向について，各統
計の特徴とともに紹介した。そして，アメリカでの成果を中心に，移民労働者
についてどのような研究が行われ，何が明らかにされてきたかを見た。そのう
えで，これまでの日本の外国人労働者に関する研究を概観した。

　日本での外国人労働者に関する研究は，長らく，ほかの特定属性の労働者
（女性や若年など）を対象とした研究と比べて，質量ともに十分とはいえない状
況だった。だが，2000 年代後半以降，労働力人口の減少を背景に，外国人労
働者への関心は再び高まっている。現在日本は，出生率の低下や高齢化の進展
で減少する労働力を補充する目的での移民（replacement migration）は受け入れ
ていない。しかし，世界で獲得競争が激しい高度人材や短期的に不足する技能
労働者を充足するために，高度専門職や IT 人材への出入国管理上の優遇，留
学生の日本での就職支援，新たな在留資格の創設（介護），技能実習制度の拡
大などの施策が推進され，労働者数は地域や職種を問わず，着実に増加してい
る。こうした外国人就業の急速な拡大を受けて，本章で紹介したような諸外国
の研究成果を参照しつつ，日本の固有事情も考慮した，外国人労働者の実態を
より明らかにするような研究の進展が期待される。

　対象への関心の広がりとともに，データに基づいた分析の必要性も共有され

るようになってきた。だが，依然，既存の公表データでは行えない研究も多い
ほか，そもそも大半の政府統計には外国人を識別できる調査項目がないため，
たとえば，移民研究の重要テーマである自国民と移民との賃金格差の測定や同
化の進展を見るような研究は，非常に難しい。近い将来に，賃金構造基本統計
調査や民間給与所得実態統計調査などの基幹統計に，外国人を識別できるよう
な設問が追加されれば，日本の外国人労働者や，彼らを雇用する産業，企業に
ついて明らかにできる範囲もいっそう広がるであろう。

◆読者のための文献／学習ガイド

中村二朗・内藤久裕・神林龍・川口大司・町北朋洋（2009）『日本の外国人労働力──経
　済学からの検証』日本経済新聞出版社。
Borjas, G. J. (1999a) "The Economic Analysis of Immigration," in Ashenfelter, O. and
　Card, D. eds., *Handbook of Labor Economics*, Vol. 3A: 1697-1760, North Holland.
Card, D. (2009) "Immigration and Inequality," *American Economic Review*, 99(2): 1-21.

◆参考文献

明石純一（2010）『入国管理政策──「1990年体制」の成立と展開』ナカニシヤ出版。
イシ・アンジェロ（2003）「『ポスト・デカセギ時代』の日系ブラジル人による国際戦略の
　挑戦──日伯を横断する芸能人と企業の事例を中心に」岩崎信彦ほか編『海外における
　日本人，日本のなかの外国人──グローバルな移民流動とエスノスケープ』昭和堂，所収。
石井太・是川夕・武藤憲真（2013）「外国人受入れが将来人口を通じて社会保障に及ぼす
　影響に関する人口学的研究」『人口問題研究』69巻4号：65-85。
石川義孝（2005）「外国人関係の2統計の比較」『人口学研究』37号。
市村英彦（2010）「ミクロ実証分析の進展と今後の展望」，日本経済学会編『日本経済学会
　75年史──回顧と展望』有斐閣，所収。
稲上毅・桑原靖夫・国民金融公庫総合研究所編（1992）『外国人労働者を戦力化する中小
　企業』中小企業リサーチセンター。
岩村登志夫（1972）『在日朝鮮人と日本労働者階級』校倉書房。
大竹文雄・大日康史（1993）「外国人労働者と日本人労働者との代替・補完関係」『日本労
　働研究雑誌』407号：2-9。
大橋勇雄（1995）「労働市場の構造と外国人労働者の流入」，猪木武徳・樋口美雄編『日本
　の雇用システムと労働市場』日本経済新聞社。
小熊英二・姜尚中（2008）『在日一世の記憶』集英社。
小内透・酒井恵真編（2001）『日系ブラジル人の定住化と地域社会──群馬県太田・大泉
　地区を事例として』御茶の水書房。
梶田孝道（1998）「凝縮された移住サイクル──日系人にみる『デカセギ』の変容」『比較
　文明』14号：51-65。
梶田孝道・丹野清人・樋口直人（2005）『顔の見えない定住化──日系ブラジル人と国

　　家・市場・移民ネットワーク』名古屋大学出版会。

上林千恵子（2015）『外国人労働者受け入れと日本社会——技能実習制度の展開とジレンマ』東京大学出版会。

姜在彦・金東勲（1989）『在日韓国・朝鮮人——歴史と展望』労働経済社。

金昇謙・依光正哲（2003）「外国人の就労にかかわる業務請負企業の研究」世代間問題研究プロジェクト　ディスカッション・ペーパー，No. 185。

桑原靖夫編（2001）『グローバル時代の外国人労働者』東洋経済新報社。

後藤純一（1990）『外国人労働の経済学——国際貿易論からのアプローチ』東洋経済新報社。

雇用開発センター（2004）『製造業における外国人労働者の活用実態と地域労働市場への影響について——日系人の活用実態に関する調査報告書』。

是川夕（2008）「外国人の居住地選択におけるエスニック・ネットワークの役割——国勢調査データを用いた人口移動理論からの分析」『社会学評論』59 巻 3 号：495-513。

是川夕（2015）「外国人労働者の流入による日本の労働市場の変容——外国人労働者の経済的達成の特徴，及びその決定要因の観点から」『人口問題研究』71 巻 2 号：122-140。

在日高麗労働者連盟（1992）『在日朝鮮人の就労実態調査——大阪を中心に』新幹社。

佐野哲（1996）『ワーカーの国際還流——日系ブラジル人労働需給システム』日本労働研究機構。

佐野哲（2002）「外国人労働者の雇用に関するパネルデータの分析」世代間問題研究プロジェクト　ディスカッション・ペーパー，No. 94。

志甫啓（2012）「外国人研修生・技能実習生の受入れが有する若年人口補充の役割及び景気感応性」『移民政策研究』4 巻：41-60。

中馬宏之（1993）「外国人労働者の流入制限と資本移動」『経済社会の国際化と労働問題に関する研究——理論編』日本労働研究機構調査研究報告書，No. 49。

戸塚秀夫（1977）「日本帝国主義の崩壊と『移入朝鮮人』労働者——石炭産業における一事例研究」隅谷三喜男編『日本労使関係史論』東京大学出版会，所収。

内閣官房インドシナ難民対策連絡調整会議事務局（1997）『インドシナ難民の定住の現状と定住促進に関する今後の課題』。

中村二朗（1993）「国際間労働移動に伴うマクロ経済的影響」『経済社会の国際化と労働問題に関する研究——理論編』日本労働研究機構調査研究報告書，No. 49。

中村二朗（2011）「外国人労働者の受け入れと労働市場」三谷直紀編『労働供給の経済学』ミネルヴァ書房，所収。

中村二朗・内藤久裕・神林龍・川口大司・町北朋洋（2009）『日本の外国人労働力——経済学からの検証』日本経済新聞出版社。

西岡由美（2004）「技能実習生の活用実態と日本人社員との代替関係について」『日本労働研究雑誌』531 号：26-34。

日本総合研究所（2011）『高度人材受入れの経済的効果及び外国人の社会生活環境に関する調査報告書』。

橋本由紀（2009）「日本におけるブラジル人労働者の賃金と雇用の安定に関する考察——ポルトガル語求人データによる分析」『日本労働研究雑誌』584 号：54-72。

橋本由紀（2015）「技能実習制度の見直しとその課題——農業と建設業を事例として」『日本労働研究雑誌』662 号：76-87。

原尻英樹（1989）『在日朝鮮人の生活世界』弘文堂。

樋口美雄（1988）「外国人労働者問題の経済学的側面——国内雇用への影響」『日本労働協会雑誌』30 巻 8 号：14-23。

朴在一（1957）『在日朝鮮人に関する綜合調査研究』新紀元社出版部。

町北朋洋（2015）「日本の外国人労働力の実態把握——労働供給・需要面からの整理」『日本労働研究雑誌』662 号：5-26。

三谷直紀（1997）「外国人労働者と国内労働者の代替・補完関係」『企業内賃金構造と労働市場』勁草書房，所収。

三菱 UFJ リサーチ＆コンサルティング（2016）『外国人労働者の受入れに関する実態調査事業報告書』。

村上由紀子（2015）『人材の国際移動とイノベーション』NTT 出版。

UFJ 総合研究所（2005）『製造業における外国人労働者の活用の実態と日本人労働者の雇用・賃金への影響に関する調査（定性分析編）』。

勇上和史（1999）「日本の労働市場における移民の差別と同化——定住外国人労働者の賃金構造」『日本労働研究雑誌』473 号：78-89。

労働省職業安定局（1992）『外国人労働者受入れの現状と社会的費用』。

労働政策研究・研修機構（2013）『企業における高度外国人材の受入れと活用に関する調査』JILPT 調査シリーズ，No. 110。

渡辺博顕（2009）「外国人労働者増加の要因とその帰結——もう 1 つの格差社会」黒田兼一・守屋貴司・今村寛治編著『人間らしい「働き方」・「働かせ方」』ミネルヴァ書房。

Altonji, J. G. and Card, D. (1991) "The Effects of Immigration on the Labor Market Outcomes of Less-Skilled Natives," in Abowd, J. M. and Freeman, R. B. eds., *Immigration, Trade and the Labor Market*, 201-234, University of Chicago Press.

Amuedo-Dorantes, C. and Pozo, S. (2006) "Migration, Remittances, and Male and Female Employment Patterns," *American Economic Review*, 96(2): 222-226.

Angrist, J. D. and Kugler, A. D. (2003) "Protective or Counter-Productive? Labour Market Institutions and the Effect of Immigration on EU Natives," *Economic Journal*, 113 (488): F302-F331.

Auerbach, A. J. and Oreopoulos, P. (1999) "Analyzing the Fiscal Impact of U. S. Immigration," *American Economic Review*, 89(2): 176-180.

Aydemir, A. and Borjas, G. J. (2007) "Cross-Country Variation in the Impact of International Migration: Canada, Mexico, and the United States," *Journal of the European Economic Association*, 5(4): 663-708.

Aydemir, A. and Borjas, G. J. (2011) "Attenuation Bias in Measuring the Wage Impact of Immigration," *Journal of Labor Economics*, 29(1): 69-112.

Baker, M. and Benjamin, D. (1995) "The Receipt of Transfer Payments by Immigrants to Canada," *Journal of Human Resources*, 30(4): 650-676.

Baker, M. and Benjamin, D. (1997) "The Role of the Family in Immigrants' Labor-Market Activity: An Evaluation of Alternative Explanations," *American Economic Review*, 87(4): 705-727.

Barrett, A. and McCarthy, Y. (2008) "Immigrants and Welfare Programmes: Exploring the Interactions between Immigrant Characteristics, Immigrant Welfare Dependence, and Welfare Policy," *Oxford Review of Economic Policy*, 24(3): 543-560.

Bertrand, M., Luttmer, E. F. P., and Mullainathan, S.（2000）"Network Effects and Welfare Cultures," *Quarterly Journal of Economics*, 115（3）: 1019-1055.

Blau, F. D. and Kahn, L. M.（2007）"Gender and Assimilation among Mexican Americans," in Borjas, G. J. ed., *Mexican Immigration to the United States*, 57-106, University of Chicago Press.

Borjas, G. J.（1985）"Assimilation, Changes in Cohort Quality, and the Earnings of Immigrants," *Journal of Labor Economics*, 3（4）: 463-489.

Borjas, G. J.（1986）"The Self-Employment Experience of Immigrants," *Journal of Human Resources*, 21（4）: 485-506.

Borjas, G. J.（1987）"Self-Selection and the Earnings of Immigrants," *American Economic Review*, 77（4）: 531-553.

Borjas, G. J.（1992）"Ethnic Capital and Intergenerational Mobility," *Quarterly Journal of Economics*, 107（1）: 123-50.

Borjas, G. J.（1994a）"The Economics of Immigration," *Journal of Economic Literature*, 32（4）: 1667-1717.

Borjas, G. J.（1994b）"Long-Run Convergence of Ethnic Skill Differentials: The Children and Grandchildren of the Great Migration," *Industrial and Labor Relations Review*, 47（4）: 553-573.

Borjas, G. J.（1995a）"Ethnicity, Neighborhoods, and Human-Capital Externalities," *American Economic Review*, 85（3）: 365-390.

Borjas, G. J.（1995b）"The Economic Benefits from Immigration," *Journal of Economic Perspectives*, 9（2）: 3-22.

Borjas, G. J.（1998）"To Ghetto or Not to Ghetto: Ethnicity and Residential Segregation," *Journal of Urban Economics*, 44（2）: 228-253.

Borjas, G. J.（1999a）"The Economic Analysis of Immigration," in Ashenfelter, O. and Card, D. eds., *Handbook of Labor Economics*, Vol. 3A: 1697-1760, North Holland.

Borjas, G. J.（1999b）"Immigration and Welfare Magnets," *Journal of Labor Economics*, 17（4）: 607-637.

Borjas, G. J.（2000）"The Economic Progress of Immigrants," in Borjas, G. J. ed., *Issues in the Economics of Immigration*, 15-49, University of Chicago Press.

Borjas, G. J.（2003）"The Labor Demand Curve Is Downward Sloping: Reexamining the Impact of Immigration on the Labor Market," *Quarterly Journal of Economics*, 118（4）: 1335-1374.

Borjas, G. J.（2005）"The Labor-Market Impact of High-Skill Immigration," *American Economic Review*, 95（2）: 56-60.

Borjas, G. J.（2006）"Native Internal Migration and the Labor Market Impact of Immigration," *Journal of Human Resources*, 41（2）: 221-258.

Borjas, G. J.（2009）"Immigration in High-Skill Labor Markets: The Impact of Foreign Students on the Earnings of Doctorates," in Freeman, R. B. and Goroff, D. L. eds., *Science and Engineering Careers in the United States: An Analysis of Markets and Employment*, 131-161, University of Chicago Press.

Borjas, G. J.（2013）"The Analytics of the Wage Effect of Immigration," *IZA Journal of*

Migration, 2(1): 1-25.

Borjas, G. J. and Bratsberg, B. (1996) "Who Leaves? The Outmigration of the Foreign-Born," *Review of Economics and Statistics*, 78(1): 165-176.

Borjas, G. J., Freeman, R. B., and Katz, L. F. (1996) "Searching for the Effect of Immigration on the Labor Market," *American Economic Review*, 86(2): 246-251.

Borjas, G. J., Freeman, R. B., and Katz, L. F. (1997) "How Much Do Immigration and Trade Affect Labor Market Outcomes?" *Brookings Papers on Economic Activity*, 1997 (1): 1-90.

Borjas, G. J. and Friedberg, R. M. (2009) "Recent Trends in the Earnings of New Immigrants to the United States," NBER Working Paper Series, No. 15406.

Borjas, G. J., Grogger, J., and Hanson, G. H. (2008) "Imperfect Substitution between Immigrants and Natives: A Reappraisal," NBER Working Paper Series, No. 13887.

Borjas, G. J. and Hilton, L. (1996) "Immigration and the Welfare State: Immigrant Participation in Means-Tested Entitlement Programs," *Quarterly Journal of Economics*, 111 (2): 575-604.

Borjas, G. J. and Katz, L. F. (2007) "The Evolution of the Mexican-Born Workforce in the United States," in Borjas, G. J. ed., *Mexican Immigration to the United States*, 13-56, University of Chicago Press.

Bratsberg, B., Barth, E., and Raaum, O. (2006) "Local Unemployment and the Relative Wages of Immigrants: Evidence from the Current Population Surveys," *Review of Economics and Statistics*, 88(2): 243-63.

Card, D. (1990) "The Impact of the Mariel Boatlift on the Miami Labor Market," *Industrial and Labor Relations Review*, 43(2): 245-257.

Card, D. (2001) "Immigrant Inflows, Native Outflows, and the Local Labor Market Impacts of Higher Immigration," *Journal of Labor Economics*, 19(1): 22-64.

Card, D. (2005) "Is the New Immigration Really So Bad?" *Economic Journal*, 115(507): F300-F323.

Card, D. and DiNardo, J. (2000) "Do Immigrant Inflows Lead to Native Outflows?" *American Economic Review*, 90(2): 360-367.

Card, D., DiNardo, J., and Estes, E. (2000) "The More Things Change: Immigrants and the Children of Immigrants in the 1940s, the 1970s, and the 1990s," in Borjas, G. J. ed., *Issues in the Economics of Immigration*, 227-270, University of Chicago Press.

Chiquiar, D. and Hanson, G. H. (2005) "International Migration, Self-selection, and the Distribution of Wages: Evidence from Mexico and the United States," *Journal of Political Economy*, 113(2): 239-281.

Chiswick, B. R. (1978) "The Effect of Americanization on the Earnings of Foreign-Born Men," *Journal of Political Economy*, 86(5): 897-921.

Chiswick, B. R. and Miller, P. W. (2002) "Immigrant Earnings: Language Skills, Linguistic Concentrations and the Business Cycle," *Journal of Population Economics*, 15(1): 31-57.

Cortes, P. (2008) "The Effect of Low-Skilled Immigration on U. S. Prices: Evidence from CPI Data," *Journal of Political Economy*, 116(3): 381-422.

Cutler, D. M., Glaeser, E. L., and Vigdor, J. L. (2008) "Is the Melting Pot Still Hot? Explaining the Resurgence of Immigrant Segregation," *Review of Economics and Statistics*, 90(3): 478-497.

D'Amuri, F., Ottaviano, G. I. P., and Peri, G. (2010) "The Labor Market Impact of Immigration in Western Germany in the 1990s," *European Economic Review*, 54(4): 550-570.

Dustmann, C., Fabbri F., and Preston, I. (2005) "The Impact of Immigration on the British Labour Market," *Economic Journal*, 115(507): F324-F341.

Dustmann, C. and Mestres, J. (2010) "Remittances and Temporary Migration," *Journal of Development Economics*, 92(1): 62-70.

Dustmann, C. and Weiss, Y. (2007) "Return Migration: Theory and Empirical Evidence from the UK," *British Journal of Industrial Relations*, 45(2): 236-256.

Fairlie, R. W. and Meyer, B. D. (1996) "Ethnic and Racial Self-Employment Differences and Possible Explanations," *The Journal of Human Resources*, 31(4): 757-793.

Friedberg, R. M. (2000) "You Can't Take It with You? Immigrant Assimilation and the Portability of Human Capital," *Journal of Labor Economics*, 18(2): 221-51.

Friedberg, R. M. (2001) "The Impact of Mass Migration on the Israeli Labor Market," *Quarterly Journal of Economics*, 116(4): 1373-1408.

Friedberg, R. M. and Hunt, J. (1995) "The Impact of Immigrants on Host Country Wages, Employment and Growth," *Journal of Economic Perspectives*, 9(2): 23-44.

Funkhouser, E. (1995) "Remittances from International Migration: A Comparison of El Salvador and Nicaragua," *Review of Economics and Statistics*, 77(1): 137-146.

Funkhouser, E. (2000) "Convergence in Employment Rates of Immigrants," in Borjas, G. J. ed., *Issues in the Economics of Immigration*, 143-184, University of Chicago Press.

Grogger, J. and Hanson, G. H. (2011) "Income Maximization and the Selection and Sorting of International Migrants," *Journal of Development Economics*, 95(1): 42-57.

Grossman, J. B. (1982) "The Substitutability of Natives and Immigrants in Production," *Review of Economics and Statistics*, 64(4): 596-603.

Hansen, J. and Lofstrom, M. (2003) "Immigrant Assimilation and Welfare Participation: Do Immigrants Assimilate into or out of Welfare?" *Journal of Human Resources*, 38(1): 74-98.

Hanson, G. H. (2006) "Illegal Migration from Mexico to the United States," *Journal of Economic Literature*, 44(4): 869-924.

Hanson, G. H. (2007) "Emigration, Labor Supply, and Earnings in Mexico," in Borjas, G. J. ed., *Mexican Immigration to the United States*, 289-328, University of Chicago Press.

Holbrow, H. J. and Nagayoshi, K. (2016) "Economic Integration of Skilled Migrants in Japan: The Role of Employment Practices," *International Migration Review*.

Hunt, J. (1992) "The Impact of the 1962 Repatriates from Algeria on the French Labor Market," *Industrial and Labor Relations Review*, 45(3): 556-572.

Hunt, J. and Gauthier-Loiselle, M. (2010) "How Much Does Immigration Boost Innovation?" *American Economic Journal: Macroeconomics*, 2(2): 31-56.

Ibarraran, P. and Lubotsky, D. (2007) "Mexican Immigration and Self-Selection: New Evidence from the 2000 Mexican Census," in Borjas, G. J. ed., *Mexican Immigration to the*

United States, 159-192.

Jasso, G., Rosenzweig, M. R., and Smith, J. P.（2000）"The Changing Skill of New Immigrants to the United States: Recent Trends and their Determinants," in Borjas, G. J. ed., *Issues in the Economics of Immigration*, 185-226, University of Chicago Press.

Kerr, S. P. and Kerr, W. R.（2011）"Economic Impacts of Immigration: A Survey," *Finnish Economic Papers*, 24(1): 1-32.

Kerr, W. R. and Lincoln, W. F.（2010）"The Supply Side of Innovation: H-1B Visa Reforms and U. S. Ethnic Invention," *Journal of Labor Economics*, 28(3): 473-508.

Lach, S.（2007）"Immigration and Prices," *Journal of Political Economy*, 115(4): 548-587.

La Londe, R. J. and Topel, R. H.（1991）"Labor Market Adjustments to Increased Immigration," in Abowd, J. M. and Freeman, R. B. eds., *Immigration, Trade and the Labor Market*, 167-200, University of Chicago Press.

La Londe, R. J. and Topel, R. H.（1997）"Economic Impact of International Migration and the Economic Performance of Migrants," in Rosenzweig, M. R. and Stark, O. eds., *Handbook of Population and Family Economics*, Vol. 1B: 799-850, North Holland.

Lazear, E. P.（2007）"Mexican Assimilation in the United States," in Borjas, G. J. ed., *Mexican Immigration to the United States*, 107-121, University of Chicago Press.

Lewis, E.（2003）"Local Open Economies within the U. S.: How Do Industries Respond to Immigration?" FRB of Philadelphia Working Paper, No. 04-1.

Lewis, E.（2004）"How Did the Miami Labor Market Absorb the Mariel Immigrants?" FRB of Philadelphia Working Papers, No. 04-3.

Lewis, E.（2011）"Immigration, Skill Mix, and Capital Skill Complementarity," *Quarterly Journal of Economics*, 126(2): 1029-1069.

Longhi, S., Nijkamp, P., and Poot, J.（2005）"A Meta-Analytic Assessment of the Effect of Immigration on Wages," *Journal of Economic Surveys*, 19(3): 451-477.

Lubotsky, D.（2007）"Chutes or Ladders? A Longitudinal Analysis of Immigrant Earnings," *Journal of Political Economy*, 115(5): 820-67.

Manacorda, M., Manning, A., and Wadsworth, J.（2012）"The Impact of Immigration on the Structure of Wages: Theory and Evidence from Britain," *Journal of the European Economic Association*, 10(1): 120-151.

Mayda, A. M.（2006）"Who is against Immigration? A Cross-Country Investigation of Individual Attitudes toward Immigrants," *Review of Economics and Statistics*, 88(3): 510-530.

Mishra, P.（2007）"Emigration and Wages in Source Countries: Evidence from Mexico," *Journal of Development Economics*, 82(1): 180-99.

Munshi, K.（2003）"Networks in the Modern Economy: Mexican Migrants in the U. S. Labor Market," *Quarterly Journal of Economics*, 118(2): 549-599.

Orrenius, P. M. and Zavodny, M.（2005）"Self-Selection among Undocumented Immigrants from Mexico," *Journal of Development Economics*, 78(1): 215-240.

Ottaviano, G. I. P. and Peri, G.（2005）"Rethinking the Gains from Immigration: Theory and Evidence from the U. S.," NBER Working Paper Series, No. 11672.

Ottaviano, G. I. P. and Peri, G.（2008）"Immigration and National Wages: Clarifying the

Theory and the Empirics," NBER Working Paper Series, No. 14188.

Ottaviano, G. I. P. and Peri, G. (2012) "Rethinking the Effects of Immigration on Wages," *Journal of the European Economic Association*, 10(1): 152-197.

Ottaviano, G. I. P., Peri, G., and Wright, G. C. (2013) "Immigration, Offshoring and American Jobs," *American Economic Review*, 103(5): 1925-1959.

Peri, G. (2012) "The Effect of Immigration on Productivity: Evidence from US States," *Review of Economics and Statistics*, 94(1): 348-358.

Peri, G. and Sparber, C. (2009) "Task Specialization, Immigration, and Wages," *American Economic Journal: Applied Economics*, 1(3): 135-169.

Pischke, J. -S. and Velling, J. (1997) "Employment Effects of Immigration to Germany: an Analysis based on Local Labor Markets," *Review of Economics and Statistics*, 79(4): 594-604.

Saiz, A. (2003) "Room in the Kitchen for the Melting Pot: Immigration and Rental Prices," *Review of Economics and Statistics*, 85(3): 502-521.

Saiz, A. (2007) "Immigration and Housing Rents in American Cities," *Journal of Urban Economics*, 61(2): 345-371.

Saiz, A. and Wachter, S. (2011) "Immigration and the Neighborhood," *American Economic Journal: Economic Policy*, 3(2): 169-188.

Sasaki, M. (2007) "International Migration in an Equilibrium Matching Model," *The Journal of International Trade & Economic Development*, 16(1): 1-29.

Scheve, K. F. and Slaughter, M. J. (2001) "Labor Market Competition and Individual Preferences over Immigration Policy," *Review of Economics and Statistics*, 83(1): 133-145.

Storesletten, K. (2000) "Sustaining Fiscal Policy through Immigration," *Journal of Political Economy*, 108(2): 300-323.

Takenoshita, H. (2006) "The Differential Incorporation into Japanese Labor Market: A Comparative Study of Japanese Brazilians and Professional Chinese Migrants," *The Japanese Journal of Population*, 4(1): 56-77.

Trejo, S. J. (1997) "Why Do Mexican Americans Earn Low Wages?" *Journal of Political Economy*, 105(6): 1235-1268.

Trejo, S. J. (2003) "Intergenerational Progress of Mexican-Origin Workers in the U. S. Labor Market," *Journal of Human Resources*, 38(3): 467-489.

Woodruff, C. and Zenteno, R. (2007) "Migration Networks and Microenterprises in Mexico," *Journal of Development Economics*, 82(2): 509-528.

Wright, R. A., Ellis, M., and Reibel, M. (1997) "The Linkage between Immigration and Internal Migration in Large Metropolitan Areas in the United States," *Economic Geography*, 73(2): 234-254.

Yuengert, A. M. (1995) "Testing Hypotheses of Immigrant Self-Employment," *Journal of Human Resources*, 30(1): 194-204.

第**8**章

障がい者雇用の現状と政策課題

1 はじめに

　本章では，日本の障がい者[1]雇用制度の概要，先行研究，諸問題を鳥瞰することで，①障がい者雇用制度は経済学の観点からどのような問題があるのか，②制度の評価をめぐる基準として効率性と衡平性の問題をどのように考えるか，といった2つの問題を考察する。最初に，日本における障がい者の現状を概観しよう。

　日本における障がい者数は差別などの問題から家族や本人が障がいを隠し，障がい者手帳を取得しないことがあるため，正確な実数はわからない。したがって，ここでは厚生労働省による推計に基づいて話を進めていく。表8-1にあるように，日本の障がい者は推計で全人口の6%程度を占めているものと考えられている。内訳は身体障がい者が393.7万人（人口比3.1%）と一番多く，次いで精神障がい者320.1万人（人口比2.5%），知的障がい者74.1万人（人口比0.6%）である。障がい別の賃金（一般就労者対象）および就業率は表8-2にあるとおりで，身体障がい者がほかの種類の障がい者に比べて相対的によい状況にあることがうかがえる。

　障がい者は，医療・介護費用の減免，交通費の補助，障害年金の受給資格な

1　「障がい」はもともと「障碍」という表記であったが，「碍」という字が常用漢字ではないため，「障害」という表記を長らく使用してきた。近年，「害」という漢字が好ましくないということから，単に「障がい」という表記を用いる機会が増えている。本章でも，制度や法律の正式名称を除けば，すべて「障がい」の文字で統一する。

表 8-1　障がい区分別障がい児・者数（推計，単位：万人，カッコ内%）

障がい区分	年齢区分	総数	在宅者	施設入所者
身体障がい児・者数	18 歳未満	7.8	7.3	0.5
	18 歳以上	383.4	376.6	6.8
	年齢不詳	2.5	2.5	―
	合　計	393.7 (3.1%)	386.4	7.3
知的障がい児・者数	18 歳未満	15.9	15.2	0.7
	18 歳以上	57.8	46.6	11.2
	年齢不詳	0.4	0.4	―
	合　計	74.1 (0.6%)	62.2	11.9

		総数	外来患者	入院患者
精神障がい児・者数	20 歳未満	17.9	17.6	0.3
	20 歳以上	301.1	269.2	31.9
	年齢不詳	1.1	1.0	0.1
	合　計	320.1 (2.5%)	287.8	32.3

（出所）　『平成 27 年障害者白書』より筆者作成。数値の単位は万人，カッコ内の数字は全人口に占める割合を表す。なお，身体および知的障がい児・者数は，厚生労働省「生活のしづらさなどに関する調査」（2011 年），「社会福祉施設等調査」（2009 年）等より筆者作成。精神障がい児・者数は，厚生労働省「患者調査」（2011 年）より作成されたものである。

表 8-2　障がい区分別の平均月収，就業率

障がい区分	平均月収	就業率	不就業率	無回答率
身体障がい	22.3 万円	45.5%	53.1%	1.4%
知的障がい	10.8 万円	51.9%	47.0%	1.1%
精神障がい	15.9 万円	28.5%	69.5%	2.0%

（注）　なお，2013 年度の健常者の平均月収は 26.1 万円であった。
（出所）　厚生労働省「平成 25 年度障害者雇用実態調査結果」，厚生労働省「平成 23 年度障害者の就業実態把握のための調査」より筆者作成。

　ど，さまざまな支援を受けることができる。しかし，相対的貧困率や失業率が健常者の 2 倍となっていること（OECD 2003, 2010；山田・百瀬・四方 2015）や各種機関・団体の行っている調査の諸結果から，障がい者の生活に余裕がないことは明らかである[2]。障がい者の定義・取り扱いや障がい関連支出の集計様式が各国で異なるため，単純比較はできないが，日本の障がい関連支出の対GDP 比は先進諸国の中で最低水準だという報告もある（勝又 2008）。紙面の制

約のため，本章では障がい者の雇用の問題だけを扱うが，障がい者の問題は教育・雇用・生活の総合的な観点から理解・分析する必要があることに注意されたい（章末の補論を参照のこと）。

　就学前から障がいを持つ個人は，通常，「特別支援教育」体制のもとで，障がいの程度や児童・保護者の希望も加味しながら，通常学級，特別支援学級，特別支援学校などで学ぶ。その後，一般就労できるものはそのまま企業に就職して働き，就職先を見つけることが困難であるものは「就労移行支援事業・就労継続支援事業」で一般就労するための研鑽を積むことになる。就労移行支援の事業所ではサービス提供者から利用料金を徴収したうえで，2年以内の一般就労を目指して職業訓練を行う。就労継続支援（雇用型＝A型，非雇用型＝B型の2種類がある）を行う事業所は一般就労が困難な障がい者に継続して職業訓練・就労機会の場を与えることを目的としている。その際，A型の事業所では利用者と雇用契約を結んだうえで職業訓練を行うため，利用者の行う作業に対しては最低賃金以上の対価が保証される。B型の事業所では利用者と雇用契約を結ばず，訓練という形で利用者の行う作業に対する工賃が支給される。A型とB型には経済的作業に対する対価に最低賃金適用の有無があるため，利用者の月収にその差が如実に表れている（2014年時点でA型利用者の平均月収は6.6万円，B型利用者の平均月収は1.5万円である）。これらの制度は障がい者の一般就労の問題と深く関わっているものの，一般就労そのものとは異なるため，本章ではこれ以上触れないことにする[3]。

　次節以降，日本の障がい者雇用制度の経済分析として，一般就労の問題に関わる諸制度とその経済学的含意について考察する。

2　たとえば，厚生労働省「身体障害児・者実態調査」（2006年），「知的障害児（者）基礎調査」（2005年）では，在宅身体障がい者の約3割が月収11万円未満（未回答率が約20%のため，実際はもっと多いと思われる），在宅知的障がい者の60%が月収3万円未満であることが報告されている。日本では，障がい者介護の多くが実質的には家族の負担となっている。このほか，障がい者が直面する生活上のさまざまな困難については，聴覚障がい者の生活面の問題を分析・報告した坂本・櫻井編（2011）を参照されたい。

3　就労移行支援・就労継続支援事業は一般就労の準備期間という形で整備されているが，一般的には，就労継続支援事業から一般就労に結びつくことは困難であるといわれている（中島 2006）。しかし，これは就労継続支援事業が無価値で効果がないということを意味しているわけではない。第1に，歴史的には一般就労の困難な障がい者の居場所づくりとして「授産施設・作業所」というものが作られ，それが現在の就労継続支援事業

2　日本の障がい者雇用制度の概要

2.1　差別禁止アプローチと雇用割当アプローチ

　障がい者雇用制度を大別すると，障がい者への雇用機会・待遇面の差別を禁じた「差別禁止アプローチ」と，企業規模によって一定割合の障がい者を雇用しなければならない「雇用割当アプローチ」の2つのものに分けられる。差別禁止アプローチでは，障がい者への適切な配慮がないことによって，健常者に比べて障がい者が不利な状況にあることを「差別」と定め，そのような差別的行為を禁じている。このアプローチは1990年のアメリカの障がい者差別を禁じる法律「障がいを持つアメリカ人法」の制定を皮切りに，世界各国に広まった。これに対して，雇用割当アプローチは，企業の規模に応じて一定割合以上の障がい者を雇用することを求めるもので，違反するとなんらかの罰則が与えられることが多い。雇用割当アプローチの歴史は古く，20世紀初頭，第1次世界大戦の「傷痍軍人」向けにヨーロッパ諸国で雇用割当制が整備され，後に，障がい者向けの雇用割当制度として世界に広がったものである。一般的に，差別禁止アプローチは障がい者差別に関する訴訟が増えて企業が及び腰になるため，障がい者の雇用や賃金に悪影響が出る可能性があると指摘されている[4]。これに対して，雇用割当アプローチでは，雇用割当を達成できない場合の罰則や納付金が十分ではなく，雇用割当を十分に達成できていないという批判があ

　B型に発展的に吸収されたという経緯がある。就労継続支援事業は依然として「障がい者の居場所」として重要なのである。第2に，現行の障がい者雇用制度のもとで一般就労が困難な障がい者が就労継続支援事業に所属するため，標本選択バイアスが生じている。第3に，求職意欲喪失者も就労継続支援事業に所属しやすいため，標本選択のバイアスが生じる。これらの事業は障がい者の一般就労における労働参加の意思決定の問題と深く関わっていることから，就労移行支援・就労継続支援事業の経済効果を分析する必要があることは明白である。しかしながら，データの制約が大きいため，精緻な計量分析は困難であろう。

4　障がい者差別禁止法には，訴訟リスクの増加によって障がい者雇用を減少させるという研究報告がある（Acemoglu and Angrist 2001）。ただし，法制定時に障がい者給付の拡大もあったため，訴訟リスクの増大による障がい者雇用減少の効果と給付拡大に伴う労働意欲減退の効果のどちらが有意に効いているのか判別できているわけではない。海外での障がい者雇用をめぐる経済分析の結果については，展望論文として，Haveman and Wolfe（2000），Jones（2008），藤井（2011）をあげておく。海外の障がい者雇用関連の制度の概論としては，障害者職業総合センター（2002，2012）を参照せよ。

る。

2.2　日本の障がい者雇用制度

　日本の障がい者雇用制度の雛形は，戦後，ヨーロッパ諸国の障がい者雇用制度を模倣する形で導入された（小野 1990；手塚 2000）。制度の基盤をなしているのは雇用割当アプローチに基づく「雇用率・納付金制度」である。この制度では，常用雇用者数が一定規模以上の企業に対して障がい者を一定割合以上雇用することを要求し，割当量を達成できない企業には不足人数に比例して納付金の支払いを求めている。制度が導入された 1960 年時点では，雇用率の達成は努力義務とされて納付金の義務はなかったが，1976 年に納付金制度が導入され，雇用率，納付金額，対象となる障がい区分，納付金の支払い対象となる企業規模などに修正を加えながら現在の制度になった。現行制度（2017 年 4 月時点）では，常用雇用者数 101 人以上の公営企業が常用雇用者数の 2.3% 以上，民間企業が常用雇用者数の 2.0% 以上の障がい者を雇用することが求められており，雇用率未達成の企業は不足人数 1 人当たり月額 5 万円（常用雇用者数 101 人以上 200 人以下の企業に対しては移行期間中の減額措置として月額 4 万円）の納付金を支払わなければならない[5]。なお，企業に課される障がい者の雇用割当量は，産業・職種によっては達成することがきわめて困難であると考えられるため，産業別に雇用割当量の減免を行う「除外率」が設定されている[6]。

　障がい者雇用割当未達成の企業から集められた納付金は，障がい者を雇用する企業への各種助成金という形で使用される。たとえば，常用雇用者数 100 人以下で障がい雇用者数が一定数を超える企業に対しては，報奨金として障がい雇用者 1 名当たり月額 2.1 万円，常用雇用者数が 101 人を超える企業で雇用率を達成する企業に対しては，支援金として障がい雇用者 1 名当たり月額 2.7 万円が支給される。このほかにも，障がい者のための施設のバリアフリー化，在

　5　雇用割当未達成の状況が長期にわたって続き，実雇用率が低いままの事業所に対しては指導が入り，「雇い入れ計画」の作成と計画の適正な実施を求められる。雇用状況の改善が著しく遅れている企業に対しては厚生労働省が企業名を公表する。しかし，実際に企業名が公表される件数は例年 1 桁台にすぎず，罰則としての企業名の公表は稀である。

　6　除外率の設定は障がい者がどの産業・職種でも当たり前にいるべきだとするノーマライゼーションの理念に反するため，段階的に縮小し，廃止することになっている。

表 8-3　ダブルカウント制の換算方法

障がい区分	障がいの程度	常用雇用者（週 30 時間以上勤務）	短時間労働者（週 20〜30 時間勤務）
身体障がい	重度（1，2 級） 軽度（3〜6 級）	2 人 1 人	1 人 0.5 人
知的障がい	重度（A） 軽度（B1，B2）	2 人 1 人	1 人 0.5 人
精神障がい	重度・軽度の区分なし（1〜3 級）	1 人	0.5 人

宅勤務支援，通勤支援，支援者の配置，職域開発など，さまざまな事項に助成制度がある[7]。

　また，障がい労働者の数え方は「ダブルカウント制」を採用している。ダブルカウント制のもとでは，障害等級 1〜2 級（身体障害者福祉法施行規則別表第 5 号）の身体障がい者と一部の知的障がい者が，「重度障がい者」として通常の障がい者の 2 倍の雇用量に換算される（表 8-3 を参照）。なお，身体障がい者の障害等級はあくまで障がいの身体的欠損の度合いを見ているものであるため，必ずしも障がい者の労働能力とは一致しないことに注意されたい[8]。

　さらに，大企業を中心とした障がい者雇用に活用されている日本独自の制度が「特例子会社」制度である。特例子会社制度とは，一定の条件[9]を満たした子会社に対して，その子会社の障がい者雇用量を親会社の障がい者雇用量とし

7　「障害者雇用納付金制度に基づく各種助成金」として，在宅就業障害者特例調整金・報奨金，障害者作業施設設置等助成金，障害者福祉施設設置等助成金，障害者介助等助成金，重度障害者等通勤対策助成金，重度障害者多数雇用事業所施設設置等助成金がある。また，その他の助成として，特定求職者雇用開発助成金，トライアル雇用助成金，障害者雇用安定助成金，中小企業障害者多数雇用施設設置等助成金，障害者職業能力開発助成金，障害者雇用安定助成金がある。各種助成金の内容は，厚生労働省および高齢・障害・求職者雇用支援機構のホームページ等で確認されたい。また，障がい者雇用促進のための一時的な措置として，税制上の特例措置が認められている。

8　たとえば，まったく音の聞こえない聴覚障がい者は障害等級 2 級の重度障がい者になるが，聴覚障がい者の団体がしばしば主張するように，聴覚障がい者は「聞くこと以外は何でもできる」のである。また，発達障がい者の中には，健常者よりもはるかに長時間にわたって特定の作業（荷札の整理など）に取り組むことができ，健常者以上の生産性を発揮する労働者もいる。

て換算する制度である。企業のさまざまな部門・支社で障がい者雇用を推進しようとすると，すべての部門・支社の施設をバリアフリー化しなければならず，人事異動のあるたびに障がい者雇用の担当者が変わってしまうため，障がい者雇用にかかる諸費用が高くついてしまう。そのような事情に配慮して，特定の子会社の施設をバリアフリー化して運用する形で費用の抑制をねらった制度だと解釈することができよう[10]。

このほか，障がい者雇用を促進するために，障がい労働者の職場環境や働き方の改善，周囲との関係改善・強化や紛争問題の解決などについて相談・助言を行う「ジョブコーチ派遣事業」や，障がい者を正式に採用するか否か決めるために，補助金付きの一定の試用期間を認めた「トライアル雇用」などの補完的な制度がある[11]。

また，2013 年改正「障害者の雇用の促進等に関する法律（障害者雇用促進法）」によって，「合理的配慮」を伴わない障がい者への対応は「障がい者差別」にあたることが法によって定められ，日本の障がい者雇用制度は差別禁止アプローチと雇用割当アプローチの両方の特徴を持つようになった。なお，合理的配慮とは，事業主にとって過重な負担とみなされない範囲において，障がい労働者が健常者と同様に円滑に作業を遂行することや，均等な待遇・機会を確保するために必要な諸々の物的・人的支援のことを指す。何をもって過重な負担とみなすか決定することは容易ではないが，①事業活動への影響の程度，

9　一定の条件とは，①親会社が子会社の議決権の過半数を有すること，②親会社からの役員派遣があり，親会社との関係が緊密であること，③障がい労働者が 5 名以上で，かつ障がい労働者の全従業員比が 20％ 以上であること，④障がい労働者のうち，重度身体障がい者，知的障がい者，精神障がい者の割合が 30％ 以上であること，⑤設備のバリアフリー化を行い，専門指導員を配置すること，⑥障がい者の雇用促進・安定が確実に達成されていること，である。このほか，特例子会社に類似する制度として，企業グループ算定特例や，事業協同組合等算定特例がある。

10　特例子会社制度をめぐっては，ノーマライゼーションの理念に反するという批判もある（手塚 2000）。その一方で，入社後に中途障がい者となった労働者の居場所が特例子会社によって確保されている可能性もある。障がい者の雇用促進と雇用機会・待遇の均等化を掲げる制度の目的と現実の差をどのように解釈するべきか，熟慮に基づいた建設的な議論が必要である。

11　職場の同一業務を行っている健常者と比較して著しく作業能率が悪いと判断される障がい労働者に対しては，最低賃金以下の水準の時給を支払うことが認められている。しかし，この制度は審査が厳格であるため，あまり活用されることはない。

②実現困難度，③費用・負担の程度，④企業の規模，⑤企業の財務状況，⑥公的支援の有無，を総合的に勘案したうえで個別に判断することになっている。今後も障がい者差別禁止法を制定している諸外国での経験や日本の状況を加味しながら，試行錯誤で合理的配慮の範囲を決めていく見込みである[12]。

3　日本の障がい者雇用をめぐる諸研究

3.1　障がい者雇用制度の罰則の効果

本節では，日本の障がい者雇用制度をめぐる先行研究を紹介する。

最初に，障がい者雇用率未達成企業名の公表が政策の意図とは逆の効果を持つと主張する長江（2005, 2007）の研究を取り上げよう。長江は，NPO「株主オンブズマン」が大阪の障がい者雇用率未達成企業（常用雇用者数 1000 人以上）の名称を公表したことをイベントとして捉え，雇用率達成・未達成企業の間で株価の変動にどのような違いが生じるのかイベントスタディ法を用いて検証した。分析の結果，イベント後に未達成企業の株価は上昇し，達成企業の株価は下落することが判明した。この結果をもって長江は未達成企業の企業名公表は罰則として機能しないと主張している。しかしながら，この未達成企業の企業名が公表された 2003 年 9 月 22 日は小泉改造内閣発足（主要閣僚の発表）の日であったため，主要新聞各社はすべて小泉改造内閣のニュースを一面で取り上げた。さらに，長江の用いている達成企業・未達成企業のデータには産業に偏りがあり，達成企業はいわゆる規制産業，未達成企業は競争産業に属している。したがって，小泉改造内閣発表のイベントが投資家の目には「規制緩和・撤廃を目指す小泉構造改革」が強化されたように映り，（達成企業の多くが属する）規制産業の会社の株価は下がり，（未達成企業の多くが属する）競争産業の会社の株価が上がっただけのように見える。この議論は罰則の効果の是非をめぐる重要な問題であるため，今後，さらなる検証が必要であろう[13]。

---

[12]　現時点での日本における合理的配慮の具体例としては，厚生労働省「合理的配慮指針事例集，第 3 版」，内閣府「合理的配慮等具体例データ集（合理的配慮サーチ）」，川島ほか（2016）を参照されたい。

3.2　障がい者雇用と企業の生産性

このほか，日本で行われた障がい者雇用に関わる研究としては，障がい者雇用と企業の生産性や利潤率について考察した分析がある[14]。影山（2012, 2013）は，事例研究およびアンケート調査の結果に基づいて，障がい者雇用が企業の生産性に正の効果を持つと主張している。影山は2011〜13年に会社・社員用のアンケートをウェブ版および印刷版で実施し，会社31社，社員1107名から有効回答を得た。得られたデータの分析の結果，①健常社員の「障がい労働者との接触頻度」と「障がい労働者への評価」には正の相関がある，②健常社員の「障がい労働者への評価」と「精神健康度」には正の相関がある，③健常社員の「障がい労働者への評価」と企業経営者の「主観的な企業業績の評価」には正の相関がある，の3点を明らかにした。しかしながら，影山の主張する企業の生産性への正の効果は，社員および経営者の自己申告による主観的な指標に基づいた結果で客観性に欠けるため，結論を一般化することはできない。もちろん，現行制度のもとであっても，知的障がい者が従業員の大半を占めているチョークのメーカー「日本理化学工業」や，品質の高いパンの製造・販売を手がける「スワンベーカリー」などのように，障がい者雇用の成功例として語られる企業があり，「障がい者雇用＝企業の過重な負担」という構図は個別の事例レベルでは明白な誤りであろう（中島 2006；坂本 2008）。

平均的な企業において，障がい者雇用と利潤率の関係性を分析した研究としては，長江（2014）と Mori and Sakamoto（2017）がある。長江（2014）は，

13　立石（2010）は学生を対象とした質問紙調査に基づくコンジョイント分析を行い，学生は障がい者雇用率未達成企業の製品を買いたくないとする結果を報告している。ただし，立石の結果は，①学生を対象としているため，通常の消費者行動への一般化はできない，②あくまで仮想的な状況を比較したものにすぎず，お金のやり取りを伴う場合の比較ではないため現実とは異なる，③一般消費者にとって，特定企業の製品が障がい者雇用率未達成企業のものなのか達成企業のものなのか店頭で確認することは困難である，などの難点を伴う。CSR経営や法令遵守の姿勢が重視されている昨今，障がい者雇用率未達成企業の公表が罰則ではなく褒章として作用するか判断するには，さらなる研究の蓄積が必要であろう。

14　欧米圏の障がい者雇用に関する標準的な研究テーマは，①労働所得における障がい者差別の有無の検証，②障がい者差別禁止法と賃金・雇用水準の影響の検証，③障がい者給付による労働意欲減退の検証，などである。日本では障がい者関連のデータの制約があまりにも大きいため，上述の研究テーマで分析することは容易ではない。

2003〜10 年の東京に本社を置く民間企業の障がい者雇用状況のデータを用いて，障がい者雇用率の未達成企業の売上高営業利益率の方が達成企業のそれよりも有意に高くなることを報告している。この結果をもって，長江は障がい者雇用率・納付金制度における企業の費用負担が均等ではない可能性を指摘している。しかし，長江の論文は雇用率達成・未達成のダミー変数と企業の利潤率の単純な相関関係を見た分析であるため，内生性に対処した分析方法を検討しなければならない。とくに，障がい者雇用が企業全体の雇用者に占める割合は高々 2% にすぎず，ごく少数の労働者にかかる費用が企業全体の収益に影響をもたらすと考えるには説得力のある補完的な証拠が必要である。ありうる代替的な解釈には，利潤最大化を重んじる合理的な企業は法定雇用率の達成・未達成の判断を納付金額との比較で厳密に行うのに対して，競争的な環境・産業に属していない企業や，なんらかの要因で合理的な経営ができない企業は単に法令遵守を重んじて法定雇用率を達成しているだけなのかもしれない。その場合，障がい者雇用にかかる費用負担とは無関係に雇用率達成企業の利潤率は低くなるだろう[15]。

3.3　障がい者雇用が企業の利潤率に及ぼす影響

　Mori and Sakamoto（2017）は，NPO 法人「DPI 日本会議」がホームページ上で公開している 2008 年 6 月 1 日時点における全国の民間企業の障がい者雇用状況の行政データ（もともとは各都道府県の労働局が管轄している行政データ）と

15　このほか，長江論文には少なくとも 4 つの点で問題がある。第 1 に，利潤率の計算には，企業による「納付金の支払い」と，「各種助成金の受け取り」の両方の項目が必要である。売上高営業利益率には納付金の支払いが費用として反映されるものの，助成金等の影響は収入面に反映されない。したがって，両方ともども含めた分析が必要である。第 2 に，雇用率の達成・未達成といった 2 項比較ではなく，障がい者の雇用量と利潤率の関係性の方がより重要な問題である。障がい者雇用に起因する利潤率の低下があるか分析するにはダミー変数による分析では粗すぎる。とりわけ障がい者の雇用割当の閾値周辺の企業と雇用割当量から大きく外れて障がい者を雇用する企業の利潤率に単純な線形近似が成立しない場合，なんらかの内生性が存在することを疑わなければならない。第 3 に，長江論文では東京にある上場企業のみを対象としている。東京の上場企業の分析結果を全国の企業に一般化できるか慎重な検討が必要であろう。第 4 に，長江の強調する費用負担の均等化をすべての企業に求めることにどこまで正当性があるのか，ほかの代替的な価値理念・政策手段も考慮に入れながら検討しなければならない。この問題は次節で検討する。

経済産業省所管の企業活動基本調査の財務データ（公的統計の二次的利用申請により入手可能）を用いて，障がい者雇用と利潤率の関係性を検証している。障がい者雇用が利潤率に与える影響を推計する際には，前述の企業利潤に与える観察不可能な要因も考慮した方が望ましい。また，「利潤率の高い企業ほど障害者を雇う余裕があるため，障害者を雇用する」といった逆因果の問題も懸念される。これらの内生性の問題に対処するため，筆者らは障がい者雇用に影響する外生変数として雇用割当を操作変数（instrument variable: IV）に用いて，障がい者雇用が企業の利潤率に与える因果効果を推計した。一般に，企業の障がい者雇用割当量は当該企業の常用雇用者数に法定雇用率を乗じた値になるが，実務ではその値の小数点を切り捨てた数を雇用割当量としている。たとえば，常用雇用者数が 200 人の企業の場合，2008 年時点の法定雇用率 1.8% を乗じた値は 3.6 である。3.6 の小数点以下の値を切り捨てた数値 3 が常用雇用者数 200 人規模の企業の雇用割当量になる。同様にして，企業の常用雇用者数が 167〜222 人の企業は 3 人の雇用割当があり，223〜277 人の企業は 4 人の雇用割当がある。一般に，雇用割当の不連続な変化（図 8-1 を参照）による障害者雇用の増加は外生的であり，企業の利潤に関わる要因とは相関を持たないと考えられる[16]。したがって，雇用割当から予想される障害者雇用者数と利潤率の関係を見れば，障害者雇用者数の利潤率への因果効果が推計できる[17]。筆者らの分析方法は図 8-2 のようにまとめられる。

　第 1 段階の推計では，障がい者雇用者数を除外率調整済みの常用雇用者数および雇用割当に回帰する。企業が不連続な雇用割当に反応して障がい者雇用を増やす場合，雇用割当の係数は正の値をとる。表 8-4 は，納付金の支払い義務

16　ただし，各企業は自社の常用雇用者数を変更することで障がい者雇用枠を操作できることに注意しなければならない。その場合，障がい者の雇用割当は外生的なものではなくなってしまうため，因果関係の推定ができなくなる。そのため，筆者らの研究では，除外率調整済み常用雇用者数の分布や観察可能な共変量の連続性を検証し，企業による障がい者雇用割当の操作がなかったことを確認している。

17　Lalive, Wuellrich and Zwemuller（2013）は，筆者らの第 1 段階の分析方法と同様に障がい者の雇用割当が企業規模に対して不連続に増加する点に着目し，オーストリアにおける雇用率・納付金制度と障がい者雇用の関係を分析した。彼らはこの分析方法を「閾値分析」と呼んでいる。分析の結果，オーストリアでも雇用率・納付金制度が障がい者雇用を促進する効果が確認されたが，納付金額が少額であったためか，筆者らの推計結果と比較すると非常に小さい値であった。

図 8-1　常用雇用者数と雇用割当の不連続性

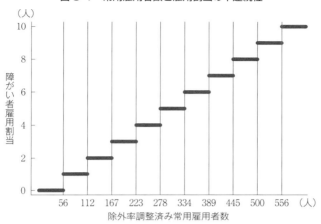

図 8-2　障がい者雇用が利潤率に与える影響の検証方法

のある常用雇用者数 301 人以上の製造業の企業の推計結果を表している[18]。表 8-4 からわかるように，除外率調整済みの常用雇用者数の係数は統計的に有意ではないのに対して，雇用割当の係数は統計的に有意で 1 に近い値をとる[19]。したがって，2008 年における製造業では納付金が障がい者雇用を促進する効果を持つことがわかる。この結果を用いた第 2 段階の分析結果が表 8-5 である。表 8-5 からわかるように，OLS（最小二乗法）の推計では障がい者雇用と利潤

18　製造業以外の業種の企業では有意な結果が得られなかった（なお，企業活動基本調査のデータは産業に制約があるため，全産業では分析できない）。2008 年時点での製造業は障がい者雇用の最大の受け皿となっており，歴史的に障がい者雇用を推進してきた業種では障がい者を活用できている結果が得られたことになる。なお，現在は卸売・小売業が 1 番の受け皿で，製造業は 2 番手になっている。

19　納付金の支払い義務がない常用雇用者数 300 人以下の企業の分析では，除外率調整済み常用雇用者数の係数が正で有意なのに対して，雇用割当の係数は統計的に有意ではなかった。

表 8-4　雇用割当と障がい者雇用の関係（納付金支払い義務のある企業対象）

標本	(1)	(2)	(3)	(4)	(5)	(6)
	すべて		$301 \leqq L_i \leqq 1000$		$+/-3$	
雇用割当	0.878	0.914	0.816	0.794	1.563	2.455
	(0.426)	(0.418)	(0.335)	(0.335)	(0.655)	(0.691)
L_i^* (/1000)	3.306	1.893	4.359	107.972	−9.112	−25.044
	(7.654)	(7.608)	(5.824)	(51.534)	(11.799)	(12.348)
$L_i^* \times$ 閾値ダミー						−0.001
						(0.000)
L_i^* の多項式の次数	1	4	1	4	1	1
観測数	2,453	2,453	1,876	1,876	303	303
R^2	0.988	0.989	0.376	0.380	0.989	0.989

(注)　カッコ内の数値は標準誤差を示す。なお，L_i と L_i^* は各々企業の常用雇用者数，除外率調整済み常用雇用者数を表す。

表 8-5　障がい者雇用と利潤率の関係（納付金支払い義務のある企業対象）

標本 分析方法	(1) OLS	(2) IV	(3) OLS	(4) IV	(5) OLS	(6) IV	(7) OLS	(8) IV
	すべて				$L_i \leqq 1000$		$+/-3$	
障がい労働者数	−0.138	0.140	−0.124	0.0658	−0.166	−0.0670	−0.186	−0.159
(/100)	(0.0486)	(1.135)	(0.0498)	(1.072)	(0.0789)	(1.346)	(0.0945)	(0.561)
L_i^* の多項式の次数	2	2	4	4	4	4	1	1
一段階の F 値	−	4.20	−	4.80		5.64	−	6.52
J 検定（p 値）	−	−	−	−	−	−	−	0.51
観測数	2,452	2,452	2,452	2,452	1,875	1,875	303	303
R^2	0.005	−0.008	0.008	0.002	0.007	0.006	0.008	0.006

(注)　カッコ内の数値は標準誤差を示す。なお，L_i と L_i^* は各々企業の常用雇用者数，除外率調整済み常用雇用者数を表す。利潤率の指標には，売上高総利益率，売上高営業利益率，売上高経常利益率の３種類を用いたが，いずれの指標でも同様の結果が得られている。

率の間に負の有意な関係があるものの，操作変数による推計では有意性がなくなり，係数も負ではなくなる。これは障がい者雇用が企業の利潤率にとくに影響していないことを示唆しており，OLS の推計による障がい者雇用と利潤率の間の負の関係には内生性の問題があることを示している[20]。

　また，図 8-3 の散布図で確認できるように，2008 年時点で納付金支払い義務のない常用雇用者数 300 人以下の企業であっても，障がい者を一定割合雇用する企業が少なからずあり，障がい者を単なる企業の負担とみなすような考えは明らかに修正されるべきであることがわかる[21]。

　以上のことから，障がい者雇用は必ずしも企業の負担というわけではなく，

図 8-3　除外率調整済み常用雇用者数と障がい労働者数の関係

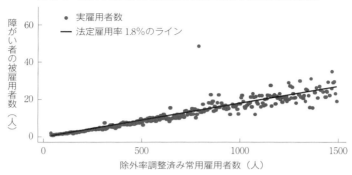

（注）　各点は除外率調整済み常用雇用者数 5 人ごとに計算した障がい者の被雇用者数の平均値を表す。

企業は積極的に障がい者を活用する経済的理由が存在するように見える。ただし，障がい者雇用がうまくいくにはある程度の経験の蓄積が必要であることは容易に想像がつき，雇用率未達成企業が半数を占め，未達成企業の中に少なからず障がい者雇用者数がゼロである企業があることを鑑みるに，障がい者を雇

20　ただし，F 値が十分とされる水準ほどには大きくないことから，弱い IV の問題の可能性を完全には排除できない。筆者らはさまざまな頑健性のチェックにおいても同様の結果が得られることから，障がい者雇用の利潤率に及ぼす影響は通常考えられているよりも低いと考えている。もちろん，いかなる政策分析を行うにせよ，健全な実証分析の蓄積が必要であることはいうまでもない。

21　このことは就労継続支援事業 A 型利用者の平均月収が比較的高い 6～7 万円台で推移していることからも示唆される。産業組織論や国際経済学の実証研究でもしばしば起こることであるが，利潤率や生産性は産業・企業・個人レベルで均等化されることは滅多にない。素朴な経済学の理論モデルの説明力は概して低く，多くの修正が必要とされている。なお，本研究には，①製造業以外の産業では雇用割当が有意に障がい者雇用の増加に効くわけではないため，ほかの産業で障がい者雇用が利潤率に与える影響は検証できない，②製造業内の分析にしても，雇用割当に反応している法令遵守企業同士の利潤率比較になっているため，雇用割当に反応せずに，たくさんの障がい者を雇用する企業や，障がい者をまったく雇用しない企業の問題は考慮できない，③一時点の比較であるため，さまざまな制度変更の影響を加味したうえで縦断的な研究による精緻化が必要，④地域・産業別の効果も加味した精緻化が必要，⑤第 1 段階の F 値が低いため，障がい者雇用が利潤率に与える効果が閾値前後で異なる可能性や非線形の効果を持つ可能性を考慮できない，などの問題がある。障がい者雇用問題の理解を深めるためにもさらなる研究が必要とされている。

用したことのない企業に対して今まで以上に積極的な障がい者雇用の支援や罰則を用いることが有効なのかもしれない[22]。障がい者の雇用機会の均等化と雇用促進といった制度の目的を達成するために，今後ますます研究の蓄積が必要とされている。

4　制度評価の基準——効率性と衡平性

4.1　障がい者雇用制度の効率性

　政策や制度を評価するには，なんらかの基準が必要である。伝統的な経済学では，効率性と衡平性の2つの基準を重んじてきた。本節では，障がい者雇用制度を評価するうえで必要となる効率性と衡平性の基準の内容およびその応用上の問題について概説しよう。

　障がい者雇用制度の効率性をめぐる議論については，雇用率・納付金制度が環境問題における「排出許可証取引」に似ていることから，障がい者雇用にかかる企業の総費用を最小化することを目的として，排出許可証同様に障がい者雇用枠を市場で売買すべきだとする指摘がある（土橋・尾山 2008）。しかし，雇用率・納付金制度は排出許可証取引と似ている点もあるが，異なる点があることにも注意しなければならない。

　第1に，助成金の存在によって雇用枠の価格が達成企業と未達成企業の間で対称ではない。さらに，雇用枠未達成の場合の納付金支払いの義務は一定規模以上の企業にあるうえ，除外率も設定されているため，雇用枠売買の価格の均等化につながらず，費用最小化にはならない（大内・川口 2014）。雇用枠の売買による費用最小化を検討するのであれば，現行制度の助成金や除外率などの仕組みを撤廃し，雇用枠市場を創設するという話になる。この場合，新たな市場創設のための費用と雇用枠市場が健全に機能するための諸条件について慎重に検討しなければならない。たとえば，制度移行費用と雇用枠市場の実施・監視費用に比べて，費用最小化によって得られる便益の割引現在価値が低い場合に

22　このことは障がい者雇用が企業にとっての一種の経験財のようなもので，障がい者を雇用した経験のない企業はリスク回避的・盲目的に最初から障がい者を雇用するという選択肢を除外しているだけなのかもしれない。組織運営においても必ずしも人は合理的な判断を下さないという証拠の1つなのであれば興味深い事例である。

は，効率性の観点からも制度変更すべきではないという結論になる。さらに，大企業の独占・寡占的なふるまいなどに脆弱ではない制度を構築する必要があるが，単純なオークションで雇用枠を取引するだけでは不備が残る。理論・実験・実務には隔たりがあることを理解したうえで，建設的かつ実証的な研究の蓄積が必要である。

　第 2 に，雇用枠取引は総量が事前に決まっている排出許可証取引と異なり，常用労働者に占める障がい者の割合で決定される。したがって，企業側には常用労働者数を操作することで障がい者雇用枠を操作するインセンティブが生じることも考えなければならない。

　第 3 に，障がい労働者の生産性には大きなばらつきが存在するため，雇用枠の価値には不確実性が存在する。この問題は不確実性下において数量規制と価格規制のどちらが好ましいかという古典的な問題に類似している。経済的余剰といったきわめて限定的な効率性の問題だけを考えても，雇用枠の売買のような数量規制の方式と雇用税・補助金のような価格規制の方式のどちらが望ましいのか慎重に検討する必要があろう。なお，雇用税制度は現行制度とさして変わらないものであるため，制度移行費用は小さいというメリットがある。

　第 4 に，障がい者の雇用枠取引にしても雇用税にしても，政策の費用負担は帰着の問題として考えなければならない。誰が障がい者雇用の費用を最終的に負担するのか，仮に総費用を最小化できるとしても特定の層に負担が偏ることが公正といえるのか議論が必要である。

　第 5 に，不確実性や不完全競争がないもとであれば，雇用枠売買も雇用税・補助金も現行の法定雇用率を達成するための費用最小化を実現できる。しかし，効率性の基準を重んじるのであれば，現行の法定雇用率に基づく「障がい者雇用量」がそもそも効率的な水準であるのか議論する必要があろう。

　第 6 に，部分均衡の枠組みでは排出許可証取引や環境税は外部性に伴う非効率性の問題を解決してくれるが，一般均衡の枠組みでは必ずしもそうではない。たとえば，外部性を発生する財の生産にピグー税を課せば，その財の補完財・代替財の需要と供給にも影響を与えるため，部分均衡分析における効率的な税率が「効率的」ではなくなる。障がい者雇用の文脈では，障がい者雇用に関わる教育・継続支援事業・障がい者給付の選択との関係性を考慮したうえで効率的な価格と雇用率を推定しなければならないが，そのための膨大な作業は著しく困難を伴うであろう。

　第7に，費用最小化はパレート効率性の十分条件ではなく，必要条件にすぎない。したがって，費用最小化が達成されても必ずしもパレート効率的にならないことに注意しなければならない。たとえば，障がい者の雇用総量 2.0% を達成するための雇用税ないし雇用枠価格が x 円である場合，障がい者雇用の費用が x 円よりも低い企業では障がい者を雇用し，費用が x 円よりも高い企業では障がい者を雇わず雇用税を支払うことになる。このとき，幼いころからパイロットを夢見て努力し，適切な配慮があれば健常者と同等に働くことができる障がい者が，配慮の費用が x 円以上かかるというだけでパイロットの職に就けないという事態が起こりうる。この障がい者の雇用にかかる費用を $y\,(>x)$ 円として，障がい者本人が $(y-x)$ 円だけの差額の費用を自腹で切ってもパイロットになりたいという場合，費用最小化のもとで実現する資源配分はパレート効率的ではないことになる。

　最後に，効率性という基準のみで雇用率・納付金制度を評価することに多くの関係者は違和感を禁じえない。この制度の背景の1つには，ノーマライゼーションの思想があるため，費用最小化のために障がい者の雇用費用の安い産業や特例子会社に障がい者を集約すべきだという一部の経済学者の提言には反発が予想される。一定の障がい者雇用枠を達成するのにかかる費用を最小化することと，費用は最小ではないが一般的な職場に障がい者が当たり前のようにいることのどちらがよいかは，公共的な価値判断と人々の公共的な協力・創意工夫が求められる問題でもある。多くの人々に耳を傾けてもらうためには，①現行制度にどれほどの効率性損失があって，障がい者雇用の妨げになっているのか，②雇用税や雇用枠売買が障がい者雇用の新たな職域開発を高めて，障がい者の多様な就労の可能性をどの程度広げるのか，③ほかの代替的な政策手段と比べて雇用枠売買の利点はどこにあるのか，④そもそも効率的な障がい者雇用の総量はどの程度の水準になるのか，⑤さまざまな衡平性の基準を押しのけてまで効率性の基準をなぜ重視すべきなのか，などの点について科学的に説得力のある議論が必要になるだろう。

4.2　障がい者雇用制度の衡平性

　続いて，制度を評価するもう1つの基準である「衡平性」の問題について考察しよう。衡平性の考え方には，大雑把にいえば，「同じ人は同じように扱われるべきだ」とする「水平的衡平性」の考え方と，「異なる人の間では，能力

の高い人が能力の低い人よりも多く負担すべきだ」とする「垂直的衡平性」の考え方がある。垂直的衡平性については人々の間で見解が分かれやすいが，水平的衡平性への有力な反論は見ない。したがって，本項では，多くの人が納得できる水平的衡平性の概念を適用する際にどのような問題があるのか議論しよう。

　水平的衡平性の基本理念は「同じ人」は「同じように扱われるべきだ」というものである。しかし，この理念を定式化するのは容易ではない。何をもって「同じ人」とするのか，どうすれば「同じように扱っている」といえるのか不明瞭なためである。障がい者雇用の問題で考えるのであれば，最初に「同じ人」の対象を「障がいの有無にかかわらず人間全般」にするか，「障がい者」にするか，「企業」にするかを考える必要がある。さらに，「障がい者」を対象として「同じ人」の基準を考える場合，障がい者の「生産性」を用いるのか，恣意的な「障害等級」を用いるのか，障がい種と障害等級をあわせて用いるのか決めなければならない。そのうえで，「同じように扱う」ことの対象に，各産業・職種における雇用率の均等化を目指すのか，費用負担の均等化を目指すのか[23]，効用水準・所得水準・潜在能力の均等化を目指すのかを決める必要がある。しかしながら，一見好ましい諸々の条件の組み合わせは往々にして両立できない。

　たとえば，以下のような問題を考えよう。いま，障がいの有無は個人の責任を問えない要因であるのに対して，個人の選好はある程度選択可能であり，個人の責任を問うことができる要因だとする。このとき，水平的衡平性の基準として，「同じ選好の人に対しては，障がいの有無にかかわらず，同じ効用水準が保障されなければならない」という原理と，「同じ障がいの人に対しては，選好の違いにかかわらず，同じだけの所得移転が保障されなければならない」

23　雇用枠の売買制度は企業間の費用負担の均等化ではなく，障がい者雇用の限界費用の均等化であることは強調しなければならない。多くの研究において費用負担の均等化と限界費用の均等化が混同されているように見える。また，費用負担の帰着の問題があるため，株主，労働者，消費者の誰がどのくらいの費用を負担するのが衡平といえるのか検証する必要があるが，この問題に応えるために膨大な努力を費やすことに筆者はそれほどの魅力を感じない。費用負担の厳密な意味での均等化はほかの重要事項に比べれば軽微なものに思われるし，障がい者雇用の費用負担は現状の制度のもとではそれほど大きなものには見えない。

という原理を採択する。前者の要求は，個人の責任が問えない要因（障がいの有無）によって同じ責任を持つ個人間で効用水準の格差が生じることを禁じる原理である。後者の要求は，個人の責任の問える要因（選好関係の形状）によって社会保障上の所得移転に格差が生じることを禁じる原理である。どちらもそれなりの正当性を持つ原理だが，この2つの原理は両立できないことが知られている（Fleurbaey 2008, Ch. 1）。

　もちろん，衡平性の問題を真面目に考えるのであれば，上述の例で検討した「障がい」や「選好」といった2つの要因を考慮するだけでは不十分である。障がいや選好のほかにも，個人の生産性や，能力開発のために個人が費やした努力，労働時間，運などの諸要素を考慮しなければならないし，効用水準に基づいた分配だけではなく，個人の直面する選択機会や待遇，社会の手続き上の適正さなどの側面も考察する必要があることはいうまでもない。しかしながら，上記の例で学ぶべき点は，ほんのわずかな要素を考慮に入れようとしただけでも，異なる衡平性の基準を組み合わせて社会的判断を行う試みは困難に直面してしまうということである。

　それゆえ，公共政策・制度や社会の状態を評価するためには，①両立不可能なさまざまな価値基準がある中で，相対的にどの価値基準を重視するのか，②その価値基準を構成する情報的基礎に何を用いるのか，③その社会的評価は論理的に矛盾なく定義することができるのか，④社会的な評価を行うために必要な実務上の情報やデータ分析を入手できるか，などの問題を十分に検討しなければならない[24]。残念ながら，障がい者雇用政策の文脈において，政策効果の評価でも政策目的の検討でも必要な情報を提供してくれる実証分析が少なく，さらなる研究の蓄積が必要だといわざるをえない。

5　おわりに

　障がい者とは，通常，長期にわたって治る見込みのない・よくなる見込みの

---

[24]　これらの問題を理論的・実証的に分析することが規範経済学の使命である。規範経済学に関心を持たれた読者には入門書として蓼沼（2011）を薦める。このほか，より専門的な内容の教科書として，Fleurbaey（2008），Roemer（1996），Sen（2010, 2017），鈴村（2009）をあげておく。

ない身体・精神機能の病気・ケガ・欠損を抱える個人を指す言葉である。障がい当事者による運動が活発化する半世紀ほど前までは,「障がい」はあくまで個人的な身体・精神機能の問題であって,社会の問題ではないとみなす考えが一般的であった。しかし,「障がい」を個人の身体的・精神的な機能障害に起因する社会的不利の問題としてだけではなく,社会の無配慮によって障がい者の社会参加が困難になる複合的な問題として捉えれば,機会と待遇の均等原則が実質的に機能するように社会に配慮を求める必要が生じてくる。私たちが理解すべきことは,個人の責任に帰することが困難な諸要因(人種・性別・生育環境・機能障害など)によってその人の生活が脅かされるのだとすれば,それは社会正義の観点から是正される必要があるという考え方だ。この考え方は,倫理学,政治哲学,規範経済学,人種差別撤廃・女性解放・障がい者解放運動の中で共有されてきた有力かつ強力な主張であり,私たちの社会をよりよくする原動力の1つである。

　付言すれば,遅かれ早かれ誰もが「老化」によって身体・精神的機能の不可逆的な衰えを経験するし,そもそも子どもは身体・精神が未発達である。したがって,障がい者に配慮することは,回り回って身体・精神的機能が不十分な子どもや機能が衰退していく高齢者にもやさしい社会を実現するという意味で,私たちの利益の一部になることを忘れるべきではない。

　本章で提示した障がい者問題の経済学的分析は,「雇用」という人間の生活のごく一部の側面を取り上げたものにすぎないが,そのような限定的な分析においてですら多くの研究課題があることが明らかになった。いうまでもなく,私たちの社会がよりよいものになっていくためには,理性に基づいた誠実な努力の積み重ねが必要である。厚生経済学の生みの親である A. C. ピグー教授が高らかに謳い上げた「人間生活の改良の道具」としての経済学に読者が関心を持たれて,その発展や普及に筆者らがわずかなりとも寄与するところがあれば望外の喜びである。

6　補論：障がい者雇用に関わる諸制度（教育，障がい者給付）

　障がい者雇用の問題とは直接関わりはないが,間接的に影響するさまざまな制度がある。重要なものは教育制度と障がい者給付制度であろう。障がい者が一般就労する確率が高く,高賃金を得られるのであれば,障がい者は人的資本を今の水準よ

りも高く蓄積する選択を行うだろう。現状では，障がい者教育や雇用に関わるデータに大きな制約があるため，精緻な検証を行うには不備が残る。しかしながら，筆者の1人は成人の学習・汎用能力を評価する国際比較調査 PIAAC を実施するドイツ・ライプニッツ社会科学研究所（GESIS）主催の国際会議に参加し，PIAAC ないし類似の国際比較調査に障がい者を含む場合に必要となる調査項目や方法論について議論してきた。今後，国際的にデータが整備されることで，教育が障がい労働者の生産性に及ぼす影響が検証され，現行の教育制度にどの程度の費用対効果があるのか解明されていくだろう。

　続いて，障がい者の就労・退職の選択に大きな影響を及ぼす制度として障がい者給付制度がある。日本の障がい者給付制度は「障害年金制度」という形式をとっている。現行の障害年金制度では，原則として，障害年金等級1級の障がい者には年額約100万円，2級の障がい者には年額約80万円を給付している（さまざまな加算項目があるため，金額は一律ではない。また，厚生年金加入者の場合，その分だけ支給額が増額され，3級の障がい者にも受給資格が生じる）。したがって，障がい者給付としての障害年金は所得効果を通じて，障がい労働者の労働意欲を削ぐ効果を持つことが予想される。しかしながら，Shimizutani, Oshio and Fujii（2015）のオプション・バリュー・モデルに基づいたシミュレーションでは，障害年金の受給要件の緩和によって引退確率がやや上昇するものの，年金給付の削減は有意な結果をもたらさないことが報告されている。現行制度の障害年金の給付額では，所得効果の影響が少なく，給付が障がい者の労働参加や労働時間の選択に大きな影響を及ぼしていないのかもしれない。労働供給という観点からは，労働参加への影響や労働時間の増減などの視点も含めて，今後さらなる検証が必要であろう。

◆読者のための文献／学習ガイド
佐藤久夫・小澤温（2016）『障害者福祉の世界（第5版）』有斐閣。
長瀬修・東俊裕・川島聡（2012）『障害者の権利条約と日本——概要と展望（増補版）』生活書院。
（日本の障がい者雇用に関する公的な統計調査やデータ）
1. 民間企業の「障害者雇用状況報告書」提出企業一覧
　　毎年6月1日時点での民間企業における障がい者雇用状況のデータ。各都道府県の労働局に情報開示請求を行えば，過去3年分のミクロデータを入手できる。開示されるデータ項目には企業名，住所，電話番号，算定の基礎となる常用雇用者数，障がい雇用者数，実雇用率，産業分類コードなどが含まれる（情報開示請求は学生でも行える）。
2. 障害者雇用実態調査
　　民間の事業所に対して，障がい労働者数，障がいの種類・程度，年齢，賃金，労働時間，

職業，雇用管理上の措置等を調査するとともに，障がい者本人に対して，属性，職場環境，不満・不安，仕事・職場生活以外の活動等を調査したもの。厚生労働省に二次的利用申請を行うことで利用できる場合がある（二次的利用申請は大学・研究機関に所属する一部の研究者のみ可能）。

3.　身体及び知的障害者就業実態調査

　障害者手帳取得者を対象に，障がいの種類・程度，就業形態，職種等の就業状況を調査したもの。

4.　生活のしづらさなどに関する調査（全国在宅障害児・者等実態調査）

　障害者手帳取得者ないし長期療養者を対象に，障がいの種類・程度，日常生活の状況，福祉サービスの利用状況，家計等を調査したもの。厚生労働省に二次的利用申請を行うことで利用できる場合がある。

◆参考文献

大内伸哉・川口大司（2014）『法と経済で読みとく雇用の世界──これからの雇用政策を考える（新版）』有斐閣。

小野隆（1990）「障害者雇用における割当雇用・納付金制度の役割」『リハビリテーション研究』63 号：2-9。

影山摩子弥（2012）「『障がい者雇用の経営上の効果に関する研究』中間報告」未公刊。

影山摩子弥（2013）『なぜ障がい者を雇う中小企業は業績を上げ続けるのか？──経営戦略としての障がい者雇用と CSR』中央法規出版。

勝又幸子（2008）「国際比較からみた日本の障害者政策の位置づけ──国際比較研究と費用統計比較からの考察」『季刊社会保障研究』44 巻 2 号：138-149。

川島聡・飯野由里子・西倉実季・星加良司（2016）『合理的配慮──対話を開く，対話が拓く』有斐閣。

坂本光司（2008）『日本でいちばん大切にしたい会社』あさ出版。

坂本徳仁・櫻井悟史編（2011）『聴覚障害者情報保障論──コミュニケーションを巡る技術・制度・思想の課題（生存学研究センター報告 16）』生活書院。

障害者職業総合センター編（2002）「障害者の雇用率・納付金制度の国際比較」『障害を配慮した雇用システムに関する研究　資料シリーズ』26 号，日本障害者雇用促進協会。

障害者職業総合センター編（2012）「欧米の障害者雇用法制及び施策の動向と課題」『調査研究報告書』110 号，独立行政法人高齢・障害・求職者雇用支援機構。

鈴村興太郎（2009）『厚生経済学の基礎──合理的選択と社会的評価』岩波書店。

立石純一朗（2010）「消費者は障害者雇用を評価するか── Conjoint Analysis を用いた消費者行動の検証」未公刊。

蓼沼宏一（2011）『幸せのための経済学──効率と衡平の考え方』岩波書店。

手塚直樹（2000）『日本の障害者雇用──その歴史・現状・課題』光生館。

土橋俊寛・尾山大輔（2008）「経済学から見た障害者雇用納付金・調整金制度」『日本労働研究雑誌』50 巻 9 号：43-52。

長江亮（2005）「障害者雇用と市場評価──大阪府内個別企業障害者雇用状況開示のイベントスタディ」『日本労働研究雑誌』47 巻 2-3 号：91-109。

長江亮（2007）「雇用率・納付金制度の政策評価──自然実験による株価データを使用した検証」未公刊。

長江亮（2014）「障害者雇用と生産性」『日本労働研究雑誌』56 巻 5 号：37-50。

中島隆信（2006）『障害者の経済学』東洋経済新報社。

藤井麻由（2011）「アメリカにおける障がい者政策——実証分析のサーベイ」，坂本徳仁・
　櫻井悟史編『聴覚障害者情報保障論——コミュニケーションを巡る技術・制度・思想の
　課題』生活書院，所収。

山田篤裕・百瀬優・四方理人（2015）「障害等により手助けや見守りを要する人の貧困の
　実態」『貧困研究』15 巻：99-121。

Acemoglu, D. and Angrist, J. D. (2001) "Consequence of Employment Protection? The
　Case of the Americans with Disabilities Act," *Journal of Political Economy*, 109(5):
　915-950.

Fleurbaey, M. (2008) *Fairness, Responsibility, and Welfare*, Oxford University Press.

Haveman, R. and Wolfe, B. (2000) "The Economics of Disability and Disability Policy," in
　Culyer, A. J. and Newhouse J. P., eds., *Handbook of Health Economics*, Vol. 1, Elsevier.

Jones, M. K. (2008) "Disability and the Labour Market: A Review of the Empirical Evi-
　dence," *Journal of Economic Studies*, 35(5): 405-424.

Lalive, R., Wuellrich, J., and Zweimuller, J. (2013) "Do Financial Incentives Affect Firms'
　Demand for Disabled Workers?" *Journal of the European Economic Association*, 11
　(1): 25-58.

Mori, Y. and Sakamoto, N. (2017) "Economic Consequences of Employment Quota Sys-
　tem for Disabled People: Evidence from a Regression Discontinuity Design in Japan,"
　forthcoming in *Journal of the Japanese and International Economies*.

OECD (2003) *Transforming Disability into Ability: Policies to Promote Work and In-
　come Security for Disabled People*, OECD.

OECD (2010) *Sickness, Disability and Work: Breaking the Barriers*, OECD.

Roemer, J. E. (1996) *Theories of Distributive Justice*, Cambridge, Harvard University
　Press.

Sen, A. K. (2010) *The Idea of Justice*, Cambridge, Harvard University Press.

Sen, A. K. (2017) *Collective Choice and Social Welfare, Expanded Edition*, Penguin
　Books.

Shimizutani, S., Oshio, T. and Fujii, M. (2015) "Option Value of Work, Health Status, and
　Retirement Decisions in Japan: Evidence from the Japanese Study on Aging and Re-
　tirement (JSTAR)," in Wise, D. A. ed., *Social Security Programs and Retirement
　around the World: Disability Insurance Programs and Retirement*, University of Chi-
　cago Press.

第9章

失業保険政策

1 はじめに——失業保険とは何か？

　おおよそすべての先進国で，失業者に対してなんらかの公的な所得保障が提供されている。その中核となるのは，社会保険の1つである失業保険である[1]。失業者に対して所得保障が行われないといけない理由は，失業したときになんらの所得保障もない状況を考えてみればわかりやすい。労働者が失業した際に自らの蓄えがなければ，消費水準を著しく下げなければならないだろう。これは当然，労働者の効用を下げることになる。そのようになれば，労働者は自分に合う仕事を十分な時間とコストをかけて探せないかもしれない。その結果として，失業者が再就職したとしても，その仕事の賃金は低かったり，（その労働者にとっては）キツい仕事だったりするかもしれない。また，もし失業時の所得保障がなければ，人々は離職することを過度に忌避するようになり，その結果として必要な労働移動は行われず，産業構造の転換が起きにくくなるかもしれない。そのことが，ひいては経済の発展を阻害することはいうまでもない。

　失業保険の細かい仕組みは各国で異なっているが，①一定の保険料拠出の実績（≒勤続経験）に基づいて，②失業前賃金の一定割合の現金給付を③一定期間行う，という点は共通している（とはいえ，上記の性質を有さない場合もある）。どのような社会保険もなんらかの意味で就業の不可能性に関わるリスクに対処するものだが，失業保険はその中でもとくに，就業の不可能性そのものに対し

て直接的に対応するものであるといえる。

　日本で失業保険にあたるのは，雇用保険である。足元で失業率の低下が続く中で，失業給付総額も減っており，この雇用保険について論じるべきことは少ないように思えるかもしれない。だが，失業時に雇用保険を受給する者の割合は長期的には低下傾向にあり，とくに雇用が不安定な者ほど失業時に給付を受けられないことが懸念されている。そのため，従来の雇用保険から漏れ落ちた者への救済策として求職者支援制度が導入されるなど，雇用保険をめぐっては近年，多くの制度改革が進められている。本章では，日本の雇用保険の仕組みや受給の実態を紹介すると同時に，失業保険をめぐる内外の研究動向を整理することで，経済学による失業保険研究の論点を明らかにする。

2　日本における失業保険——雇用保険制度の概要

　日本では，「雇用保険」が他国における失業保険に該当する[2]。失業保険に関する研究を整理するにあたっては制度に関する理解が前提となるが，日本の雇用保険を念頭に置くと理解しやすいので，本節ではその仕組みについて概説する[3]。

　雇用保険法第1条は，雇用保険の目的として，労働者が失業した場合（もしくは雇用の継続が困難となった場合）に必要な給付を行うことで「労働者の生活及び雇用の安定を図るとともに，求職活動を容易にする等その就職を促進」することをあげている。とはいえ，雇用保険制度のもとに行われているのはそれだけではない。図9-1は雇用保険の各事業と各種給付を示したものである。通常，雇用保険の給付としてわれわれが話題にすることが最も多いのは，失業等給付における求職者給付のうちの「基本手当」のことであるが，そのほかにも，傷病に対する手当や，教育訓練にかかる給付，また，失業を未然に防ぐために行われる企業に対する助成事業等が雇用保険制度には含まれていることがわかる。以下では，基本手当とそれに関連する給付を主に説明した後に，その他の

2　日本でも1975年まで雇用保険の前身として失業保険が存在したが，これは簡素な給付のみを行うものであった。

3　本節の雇用保険制度に関する説明は，主に厚生労働省ホームページ（https://www.hellowork.go.jp/insurance/insurance_summary.html）に従っている。

図 9-1　雇用保険制度の概要

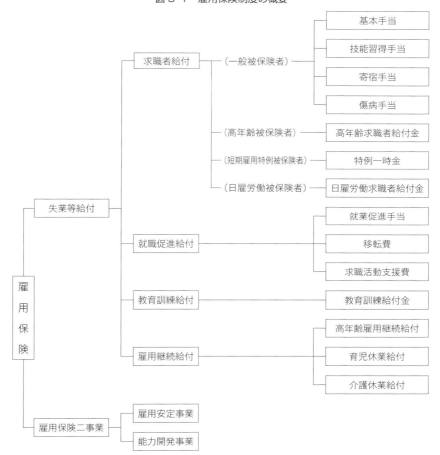

(出所)　厚生労働省ホームページ「雇用保険制度の概要」。

給付やその他の事業についても簡単に紹介する。

2.1　社会保険としての雇用保険

　雇用保険の保険者は政府（国）であり，保険料の徴収業務は各都道府県の労働局が，受給にかかる手続き等は公共職業安定所（ハローワーク）が担う。各種の給付（事業）を説明する前に，雇用保険が社会保険の 1 つであるという事実を強調しておきたい[4]。保険とは一定の確率で生じるリスクに備えて資金を

プールしておく仕組みであり，個々の主体がリスクに備えて預貯金を行うよりも効率的な仕組みとされる。つまり，リスク発生時により確実に必要な資金を得やすい。しかし，一般に，保険者が被保険者のリスク確率を知りえない場合，リスクに応じた保険料を課すこともできず，結果としてリスクの高い者ばかりが保険に加入しようとする「逆淘汰」が生じてしまうため，任意加入の民間保険は成り立ちにくいとされる。雇用保険に当てはめるならば，保険者にとって誰が失業しやすいかは基本的にわからず，このような場合，強制加入という形ですべての者を保険に加入させてしまう社会保険が有効になる。すなわち，雇用保険が社会保険であるということは，（保険者からは観察できないが）失業確率の異なる者が同率の保険料のもとで包摂されているということであり，そこには必然的に失業確率の低い者から高い者への所得再分配が伴うことになる。

　しかし同時に，保険であるがゆえに，雇用保険は「モラル・ハザード」も伴うことになる[5]。また，各個人や各企業によるリスクに備えるための自助努力（self-insurance）を抑制している可能性もある。

　雇用保険の社会保険としての側面には，税方式による所得保障との対比から光を当てることもできるかもしれない。いずれにしても，雇用保険が所得保障を中心に据えているという事実は，その限りで失業対策を規定するものではない。極端なことをいえば，所得保障を効率的に行いえたとしても，職業紹介が機能していなかったり，教育訓練の機会が十分でなかったりすれば，失業対策としては有効でないということも生じうる。

2.2　求職者給付

　事業所に雇われて働く者は，事業所規模に関係なく，所定労働時間が週20時間以上でかつ31日以上の雇用の見込みがあれば雇用保険の一般被保険者となる。自営業の者や公務員は雇用保険の被保険者になれない。また，学生も基本的に被保険者とならない。失業手当のうち最も一般的なものは求職者給付の基本手当であるが，これは，一般被保険者であった者が一定の被保険者期間を

4　日本では雇用保険と労災保険をあわせて労働保険と称し，あえて社会保険といわない慣行があるが，実態としては社会保険である。

5　失業保険をめぐる一連のインセンティブの歪みを「モラル・ハザード」と呼ぶべきかどうかについては議論の余地があるが，本章では便宜的に（鍵括弧付きで）「モラル・ハザード」と総称することにする。

満たしたうえで失業した場合に受け取ることができる。求職者給付（基本手当）を受給するためには，居住地を所轄するハローワークに出向き，求職申込をする必要がある。基本手当を受給するための最も肝心な要件は，申請者が「失業の状態」にあることである。すなわち，就職しようとする積極的な意思を持って求職活動を行っており，いつでも就職できる能力があるにもかかわらず，仕事に就くことができない状態にあることが要件となる。ここでいう求職活動には，具体的には，求人への応募，ハローワーク（もしくは認可された民間機関）が行う職業相談・職業紹介を受けること，公的機関等が行う各種講習・セミナーや個別相談ができる企業説明会等の受講などが該当し，単に職業紹介機関へ登録したり，ハローワークやインターネット等で求人情報を閲覧したりしただけでは求職活動の実績とはみなされない。受給を継続するには，4週間に1度，ハローワークに出向き，失業と認定される必要がある。

　受給のために満たすべき被保険者期間は，離職理由によって異なっている。倒産・解雇等によって離職を余儀なくされた者（特定受給資格者という）や，期間の定めのある労働契約が更新されなかったこと等によって離職した者（特定理由離職者という）の場合には，離職日以前の1年間に被保険者期間が通算して6カ月以上あることが要件となる。それ以外の理由によって離職した場合は，離職日以前の2年間に被保険者期間が通算して12カ月以上あることが要件となる。基本手当の額は，離職した日の直前の6カ月間に（賞与等は除いて）毎月きまって支払われていた賃金の平均の50〜80%[6]となっており，離職前の賃金が低いほど高い率が適用される[7]。離職前の給与（保険料等控除前）が平均して月額15万円程度の場合は支給月額はおおむね11万円程度，離職前給与が月額20万円程度の場合は支給月額は13万円程度，離職前給与が月額30万円程度の場合は支給月額は16万円程度となる（いずれも60歳未満の場合）。なお，先進各国の失業保険の賃金代替率については，インターネット上のOECDのサイトで比較することができる（http://www.oecd.org/social/benefits-and-wages.htm）。

　基本手当の所定給付日数（最大給付日数）は，離職理由や被保険者期間，また年齢によっても異なり，90〜360日の間で決定される。基本的に，求職準備をする余裕がないと考えられる倒産・解雇等による失業の場合の方が，給付期

6　60〜64歳については45〜80%。

7　ただし，上限額と下限額がある。

間が長くなるように設計されている。また，被保険者期間が長いほど給付期間が長くなっている。倒産・解雇等による失業の場合は，年齢が高いほど給付期間が長い[8]。基本手当の給付は，原則として，受給資格決定日から7日間の待期期間を経て開始されるが，自己都合により退職した場合や自己の責めに帰すべき重大な理由によって解雇された場合は，待期期間終了後，給付開始までさらに3カ月間待つ必要がある（給付制限）。時期によっても異なりうるが，2015年度では，受給者のおよそ7割が自己都合による失業者（特定以外受給資格者）となっている。また，受給者のうちおよそ4割の者が受給期間中に再就職先を見つけているとされる（独立行政法人労働政策研究・研修機構 2017）。

　なお，日本の雇用保険の給付額は給付期間を通して一定であり，一部の国に見られるように受給中に給付額が漸減していくといったことはない。ただし，後にも触れるように，早期に再就職した場合には手当という形で一時金が支払われるため，実質的には受給期間によって給付額が変わる仕組みになっているといえなくもない。

　基本手当にかかる雇用保険制度の変遷についてここで詳しく見ることはしないが，雇用保険制度が比較的早くから，いわゆる「非正規雇用」に対して適用拡大を行ってきたことは指摘しておきたい[9]。1989年に，所定労働時間が一般の労働者の4分の3未満かつ2分の1以上の労働者も雇用保険の被保険者とされたことに加え，2009年には，雇い止め等によって離職を余儀なくされた特定理由離職についても，被保険者期間6カ月以上で受給できるようになり，給付日数も暫定的にではあるが特定受給資格者と同じ扱いになった。この際に，適用基準の雇用見込み期間も「1年以上」から「6カ月以上」に改められた。2010年には，これがさらに「31日以上」に短縮された。

　なお，65歳以上の被保険者が失業した場合には上記の給付日数とは異なり，被保険者であった期間に応じて30日分（被保険者期間が1年未満の場合）もしくは50日分（被保険者期間が1年以上の場合）の基本手当が支給される（高年齢求職者給付金）。この給付は，65歳以前から雇用されていた被保険者が65歳に達した日以降の日に離職した場合のみに支給されるものだったが，高齢者就業の進展に合わせ，2017年1月より65歳以上の者についても高年齢被保険者とし

8　所定給付日数の変遷については，酒井（2012）を参照のこと。

9　雇用保険制度の変遷については，濱口（2010）や金井（2010）に詳しい。

て適用されるようになったことで，65 歳以降に就いた仕事から離職した場合にも受給できるようになった。

　また，季節的に雇用されている者や日雇い労働者が失業した場合についても，一般被保険者とは区別して，受給の要件と給付額・給付日数が定められている（それぞれ，特例一時金と日雇労働求職者給付金という）。

2.3　その他の給付

　求職者給付のほかには，就職促進給付や教育訓練給付，また雇用継続給付といったものがある。就職促進給付には，所定給付日数のうち一定の期間を残して就職した場合に給付される再就職手当や就業手当が含まれる。また，教育訓練給付は，一定の被保険者期間を満たした被保険者を対象に，厚生労働大臣の指定する講座を受講した場合に一定の給付を行うものであり，一般教育訓練給付金や専門実践教育訓練給付金がある。

　雇用継続給付には，高年齢雇用継続給付と育児休業給付，介護休業給付が含まれる。高年齢雇用継続給付は，雇用保険の被保険者であった期間が 5 年以上ある 60 歳以上 65 歳未満の一般被保険者が，60 歳以降の賃金が 60 歳時点に比べて，75% 未満に低下した場合に支給される。また，育児休業給付は，被保険者が 1 歳（または保育所に入れない等の場合は 2 歳）未満の子を養育するために育児休業を取得した場合に，一定の被保険者期間等を条件に，休業開始前賃金の 67%（育児休業の開始から 6 カ月経過後は 50%）に相当する額が支給されるものである。育児休業給付は非課税となっており，また，育児休業期間中は社会保険料が免除されることから，休業前の税・社会保険料支払い後の賃金と比較した実質的な給付率は 8 割程度となる[10]。一方，介護休業給付は家族を介護するための休業をした被保険者を対象に，一定の被保険者期間等を条件に，支給対象となる同じ家族について 93 日を限度に 3 回までに限り，休業開始前賃金の 67% に相当する額が支給されるものである。

　失業等給付の支給額の内訳を，1995 年度と 2015 年度について比べた（図 9-2）。1995 年の年平均失業率は 3.2%，一方，2015 年の年平均失業率は 3.4% で

---

[10] 以前は，給付の一部は職場復帰給付金として育児休業から復帰した後に給付されていた。朝井（2014）および Asai（2015）は，この職場復帰給付金（の引き上げ）には，継続就業率を高める効果がほとんどなかったとしている。

図 9-2　失業等給付の支給額の内訳

(1)　1995 年度

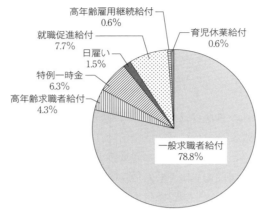

(2)　2015 年度

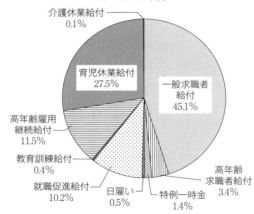

(注)　日雇い以外は業務統計値。
(出所)　厚生労働省「雇用保険事業年報」。

あり，両年の労働市場の需給状況は似通っている。1995 年度の支給総額は約 1 兆 9000 億円，2015 年度の支給総額は約 1 兆 5000 億円である。両年とも一般求職者給付が最大を占めているのは当然だとしても，近年では，それに次いで育児休業給付や高年齢雇用継続給付が大きな割合を占めるようになっていることが見てとれる。両年に制度上の違いはあるものの，いまや育児休業給付といった景気循環とはあまり連関しないと思われる給付が雇用保険給付の一翼を担

うようになっているという事実は，今後の雇用保険財政の動向を占ううえで無視できないだろう。

2.4　その他の 2 事業

　日本の雇用保険には，失業等給付以外の附帯事業として，雇用調整助成金等の事業主への雇用助成を行う雇用安定事業と，職業訓練とその助成を行う能力開発事業がある（「2 事業」と通称されている）。2 事業をあわせて 3900 億円程度の支出である（2015 年度）。これらの 2 事業と失業等給付とは補完もしくは代替し合っており，失業保険政策を議論するにあたっては本来ならばこれらの 2 事業の果たしている機能についても一体的に考察しなければならない。しかし，紙幅の都合もあり，ここでは立ち入った議論は行わない。なお，これらの 2 事業に関する経済学的な見地からの分析事例は決して多くはないが，雇用安定事業については，中馬ほか（2002）や神林（2012）があり，能力開発事業については黒澤・佛石（2012）がある。

2.5　雇用保険料と雇用保険財政

　雇用保険料は，給与総額に雇用保険料率を掛けて算出される。失業等給付にかかる雇用保険料は事業主と労働者によって折半されているが，それ以外の 2 事業については事業主のみの負担となっている。保険料率はごく一部の産業[11]で異なる料率が適用されるが，基本的には業種にかかわらず一律の保険料率となっている。現下の雇用保険料率は，2015 年度時点で積立金残高が 6 兆円を超えていることもあり，過去最低の 0.9％ となっている[12]。なお，日本の雇用保険制度においては，離職の実績に応じて事業主ごとに異なる保険料率が適用されるメリット制はとられていない。

　当然のことだが，雇用保険の積立金残高[13]と受給者数の推移は，基本的に対照的な動きをしている[14]。これは景気が悪化した際の給付増のために，好景気

11　農林水産業・清酒製造業および建設業。
12　2017 年 3 月の法改正により原則の保険料率を 1.2％ から 1.0％ に引き下げたうえで，弾力条項を適用した料率。なお，雇用保険財源の動向については藤井（2014）等が参考になる。
13　この積立金には，その他の 2 事業は含まれない。
14　厚生労働省「職業安定分科会雇用保険部会（第 118 回）資料」。

時に蓄えているとも見ることができ，その意味ではビルトイン・スタビライザー（自動安定化装置）といえる。

　なお，給付に占める国庫負担の割合は長らく 13.75% だったが，上述の積立金の動向もあり，財政支出抑制のため 2017 年度より 3 年間に限り 2.5% となっている。

3　失業保険に関する研究の動向

3.1　失業保険が失業からの退出に与える影響に関する研究

　失業保険をめぐる実証研究として内外を問わず最も盛んに行われてきたのは，失業給付が失業からの退出行動（outflow）に与える影響に関する分析であろう。すなわち，失業保険が給付水準や給付期間において手厚いほど失業期間が長くなるとする仮説を検証する一連の研究群である。長期間の失業給付は，職探しのインセンティブを抑制することで失業期間を長くするが，同時に失業期間が長期化することで技能の陳腐化が起き，そのことがさらに再就職確率を低下させる可能性がある。また，失業給付額が高い場合も，所得効果を通じて，失業期間を延ばす可能性がある。結局，失業給付の存在が再就職の妨げとなっていることになる[15]。比較的古くは Meyer（1990）や Katz and Meyer（1990）が，アメリカのデータを用いて，失業保険の給付水準が高いと失業から脱け出す確率が下がり，また失業給付期間が終わる直前に失業から脱け出す確率が高まることを見出している。同様の事実が，国や推計手法を換えて，最近に至るまで繰り返し確認されている[16,17]。さらには，生活時間調査に基づいて，失業保険受給者の 1 日の求職活動時間が，受給できなかった者よりも短く，給付期間の満了時期近くになって増えることを確認したものもある（Krueger and Mueller 2010）。日本でも，小原（2002, 2004）の研究があるが，比較的最近の Machikita,

---

15　単純な静学的労働供給モデルは，失業給付の存在が労働供給を減らすことは予想するが，完全競争市場では失業期間が延びることはない。失業給付と失業期間の関係を分析するには，労働市場における摩擦等を仮定することが必要となる。それらについては，本書 12 章のほか，Boeri and van Ours（2013）の Chapter 11 を参照のこと。

16　紙幅の都合上，ここではそれらをすべて紹介することはしないが，Tatsiramos and van Ours（2014）に詳しい。そこに掲載されたもの以外としては，Jurajda and Tannery（2003）や Farber and Valletta（2015）等がある。

Kohara and Sasaki（2013）では，年齢や離職理由，被保険者期間によって所定給付日数が異なることを利用した分析の結果，給付期間が延びることは失業期間の長期化につながらないとしている。内外の先行研究は，失業給付の手厚さと失業期間の間におおむね正の関係を見出しているものの，そのインパクトにはかなりの幅があるといえる。また，人々は失業給付水準（賃金代替率）の引き上げよりも給付期間の延長に対してより大きく反応することも指摘されている（Lalive, van Ours and Zweimüller 2006）。

　これらの先行研究の結果をめぐって，比較的近年に 2 つの別の解釈の可能性が提示された。1 つは，失業給付水準（もしくは給付期間）と失業期間との間に見られる正の相関を「モラル・ハザード」とはみなさず，流動性制約による影響と考えるものである。すなわち，人々は流動性制約に直面しているために給付期間に依存して求職期間を変更するというのである。Chetty（2008）は，アメリカにおいて，流動性制約にさらされている家計ほど，給付期間の延長が失業期間に与える影響が大きいことを見出し，失業給付によって失業期間が延びる影響のうち 60％ が流動性制約によるものであるとしている。もう 1 つの解釈は，「失業期間」の定義に関わるものである。Card, Chetty and Weber（2007a）は，既存研究の再検討とオーストリアのデータの分析から，「認定された失業」からの退出確率が給付期間の終了間際に高まるのは事実だが，再就職確率については，終了間際に必ずしも高まっていないことを示している（図9-3）。つまり，まじめに職探しをすれば仕事が見つかるにもかかわらず，それをしないというわけではないのである。このように見れば，これまでの多くの研究は失業給付に付随する「モラル・ハザード」を，過大に見積もってきた可能性がある。ただし，再就職確率が給付期間の終了間際に高まることを見出している研究も一定数あることも事実である。

17　個々人の失業保険の受給可能期間と彼らの実際の失業期間との間に正の相関が観察されたとしても，それをもって失業給付の存在が失業を長引かせているとは必ずしも結論できない。たとえば，失業時に仕事が見つかりにくいと考えられる中高年者ほど給付期間も長く設定されていれば，受給可能期間と実際の失業期間の間に見られる正の関係は必ずしも前者から後者への因果関係を表していないことになる。近年は，因果関係を正確に特定するために，差の差（difference-in-differences）推定や回帰不連続デザイン（regression discontinuity design: RDD）等，準実験アプローチに基づく研究が多くなっている。

図 9-3　失業からの退出確率と再就職確率

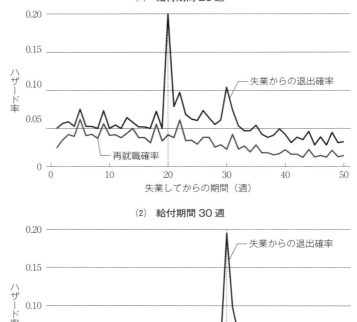

(1)　給付期間 20 週

(2)　給付期間 30 週

(出所)　Card, Chetty and Weber (2007a) Figure 1.

3.2　失業保険が失業への流入に与える影響に関する研究

　一方，失業給付の存在が失業への流入 (inflow) に与える影響を検証する研究群もある。すなわち，失業給付が手厚ければ，失業期間が延びるだけではなく，人々が失業 (離職) 自体を安易にする可能性がある。Kuhn and Riddell (2010) は，アメリカとカナダの国境で隣接する州であるメイン州とニューブランズウィック州を経時的に比較することで，失業保険給付の手厚かったカナダの州では，(隣のアメリカの州に比べて) 年間を通じて就業しない男性労働者 (part-year workers) の割合が高かったことを報告している。また，失業保険の

受給には（離職前の）一定の雇用期間が必要となるが，受給に必要となる期間を満たした直後に離職率が上がるとするカナダにおける研究もある（Baker and Rea 1998）。Light and Omori（2004）は，失業給付水準が高いと将来の解雇を避けるために業績の悪化した企業から転職する者が減ることをアメリカのデータを用いて確認している。失業保険は，失業からの退出に影響を与えるのみならず，失業への流入や勤続年数に対しても影響を与えうるのである[18]。

3.3　失業保険が貯蓄行動等へ与える影響に関する研究

　失業保険がなければ，たとえそれがファイナンスの手段として非効率であったとしても，人々は自らなんらかの形で失業時に備えることになるだろう。逆にいえば，失業保険があることでこの「個人による備え」（self-insurance）が減る可能性がある。そのような「個人による備え」の典型的なものとしては，預貯金があろう。Engen and Gruber（2001）は，アメリカでは州ごとに失業保険の給付水準が異なるという事実を利用した分析の結果から，失業給付の所得代替率が50% 低下すると保有する金融資産が14% ほど増えるとしている。また，失業保険がなければ，失業時にはほかの世帯員が労働時間を長くする等によって乗り切ることも考えられる。これを追加的労働力効果（added worker effect）というが，Cullen and Gruber（2000）によれば，アメリカでは夫の失業給付の受給額が1 ドル増えると，妻の稼得収入は約70 セント減るとされる。また，各自の備えではないが，ほかの社会保障給付との代替的な受給の可能性もある。たとえば，障害保険（disability insurance）と失業保険はしばしば代替的に利用されることが指摘されている（Lindner 2016）。このような状況で，1 つの社会保障給付の受給要件が厳格化される等のことがあれば，それはほかの社会保障の受給を増やすことになるかもしれない。このように，失業給付が「個人による備え」やほかの公的給付を押し退ける（crowd out）可能性については，失業保険の給付水準を変更する際等に意識されてもよいかもしれない。

3.4　失業保険の便益——再就職後の仕事の質への影響に関する研究

　以上のように，失業保険が人々や企業の行動を歪める効果は繰り返し確かめ

18　ただし，日本の雇用保険について，雇用見込み期間の短縮が離職を促したかどうかを検証した戸田（2017）は，その傾向は必ずしも見られなかったとしている。

られてきた。だが，失業保険が有するこのような「副作用」が事実だとしても，それだけで失業保険の存在意義が失われることにはならない。それでは，失業保険の便益とは何か。そもそも，失業保険の目的には所得保障という役割が第1に掲げられている。経済学的にいえば，失業保険があることで消費が平準化されうるということになる。実際に，失業保険の給付水準（所得代替率）が高いほど消費の落ち込みが少ないことが確かめられている（East and Kuka 2015; Gruber 1997; Browning and Crossly 2001）。第2に，失業保険は失業者に十分な求職期間を与えることで，受給後に就く仕事の質を高めることが考えられる。先行研究では，仕事の質として，主に①再就職後の賃金と，②再就職後の勤続年数（もしくは離職率）が考えられてきた。失業保険が再就職後の賃金に影響を与える経路としては，①失業保険が留保賃金を引き上げた結果，賃金の高い仕事のみを選ぶようになるという効果と，②失業保険給付があることで仕事とのマッチングの質を高めることができ（すなわち自分に合った仕事が見つかるまで職探しができ），賃金が高まるという効果の2通りの可能性がある。

　アメリカのデータに基づいて再就職後の賃金への失業保険の影響を調べた Addison and Blackburn（2000）は，失業給付の非受給者と比べる限りにおいて再就職後賃金を引き上げる影響がわずかに見られるものの，受給者における失業給付水準の違いは再就職後の賃金にほとんど影響を与えていないことを見出している。一方，Centeno（2004）はアメリカのデータに基づき，失業給付の手厚い州ほど再就職後の勤続年数が長いことを見出している。Card, Chetty and Weber（2007b）は，離職手当の受給資格が36週以上の勤続期間であることを利用して，回帰不連続デザインによって離職手当がマッチングの質に影響を与えているかどうか確認している[19]。その結果，離職手当は再就職確率を有意に下げるものの，再就職後の賃金や勤続年数には影響を与えないことを認めている。ヨーロッパ各国のパネル・データに基づいて分析を行った Tatsiramos（2009）は，失業保険を受給することで失業期間が延びると，再就職後の勤続年数も長くなること示している。とくにこの影響は，失業給付の水準がある程度高い国で顕著に見られるという。ドイツのデータに基づいた Caliendo,

---

19　勤続期間は企業によって操作しうるかもしれず，その場合，回帰不連続デザインによる分析は不適切となる。同論文の著者らは，勤続期間の36週前後で離職率には不連続がないこと等を確かめることで，回帰不連続デザインによる分析の妥当性を確認している。

Tatsiramos and Uhlendorff（2013）は，失業給付が切れる前後に再就職した者
は，再就職後の賃金が低く，離職率も高い傾向にあることを示している。

　日本では Kohara, Sasaki and Machikita（2013）が，「雇用保険事業統計」と
「職業安定業務統計」の 2 つの業務データを接続することで，失業期間と仕事
の質との関係を調べている。その結果，失業期間が長いほど，その後に就いた
仕事の勤続期間は短くなる傾向を見出している。また，給付期間の満了まで
60 日を切ってはじめて求人に応募した者については，失業期間が長くなると
勤続期間はさらに短くなる傾向にあることも確かめている。田中（2015）は失
業給付の受給が再就職後の賃金（再就職後 1 年目の年収）に与える影響を傾向ス
コア・マッチング（propensity score matching）によって検証している。リクル
ートワークス研究所の「ワーキングパーソン調査」（2002 年）に基づいた分析
の結果，失業給付の受給は再就職先での年収を 31〜39 万円程度引き下げるこ
とを確かめている。失業者の属性や景気の局面によって分割されたサンプルに
基づいた推計でも，失業給付の受給は少なくとも再就職後の賃金を上げること
はなかった[20]。ただし，これらの研究では，個々人の能力といった要素が完全
にコントロールできておらず，能力の高い者ほど失業期間が短いと同時に待遇
のよい仕事にも恵まれやすいという事実を反映しているだけの可能性はある。
分析の数が限られており，上記のような留保は必要であるものの，内外の研究
からは，失業保険の受給が再就職後の仕事の質を高めるかどうかはっきりとし
た結論が得られていない。ただし，平均的に見れば失業保険の受給が仕事との
マッチングを向上させていないように見えたとしても，個別には失業保険が効
果を持つ場合もあろう（Tatsiramos and van Ours 2014）。たとえば，流動性制約
に直面している個人にとっては，失業保険が受給できることで十分な求職期間
をとることができ，再就職後の仕事の質を向上させることにもつながるかもし
れない[21]。

---

[20]　このことは厚生労働省の資料によっても確認できる。「職業安定分科会雇用保険部会
（第 118 回）」の資料には，支給終了後に就職した場合よりも受給期間中に就職した場合
の方が賃金が高いことが示されている。

[21]　その他の研究の潮流としては，失業給付がもたらす「モラル・ハザード」を抑制す
るために設けられたインセンティブや罰則の効果を評価する研究が目立つようになって
きている（Klepinger, Johnson and Joesch 2002; Black et al. 2003; Geerdsen 2006; Rich-
ardson 2002; Micklewright and Nagy 2010; Abbring, van den Berg and van Ours
2005; Borland and Tseng 2007）。

4　失業者は失業保険によってカバーされているのか？

　ここまで失業給付の存在が，求職者や就業者の行動にもたらしうる「歪み」について主に見てきた。だが，そもそも失業者は失業給付を受給できているのだろうか。図9-4は，日本の雇用保険について，失業者に占める基本手当の受給者の割合（以下，受給者割合という）の推移を見たものである[22]。1980年代前半に60％近くあった受給者割合は，その後，一貫して低下傾向にあり，現在では3割を切っている[23]。それでは，なぜ日本の雇用保険の受給者の割合は長期的に低下してきたのだろうか。その理由によって，とるべき政策対応は異なってこよう。失業状態にあるにもかかわらず雇用保険を受給していないケースには，原理的には大きく分けて，①雇用保険の受給資格がない場合，②雇用保険を受給していたが給付期間が終了してしまっている場合（もしくは，給付制限期間にある場合），③その他の理由から申請自体をしていない場合の3つがあると考えられる。①の受給資格がない場合についてはさらに細かいケースに分けることができる。たとえば，失業前に被保険者でなければ雇用保険は受給できないし，被保険者であっても一定の被保険者期間を満たしていなければやはり受給することはできない。学卒無業者は，そもそも被保険者でなかったケースにあたる。したがって，働いてはいても被保険者でない者や被保険者であっても受給資格期間を満たさないような者が増えれば，受給者割合は低下することになる。また，長期失業者が増え，給付を切らしてしまう者が増えても受給者割合は低下することになる。もちろん制度変更によって，受給要件が厳しくなっても受給者割合は低下する。図9-4には，被用者に占める雇用保険の被保険者の割合も示しているが，非正規雇用割合が一貫して上昇してきた中で，被保険者の割合は一定の水準を保ってきたことが見てとれる。これは，先に記したように雇用保険制度が比較的早い時期から短時間労働者や雇用契約期間の短い者を被保険者として取り込んできたからにほかならない。それにもかかわらず，失業者に占める受給者割合は低下してきているのである。

22　ただし，この受給者割合を算出するにあたって，分子（「雇用保険事業年報」）と分母（「労働力調査」）の出所が異なっている点には注意が必要である。

23　この傾向は日本に限ったものではなく，アメリカでも失業保険の受給率は1970年代前半には60％近くあったが，近年にかけて低下してきているという（Simms and Kuehn 2008）。

図 9-4　雇用保険の被保険者割合と受給者割合の推移

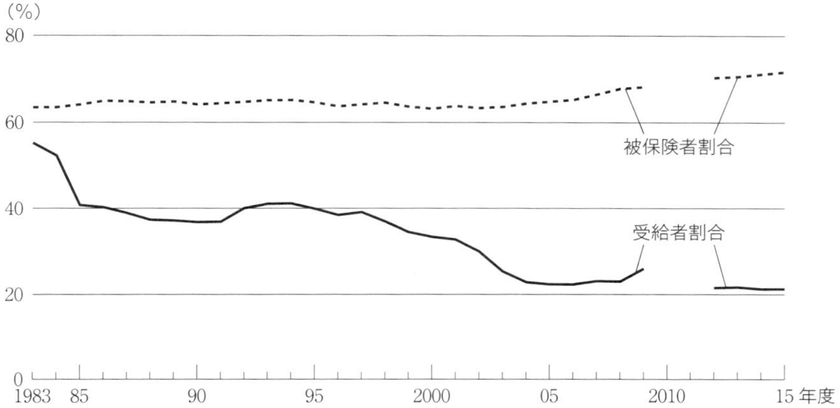

(%)

被保険者割合

受給者割合

(注)　受給者割合＝基本手当受給者実人員/失業者数，被保険者割合＝被保険者数/雇用者数
　　　東日本大震災の影響で 2010 年度および 2011 年度の「労働力調査」の値が変則的なため，両年度に
　　　ついては除いた。
(出所)　厚生労働省「雇用保険事業年報」，総務省統計局「労働力調査」「労働力調査詳細集計」。

　酒井（2012）は，時系列データに基づいて，この受給者割合の低下が，どのような要因によってもたらされていたかを検証した。具体的には，受給者割合を，6 カ月未満の失業者割合や離職失業者割合等に回帰することを行っている。その結果，受給者割合の低下は主に，自己都合離職の給付制限期間を 1 カ月から 3 カ月に延ばした 1984 年の制度変更のほか，非正規雇用の増加と長期失業者の増加によってもたらされていたことを明らかにした。また，酒井（2013）も，2000 年代の都道府県別のデータに依拠して同様の分析を行った結果，受給者割合の低下が非正規雇用の増加と長期失業者の増加によってもたらされていたことを確認しているが，とくに前者の影響が大きかったことが示唆されるとしている[24]。これらの結果は，受給者の構成要素の推移を観察した乗杉（2005）の結果ともおおむね整合的なものといえる。

　なお，上記の研究では，2009 年と 10 年の制度改正の効果については明示的に分析されていない。2009 年には雇用見込期間が 6 カ月以上で雇用保険が適

24　これらの研究では，受給資格があるにもかかわらず受給の申請がなされない場合については明示的に扱っていない。それらの可能性についても，今後は行動経済学的な観点から検証しうるかもしれない。

用されるようになり，10 年にはさらに 31 日以上の雇用見込期間で適用されるようになった。2009 年には，雇い止め等による特定理由離職者も特定受給資格者と同様に扱われることになった。その背景には，リーマン・ショックの発生を契機に，非正規雇用ほど解雇されやすいとの認識が広がり，それらの者へのセーフティネットの充実が要請されたことがあった。図 9-4 を見る限り，受給者割合の長期的な傾向に変化はないように見えるが，この制度変更が受給者割合にもたらした影響については，今後，精緻に検証していく必要がある。

　上に見たように，雇用保険がどれだけ人々の失業リスクを救済できているかは，単に被保険者割合だけを見ただけではわからない。また，所定給付日数や賃金代替率，受給者割合だけでも指標としては十分でないことになる。そこで，各国の失業保険の「手厚さ」を比較・評価する際には，たとえば「賃金代替率×受給者割合」というように 2 つ以上の指標が組み合わされて用いられる場合もある。

5　おわりに──研究上の観点からの失業保険政策の展望

　ここまで見てきたことを踏まえ，最後に，日本の雇用保険制度を念頭に置きながら，失業保険政策に対して経済学の研究が貢献できることを考えてみたい。失業保険給付が失業時の所得保障として重要な役割を果たしていることは言をまたない。とはいえ，そこに就業インセンティブを抑制する等の副作用があるならば，制度設計はそのことと勘案したうえでなされる必要がある。とくに日本では，所定給付日数が失業期間に及ぼしうる影響について必ずしも定まった事実（stylized fact）が存在するわけではない。失業給付がもたらす便益と費用についての正確な計測が求められる。その際には，ほかの公的な給付との関係や家族機能との関係にも注意が必要となる。日本では社会保障財政の逼迫を背景に，ほかの社会保険給付も抑制される傾向にある。このことが雇用保険受給にもたらす影響については意識されてもよい。また，単身者が増え，家族機能が低下しているということは，失業時の私的な保険機能が弱まっているということでもある。その意味では，失業時の公的なセーフティネットの役割がますます重要になっているといえなくもない。同時に，現行の制度における「モラル・ハザード」を防ぐ仕組み（罰則やインセンティブ）についての評価も重要となる。日本においては，就職促進給付の効果について一度，丁寧に評価してみ

ることも必要かもしれない。

　研究上の注目は失業保険がもたらす副作用に集まりがちだが，そもそも失業
保険が失業者をカバーできているのかという点も重要である。同時に，失業保
険から漏れ落ちた者をどのように包摂するかということもそれ以上に重要であ
る。先に見たように日本の雇用保険はかなりの適用拡大を進めてきたにもかか
わらず，失業者のうちの受給者の割合は必ずしも高くないという事実がある。
その対策として，（所定の被保険者期間等の）受給要件をさらに緩和するという
方向もありえよう。ただし，その場合，拠出と給付がなんらかの形でリンクす
る社会保険という形式を維持する限り，結局のところ貧弱な給付しか行えない
可能性もある。そこでもう 1 つの方向性としては，拠出に関係なく給付を行う
ということがある。しかし，拠出とのリンクを断てばより福祉に近いものとな
らざるをえず，そこにはモラル・ハザード対策等，福祉特有の課題への対策が
求められることになる。日本では，2011 年 10 月より，雇用保険に加入できな
かった者，雇用保険を受給中に再就職できないまま支給終了した者，雇用保険
の加入期間が足りずに雇用保険を受けられない者，学卒未就職者の者等を対象
として，求職者支援制度が開始された。これは，①「求職者支援訓練」または
「公共職業訓練」を（無料で）受講し，②訓練期間中および訓練終了後もハロー
ワークによる積極的な就職支援が行われるものであり，さらに③収入，資産な
どの一定要件を満たす者には，訓練期間中「職業訓練受講給付金」が支給され
る制度である（雇用保険の附帯事業）。端的には，従来の雇用保険から漏れ落ち
ていた者を対象に，訓練への参加を条件に金銭給付と就職支援を行う制度とい
える。ただ，職業訓練がどんな失業者にも適しているわけではない。また，現
状で，プログラムへの参加の管理は厳しい。就職支援としての職業訓練が重要
であるとしても，リーマン・ショック時のように労働需要が圧倒的に不足して
いるときにあって，「第 2 のセーフティネット」として機能するかどうかにつ
いては慎重な評価が求められよう。もとより大不況時に求職者支援制度のみに
失業者の救済が期待されているわけではなく，雇用調整助成金等とあわせた一
体的な評価こそが必要との考えもあろう[25]。

　また，一部の事業主から多くの離職者が発生しているような状況においては，

25　求職者支援制度導入の経緯については厚生労働省（2012）第 2 章が，その評価につ
いては金井（2015）や玄田（2015）等が参考になる。

離職の実績にかかわらず一律の雇用保険料を事業主に対して適用することに疑問の声もある。というのも，雇用保険料が離職実績に依存せず一律であるということは，結果として離職者の少ない企業が離職者の多い企業の雇用保険給付を賄っているとも考えられるからである。（アメリカの失業保険のように）事業主負担分の保険料を離職実績に応じたメリット制にすることで，事業所間の公平性が保たれ，企業にとっては離職を抑制するインセンティブともなりうる。ただし，雇用保険においてメリット制を採用することに懸念もないわけではない。もし離職率が高いほど保険料が高くなるような仕組みを採用すれば，一般に離職率が高いとされる女性や若者の採用を躊躇する事業主が出てくる可能性もあるからである[26]。

2017 年 3 月に雇用保険法が改正され，基本手当の所定給付日数が一部引き上げられ，失業等給付の保険料率や国庫負担率も引き下げられた。また，基本手当の上限・下限額や育児休業給付の延長期間も順次，引き上げられていくことが決まった。ただし，これらの多くは基本的にはパラメーターの変更（＝従来からある制度・政策の調整）とみなすことができ，雇用保険の枠組み自体を変えるようなものではない。それは，現在の雇用保険制度がパッケージとしては多くの種類の給付と細かな調整の仕組みをすでに備えていることを考えれば当然ともいえる。そのような雇用保険制度の微調整は，今後も得られる限りのエビデンスに基づいて行われていくべきであろう[27]。一方で，雇用保険制度の周辺に目を転じれば，雇用保険から漏れ落ちる人々をどのように救済すべきかという点に関して，求職者支援制度のあり方も含め，今後，いっそうの議論が必要かもしれない。

　　　＊本研究は，文部科学研究費補助金「就業安定モデルの変化における社会保障制度の機能研究」（研究代表者：西村幸満）の助成を受けている。

26　保険料が労使折半で負担されることを前提とすれば，メリット制を採用すると労働者の保険料まで離職実績に連動してしまうことになり，それを正当化することは現実的には難しいという面もある。

27　そこでは，場合によっては，人間の心理的な側面に基づいて給付の仕方に関しても変更した方が効果的な支援を行えることも出てくるかもしれない。行動経済学的な視点からの支援のあり方については本書 14 章を参照のこと。

◆読者のための文献／学習ガイド

Boeri, T. and van Ours, J. (2013) *The Economics of Imperfect Labor Markets*, 2nd ed., Princeton University Press Chapter 11.

Tatsiramos, K. and van Ours, J. (2012) "Labor Market Effects of Unemployment Insurance Design," *Journal of Economic Surveys*, 28(2) : 284-311.

駒村康平・山田篤裕・四方理人・田中聡一郎・丸山桂（2015）『社会政策——福祉と労働の経済学』有斐閣，第 8 章

「雇用保険事務手続きの手引き」（厚生労働省ホームページ内）

◆参考文献

朝井友紀子（2014）「2007 年の育児休業職場復帰給付金増額が出産後の就業確率に及ぼす効果に関する実証研究——擬似実験の政策評価手法を用いた試論」『日本労働研究雑誌』644 号：76-91。

金井郁（2010）「雇用保険制度における包括性——非正規労働者のセーフティネット」，駒村康平編『最低所得保障』岩波書店，所収。

金井郁（2015）「雇用保険の適用拡大と求職者支援制度の創設」『日本労働研究雑誌』659 号：66-78。

神林龍（2012）「労働市場制度とミスマッチ——雇用調整助成金を例に」『日本労働研究雑誌』626 号：34-49。

黒澤昌子・佛石圭介（2012）「公共職業訓練の実施主体，方式等についての考察——離職者訓練をとりあげて」『日本労働研究雑誌』618 号：16-34。

玄田有史（2015）『危機と雇用——災害の労働経済学』岩波書店。

厚生労働省（2012）『平成 24 年版 労働経済の分析』。

小原美紀（2002）「失業者の再就職行動——失業給付制度との関係」玄田有史・中田喜文編『リストラと転職のメカニズム——労働移動の経済学』東洋経済新報社，所収。

小原美紀（2004）「雇用保険制度が長期失業の誘引となっている可能性」『日本労働研究雑誌』528 号：33-48。

駒村康平・山田篤裕・四方理人・田中聡一郎・丸山桂（2015）『社会政策——福祉と労働の経済学』有斐閣。

酒井正（2012）「失業手当の受給者はなぜ減ったのか」，井堀利宏・金子能宏・野口晴子編『新たなリスクと社会保障——生涯を通じた支援策の構築』東京大学出版会，所収。

酒井正（2013）「学卒後の不安定就業の社会的コストとセーフティ・ネット」，樋口美雄・財務省財務総合政策研究所編『若年者の雇用問題を考える』日本経済評論社，所収。

田中康就（2015）「失業給付が再就職先の賃金に与える影響」『季刊社会保障研究』51 巻 1 号：71-85。

中馬宏之・大橋勇雄・中村二朗・阿部正浩・神林龍（2002）「雇用調整助成金の政策効果について」『日本労働研究雑誌』510 号：55-70。

独立行政法人労働政策研究・研修機構（2017）「雇用保険受給者等の就職の実態——雇用保険受給資格取得者実態調査」（調査シリーズ No. 168）。

戸田淳仁（2017）「雇用保険の適用拡大は離職確率を高めたか」未定稿。

乗杉澄夫（2005）「失業者のどれほどが失業給付を受給しているのか」『和歌山大学経済学会 研究年報』9 号：29-51。

濱口桂一郎（2010）『労働市場のセーフティネット』（労働政策レポート Vol.7）労働政策研究・研修機構。

樋口美雄（2010）「雇用保険制度改革」，宮島洋・西村周三・京極高宣『財政と所得保障（社会保障と経済 2）』東京大学出版会，所収。

藤井麻由（2014）「日本の雇用保険制度と雇用政策」，西村周三，国立社会保障・人口問題研究所編『社会保障費用統計の理論と分析——事実に基づく政策論議のために』慶應義塾大学出版会，所収。

Abbring, J. H., van den Berg, G. J., and van Ours, J. C. (2005) "The Effect of Unemployment Insurance Sanctions on the Transition Rate from Unemployment to Employment," *The Economic Journal*, 115(505): 602-630.

Addison, J. T. and Blackburn, M. L. (2000) "The Effects of Unemployment Insurance on Postunemployment Earnings," *Labour Economics*, 7(1): 21-53.

Anderson, P. M. and Meyer, B. D. (1993) "Unemployment Insurance in the United States: Layoff Incentives and Cross-subsidies," *Journal of Labor Economics*, 11(1), S70-S95.

Asai, Y. (2015) "Parental Leave Reforms and the Employment of New Mothers: Quasi-Experimental Evidence from Japan," *Labour Economics*, 36: 72-83.

Baker, M. and Rea, S. A. (1998) "Employment Spells and Unemployment Insurance Eligibility Requirements," *Review of Economics and Statistics*, 80(1): 80-94.

Black, D. A., Smith, J. A., Berger, M. C., and Noel, B. J. (2003) "Is the Threat of Reemployment Services More Effective than the Services Themselves? Experimental Evidence from the UI System," *American Economic Review*, 93(4): 1313-1327.

Boeri, T. and van Ours, J. (2013) *The Economics of Imperfect Labor Markets*, 2nd ed., Princeton University Press.

Borland, J. and Tseng, Y.-P. (2007) "Does a Minimum Job Search Requirement Reduce Time on Unemployment Payments? Evidence from the Jobseeker Diary in Australia," *Industrial and Labor Relations Review*, 60(3): 357-378.

Browning, M. and Crossley, T. F. (2001) "Unemployment Insurance Benefit Levels and Consumption Changes," *Journal of Public Economics*, 80(1): 1-23.

Caliendo, M., Tatsiramos, K., and Uhlendorff, A. (2013) "Benefit Duration, Unemployment Duration and Job Match Quality: A Regression-Discontinuity Approach," *Journal of Applied Econometrics*, 28(4): 604-627.

Card, D., Chetty, R., and Weber, A. (2007a) "The Spike at Benefit Exhaustion: Leaving the Unemployment System or Starting a New Job?" *American Economic Review*, 97(2): 113-118.

Card, D., Chetty, R., and Weber, A. (2007b) "Cash-on-Hand and Competing Models of Intertemporal Behavior: New Evidence from the Labor Market," *Quarterly Journal of Economics*, 122(4): 1511-1560.

Centeno, M. (2004) "The Match Quality Gains from Unemployment Insurance," *Journal of Human Resources*, 39(3): 839-863.

Chetty, R. (2008) "Moral Hazard versus Liquidity and Optimal Unemployment Insurance," *Journal of Political Economy*, 116(2): 173-234.

Cullen, J. B. and Gruber, J. (2000) "Does Unemployment Insurance Crowd out Spousal Labor Supply?" *Journal of Labor Economics*, 18(3): 546-572.

East, C. and Kuka, E. (2015) "Reexamining the Consumption Smoothing Benefits of Unemployment Insurance," *Journal of Public Economics*, 132: 32-50.

Engen, E. and Gruber, J. (2001) "Unemployment Insurance and Precautionary Saving," *Journal of Monetary Economics*, 47(3): 545-579.

Farber, H. and Valletta, R. (2015) "Do Extended Unemployment Benefits Lengthen Unemployment Spells? Evidence from Recent Cycles in the U. S. Labor Market," *Journal of Human Resources*, 50(4): 873-909.

Geerdsen, L. P. (2006) "Is There a Threat Effect of Labour Market Programmes? A Study of ALMP in the Danish UI System," *Economic Journal*, 116(513): 738-750.

Gruber, J. (1997) "The Consumption Smoothing Benefits of Unemployment Insurance," *American Economic Review*, 87(1): 192-203.

Jurajda, S. and Tannery, F. (2003) "Unemployment Durations and Extended Unemployment Benefits in Local Labor Markets," *Industrial and Labor Relations Review*, 56(2): 324-348.

Katz, L. F. and Meyer, B. D. (1990) "The Impact of the Potential Duration of Unemployment Benefits on the Duration of Unemployment," *Journal of Public Economics*, 41(1): 45-72.

Klepinger, D. H., Johnson, T. R., and Joesch, J. M. (2002) "Effects of Unemployment Insurance Work-search Requirements: The Maryland Experiment," *Industrial and Labor Relations Review*, 56(1): 3-22.

Kohara, M., Sasaki, M., and Machikita, T. (2013) "Is Longer Unemployment Rewarded with Longer Job Tenure?," *Journal of the Japanese and International Economies*, 29: 44-56.

Koning, P. W. C. and van Vuuren, D. J. (2010) "Disability Insurance and Unemployment Insurance as Substitute Pathways," *Applied Economics*, 42(5): 575-588.

Krueger, A. B. and Mueller, A. (2010) "Job Search and Unemployment Insurance: New Evidence from Time Use Data," *Journal of Public Economics*, 94(3-4): 298-307.

Kuhn, P. J. and Riddell, C. (2010) "The Long-term Effects of Unemployment Insurance: Evidence from New Brunswick and Maine, 1940-1991," *Industrial and Labor Relations Review*, 63(2): 183-204.

Lalive, R., van Ours, J., and Zweimüller, J. (2006) "How Changes in Financial Incentives Affect the Duration of Unemployment," *Review of Economics Studies*, 73(4): 1009-1038.

Light, A. and Omori, A. (2004) "Unemployment Insurance and Job Quits," *Journal of Labor Economics*, 22(1): 159-188.

Lindner, S. (2016) "How Do Unemployment Insurance Benefits Affect the Decision to Apply for Social Security Disability Insurance?" *Journal of Human Resources*, 51(1): 62-94.

Machikita, T., Kohara, M., and Sasaki, M. (2013) "The Effect of Extended Unemployment Benefit on the Job Finding Hazards: A Quasi-Experiment in Japan," IZA Discussion

Paper No. 7559.

Meyer, B. D. (1990) "Unemployment Insurance and Unemployment Spells," *Econometrica*, 58(4): 757-782.

Micklewright, J. and Nagy, G. (2010) "The Effect of Monitoring Unemployment Insurance Recipients on Unemployment Duration: Evidence from a Field Experiment," *Labour Economics*, 17(1): 180-187.

Richardson, L. L. (2002) "Impact of the Mutual Obligation Initiative on the Exit Behaviour of Unemployment Benefit Recipients: The Threat of Additional Activities," *Economic Record*, 78(243): 406-421.

Simms, M. and Kuehn, D. (2008) "Unemployment Insurance during Recession," *Recession and Recovery*, No. 2 (The Urban Institute).

Tatsiramos, K. (2009) "Unemployment Insurance in Europe: Unemployment Duration and Subsequent Employment Stability," *Journal of European Economic Association*, 7(6): 1225-1260.

Tatsiramos, K. and van Ours, J. (2014) "Labor Market Effects of Unemployment Insurance Design," *Journal of Economic Surveys*, 28(2): 284-311

第**10**章

貧困問題と生活保護政策

❙ 1　はじめに

　日本では，職を失ったり，業務上の傷病や障がいによって働けなくなったり，働く配偶者が死亡したりして収入が減少する場合には，一定の加入資格や保険料の拠出を要件とする雇用保険の給付や，各種の業務災害補償保険年金が受給できる。そして，世帯の収入が最低生活水準を下回る水準であって，一定の要件を満たす場合には，拠出要件のない「生活保護制度」によって生活が保障されることとなっている。

　図 10-1 は，1989 年以降の各種の所得保障制度の受給者数の推移を見たものである。雇用保険の受給者数は失業率の変動と連動しており，バブル経済の崩壊以降に急増し，その後も景気変動に従う動きが見られるものの，近年はやや減少傾向にある。また，業務災害による障害，傷病ならびに遺族年金の受給者数は，過去四半世紀で約 10% 増加したが，その水準は相対的に低い。最も顕著な変化は，15〜64 歳の生産年齢人口における生活保護受給者数の増加である。その数は，1990 年代半ばの失業情勢の悪化にやや遅れて増加し，景気の回復期でもさほど減少しない傾向がある。近年は，2008 年のリーマン・ショック以降に急増しており，受給者数は 100 万人前後にのぼる[1]。

　従来，日本の生活保護受給者は高齢者世帯に多く，勤労世代における公的扶助の問題は，母子世帯を除いて注目されてこなかった。しかし，2000 年代半

　1　日本の生産年齢人口は 1997 年をピークに減少しているため，生活保護受給者数の対人口シェア（保護率）は，1995 年の 0.5% から 2013 年の 1.3% まで上昇した。

図 10-1　各種の所得保障制度による給付受給者数の推移（1989〜2015 年）

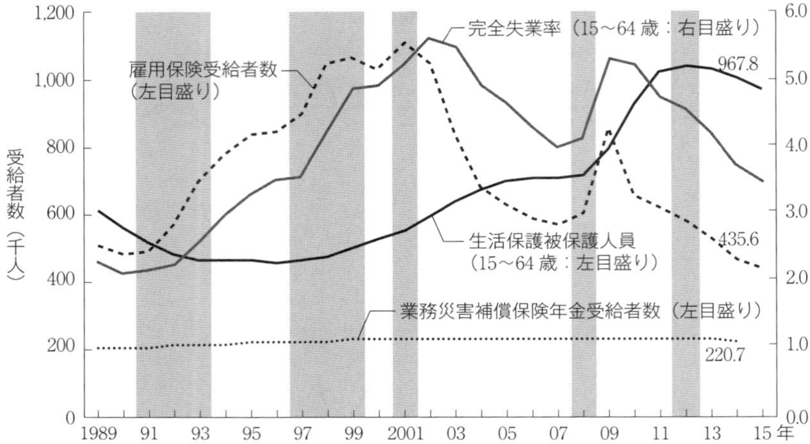

（注）　シャドー部分は，内閣府「景気基準日付」に基づく景気後退期を示す。
（出所）　国立社会保障・人口問題研究所「平成 28 年版　社会保障統計年報」，厚生労働省「雇用保険事業
　　　年報」，同「被保護者全国一斉調査」，同「被保護者調査（個別調査）」，および総務省統計局「労働力調
　　　査」より筆者作成。

ば以降の生産年齢人口における生活保護受給者の増加は，勤労世代における貧
困問題の発生要因と対応策について，労働市場との関係を視野に入れて検討す
べき状況にあることを示している。
　そこで本章では，日本の生活保護制度を取り上げ，主に勤労世代の就業との
関係に焦点を絞ってこれまでの研究の知見を整理するとともに，勤労世代にお
ける所得保障政策について考察する[2]。

2　救貧策としての生活保護制度

2.1　制度の概要[3]

　一般に，社会保障の機能は，個人の所得の減少や喪失などによって貧困に陥

　2　本章は生活保護と労働市場の関係に焦点を絞っており，実際の生活保護費のおよそ半
　　分を占める医療扶助の問題や，生活保護からも漏れ落ちるホームレスの問題を論じてい
　　ない。これらの点については，経済学のアプローチから，日本の生活保護制度を包括的
　　に検討した阿部ほか（2008）を参照されたい。

ることを予防する防貧と，すでに貧困状態に陥った者に対してその生活を保障する救貧に大別される。雇用保険や年金保険のように，保険料の納付を給付要件とし，保険事故（失業など）の発生によってただちに生活を保障する「社会保険」では前者の機能が強調されるのに対して，公費を財源として，貧困状態に陥った者の生活を事後的に保障する「公的扶助」は，救貧を主な機能としている。

　日本の公的扶助は，第 2 次世界大戦後の混乱期における一時的な生活困窮者対策から，旧生活保護法（1946 年 9 月）を経て，現行の生活保護法の制定・施行（1950 年）をもって包括的な形で整備された。その目的は，生活保護法第 1条に示されるとおり，日本国憲法第 25 条で定められた生存権の理念に基づき，国が生活に困窮するすべての国民[4]に対して，最低限度の生活を保障するとともに，その自立を助長することである。

　生活保護制度の基本的な性格は，4 つの基本原理に示される。第 1 に，国家が貧困救済の責任主体として位置づけられている（「国家責任の原理」）。これにより，生活保護は，主に国による財政負担（国庫負担率 3/4）と，全国共通の手続き（地方自治体の法定受託事務）により運用される。第 2 に，生活保護を請求する権利は，すべての国民に平等に与えられている（「無差別平等の原理」）。第3 に，生活保護が保障する最低限度の生活とは，「健康で文化的な」生活水準であり，単なる生存のための基礎的必要を超えた水準である（「最低生活の保障の原理」）。第 4 に，保護を受けるための要件として，個人の資産や稼働能力，家族や親族といった扶養義務者による扶養，ならびにほかの法による給付を優先的に活用することを定めている（「補足性の原理」）。したがって，個人が可能な限り努力し，さらにほかの給付や手当を利用してもなお，収入が最低限度の生活水準に満たない場合にはじめて，生活保護による保護の対象となる。

　制度の運用にあたっては，4 つの原則がある。第 1 に，保護は，原則として生活困窮者や扶養義務者，親族による申請に基づいて開始される（「申請保護の原則」）。第 2 に，厚生労働大臣が別途定めた保護基準に照らして，保護の要否

3　本項の記述は，埋橋（2013），杉村・岡部・布川（2008），林（2008）に負うところが大きい。

4　昭和 29（1954）年厚生省社会局長通知により，定住外国人（在日韓国・朝鮮人等）については，行政措置として日本国民に準じた保護の措置が講じられる。ただし，不服申し立ては認められていない。

を判定するとともに支給額を決定する（「基準及び程度の原則」）。第3に，年齢や性別，健康状態等の個人や世帯のニーズの違いに応じて保護を実施する（「必要即応の原則」）。第4に，保護の要否や給付額は，原則的に生計を一にする世帯を単位とする[5]（「世帯単位の原則」）。

　以下，生活保護の2つの目的に沿って，制度の特徴を概観する。

2.2　最低生活の水準と構造

　保護の要否判定や支給額（保護費）の決定にあたっては，厚生労働大臣が別途定めた保護基準に基づく「最低生活費」と，要保護者の収入との比較が行われる。以下，それぞれの仕組みを簡単に述べる。

(1)　最低生活費

　最低生活費は，生活を営むうえで必要な各種の費用に対応して，生活扶助，住宅扶助，教育扶助，医療扶助，介護扶助，出産扶助，生業扶助，葬祭扶助の8つの扶助から構成されている。このうち，被保護者の日常生活に必要な費用を賄うための生活扶助については，一般的生活費としての基準生活費[6]と，妊産婦や母子，障がい者などの特別な需要に対応する8つの加算がある。また，扶助の給付は，原則として現金給付であるが，医療や介護については，被保護者に金銭を給付する形ではなく，費用をサービス提供者に直接支払うことによって現物が給付される。

　各扶助の基準は，年齢や世帯構成，所在地域によって異なる。とくに，生活扶助や家賃や地代のための住宅扶助，ならびに葬祭扶助については，地域による物価水準の違いを考慮して，全国の市町村を基準の高い順に1級地から3級地まで3つに区分してそれぞれに基準額を定めている。さらに，生活扶助の級地については，各級地をさらに2つに分けた6つの区分があり，1992年度から2012年度までは，各級地区分間の格差は4.5%に定められてきた[7]。表10-

---

5　いくつかの場合について，同一世帯であっても，個人を単位として保護の要否と支給額を決定する取り扱い（「世帯分離」）が例外的に認められている。

6　基準生活費は，食費や被服費などの個人を単位として年齢別に異なる「第1類」と，光熱水費などの世帯を単位として世帯人員別に異なる「第2類」からなる。

7　基準額が最も高い「1級地-1」と最も低い「3級地-2」の格差は22.5%となる。ただし，2013年1月の基準見直しにより，級地区分間の格差は一律4.5%であったものが2.1%～4.7%へと変更され，2013年8月より3年間かけて段階的に実施されている。

表 10-1　2017 年度の生活扶助基準額（月額）の具体例（単位：円）

	1 級地-1	1 級地-2	2 級地-1	2 級地-2	3 級地-1	3 級地-2
標準 3 人世帯 （33 歳，29 歳，4 歳）	160,110	153,760	146,730	142,730	136,910	131,640
高齢者単身世帯 （68 歳）	80,870	77,450	73,190	71,530	68,390	65,560
母子 2 人世帯 （30 歳，4 歳）	145,040	140,300	132,810	130,500	124,570	120,630

（注）　生活扶助の額には，冬季加算（Ⅵ区の月額×5/12），児童養育加算，母子加算を含む。
（出所）　厚生労働省「平成 28 年度　生活保護実施要領等」。

1 は，2017 年度の級地区分別，世帯類型別の生活扶助額を示している。

　保護の基準額の設定にあたっては，1984 年以降，代表的な被保護世帯について一般消費水準の 60％ 台で均衡させるよう調整する「水準均衡方式」がとられてきた[8]。近年は，「全国消費実態調査」（総務省統計局）の低所得者（所得の下位 10％）の消費水準をベンチマークとして，世帯人員や年齢階級，地域などのさまざまな属性別の比較の視点が提示されている。2013 年の改定では，これらの 3 要素別に低所得世帯の消費実態との差を調整し，また 08 年以降の物価動向を勘案した結果，同年 8 月から 3 年間かけて，10％ を限度とした生活扶助基準の引き下げが実施された[9]。

　このように，生活保護制度が保障する最低生活の水準は，「必要即応の原則」に則り，年齢や世帯人員，地域等によって異なるニーズに応じた基準を設けている。近年は，基準そのものの設定にあたって，こうした詳細な属性に応じた一般消費水準との均衡を図ることが強く意識される状況にある[10]。

(2)　資力調査と収入認定

　要保護世帯の収入認定にあたっては，「補足性の原理」に基づく調査（資力調査，ミーンズテスト）がある。すなわち，預貯金や不動産等の資産がある場合や働く能力がある場合，扶養義務者からの援助が受けられる場合，さらにほか

8　最低生活費の算定方法の変遷については，岩永（2010, 2011）を参照されたい。
9　社会保障審議会生活保護基準部会における生活保護基準の見直しは，2007 年以降 5 年おきに実施されることとなり，直近では 2017 年度に生活扶助基準の検討が行われる。
10　玉田・森（2013）は，従来の生活扶助基準は物価の地域差をいくぶん反映しているものの，地域の消費支出との関係が見られないことから，地域の消費実態と乖離している可能性を指摘している。

の法律や制度による給付が受けられる場合には，それらすべての活用が求められる。

　そのうえで，勤労収入や年金などの社会保険，手当などのほかの制度による給付，親族からの仕送り，ならびに預貯金や資産売却による収入などについて世帯全体の収入を合計する。ここから，勤労時の基礎控除や，社会保険料・所得税・通勤費等の実費，託児費や公租公課などの必要経費を控除した「収入認定額」が計算される。収入認定額が最低生活費に満たない場合に，保護が決定され，世帯の最低生活費と収入認定額の差額が生活保護費として支給される仕組みとなっている。

2.3　自立の助長策

　保護費が最低生活費と収入の差額として支給される仕組みのもとでは，受給者が働きに出たり，勤務先の労働時間を増やしたりして勤労収入が増加しても，保護費の減額に相殺されて可処分所得が変化しない。これは受給者の就業インセンティブを著しく阻害することとなる。そこで，受給者の就業インセンティブへの影響を軽減し，また経済的自立を含めた自立の助長を図るために，勤労収入の一部を控除する仕組みを設けるとともに，近年は各種の自立支援策がとられている。

(1)　勤労控除と限界税率

　勤労控除には，現在，基礎控除，新規就労控除と未成年者控除がある。ここでは，基礎控除の目的と仕組みについて紹介する。1961 年に創設された勤労控除は，勤労収入を得るための必要経費の補塡を基本的な性格としていた。その後，1986 年の改正により，勤労意欲増進のための経費としての性格を強めるとして，勤労収入に応じて控除を増加させる現行の収入金額比例方式への一元化が図られた[11]。さらに，2013 年 8 月に施行された基礎控除の見直しでは，従来，収入月額 8000 円までは全額を控除し，それを超える部分については収入額に応じた控除率を乗じた控除額を適用していたものを，全額控除の収入上限額を 1 万 5000 円（1 人目については 1 万 5199 円）に引き上げるとともに，そ

11　厚生労働省社会・援護局保護課「生活保護制度における勤労控除等について」第 4 回社会保障審議会生活保護基準部会資料（平成 23 年 7 月 12 日）（http://www.mhlw.go.jp/stf/shingi/2r9852000001ifbg-att/2r9852000001ifii.pdf）。

れを超える収入の控除率を一律 10％ に変更し，控除の増額が図られた[12]。

　現行の仕組みは次のとおりである。勤労者 1 人目の控除額は，収入金額 1 万 5199 円までは全額，1 万 5200 円を超えるとおよそ 4000 円増加するごとに 400 円の増加にとどまる。つまり，1 万 5200 円を超えて勤労収入を限界的に増やそうとすると，控除額の増分は収入の増分の 10％ にとどまり，残る 90％ について保護費が減額されるために可処分所得の増加は緩やかになる。これは，1 万 5200 円を超えて勤労収入を増やす場合，被保護者は 90％ というきわめて高い限界税率に直面することを意味する[13]。

　さらに，収入認定額が十分に高くなり，生活保護が打ち切られる段階では，限界税率が 100％ を超える（岩本・濱秋 2008；齋藤・上村 2007）。これは，生活保護の適用が終了すると，それまで実費控除されていた所得税や社会保険料，住民税が課され，可処分所得が大幅に低下することによる。

　従来，高い限界税率の存在が，稼働可能な被保護者の就業インセンティブを阻害する懸念が指摘されてきた。2013 年の基礎控除の見直しにより，限界税率が 0％ となる収入の上限額が引き上げられ，さらに限界税率は，勤労収入の増加に伴って高まる構造から一律 90％ に改定されたものの，その水準は依然として高い。

(2)　就労自立給付金

　保護脱却時の税・社会保障費負担により，限界税率は 100％ を超える。この問題への対応策として，2014 年の法改正（7 月 1 日施行）時に「就労自立給付金」が創設された。これは，保護受給中の勤労収入のうち，基礎控除などを控除した収入（収入充当額）の範囲内で一定額を積み立てたものとみなしておき，安定就労の機会を得たことにより保護廃止に至った際に支給する制度である[14]。

12　「第 3 回生活扶助基準に関する検討会資料（平成 19 年 11 月 8 日）」（http://www.mhlw.go.jp/shingi/2007/11/dl/s1108-7c.pdf）によれば，「全国消費実態調査」（総務省統計局）を用いた推計結果から，スーツ代などの就労に関連する経費は勤労収入に比例して上昇すること，その割合はおよそ 10％ であることが示されており，これを勤労控除の控除率の根拠としている。他方，全額控除額の 1 万 5000 円への変更の根拠は明確ではない。

13　実際の基礎控除額は勤労収入に関して線形ではないため，限界税率も一定ではない（齋藤・上村 2007）。現行の基礎控除は，収入月額 1 万 9000 円以上で 4000 円単位の金額区分ごとに 10％（400 円）ずつ増額する。つまり，同一の収入区分内では控除額が変わらないため，限界税率は 100％ となる。

具体的には，保護の廃止に至る就労の収入認定開始月を起算点として，1〜3カ月目は収入充当額の 30% を，4〜6 カ月目は 27% を，7〜9 カ月目は 18% を，10 カ月目以降は 12% を積み立てたとみなす。その合計額と上限額（単身 10 万円，多人数世帯 15 万円）のいずれか低い額が，世帯を単位として保護脱却時に一括支給される。ただし，本給付金を受給した保護脱却者が再度被保護者となった場合，再受給まで原則 3 年間を要する。

(3) 自立・就労支援策

金銭的な就業インセンティブ策に加えて，被保護者の就業の促進と保護の脱却に向けた種々の自立・就労支援策も講じられている。2004 年 12 月の社会保障審議会福祉部会「生活保護制度の在り方に関する専門委員会」の最終報告書は，制度見直しの視点として「利用しやすく自立しやすい制度へ」という方向性を提示し，被保護世帯と直に接している地方自治体が，被保護世帯の現状や地域の社会資源を踏まえ，自主性・独自性を活かして自立・就労支援のために活用すべき「自立支援プログラム」の導入と実施を提言した。これは，2005 年度より各自治体で本格的に実施されることとなった。

自立支援プログラムは，各自治体が，管内の生活保護受給世帯の状況把握と自立の阻害要因の類型化を通じて，支援の具体的な内容や手順を定めることで，必要な支援を組織的に実施することをねらいとする。自立支援は，「自立」の 3 つの概念，すなわち，①就労による「経済的自立」，②身体や精神の健康回復・維持と自己管理による「日常生活自立」，ならびに，③地域社会の一員として生活する「社会的自立」に対応し，それぞれ，就労支援事業や社会参加活動プログラム，健康維持・向上プログラム，元ホームレス等居宅生活支援プログラムなどの多様な施策が実施されている。

就労支援事業では，国（都道府県労働局，ハローワーク）と連携した事業の活用が進められてきた。2005 年度に創設され，10 年度まで実施された「生活保護受給者等就労支援事業」では，自治体（福祉事務所等）からの要請に基づき，ハローワークが，生活保護受給者や児童扶養手当受給者を対象として，個別相談員（就職支援ナビゲーター）による個別相談，トライアル雇用の活用や公共職業訓練の斡旋などの就労支援を実施している。その後，2008 年秋のリーマ

---

14 厚生労働省社会・援護局保護課「改正生活保護法について」（http://www.mhlw.go.jp/file/06-Seisakujouhou-12000000-Shakaiengokyoku-Shakai/0000046422.pdf）。

ン・ショック以降の稼働可能世帯の生活保護受給の増大を受けて，2011 年度から 12 年度は「福祉から就労」支援事業として，国と地方自治体が連携した就労支援が強化された。事業の対象に住宅手当受給者が追加され，事業メニューにも個別求人開拓や就労後のフォローアップが加えられている。さらに，2015 年度以降の「生活保護受給者等就労自立促進事業」では，生活保護の申請段階を含めた就職困難者や生活困窮者を対象とし，自治体（福祉事務所）における，ハローワークの就労支援窓口のワンストップ化や，両者の連携を基盤としたチーム支援方式が強化された。

3　生活保護と労働市場に関する研究

3.1　生活保護受給者の推移と要因

　前節で見たように，日本の生活保護制度については，2000 年代以降，最低生活費の水準や構造に関わる見直しと，自立の助長を目的とした改革や施策の導入が相次いでいる。その背景には，この 20 年余りにおける生活保護受給者の急増がある。

　図 10-2 は，世帯類型別の生活保護被保護世帯数と，世帯ベースおよび人員ベースの保護率の推移を示している。近年の被保護世帯数は，1992 年度の58.5 万世帯から急増し，2013 年度は 158 万世帯にのぼる。同時に，保護率も，全世帯ベースでは 1996 年度の 1.40％ から 2013 年度の 3.22％ まで，人員ベースでは 95 年度の 0.70％ から 13 年度の 1.70％ まで一貫して上昇した[15]。

　行政上の区分では，被保護世帯は，世帯員の年齢，世帯構成や稼働能力などに照らして，「高齢者世帯」，「傷病者・障がい者世帯」，「母子世帯」ならびに「その他の世帯」の 4 つに類型化される[16]。図 10-2 より，1990 年代半ば以降，いずれの世帯類型についても被保護世帯数がほぼ一貫して増加していることがわかる。

15　国と地方を合わせた生活保護費負担金も，1991 年度の 1.3 兆円からおよそ 10 年で 1
　　兆円のペースで増加し，直近の 2015 年度では約 3.7 兆円にのぼる。なお，保護費の国
　　庫負担分が一般会計の歳出総額に占める割合は約 3％ である。

16　2005 年度より高齢者世帯と母子世帯の定義が変更されている。また，これは，保護
　　開始理由に基づく排他的な分類であるため，ある分類に複数の特徴を持つ世帯が混在し
　　ている点に留意する必要がある（藤原・湯澤 2010）。

図 10-2　世帯類型別の被保護世帯数と保護率の推移（1965～2014 年度）

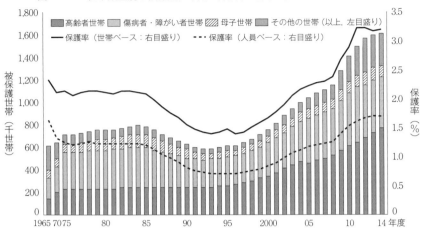

（注）　被保護世帯数は各年度の 1 カ月平均。保護率は，世帯ベースについては，被保護世帯数を厚生労働省「国民生活基礎調査」の世帯数で除した比率。人員ベースは，1 カ月平均の被保護実人員を各年 10 月 1 日現在の推計人口で除した比率。
（出所）　国立社会保障・人口問題研究所編「「生活保護」に関する公的統計データ一覧」，厚生労働省「被保護者調査」，同「国民生活基礎調査」より筆者作成。

　従来，被保護世帯には，高齢者世帯や傷病者・障がい者といった，稼働可能性が低い世帯が多数を占めるという特徴がある。両者のシェアは，近年やや低下傾向にあるものの，2013 年度においても約 75% にのぼる。一方，母子世帯やその他の世帯も，1990 年代半ば以降増加傾向にあり，全体の 4 分の 1 程度と無視できない割合を占める。四方・田中（2011）によれば，1990 年代半ば以降，被保護率の高い高齢単身世帯の構成比の上昇と，高齢者・母子世帯「以外の」世帯の被保護率の上昇が，全体の保護率を押し上げたとしている。事実，「その他の世帯」は，1996 年の 4.1 万世帯から 2013 年の 28.8 万世帯まで 7 倍以上に増加した。

　母子世帯やその他の世帯は，年齢や障がい・傷病の有無の面から見て，稼働能力を持つ可能性がある。それらの受給者が急増した背後に，労働市場の要因があることが示唆される。図 10-3 は，1998 年 4 月～2015 年 3 月の世帯類型別の被保護世帯数の前年同月比の変化と，完全失業率の推移を示している。その他の世帯ならびに母子世帯の被保護数の伸びは失業率の変動に感応的であり，とりわけ，その傾向は 2008 年秋のリーマン・ショック以降の不況期において

図10-3　世帯類型別の被保護世帯数の変化と失業率の推移（1998 年 4 月〜2015 年 3 月）

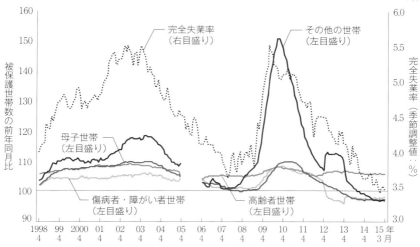

（注）　被保護世帯数（前年同月比）は，現に保護を受けた世帯数の 1 カ月平均に基づく。2005 年度の数値は，世帯類型の定義変更により前年度と比較できないため表示していない。
（出所）　厚生労働省「福祉行政報告例」，同「被保護者実態調査」，総務省統計局「労働力調査」より筆者作成。

顕著である。この時期，両世帯数は前年比でそれぞれ 50% と 10% 増加している。対照的に，高齢者世帯の保護は，ほぼ一貫して前年比 5% 以上の伸びを示しており，雇用情勢との関係は明確ではない。

(1)　生活保護受給者数の変動要因

　生活保護の受給者数や保護率の変動を検証したこれまでの実証研究は，失業率や高齢化率，離婚率といった要因を示唆してきた（牛沢・鈴木 2004；篠塚・川口 2003）。また，雇用情勢の悪化をめぐっては，主に世帯主の失業やその長期化が，離婚や自殺という家族の解体をもたらす傾向が明らかにされており[17]，それを通じて貧困に陥りやすい母子世帯が増加する可能性がある。

　こうした諸要因について，Suzuki and Zhou (2007) は，生活保護率の変動要因を，失業率に示される循環的な「一時的要因」と，なんらかの構造変化による「恒常的要因」に区別し，時系列推計に基づいて，それぞれの要因の大きさを検証した。その結果，1992〜2006 年の生活保護率の上昇のほとんどは「恒常的要因」によっていること，その内実として，人口の高齢化の急速な進

17　たとえば，小原（2007），澤田・崔・菅野（2010），小川（2015）を参照。

展を明らかにした。さらに，周・鈴木（2012）は，同様の分析を 2008 年秋以降の生活保護受給の急増を含む期間まで拡張した結果，リーマン・ショック以降の生活保護受給の急増についても，失業率の変動といった一時的要因のみならず，恒常的要因が一定程度寄与したことを示している。ここで，恒常的要因には，高齢化や非正規労働者の増加といった構造変化に加えて，雇用情勢の悪化を受けた生活保護受給の基準の緩和という，厚生労働省の生活保護行政のスタンスの変化があった可能性を指摘している。

(2) 生活保護への流入と流出

　ある期における生活保護世帯数や保護率は，一定期間における生活保護へのインフロー（保護開始）と保護からのアウトフロー（保護廃止）のネットの産物である。図 10-4 より，保護率が上昇した 1997 年度以降について，世帯ベースの保護開始率および廃止率の動きを見ると，保護開始率は失業率と連動しつつ上昇傾向を見せる一方，保護廃止率は一貫して低下している。つまり，生活保護率がしだいに上昇する背後には，雇用情勢の改善の時期においても，保護からの退出傾向が弱まっていることがある。

　生活保護へのインフローとアウトフローの要因を明示的に探った研究として，玉田（2007）および四方・田中（2011）がある。玉田（2007）は，母子世帯を対象として，生活保護へのインフローとアウトフローに与える要因を検討している。1980～2000 年の都道府県データを用いた推計結果から，母子世帯の保護開始率は，離婚率とは正の関係に，育児環境の整備状況を示す児童 1 人当たり公営保育所在所児童数とは負の関係にあり，離婚状況や，働く母親にとって低コストで育児資源を利用できる環境があるかどうかが，母子世帯の生活保護のインフローに与える影響が示されている。しかしながら，保護廃止率の変動は，労働市場の状況や育児環境などでは説明できないとしている。

　一方，四方・田中（2011）は，分析対象を全世帯に拡張している。1980～2007 年の都道府県パネル・データを用いた固定効果モデルの推計により，保護開始率については，少なくとも離婚率について予想された正の影響を確認している。保護廃止率については，内生変数として用いた保護開始率が正かつ統計的に有意な影響を持つ。これは，保護開始率が低下すると，稼働能力があり生活保護から出やすい人々の生活保護への流入が低下し，結果として，生活保護のプールに保護から退出しにくい人々が多くなるためであると解釈されている。ただし，被保護者の高齢者比率や母子世帯割合，有効求人倍率の影響は，

図 10-4　生活保護のフロー率と失業率の推移（1997〜2014 年度）

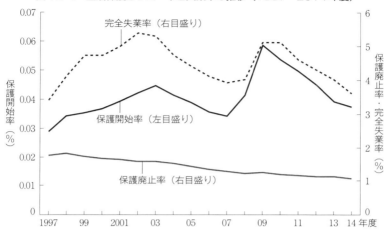

（注）　保護開始率は，各年度月平均の保護開始世帯数を「国民生活基礎調査」の全世帯数で除した比率。保護廃止率は，各年度月平均の保護廃止世帯数を実被保護世帯数で除した比率。完全失業率は年平均。

（出所）　厚生労働省「福祉行政報告例」，同「被保護者実態調査」，同「国民生活基礎調査」，総務省統計局「労働力調査」より筆者作成。

全地域共通の年効果を考慮すると，廃止率に有意でないか想定とは逆の結果である。

　中長期の地域別パネル・データを用いた実証研究によれば，生活保護からの退出と経済的な要因との関係は明らかではない。その 1 つの理由は，実際の保護廃止の理由の多くが「死亡・失そう」によっており，経済的自立を示す「働きによる収入増」による廃止が，全体の 10〜15% を占めるにすぎないためであろう。

　さらに，生活保護制度では，原則として，収入認定額が最低生活費を超える場合にはじめて保護が廃止される[18]。そのため，これらの世帯が保護からの脱却に至るかどうかは，雇用機会の獲得に加えて，十分な勤労収入を得るための能力や意欲を持てるかどうかに依存する。前者について，図 10-5 より，世帯

───────────

18　大阪府下のある自治体の保護廃止世帯のデータを用いた桜井（2017）によれば，「働きによる収入増」を理由とした保護廃止世帯の廃止時の平均所得は，最低生活費のおよそ 1.23 倍と報告されている。

図 10-5　世帯類型別の稼働率の推移（1995〜2014 年度）

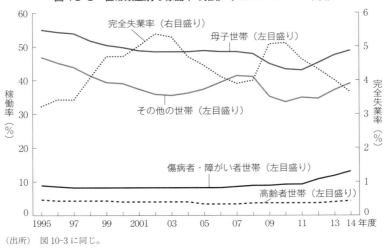

（出所）　図 10-3 に同じ。

　類型別に世帯主または世帯員が働いている世帯の比率（稼働率）の推移を見ると，本来的に稼働率が高い母子世帯やその他の世帯を中心に，景気回復期には，確かに生活保護受給中の稼働率が高まる傾向が確認できる。

　では，なぜ十分な収入を得ることが難しいのか。近年，いくつかの自治体の被保護者データを用いた研究から，公表統計では把握されない，生活保護制度の利用者の属性や廃止に至る過程などが明らかにされつつある（駒村・道中・丸山 2011；中村 2010；道中 2009；湯澤・藤原 2009）。これらによれば，被保護世帯の学歴構成は高卒未満に偏りがあること，母子世帯についても，10 代での出産経験などから，高卒資格を持たない者が多く，子ども数の多さや健康状態の悪さなどの就労阻害要因も指摘される。

　一方，生活保護の開始から廃止までの「完結受給期間」に注目すると，高卒以上の学歴は受給期間を短くし（駒村・道中・丸山 2011），経済的自立による保護の廃止に至る傾向があること（藤原・湯澤 2010），母子世帯やその他の世帯は，ほかの世帯類型に比べて経済的自立による廃止割合が最も高いが，その場合でも平均受給期間は約 3 年にのぼること（藤原・湯澤・石田 2010）などが明らかにされている。

　これらは，特定の自治体の保護廃止世帯に関する分析であり，さらに，景気変動などの時間を通じた変化の影響は明らかではない。しかしながら，多くの

被保護者にとって，安定した就労への移行に障がいが存在することが示唆されている。ただし，厳しい障がいの存在を認めてなお，被保護者の就業意欲の減退をもたらす，制度上の問題もまた指摘されている（道中 2009）。

3.2　生活保護と労働供給

⑴　公的扶助が労働供給に与える影響

　生活保護受給者の保護からの脱却は，受給者の就業能力だけでなく，就業や収入の増加に対して意欲を持てるかどうかに依存するという問題がある。経済学は，公的扶助制度の設計が，受給者の就業意欲を減退させる場合，そのこと自体が，福祉給付の受給者がその状態から容易に抜け出すことを難しくするという，いわゆる「貧困の罠」の危険性を指摘してきた。そのロジックを標準的な静学的労働供給モデルを用いて確認しておく（Moffitt 2002）。

　図 10-6 は，縦軸に所得を，横軸に余暇時間をとり，労働者が実現可能な予算制約を示している。ここで点 A は，個人が労働供給を行わず，すべての時間を余暇として消費していることを示す。生活保護制度がなく，また個人に非勤労所得がない場合，一定の時間当たり賃金率のもとで，労働時間の増加に応じて所得が上昇するので，予算制約は線分 AB で表される。

　生活保護制度のもとでは，勤労収入がゼロのときに最低生活費 G が保障される。また，前節で見たように，勤労収入の上昇に応じてその一定率が控除されるため，可処分所得は受給額に基礎控除を加えたものとなる。これは $ACDB$ で表される。しかしながら，個人の効用には，より多い所得と余暇時

図 10-6　生活保護と労働供給

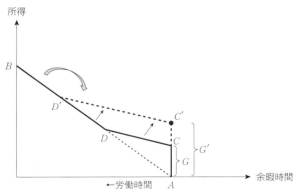

間（少ない労働時間）の組み合わせ，すなわち原点から右上に離れた選択ほど高くなるという性質がある。したがって，生活保護制度のもとでは，合理的な受給者にはまったく働かない（点 C，端点解という）か，労働時間をできる限り抑制するインセンティブがある。

　さらに，最低生活費が G から G' に上昇し，予算制約が $AC'D'B$ に変化すると，これまで勤労収入を得ていた受給者の労働供給が減少して端点解（点 C'）の選択が増加するとともに，非受給者についても，生活保護を受給しかつ労働供給を減少させる効果が予測される。

　公的扶助が就業インセンティブを阻害し，労働供給を減少させるという理論予測については，アメリカをはじめとする諸外国の公的扶助に関する実証研究の蓄積がある。たとえば，アメリカにおける子どもを持つ貧困家庭向けの公的扶助であった Aid to Families with Dependent Children（AFDC）は，勤労所得に対する高い限界税率が存在するなど，日本の生活保護制度に類似した特徴を持っていた。Danziger, Haveman and Plotnick（1981）ならびに Moffitt（1992）による研究のレビューによると，静学的労働供給モデルに基づくシミュレーションを行った多くの研究が，子どもを持つ貧困家庭は AFDC の所得制限や限界税率といった給付構造に感応的であり，制度がない場合に比べて，労働供給を 10～50％ 減少させると結論づけている。さらに，Borjas（2016）は，1996 年に AFDC に代わって導入された新たな公的扶助（Temporary Assistance to Needy Families: TANF）が，市民権を持たない移民に対する適用を「除外したこと」が，影響を受けた移民の労働供給を促進する結果をもたらしたとしている。

　給付水準が受給者の就業インセンティブにもたらす負の影響は，他国の公的扶助でも確認される。Lemieux and Milligan（2008）は，カナダの公的扶助の年齢別の給付水準が，かつて 30 歳を境に不連続に上昇する特徴を持っていたことに着目し，「回帰不連続デザイン」（regression discontinuity design: RDD）と呼ばれる手法を用いた推計結果から，給付水準の上昇が独身の低学歴男性の就業率をいくぶん引き下げる効果を持つことを明らかにした。同様に，Bargain and Doorley（2011）は，フランスの公的扶助が，24 歳以下の単身男性には適用されない事実を利用した RDD による推計結果から，公的扶助による給付の受給は，低学歴の若年男性の就業率を 7～10％ 程度引き下げるとの結果を得ている。これらの最新の研究群は，特定の受給層に関する検証結果であるものの，

総じて公的扶助による非勤労時の給付やその水準の上昇が，労働供給に負の影響を持つとしている。

(2)　生活保護と労働供給に関する研究

日本の生活保護制度は，理論的には，低所得層の就業インセンティブを阻害する特徴を持つことが指摘される一方で，その効果を実証的に検証した研究はほとんど存在しなかった[19]。しかしながら，2000 年半ばのワーキングプアの存在への注目を契機として，低所得世帯の最低生活を保障してきた生活保護基準と，低賃金労働者の賃金率を規制する最低賃金額との整合性が問われるようになった。それを受けて，生活保護の給付水準と労働供給の関係をめぐる実証研究がわずかながら現れている。

安部・玉田 (2007) は，最低賃金あるいはパート賃金による収入と生活保護基準の相対水準に，都道府県を単位とした地域差が存在することに注目し，2002 年の都道府県別クロスセクション・データに基づき，生活保護基準に対する低賃金収入の相対的な水準と，主に中卒男性の有業率との関係を検証している。この研究の主眼は，地域の労働市場における最低賃金の機能の検討であり，生活保護と就業に関する理論的背景は明示されていない。しかし，フルタイムで就業したときの収入が最低生活費を下回る程度が強いほど，（生活保護の受給を通じて）労働市場からの退出をもたらすか否かをテストしたものと解釈できる。その結果，中卒男性について仮説を部分的にサポートする結果を得ている。ただし，クロスセクションの分析であるために，観察されない地域固有の効果を考慮する余地が残されていた。

Yugami, Morimoto and Tanaka (2017) は，安部・玉田 (2007) と同様に，生活保護基準の地域差に着目しつつ，市町村合併という，福祉制度改革自体を目的としないイベントに伴う保護基準の変更が，影響を受けた地域内の個人の就業に及ぼす効果を検証している。その結果，合併に伴う最低生活費の上昇は，勤労世代全体の就業率には影響を与えないものの，25〜49 歳の未婚男女の就業率に負の効果を持つこと，さらに 65 歳未満の被保護率についても統計的に有意に上昇したことを確認している。

19　低所得世帯における福祉受給が労働供給に与える影響については，所得制限付きの「児童扶養手当」の効果をめぐる研究がある。その結果，手当が労働供給を抑制する効果はない（阿部・大石 2005）か，統計的に有意だが小さい（浜田 2009）とされる。

　これらの研究は，生活保護制度が持つ特徴が，一部のグループの就業インセンティブに負の影響を与えることを示唆している。しかしながら，いずれも生活保護の適格層としての低所得層や保護の受給者の行動を直接検証したものではない。さらに，就業率の分析は，給付水準が就業の選択（extensive margin）に与える影響だけを捕捉しており，労働時間の選択（intensive margin）に対する影響の検証は課題として残されている。これらは集計データでは対処が困難な問題であり，大規模なミクロデータに基づく研究が望まれる。

　さらに，近年，生活保護制度をめぐっては，就業時の基礎控除の全額控除の増額や控除率の見直し，保護脱却時の就労自立給付金の創設など，就業の促進を目的とした制度変更が相次いだ。厚生労働省による「被保護者調査」の特別集計結果によれば[20]，基礎控除の見直し前後で保護受給者の勤労収入が全体として増加していること，さらに，全額控除以下の所得分布では，変更後の全額控除額（1万5000円）近傍に分布の山が移動していることが示されている。これらは，制度変更が受給者の就業促進に寄与した可能性を示唆するものの，今後は，景気変動や被保護者の属性の差異を考慮した政策評価が求められる。

3.3　就労支援策の評価

　公的扶助における金銭的インセンティブは，稼働能力を持った受給者が就業し，安定した収入を得て経済的に自立しようとする「意欲」を高める仕組みとして重要である。しかしながら，そのこと自体が直接，受給者の「能力」を高めたり，安定した雇用への移行を保障したりするものではない。2005年度から本格化した，自治体独自あるいは自治体とハローワークの連携による就労支援事業には，職業相談や求職活動の指導，職業訓練などを通じて保護受給者の意欲や能力を向上し，就業への移行を支援する役割が期待される。これらのプログラムは自治体単位で実施されており，その評価もまた，特定の地域のデータに基づくものが多い[21]。

　玉田・大竹（2004）は，自立支援プログラムの導入前の2002年において，大阪市を除く大阪府下で実施された自立促進支援事業を分析対象としている。

20　「就労・自立インセンティブの強化を踏まえた勤労控除等の見直し効果の検証」（第26回社会保障審議会生活保護基準部会資料，平成28年10月28日）（http://www.mhlw.go.jp/file/05-Shingikai-12601000-Seisakutoukatsukan-Sanjikanshitsu_Shakaihoshoutantou/kijun02_3.pdf）。

府下 44 市（福祉事務所）の公表データを用いて，ケースワーカー 1 人当たりケース数や世帯当たり保護費，地域性などの要因を考慮したうえで，「能力開発講座」や「求人情報提供・求人情報フェア」といった施策の実施状況と，被保護世帯の稼働率の関係を分析している。その結果，地域固有の効果などの観察されない影響を考慮する余地があるものの，これらの施策の実施は被保護世帯の稼働率になんら影響しないとしている。

　道中（2009）は，ある自治体における 2003〜07 年度の就労自立支援参加者の集計データに基づき，就労阻害要因のない者から一定の基準で選定された支援対象者について，就業への移行状況を検討している。その結果によれば，選別された対象者においても，就業に至ったものは 3 分の 1 程度にとどまり，雇用形態の大半がパートであるため，就業により保護廃止に至る世帯はきわめて少ない。ただし，自治体の独自事業から，ハローワークとの連携を通じた事業への移行後は，就職件数と勤労所得の上昇が確認される。これは大変興味深い点であり，連携事業開始後の景気状況との関係を含めてさらなる検証が求められる。

　ただし，国との連携や国の事業を活用した就労支援プログラムには，自治体の独自施策以上に対象者の選別が働いている可能性もある。四方（2013）は，リーマン・ショック後の 2010 年 10 月以降，さいたま市を除く埼玉県全域で展開されている就労支援ならびに職業訓練プログラムの参加者データから，対象者の特徴やプログラムの参加状況，就職率で見た成果の傾向を考察している。その中で，訓練の実施主体に一定の就職実績が問われ，また就職率も比較的高い訓練事業（基金訓練や求職者支援訓練）への参加は，支援開始当初が最も高く時間の経過とともに減少する傾向がある。一方，これらに参加しない支援対象者の多くは，それ以外のごく短期の就労体験事業に参加している傾向を明らかにしている[22]。

　生活保護は，稼働能力や就労阻害要因に鑑みて多様な受給者を含んでおり，支援事業や各種のプログラムへの参加においては，本人あるいは事業主体によ

21　母子世帯やホームレスなど，生活保護受給者に限らない貧困世帯や生活困窮者に対する就業支援策の効果については，周（2014）ならびに『季刊社会保障研究』（45 巻 2 号）の特集「ホームレスの実態と政策課題」の各論文を参照のこと。

22　金井・四方（2013）は，この短期の就労体験事業が，支援対象者の就労意欲を高めることを通じて，長期的には就労に結びつくことを明らかにしている。

る選別が働かざるをえない。そのため，プログラムの内容や支援体制そのもの
が保護受給者の就業可能性をどの程度高めたかは，いまだ明らかではない。事
業参加者の属性や成果のみならず，非参加者の情報も記録した複数時点のパネ
ル・データに基づいた，就労支援策の定量的な評価が待たれる。

4　おわりに

　1990 年代以降，日本における貧困の拡大とともに生活保護の受給者が急増
した。従来，日本の生活保護は，本来保護を必要とするワーキングプアなどの
低所得層を部分的にしかカバーできていないという，その捕捉率の低さが議論
されてきた[23]。しかしながら，2000 年代後半のリーマン・ショック後の受給者
の拡大には，保護の受給要件をめぐる行政のスタンスの変化が示唆されている。
これが，生活保護の捕捉率の上方シフトをもたらす構造的な変化とみなせるか
どうかは慎重な検討を要するが，勤労世代にとっても最低限度の生活を保障す
る「最後のセーフティネット」としての役割が高まっているといえるかもしれ
ない。

　勤労世代における受給者の増大とともに，生活保護のもう１つの目的である
「自立の助長」をめぐって，制度に内在する就業インセンティブの問題が議論
の俎上に載せられている。近年，その問題の存在を示唆する実証結果が現れて
いるが，さらなる研究の蓄積が必要である。同時に，福祉政策が就業インセン
ティブの問題にどこまで対処しうるかについては，近年の改革において実施さ
れた勤労控除の変更や就労自立給付金の創設が，受給者の就業促進や経済的自
立に与えた影響の評価を踏まえて判断する必要がある。

　一方，公的扶助制度に内在する「貧困の罠」への対応として，諸外国では，
福祉制度改革とほかの補完的な政策を組み合わせる手法がとられてきた。いく
つかの国においては，低所得層の就業インセンティブと調和的な「給付つき税
額控除」と呼ばれる，税制による再分配政策が導入あるいは拡充されている。

23　小川（2000），駒村（2003），橘木・浦川（2006）および和田・木村（1998）の推計
　　によれば，2000 年ごろまでの捕捉率は 20% 前後とされる。捕捉率が低い理由として，
　　橘木・浦川（2006）は，資産保有の制限や扶養義務の履行といった「補足性の原理」の
　　厳格な適用や低所得世帯の生活保護制度の知識不足，そして人々の間の保護受給に対す
　　るスティグマ（恥辱）をあげている。

　税額控除とは，本来の税額からある一定額の課税額を控除する仕組みであり，これにはいくつかのタイプがあるが[24]，低所得層の就業インセンティブの向上策として，アメリカの Earned Income Tax Credit（EITC）やイギリスの Working Tax Credit（WTC），あるいは韓国の勤労奨励税制といった勤労税額控除が活用されている。勤労税額控除においては，勤労所得が課税額を下回る場合に，所得の一定率が給付として納税者に還付される。phase-in と呼ばれるこの局面では，勤労所得に比例して控除額と可処分所得が増加するため，非労働力の労働市場参加が促進される。ただし，勤労所得が一定水準を超えると税額控除は定額となり（plateau），さらに所得が高まると控除が一定率で削減される（phase-out）仕組みとなっているため，すでに勤労所得を得ている労働者は労働供給を減らすことが予想される。勤労税額控除が労働供給に及ぼす総合効果は，これらの 2 つの相反する効果の大きさに依存するが，既存研究では，非労働力の労働市場参加を促進する効果が大きく，既存の労働者の労働時間の減少はあまり確認されてない[25]。生活保護受給者を含む貧困層の拡大が進む日本においても，こうした「就労への給付」（in-work benefit）による再分配政策の導入を真剣に検討すべきである[26]。

　　さらに，就業の促進には労働政策が果たす役割が大きい。職業紹介や職業訓練などのように，広く非労働力や失業者を労働市場に回帰させるための政策は，「積極的労働市場政策」と呼ばれる。これは各国の労働政策の基調となっており，その有効性をめぐる研究も蓄積されつつある（勇上・田中 2014）。ただし，とくにヨーロッパ諸国における積極的労働市場政策では，福祉受給者や失業者の就業能力の向上を目的とする点に留意すべきである。これは，日本の自立支援プログラムが，就労による経済的な自立をも内包する広範な「自立」支援を目指していることと符号する。したがって，就労支援策の有効性の検証は，直

24　森信（2008）によれば，各国の給付つき税額控除は，①勤労税額控除，②児童税額控除，③社会保険料負担軽減税額控除，④消費税逆進性対策税額控除の 4 つのタイプに分類される。

25　アメリカの EITC の成果については Blank（2002）を参照。また，Fang and Keane（2004）は，1990 年代以降のアメリカの EITC の拡充が，とくに教育水準の高いシングルマザーの就業促進に大きな効果を持つことを示している。

26　マイクロ・シミュレーションの手法を用いて，日本における給付つき税額控除の効果を推計した研究として，阿部（2008），白石（2010），高山・白石・川島（2009）がある。

接的な就業はもとより，ボランティアなどの中間的就労からの移行を含めた成果指標について，中長期的な時間軸による評価も求められるべきであろう[27]。

◆読者のための文献／学習ガイド

阿部彩・國枝繁樹・鈴木亘・林正義（2008）『生活保護の経済分析』東京大学出版会。

小塩隆士（2013）『社会保障の経済学（第4版）』日本評論社。

橘木俊詔・浦川邦夫（2006）『日本の貧困研究』東京大学出版会。

◆参考文献

阿部彩（2004）「動向 アメリカの福祉改革の効果と批判」『海外社会保障研究』147号：68-76。

阿部彩（2008）「給付つき税額控除の具体的設計——マイクロ・シミュレーションを用いた検討」森信茂樹編『給付つき税額控除——日本型児童税額控除の提言』中央経済社，所収。

阿部彩・大石亜希子（2005）「母子世帯の経済状況と社会保障」国立社会保障・人口問題研究所編『子育て世帯の社会保障』東京大学出版会，所収。

阿部彩・國枝繁樹・鈴木亘・林正義（2008）『生活保護の経済分析』東京大学出版会。

安部由起子・玉田桂子（2007）「最低賃金・生活保護額の地域差に関する考察」『日本労働研究雑誌』563号：31-47。

岩永理恵（2010）「最低生活保障実現に向けた生活保護」，駒村康平編『最低所得保障』岩波書店，所収。

岩永理恵（2011）『生活保護は最低生活をどう構想したか——保護基準と実施要領の歴史分析』ミネルヴァ書房。

岩本康志・濱秋純哉（2008）「租税・社会保障制度による再分配の構造の評価」『季刊社会保障研究』44巻3号：266-277。

牛沢賢二・鈴木博夫（2004）「生活保護率の地域格差に関する研究」『産業能率大学紀要』24巻2号：19-30。

埋橋孝文編著（2013）『生活保護』ミネルヴァ書房。

小川一夫（2015）「失業と学校教育における人的資本形成——都道府県別パネルデータによる計量分析」『日本労働研究雑誌』656号：37-53。

小川浩（2000）「貧困世帯の現状——日英比較」『経済研究』51巻3号：220-231。

金井郁・四方理人（2013）「生活保護受給者への就労支援の分析」『社会政策』5巻2号：87-100。

小原美紀（2007）「夫の離職と妻の労働供給」，林文夫編『経済停滞の原因と制度』勁草書房，所収。

駒村康平（2003）「低所得世帯の推計と生活保護制度」『三田商学研究』46巻3号：107-

126。

駒村康平・道中隆・丸山桂（2011）「被保護母子世帯における貧困の世代間連鎖と生活上
　の問題」『三田学会雑誌』103 巻 4 号：619-645。

齋藤由里恵・上村敏之（2007）「生活保護制度と所得税住民税制の限界実効税率」『生活経
　済学研究』26 号：31-43。

酒井正（2010）「試練の中のアメリカ低所得者支援――労働市場との関係を巡る近年の定
　量的研究結果を踏まえて」『海外社会保障研究』171 号：47-61。

桜井啓太（2017）『〈自立支援〉の社会保障を問う――生活保護・最低賃金・ワーキングプ
　ア』法律文化社。

澤田康幸・崔允禎・菅野早紀（2010）「不況・失業と自殺の関係についての一考察」『日本
　労働研究雑誌』598 号：58-66。

四方理人（2013）「生活保護と就職困難者」，埋橋孝文編著『生活保護』ミネルヴァ書房，
　所収。

四方理人・田中総一郎（2011）「生活保護受給世帯のストック・フロー分析」『三田学会雑
　誌』103 巻 4 号：587-600。

篠塚英子・川口佳織（2003）「生活保護制度から生活支援制度へ――弾力的な制度運営を
　求めて」八代尚宏・日本経済研究センター編著『社会保障改革の経済学』東洋経済新報
　社，所収。

周燕飛（2014）『母子世帯のワーク・ライフと経済的自立』労働政策研究・研修機構。

周燕飛・鈴木亘（2012）「近年の生活保護率変動の要因分解――長期時系列データに基づ
　く考察」『季刊社会保障研究』48 巻 2 号：197-215。

白石浩介（2010）「給付つき税額控除による所得保障」『会計検査研究』42 号：11-28。

杉村宏・岡部卓・布川日佐史（2008）『よくわかる公的扶助――低所得者支援と生活保護
　制度』ミネルヴァ書房。

高山憲之・白石浩介・川島秀樹（2009）「日本版 EITC の暫定試算」一橋大学経済研究所
　世代間問題研究機構ディスカッションペーパー 422 号。

橘木俊詔・浦川邦夫（2006）『日本の貧困研究』東京大学出版会。

玉田桂子（2007）「母子世帯と生活保護についての考察」『経済学研究』74 巻 3 号：31-42。

玉田桂子・大竹文雄（2004）「生活保護制度は就労意欲を阻害しているか――アメリカの
　公的扶助制度との比較」『日本経済研究』50 号：38-62。

玉田桂子・森知晴（2013）「最低賃金の決定過程と生活保護基準の検証」RIETI Discus-
　sion Paper Series 13-J-013。

中村晋介（2010）「生活保護受給者の自立阻害要因と自立支援策」『福岡県立大学人間社会
　学部紀要』19 巻 1 号：37-50。

浜田浩児（2009）「児童扶養手当の逓減制の就業抑制効果と所得再分配効果」『季刊社会保
　障研究』45 巻 1 号：66-76。

林正義（2008）「生活保護制度の現状と本書の課題」，阿部彩・國枝繁樹・鈴木亘・林正義
　『生活保護の経済分析』東京大学出版会，所収。

藤原千紗・湯澤直美（2010）「被保護母子世帯の開始状況と廃止水準」『大原社会問題研究
　所雑誌』620 号：49-63。

藤原千紗・湯澤直美・石田浩（2010）「生活保護の受給期間――廃止世帯からみた考察」
　『社会政策』1 巻 4 号：87-99。

道中隆（2009）『生活保護と日本型ワーキングプア——貧困の固定化と世代間継承』ミネルヴァ書房。

森信茂樹（2008）「給付つき税額控除制度の概要と類型」森信茂樹編『給付つき税額控除——日本型児童税額控除の提言』中央経済社，所収。

勇上和史・田中喜行（2014）「欧州の長期失業者の推移と対策」『日本労働研究雑誌』651号：45-60。

湯澤直美・藤原千紗（2009）「生活保護世帯の世帯構造と個人指標」『社会福祉学』50巻1号：16-28。

和田有美子・木村光彦（1998）「戦後日本の貧困——低消費世帯の計測」『季刊社会保障研究』34巻1号：90-102。

Bargain, O. and Doorley, K. (2011) "Caught in the Trap? Welfare's Disincentive and the Labor Supply of Single Men," *Journal of Public Economics*, 95(9-10): 1096-1110.

Blank, R. M. (2002) "Evaluating Welfare Reform in the United States," *Journal of Economic Literature*, 40(4): 1105-1166.

Borjas, G. J. (2016) "Does Welfare Reduce Poverty?" *Research in Economics*, 70(1): 143-157.

Danziger, S., Haveman, R., and Plotnick, R. (1981) "How Income Transfers Affect Work, Savings, and the Income Distribution: A Critical Review," *Journal of Economic Literature*, 19(3): 975-1028.

Fang, H. and Keane, M. P. (2004) "Assessing the Impact of Welfare Reform on Single Mothers," *Brookings Papers on Economic Activity*, 2004(1): 1-95.

Lemieux, T. and Milligan, K. (2008) "Incentive Effects of Social Assistance: A Regression Discontinuity Approach," *Journal of Econometrics*, 142(2): 807-828.

Moffitt, R. A. (1992) "Incentive Effects of the U. S. Welfare System: A Review," *Journal of Economic Literature*, 30(1): 1-61.

Moffitt, R. A. (2002) "Welfare Programs and Labor Supply," in Auebach, A. J. and Feldstein, M. eds., *Handbook of Public Economics*, Vol. 4: 2393-2430, Elsevier.

Suzuki, W. and Zhou, Y. (2007) "Welfare Use in Japan: Trend and Determinants," *Journal of Income Distribution*, 16(3-4): 88-109.

Yugami, K., Morimoto, A., and Tanaka, Y. (2017) "Welfare Benefits and Labor Supply: Evidence from a Natural Experiment in Japan," RIETI Discussion Paper, forthcoming.

第 **III** 部

労働経済分析の
フロンティア

第**11**章

エビデンス・ベースの労働政策のための計量経済学

1 はじめに

　ある政策が行われたとして，その効果を測りたいとする。何をどのように計測したらよいだろうか。どのような結果を示せば，政策を議論するための有効な資料となるだろうか。本章では，統計を使って政策を議論するための科学的根拠を示すときに注意したいことを整理する。計量経済学や統計学のテキストのように政策評価のための統計手法を説明するのではなく，計量経済学の理論を学ぶ前に知っておきたいことや，学んだ統計手法を現実の問題に応用するために知っておくと便利な考え方を示したい。

　ところで，日本に関する統計データで世界的に注目を集めているものに，新生児の体重の低さがある。図 11-1 は，2013 年の OECD 統計から低体重出生児の割合（生まれてから一定期間生存した子どもに占める 2500 グラム未満で生まれた子どもの割合）を示している。出生時の体重の重さは新生児の健康度を表すと考えられており，一見してわかるように，日本は低体重出生児割合が世界一高い，すなわち出生体重で見たときの健康状態の悪い国である。

　この統計から，ただちに，「低体重出生児が多いのは問題だ」というのであれば間違いである。少なくともこの統計は新生児（あるいは胎児）の健康改善政策を積極的に推し進める科学的根拠にはならない。日本は他国よりも妊婦女性の体が小さいかもしれない。子どもが小さい方が母体にとってよいという医療的な理由もあるだろう。また，国により母親や新生児の体重に対する考え方に差があるかもしれない。低体重で生まれたとしても生存率が高いという日本

図 11-1　新生児のうち体重 2500 グラム未満で生まれた子の割合（2013 年）

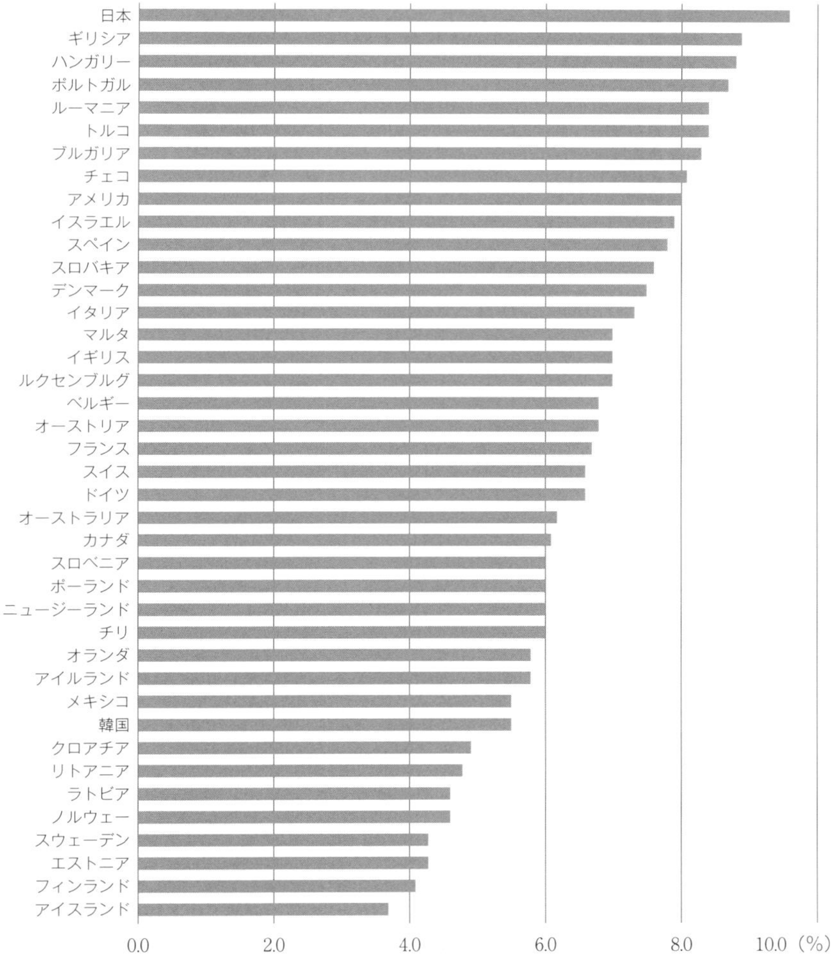

（出所）　OECD Health Statistics 2015.

　の医療技術の高さや豊かさを表している可能性もある。このように，低体重出
生児が多いという統計自体は，それが問題であるかどうかについて何も語って
いない。
　それでは，生まれたときの体重が，成長後の健康状態を左右するという統計
があることを知ったらどうだろうか。健康状態だけでなく，成長後の教育成果

や賃金，生産性に影響するという統計があることを知ったらどうか。さらに，このように長期的に望ましくない影響を与えうる低体重出生児の増加の原因が，医療技術の進歩や，個人の体形の変化，国民の考え方の変化，親がとった行動の結果ではなく，個人にはどうすることもできないような経済環境の変化，たとえば景気や社会全体の失業であるという統計的事実が示されていたらどうだろうか。

　1人ひとりの成長後の生産性は国全体の生産性や成長度に関わるので，個人の生産性を左右する要因は社会全体に影響があるといえる。個人が回避できない理由で個人の健康が害されるのであれば社会全体の問題だといえよう。よって，上記のような統計が示されると，子どもの有無にかかわらず国全体の利益として，新生児の体重が少なくなりすぎないようにした方がよいのではないか，そのための政策が必要ではないか，あるいは，少なくとも問題視すべきではないかという政策議論につながる。すなわち，統計が科学的根拠となり政策が議論されることになる。

　ここで，科学的根拠としてあげなければならない統計的な事実とは何だろうか。事実把握の中でも「原因の把握」が重要であることは予想がつくだろう。実は，社会現象について原因を突き止めることは最も難しい問題である。現実の社会では，ある結果が原因となりほかの結果を生み出すといったことが，複数の現象について複雑に絡み合っているためである。原因を突き止める方法の1つとして，聞き取り（インタビュー）調査を行うことが考えられる。ある結果や成果を出した人とそうでない人について過去に何を行ったのかを尋ねるとか，注目する政策の前後で人々がどのように行動を変えたのかを尋ねれば，原因となる要素が浮かび上がるだろう。別の方法として，考えられる原因や政策に関して無作為実験を行う方法がある。無作為に選ばれた対象に対して政策を試験的に行ってみて効果を計測する方法である。無作為実験を行えば効率的に効果を計測できるだろう（労働経済学における実験の活用については第13章を参照）。

　誰の何に対する仮説を検証すればよいのかが明確な場合には，これらの方法で分析対象を選ぶことにより，効果的に仮説を検証できる。たとえば，ある薬の効果を見るとか，ある教育方針の変更の効果を見るとかいった具合に，ある人を対象にある施策が行われることが明白で，何に影響するのか予想がつきやすいテーマを分析する場合である。しかしながら，労働政策（そして一般的に経済政策）を考えるときには，誰の何に対してどんな仮説を立てればよいのかが

明確でないことが多い。すなわち，影響の範囲や対象に関する予想がつきにく
い。ワークライフ・バランス政策の効果や，労働時間に対する規制変更の影響，
非正規労働者の雇用条件の変更などは，実際には該当労働者だけが影響を受け
るわけではなく，影響の大きさや方向さえ事前には不明である。政策対象がわ
からなければ聞き取り調査も実験も難しい。考えられるすべての点について聞
き取り調査を行えるならばよいが，調査可能な数や時間に限界がある。聞き取
ったとして個人差をどう扱うかも難しい。同様に実験を多数行うことも可能で
あるが，「試しに政策を実施する」ことについては倫理的な問題もあるだろう。
加えて，実行には資金がかかるという問題もある。実験対象となったグループ
で見た結果を，それ以外のケースにも汎用できるのか（外的妥当性）が疑問視
されることも少なくない。

　このような状況において，聞き取り調査でも無作為実験でもない方法により
政策効果を計測する方法が観測データによる統計分析である。そこでは，無数
にある社会現象の中から注目する現象について仮説が設定され，その現象間に
あるはずの因果関係が明らかにされる。観測データは現実社会で起こった唯一
の結果すなわち証拠である。証拠に基づき原因を知ろうとする分析方法である。
観測データに基づいた計量分析により科学的根拠をあげる方法は，労働経済学
の分野で計量分析を行う多くの者が使っている方法である。

2　統計の整理

2.1　相関関係と因果関係

　事象 A の動きと B の動きが同じように動くとき，2 つの間に相関関係があ
るという。よく使われる相関係数は 2 つの事象を表す変数の間にある線形関係
の強さ（直線の周りにどれぐらい集まっているか）を示すもので，正の相関（一方
が増えると他方も増える），負の相関（一方が増えると他方は減る），相関なしの関
係を，マイナス 1 からプラス 1 までの数値で表す。

　再び出生体重について考えよう。生まれてくる子どもの体重と社会全体の経
済状況には関係があるだろうか。経済状況は，労働経済学の分野でおそらく最
もよく使われる失業率で捉え，親の労働環境に近くするために，30 代前半の
男性失業率を使うことにする。図 11-2 は，県別の平均体重と男性失業率の時
系列変化を示している。一見すると失業率も低体重出生児割合も増加している

図 11-2　失業率の変化と低体重出生児割合の変化

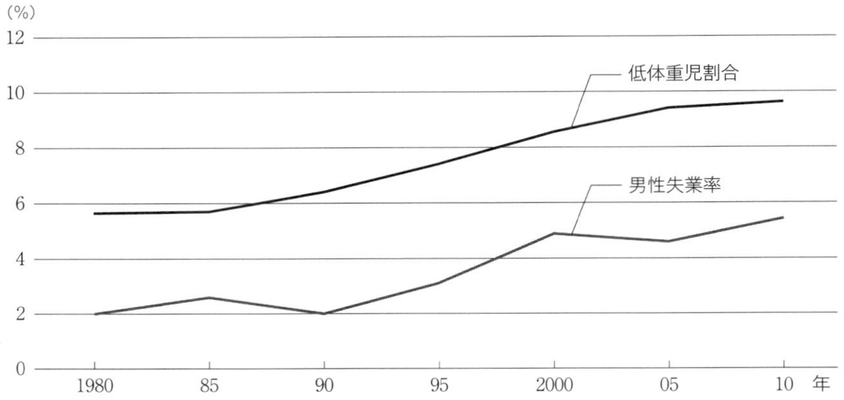

が，統計分析で抽出されるのは「同じように」増加しているかである。たとえば増加トレンドの中にある 1985 年から 90 年や，2000 年から 05 年の失業率の低下時期に低体重児割合も同じように低下しているのかや，両者が同じ程度で増加しているのかが捉えられる。

　失業率の変化と低体重出生児割合の変化の関係をより深く探るために，同じ年でも失業率に散らばりのある都道府県別データを使って確認しよう。すると，やはり失業率が高い地域では低体重出生児割合が高い傾向（両変数の間に正の相関）があることがわかる。図 11-3 は，上記期間の都道府県別データを使って，低体重出生児割合と男性失業率の関係を散布図に描いたものである。相関係数は 0.823 で正の関係が示されている（各年の都道府県別データで相関係数を求めても 0.25〜0.50 をとり正の相関が見られる）。経済状況が悪い場合に低体重出生児が多いという関係が示されている。

　このとき，経済状況が悪くなると低体重出生児割合は増えるといえるだろうか。経済状況の悪化が原因となり低体重出生児割合が高まるという因果効果があるといえるだろうか。残念ながら，相関関係の存在だけではこれらに答えることはできない。相関関係は必ずしも因果関係を表すものではないからである。たとえば，都道府県間で成人の教育水準に差があり，教育水準が低い地域で失業率が高くなる傾向があるとする。教育水準が低ければ失業者も多いという予想される関係である。教育水準は，学歴や義務教育以上の教育を受けているかどうか，高校卒業率などどのようなものを考えても構わない。この関係を散布

図 11-3　県別データで見た失業率と低体重出生児割合

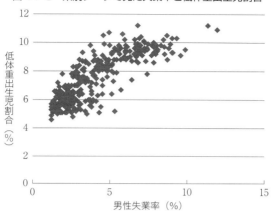

図で描けば図 11-4 のようになるだろう（ただし，図 11-4(1)は，実際の都道府県デー
タを使って描いたのではなく，仮に教育水準の低さを表す指標が存在し，それと男性
失業率の間に正の相関があるならば，このような散布図がイメージされるという例示
〔相関係数は 0.25〕である）。

　同時に，親世代である成人の教育水準と新生児の健康状態には正の相関が予
想される。一般に，健康状態はそれを作り出す者の教育水準と正の相関を持つ
ことが知られている。教育により情報収集力が高まり，情報の理解力が高まる
ことで，健康の将来リスクを低下させ，健康を作り出せることなどが理由だと
考えられている。図 11-4(2)にそのイメージを図示した（図 11-4(1)同様に，こ
こでも実際のデータを用いたものではなくイメージ図である〔相関係数は 0.85〕）。

　図 11-4(1)と 11-4(2)を合わせると，低体重出生児割合を高めているのは，
失業率の高さではなく，本当は，親世代の教育水準の低さであるかもしれない
ことに気づく。言い換えれば，図 11-3 では，失業率の高さが親世代の教育水
準の低さも捉えており，あたかも経済状況の悪さが低体重出生児割合を高める
ように見せかけられている可能性が考えられる。「親世代の教育水準の低さ」
が低体重出生児割合増加の隠れた原因となっている可能性がある。

　このような隠れ要因の問題が起きるのは，国全体のデータや県別データを使
ったからだろうか。たとえば，実際に生まれてきた子どもとその親のデータと
いったミクロデータを用いれば，このような隠れ要因による見せかけの関係は

図 11-4　成人の教育水準の低さと失業率・低体重出生児割合の関係

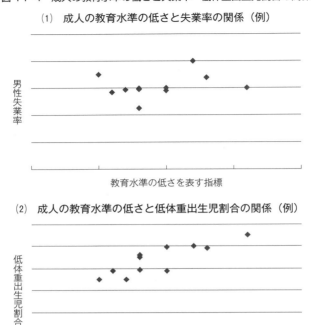

　（1）　成人の教育水準の低さと失業率の関係（例）

男性失業率

教育水準の低さを表す指標

　（2）　成人の教育水準の低さと低体重出生児割合の関係（例）

低体重出生児割合

教育水準の低さを表す指標

見られないのだろうか。必ずしもそうではない。個人データを用いても同じ結果となる可能性が高い。たとえば，新生児の体重のデータとその子どもを産んだ親の経済状況を表すデータがあるとしよう。親の経済状況はどのような変数であっても構わない。居住地域の失業率や所得水準，それと強く関係すると思われる親自身の所得水準や家計の苦しさの指標などが使われる。ここで，親の教育水準と生まれてきた子どもの体重に図 11-4 (2) と同じ関係——親の教育水準が低いほど出生体重で見た健康状態はよくないという関係——があるとする。同時に，親の教育水準と親の経済状況の間には図 11-4 (1) と同じ関係——親の教育水準が低いほど経済状況もよくないという関係——があるとする。このとき，たとえ親が直面する経済状況の悪さと，その子どもの出生体重にはなんら因果関係はないとしても，両者の間には正の相関があるように見えてしまう。

図11-5　因果関係を惑わす隠れ要因

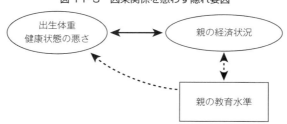

すなわち，個人データを用いても同じことで，2変数の間に正の関係があるとしても，それが因果関係だとは言い切れない。

図11-5は以上の議論を整理したものである。親の経済状況と出生体重の間に正の関係が見られたとしても，因果関係が示されているとは限らない。親の教育水準の低さという隠れた要因があるからである。経済的要因ではなく教育の差による行動の差が要因であれば，経済状況が悪い親に対して経済的な支援を行っても，必ずしも低体重出生児割合の高さを解決することはできない。教育水準の低さだけが原因であれば，経済支援が健康改善にはつながらない。両者にある相関関係は，経済支援策を支持する証拠にはならない[1]。

2.2　因果関係の推察

有効な政策議論のためには，どこに因果関係があるのかを科学的証拠として示すことが必要である。因果関係を捉えるために統計学や計量経済学の知識を使うのだが，最初に述べたとおり，本章の目的は統計学や計量経済学の説明をするのではなく，その前提となる考え方を示すことにある。そこで，ここでは計量分析を行う前にやっておくと便利な，因果関係に近づくための思考の整理の仕方を示したい。

ある結果Aに対して考えられる原因Bがあるとしよう。このBとAの関係が因果関係であるのか，別の言い方をすればBはAという因果効果をもたらすのかに注目する。当然のことながら，Aに影響する要因はB以外にも存在

1　ここでは教育水準と健康状態の関係を例にあげているが，この例は「教育水準が低い者は健康になれない」といっているわけではない。なんらかの理由で両者に正の関係があることだけを示している。

図11-6　BからAへの因果関係を整理するための図

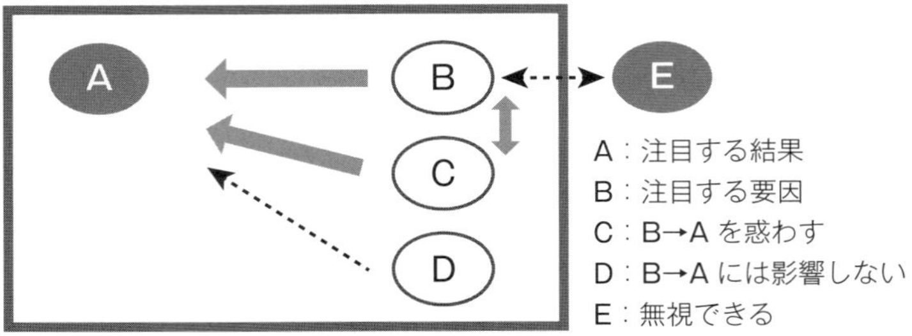

A：注目する結果
B：注目する要因
C：B→A を惑わす
D：B→A には影響しない
E：無視できる

する。ここで，それら多くの考えうる要因を，Bと関係するもの（C）と，関係しないもの（D）に分けて考える。要因Dは帰結Aを左右するがBには影響しない。よって，Dの存在は，BとAの間に見えている関係（BがAに与える影響の方向や大きさ）には影響していない。一方，Bと関係があるCは，BとAの間に観察される関係を歪めてしまう。BとCに関係があるということは，Bの要素が部分的にCの要素を捉えていることなので，BとAの間の純粋な関係だと思っていたものが，実は，CとAの間にある関係も反映してしまっているというわけである。帰結Aをもたらす要因としてBとCの2つが存在し，両者が関係している（両者を識別できない）ときには，それがBの影響なのかCの影響なのかを言い当てられない。以上を図11-6にまとめた。図11-6は以下のように描かれている。

■**ステップ1**：考えられる要因をB，帰結をAとして，両者の関係を矢印の方向に注意して書く。

■**ステップ2**：帰結Aに影響すると考えられる要因を，B以外にも，C,Dといった具合にすべて書き出してみる。

■**ステップ3**：それらが，要因Bに影響するかどうかを考える。たとえば，CはBと関係するけれど，DはBとは関係しないといった具合に，関係があるものについて矢印を書き入れてみる。

■**ステップ4**：以下を確認する。

・BからAへの因果効果の存在を見えにくくするのはCである。

・B（あるいはCやD）とは関係するが，Aとは関係しない事象Eを思いつくかもしれない。ただし，今はAという結果（Aの動き・差異・変化）を説明することを考えているので，Aの直接的な因果関係の議論においては，とりあえずEの存

在は無視できる。
・Dが存在するとしても，BからAへの因果効果を考える邪魔にはなっていない。
　ただし存在を確認しておくことは重要。
・Cが存在するとき，AとBの間にある関係は，真の因果関係とは言い切れない。B
　とCが相関しているならば，BとAの関係は，BからAへの因果効果だけでなく，
　CからAへの因果効果も反映してしまうためである。

　この図を使うと，BからAへの効果が過大に見えてしまうか，あるいは過
小に見えてしまうかを予想できる。図11-7(1)は，CがBと同じ動きをし，か
つCがAに与える影響とBがAに与える影響がともに正である場合を示して
いる。このとき，BとAの間に観察される関係（BからAへの影響として見える
関係）は，CからAへの影響も混在し，過大に評価される。図11-7(2)は，C
がAに与える影響とBがAに与える影響が逆の場合である。この場合は，B
とAの間に観察される関係（BからAへの影響として見える関係）には，Cから

図11-7　過大評価と過小評価の例
(1)　過大評価の例

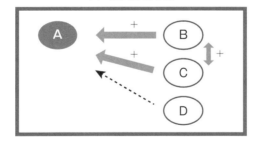

(2)　過小評価の例

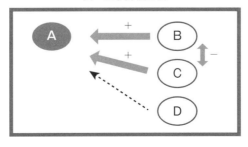

Ａへの負の影響が混在するので過小に評価される。

　ここから学ぶべきことは，Ｃの存在を無視してＢとＡの関係を捉えると，ＢとＡの真の関係が間違って推測されてしまうことである。本来ならＢはＡに影響を与えないのに影響があるように見えてしまうとか，本来ならＢはＡに正の影響を与えるはずなのにＢと逆の動きをするＣが存在するために，負の関係が見えてしまう。Ｃを考慮せずにＢとＡの関係を見ると因果関係について間違った推論をしてしまう可能性がある。

2.3　統計データを工夫して見せる

　上の議論では，Ｂと関係するＣがＡに影響するときに，ＢからＡへの真の影響が見えにくくなることがわかった。ということは，ＣがＡに影響しないような世界で，ＢがＡに与える影響を見ることができれば，ＢとＡの関係を正しく理解できそうである。もちろん，観測データ（実際の実現データ）そのものは，「ＣがＡに影響しない世界」を示していない。

　しかしながら，統計を工夫してみることで，Ｃの影響が及びにくい状況を作り出すことはできる。ＣからＡへの影響があるということは，Ｃの水準が高い（低い）ときにＡの水準が高く（低く）なるという具合に，Ｃの水準によりＡの水準が変わることを指す。そうであれば，Ｃの水準がまったく同じグループの中でＢとＡの関係を見れば，Ｃの影響ではないＢの影響を見ることができるだろう。極端な例として，もしＣだけがＡに影響していて，ＢはＡにまったく影響していないのであれば，ＢとＡの間で見られていた関係は，同じＣを持つグループでは消えるはずだ。ＣとＢの両方がＡに影響しているときにも，ＢとＡの間に見られていた関係は，同じＣを持つグループでは違うように見えるかもしれない。

■ステップ５：Ｃを表す指標をもとにして，Ｃの水準が同じグループにサンプルを分けてみる。Ｃが同じグループでは，Ｃに起因するＡの差は見られなくなるはずだから，分けられたグループそれぞれにおいて，Ｂに起因するＡの差が現れやすい。

　ただし，Ｃの水準が同じグループにおいて，Ｂの水準に違いが存在していない場合（Ｃの水準でグループ化したときにＢの水準も同じになってしまう場合）には影響を見ることができない。極端な例では，Ｃの水準が同じグループでＢの

水準もまったく同じであれば，各グループにおいて A と B の水準の関係を図
示すると，B の値を示すある一点上に A の値が並ぶことになる。A は B の関
数として表せない。

　以上の図解はあくまでも頭を整理するためのものであり，B から A への因
果関係の存在を検証しているわけではない。どうなったら真の因果関係だと判
断できるかという指針もない。しかしながら，C の存在を考慮しなければ，B
と A の間にある因果関係をうまく把握できないのだから，C の存在が B と A
の関係にどのように関わっているかを知っておくことは，計量分析により因果
効果を検証するときに役に立つ。

3　計量分析の実践

3.1　統計確認から回帰分析へ

　計量分析の基本モデルとして頻繁に登場する線形回帰モデルを考えよう。こ
こでは計量経済学の授業で最初に学ぶ最小二乗法（OLS）を取り上げる。説明
したいのは結果変数である A の動きである。この A の動きが，原因かもしれ
ないと予想される B の動きで説明されるかどうかを検証する。これは，A の
動きを表す変数 y を B の動きを表す変数 x に回帰することで行われる。通常
の計量経済学のテキストで最初に出てくる線形回帰モデルを書けば，

$$y_i = \beta_0 + \beta_x x_i + \beta_z z_i + u_i$$

となる。i は観測データの観測単位（n 人の標本データであれば $i = 1, \ldots, n$）を表
す。注目する原因変数は x_i で，β_x はそのパラメーター（x_i が y_i に与える影響），
z_i は x_i 以外で y_i に影響する変数で，β_z はそのパラメーターである。x_i および
z_i と，y_i の間にある線形関係の当てはまりをよくするために置かれる定数項
（切片）が β_0 である。u_i は誤差項で，y_i の動きのうち，x_i と z_i で捉えたモデル
の動きでは説明できない部分で，確率変数であり分布を持つ。計量経済学の初
級の講義で学ぶことは，この誤差項がいくつかの仮定を満たしていれば望まし
い推定量となるというものである。そのうち，重要な仮定の 1 つが，誤差項は
説明変数と相関しないこと（$E(u \mid x, z) = 0$）で，これを満たすと，推定値 $\hat{\beta}_x$
や $\hat{\beta}_z$ はそれぞれ，x_i や z_i が y_i に与える真の影響を捉えるとされる。

　最小二乗法は，実際の観測データを使って得られる残差 $\hat{u}_i$ の平方和を最小

にするような推定値 $\hat{\beta}_0$, $\hat{\beta}_x$, $\hat{\beta}_z$ を求めるものである。この推定値を使って「x_i は y_i に影響しない」すなわち「$\beta_x = 0$」という帰無仮説を検定する。誤差項が説明変数が相関しないという仮定が正しく，分析者が設定した有意水準に基づいて仮説が棄却されれば，x_i の動きが y_i の動きを説明する，つまりBはAに影響すると解釈できる。$\hat{\beta}_x$ が正であればBはAを上昇させ，$\hat{\beta}_x$ が負であればBはAを低下させるといえる。

　この仮説検証において重要なのは z_i の存在である。z_i は x_i 以外で y_i を説明するものだった。注目するパラメーター β_x は，z_i をコントロール，すなわち z_i を一定にしたもとで，x_i だけが変化したときの y_i の変化を捉えている。つまり，β_x は仮に z_i が同じだったとして，x_i だけが増えたら y_i はどうなるかを表す。このような z_i をコントロール変数と呼ぶ。前節で，「観測データそのものは，『CがAに影響しない世界』を示していない」といったが，回帰分析では，コントロール変数を取り入れることで，観測データから仮想的な世界を作り出している。

　この z に含まれる有力な候補が前節で見たCを表す変数である。β_x はCの水準が同じであるとした場合の，BがAに与える影響を捉えている。CはBと関係し，同時にAにも影響を与える事象であったことを思い出そう。このとき，Cを表す変数をモデルから落とす，すなわち，z の中にCを表す変数が捉えられていないと，その部分は誤差項 u に含まれてしまう。CとBは相関しているのだから，誤差項に落とされたCの要素は，Bを表す変数である説明変数 x と相関することになり，誤差項が説明変数と相関しないという仮定は満たされない。よって，推定値 $\hat{\beta}_x$ によって，BがAに与える真の影響を捉えることはできない。Cの可能性を分析前に考えておく重要性がここにある。

　このモデルを推定する際には，z の値を固定したもとで x の値に変動幅がある（x に差がある）必要がある。x に動きがない，すなわち x の値が同じであるならば，y の動きを x で説明することはできない。どのようなときにこの状態が起こるかといえば，z の動きと x の動きがまったく同じときである。これは，図 11-6 において，Cが同じグループの中でBに差がなければ，AとBの関係を表すことができなかったことを指している。すなわち，推定では，x の動きと z の動きが同じでないことが必要となる。さらにいえば，まったく同じでなくても，動き（変動の様子）が近いときには，精度の高い結果が得られない。これは後述の多重共線性の問題につながる。なお，コントロール変数を多く入

れることで生じる問題もある。この点については DiNardo and Lee（2011）などを参照されたい。

3.2　どのように分析するか？

　低体重出生児割合の分析に話を戻そう。考えようとしている大きなテーマは，「親が直面する経済状況が，生まれてくる子どもの健康状態に影響を与えるか」であった。最初に触れたとおり，このテーマがなぜ労働政策の分析につながるかといえば，個人が選ぶことができない経済状況や労働市場の状態が生まれたときの健康状態を左右し，生まれたときの状態がその後の長期的な成長や社会全体に影響しうる生産性を左右するのであれば，その改善が有力な政策候補となりうるからであった。

　都道府県別データを用いて，このテーマに関する証拠をあげようとする場合，被説明変数として「都道府県別の低体重児出生割合」（％）をとり，これを説明変数となる「都道府県別の 25〜39 歳の男性失業率」（％）に回帰することが考えられる。25〜39 歳に絞る理由は親の世代に近づけるためであり，男性の失業率を使ったのは社会全体の景気をとりたいとか，女性よりも男性に家計を担う人が多いので男性の経済状況の方が親の直面する経済状況を反映しやすいなどさまざまな理由による[2]。

　推定のために，低体重出生児割合については対数値（式では $LLowBirthWght$ と表記）をとろう。失業率（式では $Unemp$ と表記）が低体重出生児割合に与える影響は失業率が高くなるほど大きいと思われる（失業率が低い状態で失業率が増加するときよりも，高い状態でさらに 1％ 失業率が増加するときの影響の方が大きいと考えられ，影響が指数的に大きくなると予想される）ためである。試しに，1975〜2010 年の 5 年おきのデータを用いて推定を行ってみたところ，以下の結果を

　2　ここで使用するデータは県別平均値の公開データで誰でも使える。低体重出生児割合は「人口動態統計」（厚生労働省）より新生児に占める 2500 グラム以下児の割合を，男性失業率は「国勢調査」（総務省統計局）より 25〜29，30〜34，35〜39 歳男性の失業率の平均値を，後で使う女性高卒以上割合は「就業構造基本調査」（総務省統計局）より 20〜24，25〜30，31〜34，35〜40 歳女性で，最終学歴が高等学校以上（義務教育を超える教育を受けた者）の割合の平均値を計算した。前者 2 つは 1975〜2010 年の 5 年ごとの数値だが，最後のみ 1977〜2012 年の 5 年ごとの調査であるため，女性高卒以上割合には，前者の各年に最も近い年の値を同一時点のものとして使用した。

得た。

$$\widehat{LLowBirthWght} = 1.602 + 0.0299\,Unemp$$
$$(0.013)\quad(0.0042)$$
$$n = 376, \quad R^2 = 0.914 \tag{11.1}$$

　観測単位は 47 都道府県 8 時点で観測数は 376 となる。これが $n = 376$ として書かれている。R^2 は決定係数で，（11.1）式の右辺にあげた説明変数の変動により左辺の被説明変数の動きをどれだけ説明しているかを示す。観測数と決定係数は，各変数の散らばり具合やモデルの当てはまりを考えるためにも重要な変数であり，計量分析の推定結果を示す際には通常報告される。

　（11.1）式には明記していないが，低体重出生児割合はそれ自体に時間による変化，すなわち年ごとに差があるので，1980〜2010 年の各年を表す年ダミーを入れて推定している（1975〜2010 年のデータであるが，比較対象年である 1975 年を除き 80 年以降の各年を表すダミー変数を入れた）。これにより，年による低体重出生児割合の差が考慮（説明）されたことになる。$LLowBirthWght$ の推定値は 0.0299 であり，年による差は取り除いたうえで，失業率が 1% ポイント高まると，約 3% ポイント低体重出生児割合が増えることを意味する。実際には失業率の 1% ポイントの高まりは非常に大きな変化であり，20 代から 30 代の若年男性で見れば，1 年間で平均的に 0.5% ポイント程度しか変化しない。推定値に基づけば，0.5% ポイントの失業率の高まりは約 1.5% ポイント低体重出生児割合が増えるといえる。

　推定値の下にある（　）内には各推定値の標準誤差が掲載されている[3]。この推定値と標準誤差を使って，各推定値と帰無仮説が正しいとされる場合のパラメーターの値の差を検定する統計値を作り，仮説が正しいかどうかを検証する。たとえば，失業率が低体重出生児割合に与える影響を見る場合は，失業率のパラメーターについて $\beta_{unemp} = 0$ すなわち失業率は低体重出生児割合に影響しないという帰無仮説を検定することになる。検定方法の詳細は計量経済学のテキストに委ねるが，（11.1）式に示した結果を用いて失業率の影響を検証すれば，推定値を標準誤差で割った値（帰無仮説が正しいとしたもとでの検定統計値

3　ここでは都道府県をグループとした頑健な標準誤差を用いている。頑健な標準誤差の詳細については，Cameron and Miller（2015）などを参照されたい。

で t 値と呼ばれる）が 1.96 を超えていれば，5％ の有意水準で帰無仮説を棄却
する（統計的に有意である）と判断される。「失業率は低体重出生児割合には影
響しない」という帰無仮説が（少なくとも有意水準 5％ で）棄却される。失業率
の推定値が正であることを合わせると，失業率の上昇により低体重出生児割合
が高まるといえる[4]。

　ところで，低体重出生児割合に影響すると考えられる要因は，失業率以外に
も存在する。たとえば，（社会全体の経済環境ではなく）親個人の所得や，親自身
が失業していることが新生児の健康に影響しているかもしれない。先に見たと
おり親の教育水準が影響しているかもしれない。喫煙など健康関連行動や，地
域の医療サービスの差も考えられるし，そもそも，文化や考え方の地域差や遺
伝的要素の地域差，地理的な差も低体重出生児割合の差を説明するかもしれな
い。

　これらをすべてコントロール変数として捉えることが必要だろうか。ここで
2 節の議論を思い出したい。注目する変数の因果効果を捉えるためには，コン
トロール変数が重要であった。とくに，注目する変数と相関している変数の考
慮が大切とされた。たとえば，喫煙率は経済状況の善し悪しのどちらでも高ま
るもので（親世代の健康状態に差がなければ）失業率と強い相関を持つとは考え
にくい。医療サービスは地域差があるが，（地域別の財政状況の差がコントロール
されていれば）それが地域の経済状況の差と関係するとは考えにくい。

　次に考えるべきは，使用している観測データは県単位のものであり，県別平
均値を分析対象としているという点である。遺伝的な差が新生児の健康状態に
差をもたらす可能性は高いが，県の中には生来健康的な人もいればそうでない
人もいて，各県でばらついていると考えるのが自然だろう。各県のデータは県
内にいる個人の平均的な特徴を表す。そこでは，個人の異質性は平均化されて

4　多くの解析ソフトでは検定結果に関する指標として p 値が示される。p 値は，計算さ
　れた検定統計値がその統計量が従うべき分布のどの位置にあるかを表すもので，p 値が
　0 に近いほどその統計値は分布の端に位置していることを示す。すなわち，推定値と帰
　無仮説の値との差が大きいほど p 値は小さく，帰無仮説が正しくないことになる（帰無
　仮説を棄却する）。p 値が大きければ帰無仮説との差は小さく，帰無仮説を否定しない
　（棄却しない）ことになる。(11.1) 式の推定では，定数項と失業率のどちらの推定値に
　ついても p 値は 0.000 であり，1％ の有意水準で仮説が棄却される。なお，この p 値は
　通常論文中には記さない。

いる。このように，平均化により個人差による影響が取り除かれれば，コント
ロールする必要がなくなるものもある。

　しかしながら，地域による健康への考え方の差や取り組みの差など県の特徴
の差が残るものもあるだろう。文化的・地理的要素も含むこれら県の差は，働
き方や労働意欲に対する考え方とも相関し，ひいては失業率の差とも関係する
可能性がある。そして，考え方や意欲・意識の差といったものは変数として捉
えるのが難しい。計量分析では，しばしば，これらを「県別ダミー変数」とし
て捉える。観測値が北海道のものであれば北海道ダミーが１，それ以外の県の
ダミーは０となる変数であり，具体的に何を指すかはわからないけれど県間に
ある差を捉えるものである。ただしここでは，考え方などの差が新生児の体重
に与える影響を見たいのではない。見たいのはあくまでも経済環境が新生児の
体重に与える影響で，県間の差が注目する経済環境の影響を見えにくくする可
能性があるので，その差をコントロールするという考え方に基づいている。

　（11.1）式のような形で推定を行うときにはもう１つ気をつけなければなら
ない点がある。コントロール変数は重要であるが，動きが酷似した変数が入っ
ている場合，すなわち変数間に高い相関がある場合には推定の精度が落ちる。
類似の変数同士は，それぞれの変数の持つ情報が似ている。１つ目の説明変数
の動きで被説明変数の動きを説明してしまえば，２つ目の説明変数を加えても
新たに付け加えられる情報はないので，追加された変数は説明力を持たないよ
うに見えてしまう。これは多重共線性の問題と呼ばれ，推定値の分散が大きく
なり結果は不安定になる。推定値の分散が大きくなれば仮説も棄却しにくくな
る。先の例でいえば，失業率と相関が高い地域の所得状況を同時に説明変数に
入れると，失業率と所得の推定値はともに不安定な値をとる（サンプルが少し変
わっただけで推定値が大きく変わる）。いくつか解決策はあるが，１つずつ別に入
れて結果の違いを確認するのが最初の試みだろう。

　さて，２節で見たように，新生児あるいは胎児の健康状態に影響すると考え
られる変数の中には，失業率とも相関する可能性がある変数として，母親の教
育水準や，地域間の文化的な差や価値観の差があると考えられる。そこで，
（11.1）式の説明変数に，母親の教育歴として高卒以上の割合（義務教育よりも
長い教育を受けた者の割合：*HighEdu*）と，県ダミーをコントロール変数として
加えて推定したところ，次の推定結果を得た。

$$\widehat{LLowBirth}_i = 1.855 + 0.0196 Unemp_i - 0.3128 HighEdu_i$$
$$(0.062) \quad (0.0064) \qquad (0.0909)$$
$$n = 376, \quad R^2 = 0.966 \tag{11.2}$$

失業率の推定値は 0.0196 と小さくなったが、推定値を標準誤差で割った t 値は 3.0 を超えており、失業率は低体重出生児割合には影響しないという帰無仮説が（1% の有意水準で）棄却される。同時に、母親の学歴の推定値は負の値であり、母親が高卒以上である場合に低体重出生児割合が低いことが示されている。ここには示していないが、北海道をベンチマークとした 46 都道府県ダミーの各推定値も統計的に有意なものが多い。このように、母親の学歴やさまざまな形で存在すると考えられる県間の差が新生児の体重に与える影響を一定とする（コントロールする：影響を取り除く）と、失業率の与える影響は小さくなるが、それでもなお、失業率の増加は低体重出生児割合を高めるといえる。

3.3 どのデータを使うか？

近年、国全体の統計データだけでなく地域別や産業・職業別のデータが簡単に入手できるようになり、企業や個人のデータでさえも利用機会が増えた。ネット上で興味のあるキーワードを入れて検索すれば多くのデータにヒットする。そうなると、どうやってデータを探せばよいかよりも、どのデータを使ったらよいかに迷うだろう。結論からいえば、データそのものの善し悪しを大して気にする必要はない。検証したい仮説に対して適切にモデルが立てられ、適切なデータを使っていれば、あるいは最適なデータではなくとも設定したモデルと利用データに置かれている仮定を正しく理解していれば、データにより結果が異なったとしてもその政策含意を読み間違えることはないはずである。

先の推定例では都道府県別の「失業率」と「低体重出生児割合」を使った。もちろん、より小さな観測単位のデータを用いることも可能である。たとえば、市町村別データを用いることができる。この場合にも、都道府県別データと同じような説明変数を考えることになるが、いくつか気をつけなければならないことがある。まず、市町村単位で個人を平均化したデータであるため、都道府県単位で見たときよりも、そもそも個人の異質性の散らばりが小さく、平均化されるメリットは小さくなる。平均化されることで捉える必要がなかった観測単位間の差も、観測単位が小さくなれば捉える必要があるかもしれない。観測

単位により何をコントロール変数に取り入れるべきかが変わる可能性がある。

　地理的な範囲が狭くなることで，情報が存在しない場合や適切でない可能性があることにも注意が必要である。たとえば，全国の市町村別に失業率の長期情報は入手できない。低体重出生児割合のように，地理的範囲が狭くなることで，そこに生まれる子どもの数が減少してしまい，値が異常値に左右されてしまうこともある。また，地理的な範囲が狭いことでうまく現実を反映しないものも出てくるかもしれない。たとえば労働環境についていうと，日本では多くの労働者が住所のある居住市町村の外で働いている。市町村ごとの労働環境の指標は必ずしも個人が直面している労働環境を指さない可能性がある。さらに，地理的な範囲が狭くなることで差が見られなくなるものが増える。たとえば，多くの労働政策は市町村単位ではなく都道府県単位で行われていて，市町村別で差がないことも多い。

　もちろん観測単位が小さくなることは利点も持つ。大きな単位で異質な個人を一括りにして平均化してしまえば，存在している観測単位間の差が見えにくくなってしまう。より小さい観測単位で見ることで観測値間の差を捉えられる可能性が高まる。たとえば，市町村ごとに異なる政策について，道を挟んで市町村が異なる隣り合う地域の住民の行動差を見れば，地理的環境は同じであるのに政策だけが異なる影響を捉えられるかもしれない。

　もっと小さい単位のデータとして，個人や家族，企業のデータ（ミクロデータ）を使うこともできる。この場合は被説明変数を変える必要があるかもしれない。たとえば，地域データで見ていた低体重出生児割合は，個人データでは，生まれてきた子どもが低体重児であったかどうかという2値変数として捉えられるだろう。

　ミクロデータを使って推定する場合には，地域データを使用する場合よりもコントロール変数を慎重に選択する必要がある。ミクロデータを扱う場合，平均化のメリットは働きにくいからである。当たり前であるが，個人データには個人の異質性が捉えられている。たとえば，低体重児として生まれてきたかどうかは遺伝的な要素や，親の行動・選好などの個人差が大きい。個人差であるが，同時に，居住地の状況を表す変数とも相関するだろう。居住地ベースではなく，個人ベースで経済状況を捉える（たとえば個人の所得や失業しているかどうかを使う）場合には相関はさらに強くなると予想される。見たい因果効果である経済状況が出生体重に与える影響を正しく捉えるためには，経済状況とも関

係する個人差をコントロール変数として落とさないようにしなければならない。ここで，個人差の中にはデータでは計測できない要因もある。その場合には強い仮定が必要となるかもしれない。たとえば，「我慢強いかどうか」は個人間で同じだと仮定するなどである。仮定が妥当であるかどうかは，分析テーマすなわち分析対象として注目する結果（被説明変数）や要因（説明変数）が何かに依存する。分析テーマにより仮定の妥当性を考えながら，コントロール変数を考える必要がある。

　このように分析の難しさはあるが，ミクロデータによる分析には大きな利点がある。地域といったグループデータでは，結局のところ因果関係の背景が何かはわからないことが多い。個人データを使えば，事象間の因果関係の背景にある経済主体の行動を明らかにできる可能性がある。経済状況が新生児の体重に与える影響についてであれば，経済状況が悪い人が医療機関にかかりにくく胎児が成長しにくいとか，経済状況が悪い家計の母親自身の健康状態が悪く胎児が成長しにくいといった過程を明らかにできるかもしれない。

　このように，応用分析に利用できるデータはいくらでも存在する。大切なのは，どのデータを使うかではなく，利用するデータの観測単位により捉えるべきコントロール変数が異なるなどモデルの設定や仮定を変える必要があること，そして，データによって示される範囲が変わることを知っておく必要があることだろう。モデルの設定や仮定が異なり，結果が示される範囲が異なるのだから，用いるデータによって，一見，結果が違うように見えるかもしれない。ただし，データにより分析結果からいえる範囲が異なるだけであって，政策インプリケーションそのものが変わるわけではない。使用データに応じて何を仮定しているかが異なり，それが妥当であるのか，使用データは誰の行動差までを捉えているのかを理解していれば，結果から導かれる政策含意を間違って解釈することは少なくなる。

　もちろん，仮説を検証するにあたっては適切なデータを使うことは大切である。自分が検証したい仮説によって最適なデータは変わるだろう。個人の異質性による差が大きいトピックについて，個人の特徴が結果に与える影響を見たいときには，誰も県別データは使わないだろう。たとえば，幼少期の家庭環境が労働生産性に与える影響を見たいときには，たとえ県別平均値があるとしてもその情報は使いにくい。逆に，個人に尋ねても正確な回答が得られにくいトピックを分析するときには，個人データは使わない（使えない）だろう。たと

えば，重篤な健康状態や自殺，犯罪といったテーマを分析するときには，たとえ個人データが存在するとしてもその情報は使いにくい。分析対象テーマと利用データがマッチしているものがよい分析であることは間違いない。そして，テーマに合致したデータを使用するためにも，2節で見たように，政策効果の背景にある事象の関係を把握できていることが必要である。

　モデル設定にあたっては経済理論の知識も助けてくれることを忘れてはならない。とくに，個人や家計，企業単位のデータを用いる場合には，経済の理論モデルにおいて経済主体の行動決定メカニズムがどのように描写されているかがわかっていると，何を条件とした（何を説明変数とした）行動決定を考えればよいかについてヒントを得られる。因果関係の把握に加えて理論的な行動モデルの知識があれば，より効果的な応用計量分析ができる。

3.4　どのように結果を報告するか？

　3.1項においていくつかの回帰分析を示した。この結果を論文などに報告する場合にはどのように書けばよいだろうか。この点については多くの計量経済学のテキストでも示されているので，ここではごく簡単に整理しておく。(11.1) 式，(11.2) 式の結果を1つの表にしたのが表11-1である。

　この表は，(1) 列に (11.1) 式の推定結果を，(2) 列に (11.2) 式の推定結果を掲載している。被説明変数はともに低体重出生児割合であり表の一番上に記されている。最左列の2〜6段目までに示されているのが説明変数であり，モデル (1) では男性失業率，および観測値が何年のデータであるかを表す年のダミー変数，モデル (2) では男性失業率と女性の教育水準，年のダミー変数，観測値がどの都道府県のものであるかを表す都道府県のダミー変数である。ここでは，年ダミーや都道府県ダミーは，低体重出生児割合の年や県の差をコントロールするために入れられた変数であり，それぞれの推定値には関心がないので，5，6段目に「年ダミー」「都道府県ダミー」として説明変数に含まれているかどうかだけが記されている。

　経済学の分析では，通常，(　) 内に推定値の標準誤差を書く。ここでは不均一分散があるときにも頑健な標準誤差を使っているので，表の注にそれを書き入れる。示された推定値と標準誤差を使って，パラメーターが0となる（すなわちその変数が影響を与えない）という帰無仮説が棄却されるかどうかを表す記号をつけることもある。よく使われるのは，1%，5%，10% の有意水準で

表 11-1　推定結果表の例（被説明変数：低体重出生児割合）

	(1)	(2)
男性の失業率	0.0299 (0.0042)	0.0196 (0.0064)
女性の高卒以上割合	―	−0.3128 (0.0909)
定数項	1.6024 (0.0126)	1.8548 (0.0619)
年ダミー	有	有
都道府県ダミー	無	有
観測数	376 (47 県×8 年)	376 (47 県×8 年)
決定係数	0.918	0.966

(注)　カッコ内は都道府県をクラスターとした頑健な標準誤差である。
男性失業率は 25〜39 歳の男性の平均失業率。女性の高卒以上割合は
20〜40 歳の女性で最終学歴が高卒以上の者（義務教育を超えた学歴を
持つ者）の数が当該年齢の人口に占める割合。

帰無仮説が棄却される（有意である）ことを，＊＊＊，＊＊，＊のように星をつけて記すタイプである（この表では書き入れていない）。モデルのあてはまりについては，決定係数（8 段目に記載されている）や，「定数項以外のすべてのパラメーターが同時にゼロとなる」という帰無仮説を検定する F 統計値が書かれることが多い（この表では示していない）。

4　政策評価のための計量分析

　3.3 項の最後では，注目する因果関係を取り巻く状況の把握と経済主体の理論的な行動メカニズムの知識が，効果的な政策分析につながるといった。この条件に，もう 1 つ条件が加わると分析はさらによいものとなる。その条件とは，法や制度の設計に関する知識がモデル設定に活かされることである。これは必ずしも法制度に詳しいということを指さない。法や制度の設計メカニズムや政策の決定過程，目的，対象をうまく利用して分析モデルに組み込めているということを指す。

　経済学では，古くから，理論モデルにより導出される仮説の妥当性を計量分析によって検証することが行われてきた。理論モデルに基づかない場合にも，

行動モデルの描写に近い推定モデルが好んで使われてきた。しかしながら近年では，行動モデルから描写される計量経済モデルというよりも，政策や制度の設計デザインに基づいて描写される計量モデルの分析が増えている[5]。

　低体重出生児の増加を抑制するために，ある地域の妊婦に対して，ある年の1月から，胎児の成長にとって重要な検診が妊婦に無料で提供されたとしよう。議論を簡単にするために，この地域のほぼすべての妊婦がこの年以降検診を受けるようになったとし，これ以外の地域の妊婦はこの検診は受けられないとしよう。この政策の効果を検証することを考える。

　伝統的な経済学の計量分析では，たとえば，胎児（新生児）の健康状態は親が資金と時間を投入して作り出す親の行動モデルとして描かれる。検診の受診も新生児の健康を作る1つになる。親は直面する予算制約と時間制約のもとで，作り出される子どもの健康から得られる効用を最大にするように受診を決定する。個人の行動決定に関する一般的な仮定を置けば，健康状態を高める検診が無料提供されれば，受診確率が増えて，新生児の健康状態はよくなると考えられる。

　本当にこのような政策効果が見られるのかを観察データを用いた計量分析により確かめたい。出産をした女性の個人データが存在するとしよう。このデータには，妊娠時の居住地域や出産年月，生まれた子どもの出生体重の情報があるとする。これを使って，検診無料化政策が出生体重に影響したかどうかを検証する。仮に，妊婦が出産前にこの検診を受けたかどうかが情報としてわかるのであれば，出生時体重を，検診を受けたかどうかを表すダミー変数に回帰することが考えられる。その際，説明変数には，理論的な行動モデルで描写された予算制約や時間制約に関わる変数や親の属性や選好（考え方や態度を表すもの）が取り入れられる。検診受診ダミーの推定値を使って，検診の有無が出生体重を増やしたかどうかや，低体重として生まれる確率を減らしたかどうかを検証したいと考えるだろう。

　ところが，この検証をしようとすると問題が生じてしまう。胎児の成長にとって重要な検診であるから，胎児の成長状態がよくない（と予想される）親ほ

---

5 以下では近年よく使われるプログラム評価の手法を紹介するが，それらに関する計量経済学の詳細については，Blundell and Dias（2009），Imbens and Wooldridge（2009）などを参考にされたい。

ど受けたいと思うだろう。あるいは，胎児の成長状態がよくないときに医師が強く受診を勧めるだろう。そうであれば，検診を受けた場合ほど胎児期の成長が悪く，検診の有無にかかわらずそもそも出生体重は少なかった可能性がある。このとき，出生体重を検診の受診の有無に回帰すると検診効果は過小評価されてしまう。真の検診効果を計測しようと思えば，検診を受けた妊婦が出産した子どもの体重を，その妊婦が仮に検診を受けなかった場合の子どもの体重と比較する必要がある。当然のことながら，同じ個人について，検診を受けた場合の結果と受けなかった場合の結果，すなわち両方の場合の体重は観察されない（見えないことから潜在成果と呼ばれる）。

　そこで，この潜在体重を推測することを考える。その 1 つが，無料検診の対象地域の居住者であったかどうかの情報を使って，無料化政策の対象であったがゆえに検診を受けられる確率が高まった場合に，出生時の体重が増えるかどうかを検証する方法である。無料化政策の割当て対象者でなければ受診しなかったが割り当てられたために受診した者は，個人の選択ではなく政策の変更により影響を受けた者であり，その結果として出生時の体重が増えたのかを見れば，政策に促されたことによる出生体重への影響を推測できる。この方法は操作変数法（instrumental variables estimation）と呼ばれる。

　別の方法として，受診グループと非受診グループの特徴を 1 つの変数に集約し，それぞれのグループから特徴変数が似た者同士を組み合わせて，生まれた子どもの体重を比較する方法がある。特徴は似ていながら受診したかどうかだけが異なるグループでの比較だから，検診受診の有無による影響の差を見ることができる。この方法は傾向スコア・マッチング（propensity score matching）と呼ばれる。

　一方，制度設計のデザインをより利用して政策効果を分析することも可能である。最初に仮定したとおり，この政策はある年の 1 月に開始され，開始後この地域のほぼすべての妊婦が検診を受けるようになった。ということは，政策対象地域に住んでいる者であっても，12 月までに妊婦を終えた（出産した）人はこの検診を受けられなかった。よって，この地域で 12 月に出産した人と 1 月に出産した人を比べれば，居住地域は同じで妊娠開始時期もほぼ同じでありながら，検診を受けたかどうかだけが異なることになる。出産時期により検診の受診だけが異なる 2 つのグループで，新生児の体重に差があるかどうかを検証することで，検診効果を見ることができる[6]。この方法は制度設計のデザイ

ンの情報を利用した検証方法で，回帰不連続デザイン（regression discontinuity design: RDD）と呼ばれる。

なお，この方法と同様に，政策対象地域と妊娠時期の情報を使えば，（妊婦が検診を受けたかどうかはわからなくても）政策対象グループと非対象グループで子どもの出生体重が異なるかどうかを検証することが可能である。具体的には，政策開始後に妊娠していたことを表すダミー変数と，政策対象地域に住んでいたことを表すダミー変数を作成し，出生時体重をそれぞれのダミー変数と，2つのダミー変数の交差項に回帰すればよい。この交差項の推定値により，政策対象地域で，かつ，政策対象後に妊婦であった場合に，そうでない場合と比べて出生時体重が重いかが検証される。この方法は差の差（difference-in-differences）推定と呼ばれる。差の差推定の場合，政策対象グループと非対象グループは無作為に分けられていることや，どちらのグループでも個人の異質性は政策前後で変わらないことが保証されている必要がある。

本節では，経済学のモデルから導出される仮説の検証方法から説明を出発したが，制度設計のデザインから導出される仮説の検証方法も多く存在し，現在では両方法から研究成果が積み上げられている。また，操作変数法による分析や傾向スコア・マッチングによる分析が，制度設計のデザインに基づいて使われることもあるし，回帰不連続デザインや差の差推定による分析の結果が，経済学の行動モデルに基づいて説明されることもある。どのような分析手法をとるにしても，注目する因果関係を取り巻く状況の把握と理論的な行動メカニズムの知識が必要であり，これに，法制度設計に関する知識を活かしたモデル設定が加われば，効果的な政策分析につながることを覚えておきたい。

5　おわりに——政策を議論するための科学的根拠の必要性

4節では政策の実施を直接モデルに取り入れた分析方法を説明した。しかしながら，政策実施の有無を変数として取り入れた計量分析だけが政策分析，す

6　ここでは，わかりやすくするために，胎児の月齢により検診受診効果は変わらないとしたが，検診受診はたとえば妊娠後期の段階では胎児の成長には影響を与えないかもしれない。この場合には，妊娠初期段階（たとえば妊娠16週までなど）を分岐点と設定し，それまでに政策が開始されていたかどうかでグループを分けて出生体重の差を見ることもできる。

なわち，政策を議論するための科学的根拠をあげることではない。実際に3節までであげた例では，政策の実施状況は直接検証されておらず，低体重出生児の割合を経済環境に回帰していただけである。そこでの注目は「親が直面する経済状況が生まれてくる子どもの健康状態に影響を与えるか」であり，個人には選ぶことができない経済状況や労働市場の状態が出生時の健康状態を左右するという科学的根拠が得られるならば，親の経済環境を改善させる政策の必要性が議論されると考えられた。

　経済学の分析により政策を議論するための科学的根拠をあげるとは，政策を明示的にモデルに入れて分析することではなく，経済主体の行動を表現し，経済現象について原因と結果を明らかにすることであろう。行動が明らかになれば政策に言及できる。そのためにも計量分析では因果関係に近づく努力をすることが大切となる。

　科学的根拠は，時間が経つと間違っていたことが証明されることもある。純粋な理科系の学問でもそうであるから，因果関係が曖昧で仮想的な実験を行いにくい社会科学であればなおさらであろう。しかしながら，たとえ将来間違いだとわかるのだとしても，根拠をあげ続ける努力をしなければならない。そして，根拠をあげるときには，後に続く人が再検証できるように，何が前提で何をもとにその結果が得られたのかを丁寧に説明する必要がある。再検証されることで議論が盛り上がれば，自ら証明したことがたとえ間違いだったとしても，真理に近づくことに貢献したことになる。間違いがただされて新しい証拠があげられること，それによって得られた新しい知識はすべての人にとっての成果であり，分析に携わる人は知識の蓄積に貢献したという喜びを得られる。

　政策分析は経済学のさまざまな専門分野で増えている。なかでも労働経済学においてはその傾向が顕著となっている。労働経済学は，就業者のみならず失業者，非労働力者のすべてを分析対象としており，労働力を供給する人々だけでなく，労働力を需要する企業や，行政の行動すべてを分析対象に含む幅広い学問であるからだ。生活に密着したテーマが分析対象となるため，政策効果にも注目が集まりやすい。科学的根拠に基づいた労働政策の議論が進展するよう，1つでも多くの科学的根拠の積み上げが求められている。

◆**読者のための文献／学習ガイド**

田中隆一（2015）『計量経済学の第一歩——実証分析のススメ』有斐閣。

Angrist, J. D. and Pischke, J. S.（2017）"Undergraduate Econometrics Instruction: Through Our Classes, Darkly," *Journal of Economic Perspectives*, 31(2): 125-144.

Blundell, R. and Dias, M. C.（2009）"Alternative Approaches to Evaluation in Empirical Microeconomics," *Journal of Human Resources*, 44(3): 565-640.

Cameron, A. C. and Miller, D. L.（2015）"A Practitioner's Guide to Cluster-Robust Inference," *Journal of Human Resources*, 50(2): 317-372.

Imbens, G. W. and Wooldridge, J. M.（2009）"Recent Developments in the Econometrics of Program Evaluation," *Journal of Economic Literature*, 47(1): 5-86.

Kennedy, P.（1979）*A Guide to Econometrics*, Cambridge, MIT Press.

Wooldridge, J.（2012）*Introductory Econometrics: A Modern Approach,* 6th ed., Cengage Learning.

◆**参考文献**

DiNardo, J. and Lee, D. S. （2011）"Program Evaluation and Research Designs," in Ashenfelter, O. and Card, D. eds., *Handbook of Labor Economics*, Vol. 4A: 463-536, North Holland.

第 **12** 章

労働経済理論
モデルの整理と実証研究への含意

1 はじめに

　本章では労働市場分析において，頻繁に用いられる主力モデルを紹介し，その実証研究に対する含意を議論する。具体的には，賃金調整やマッチング過程においていっさいの不完全性が存在しない完全競争市場モデル，賃金調整に不完全性が存在する不完全競争市場モデル，マッチング過程に不完全性が存在するサーチ・モデルについて解説する。次に現在経済学において存在感を高めている潜在結果モデル（Rubin 1974; Holland 1986）に基づく実証研究に対して，労働市場モデルが有する含意について論じる。

1.1 経済理論と実証研究

　現代の経済学において，分析の主軸はデータを用いた実証研究となっている。また本書の他章を見れば明らかなとおり，ほかの伝統的応用分野（公共経済学，国際・都市・地域経済学，産業組織論等）と比べても労働経済学は，実証研究により重きを置く傾向がある。さらにその傾向は時代を経るごとに強まっており，とくに現在は，実証研究の"黄金時代"と呼んでもよい状況にある。この大きな潮流の中で経済理論を学習・開発・応用する際には，実証研究に対する含意を強く意識することが重要である。よって理論モデルの紹介を行う前に，本章の議論と深く関わる実証研究の潮流を紹介したい。

1.2　"理論" と "実証"

　実証研究が経済学研究において支配的になった背景として，①データ，とくにミクロデータの整備，②分析用パソコンの性能向上や価格低下，が指摘されてきた。しかしながら労働経済学等のいくつかの応用分野においては，4節で詳しく述べる，特定の理論モデルを前提とせずに，因果効果をデータから推定する手法の発展もまた重要である。ここでいう因果効果とは，ある変数 T（例：最低賃金，解雇規制，学位）の変化が別の変数 Y（例：賃金，就業状態，結婚状態）に与える影響を指す。多くの政策変更の目的が，現状を変更することで社会の改善を図ることにある以上，このような因果効果の解明が経済学における中心的な課題であることは自明であろう。

　この課題に対して伝統的アプローチでは，経済理論モデルに深く依拠したデータ分析が行われてきた。しかしながらこのような分析については，依拠する理論モデルの諸仮定，とくに効用関数や生産関数の定式化といった細かい仮定に対しても，推定結果が依存してしまう問題が指摘されてきた。

　この問題に対する1つの回答として，1990年代以降，D. ルービンの開発した統計モデルである潜在結果モデルの経済学への応用が急速に進んだ。詳しくは本章4節で紹介するが，本枠組みはランダム化比較試験法（randomized controlled trial: RCT）を黄金律とする手法体系の発展をもたらし，「特定の理論モデルを前提としない」推定を可能にした。結果，当該手法を用いた実証研究は，とくに労働経済学分野において急速に拡大し，実証研究における信頼性革命（Angrist and Pischke 2010）と呼ばれるまでに至った。さらに近年，優れた入門書（森田 2014；田中 2015；中室・津川 2017；伊藤 2017）が多く出版され，研究者のみならず学部学生の間でも，よりいっそうの認知・普及が進むと考えられる。

　このような手法の普及自体は，経済学の大きな進歩であり，歓迎すべき変化である。しかしながら同時に潜在結果モデルに基づく実証研究であったとしても，依然として多くの（しばしば暗黙の）理論的仮定が必要であり，また推定結果が持つ社会的含意が必ずしも自明ではない。これらの点は，ややもするとあまり強調されないことがある。

　本章の最終的な目的は，労働経済学の実証研究の際に必要となる仮定の妥当性，実証結果からの社会的含意の導出について論ずる際に労働経済理論がきわめて有益な思考的枠組みを提供することを示すことである。実際に多数の労働者や企業の思惑が交錯する労働市場を分析する際には，分析者の認知能力に限

図 12-1　フロー図

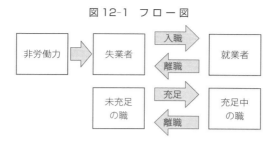

界がある以上，なんらかの理論的枠組みは必須であり，そのような枠組みに対する深い理解は実証研究の水準も改善する。

1.3　労働市場モデル

次に本章で一貫して想定する労働市場モデルの基本的枠組みを紹介する。ここではフロー構造を持つ動学モデル（図 12-1）で労働市場を描写する。

一般に労働市場への参加者は就業者と失業者（就業意思を持つが就業できていない者）に大別される。さらに市場への非参加者として非労働力（就業意思を持たない者）を加えた 3 種類に，労働者は分類される。ここで失業者と非労働力は異なることに注意が必要である。また通常失業者には，就業意思を持つ未就業者全員が含まれており，たとえば就職活動を行っている学生も失業者に分類される。

動学モデルでは，失業者は労働市場において求職活動を行い，自身が満足のいく条件で企業に就業する機会をうかがっていると想定される。また企業側も，労働者を雇用するために労働市場において求人活動を行う必要性があることも想定する。具体的には未充足の求人があることを市場に提示し，失業者を探す必要性がある。

2　価 格 理 論

本節では，需給ギャップに対して賃金調整が速やかに行われる完全競争市場モデル，および賃金調整になんらかの不完全性がある不完全競争市場モデルを紹介する。これらのモデルは労働の"価格"である賃金が労働市場において重要な役割を果たすことを想定するため，価格理論とも呼ばれる。

　具体的には，ある労働市場（例：東京都市圏における看護士の労働市場）におけ
る賃金や就業者の決定構造のモデル化として，完全競争市場モデルを出発点に，
より多くの含意を持つ不完全競争市場モデル群の性質について議論する。これ
らのモデル群は多様な性質を有するが，共通点も存在する。まず共通して重要
な変数は，労働需要（就業者＋未充足の求人），労働供給（就業者＋失業者），賃金
である。ここでいう労働供給はある賃金水準のもとで，働く意思を持つ労働者
数（実際に働いているかどうかは問わない），対して労働需要とは企業が雇用した
いと考えている労働者数（実際に雇用しているかどうかは問わない）である。通常，
賃金の上昇は労働需要を引き下げる一方で，供給を押し上げるため，図 12-2
のように労働需要・供給は図示できる。
　次に価格理論は共通して，「単一労働市場内における自由な労働移動」を仮
定する。この仮定は「ショート・サイドの仮定」とも呼ばれる。

2.1　ショート・サイドの仮定

1. 労働需要≧労働供給ならば，①就業者＝労働供給であり②失業者は消失す
   る。
2. 労働供給≧労働需要ならば，①就業者＝労働需要であり②求人は消失する。

　ショート・サイドの仮定は図 12-2 の太線で示される。この仮定は通常，市
場参加者による完全な情報共有を仮定することで正当化される。これは，「ど
こにどのような求職者および求人が存在するのか，労働者と企業は完全に知っ
ている」という仮定である。このような仮定のもとでは，現行賃金において労

図 12-2　需要・供給曲線

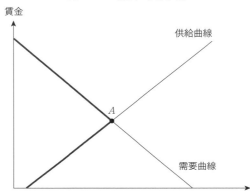

働者を雇用したい企業（未充足の求人）と企業で働きたい労働者（求職者）が存在すれば，両者はただちに雇用関係を結ぶことになる。

　よって市場において求職者が残る条件は，当該労働者を雇用したいと考える企業が存在しない（労働供給≧労働需要）場合に限られ，反対に未充足の求人が残る条件は，当該企業で働きたいと考える企業が存在しない（労働需要≧労働供給）場合に限定される。

2.2　完全競争市場モデル

　ほかの応用分野と同じく，労働経済学において有益な議論の出発点は，完全競争市場である。完全競争市場均衡は，以下の追加的な仮定によって定義される。

完全競争市場

仮定 1. 求職の意思決定は，賃金を所与とする労働者が行う。
仮定 2. 求人の意思決定は，賃金を所与とする企業が行う。
仮定 3. 賃金は労働需要と労働供給が一致するように決まる。

　仮定 1, 2 は，労働需要，供給を言い直しただけである。重要なのは仮定 3 であり，これらの仮定およびショート・サイドの仮定より，完全競争市場においては，失業者，未充足の求人は消失し，労働需要＝労働供給＝就業者となる。完全競争上均衡は，図 12-2 の点 A で図示できる。

　以上の完全競争市場の均衡が有する特徴は，以下のようにまとめられる。

- 家計の意思決定，企業の意思決定双方を反映して，均衡賃金，就業者数は決定される。当該市場で働きたいと考える労働者の増加は，賃金の下落をもたらし，求人の増加は賃金の上昇をもたらす。
- 失業者や未充足の求人が発生している場合は，賃金による調整がただちに行われる。結果，均衡において，失業者や未充足の求人は発生しない。

　完全競争市場では均衡賃金は，「需要と供給が一致するように決定される」と仮定された。またよく知られた性質として，均衡賃金は労働者の限界収入と一致する。では，このように均衡賃金が決まると考える理由は，どこにあるのであろうか。少なくとも現実の企業は，自身が支払う賃金をある程度自由に決めることができるように思われるかもしれない。

　完全競争市場における均衡賃金を理解するためには，「労働市場内の自由な移動」が持つ意味を理解する必要がある。労働市場内の自由な移動を前提とするならば，ある企業が労働者の限界収入以下の賃金をつけた場合，ほかの企業がただちに当該労働者を引き抜くことになる。なぜならば，労働者の現在の賃金を上回るが，限界収入を下回る賃金を提示すれば，労働者を引き抜くことができ，かつ（賃金は依然として限界収入を下回るため）企業利潤を高められるためである。

　このように完全競争市場では，企業による労働者の獲得競争がきわめて激しく，限界収入に一致した賃金を支払わないと労働者を引き留めることはできない。言い換えれば賃金を企業が自由に決める"権利"を有していたとしても，市場の競争圧力の結果，限界収入と一致する賃金を"選ばざるをえない"のである。

2.3　不完全な価格調整

　完全競争市場モデルは，現代の労働分析においても，需要と供給双方が賃金や就業者数に与える影響を簡潔に記述するモデルとして，依然有益であると考えられている。しかしながら，当モデルでは説明できない事象も複数存在する。

(1)　失業問題

　完全競争市場では説明できない問題の中でも，とくに問題視されるのはやはり失業の問題である。失業が生じない，という理論的帰結をもたらす原因が，「需要と供給が一致するように賃金が決まる」であることは明らかであろう。このため賃金決定が完全競争市場とは異なるメカニズムで行われる，という想定が持つ意味について，考察した理論研究は数多く存在する。

　このような異なる賃金決定メカニズムを導入したモデルの中で，最もシンプルなのは硬直賃金モデルである。これは完全競争の仮定3を大きく変更し，供給が需要を上回っていたとしても賃金が下落しない，と仮定し直したモデル群である。もし供給が需要を上回っていたとしても賃金が下落しないのであれば，図12-3で示すとおり，働きたいのに働けない失業者が生じることになる。

　よって硬直賃金モデルが予測する失業の発生理由は，賃金の硬直性，とくに賃金が下落しないこと（下方硬直性）にある。

　さらに賃金が下方硬直であることを説明するモデルも数多く存在する。代表的なものとしては，賃金が持つ労働者へのインセンティブ機能に着目するモデ

図 12-3　硬直賃金モデル

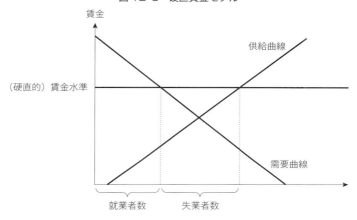

ルである。たとえば，効率賃金モデルでは，労働者に反企業的行為（例：売上の着服，備品の持ち出し等）を行った場合，企業は労働者に対し解雇という"罰"を与える。この罰が有効であるためには，労働者が当該企業で働き続けたいと強く思っている必要がある。このような場合，失業者が存在しており，より低い賃金で労働者を雇用できる状況にあったとしても，インセンティブを重視する企業は賃下げを行わない。なぜならもし賃下げを行ってしまうと，労働者の当該企業で働き続けることのメリットが損なわれてしまい，労働者の反企業的行為を事前抑止できなくなってしまうからである。

　(2)　"低賃金"問題

　完全競争市場では賃金は限界収入と等しくなるように決定される。このため「賃金が低い」という問題を解決するためには，限界収入を上昇させることが唯一の手段となる。しかしながら，賃金は必ずしも限界収入と一致していないのではないか，企業は労働者を"搾取"している場合もあるのではないか，という指摘も古くから存在する。

　もし市場において労働者が就業できる企業がきわめて少数にとどまるのであれば，企業は均衡賃金を操作する力を持つことになる。すなわち就業者数を犠牲にしてでも，賃金を過大に下げ，高い利潤を得ることが可能になる。このようなモデルは需要独占モデルと呼ばれ，とくに最低賃金が持つ政策効果を論ずる際に，重要な役割を持つ。この点については4節で改めて論じたい。

3　サーチ・モデル

3.1　不完全な価格調整モデルでは説明不可能な現象

　2節では完全競争市場モデル，および不完全な価格調整モデルについて紹介した。これらのモデルは，多くの労働現象を説明でき，現在の労働経済学研究においても重要な位置を占める。しかしながら，上記のモデル群では説明不可能な事象が存在することもまた事実である。

　図12-4は，公共職業安定所（ハローワーク）に登録されている求人と求職者数（年次，2002〜16年）を散布図として図示している。図より，求人と求職者数の間には負の相関があり，求人数が多い場合は求職者が少ない傾向にあることがわかる。この事実は2節で紹介したモデルと整合的であるが，注意が必要なのは，求人がどれだけ多かったとしても，常に求職者は存在しているという事実である。

　2節で示したとおり，不完全な価格調整モデルは，賃金の高止まりによって失業が発生することを予測していた。これは労働需要と供給が一致する賃金水準を，実際の賃金水準が超えている場合，供給が需要を上回る。このためショート・サイドの仮定に従い，需要が就業者数を決定し，需要を超えている労働供給が失業状態に陥ることになる。同時にショート・サイドの仮定のもとでは，供給が需要を上回っている状況においてはすべての求人は充足されることになる。すなわち失業と未充足の求人は両立しえない。

　このため不完全な価格調整モデルを用いたとしても，図12-4で示される未

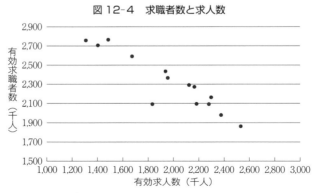

図 12-4　求職者数と求人数

（出所）　厚生労働省「職業安定業務統計」より筆者作成。

充足の求人と失業者の併存は説明しえず，またこの理由がショート・サイドの仮定にあることも明らかである。既存モデルが持つこのような欠点は古くから認識され，ショート・サイドの仮定に依拠しないモデル構築の試みがなされてきた。

　その中でも代表的なモデルは，サーチ・モデルと呼ばれるモデル群である。サーチ・モデルにおいては，企業による求人活動，労働者による就職活動に対して，時間的・金銭的な費用が明示的に導入される。すなわち仮に未充足の求人が存在していたとしても，求職者は時間をかけてそのような求人を"発見"することが必要であり，求人側についても同様である。

　サーチ・モデルは，求人と求職者の併存という事実をうまく説明するだけではなく，①"失業"状態の意義，②賃金の決定方法，について再考を促し，労働経済学研究全体に対して多くの含意をもたらしてきた。そこでまず求職者の行動に焦点を当てた"非均衡"[1]サーチ・モデルを紹介し，"失業"状態がショート・サイドの仮定に基づくモデルとは異なる意義を持つことを示す。次に求職者だけではなく，企業側の行動も分析可能な"均衡"サーチ・モデルを紹介し，賃金決定が労働市場に与える影響について，再考する[2]。

3.2　非均衡サーチ・モデル

　代表的な非均衡サーチ・モデルは，McCall（1970）により構築された逐次的サーチ・モデル（Sequential Search Model）と呼ばれるモデルである。このようなモデルにおいて求職者のサーチ活動は，毎期ある確率で求人の就業条件（賃金等）を確認でき，その条件が満足いくものであればその企業に入職し，受け入れられない場合は入職せずに新たな求人を探す，という一連の流れとして定式化される（図12-5参照）。言い換えれば逐次的サーチ・モデルとは，サーチ活動をいつ終了するのか，そして終了時点はどのような要素によって決まるのか，という問題を考察する理論的枠組みである。

　このモデルにおいて失業者数は，ショート・サイドの仮定に基づくモデルと

1　ここでいう"非均衡"とは，企業が提示する賃金分布が，外生的に決定される，という意味である。また"均衡"サーチ・モデルとは，賃金分布が内生的に決定されるモデルである。

2　なおサーチ理論に関する日本語の解説書としては，今井ほか（2007）があげられる。

図 12-5　逐次的サーチ・モデル

は異なり，労働需要と供給の関係からは直接的に決定されない。なぜならば逐次的サーチ・モデルにおける失業者とは自身が満足のいく仕事を見つけられていない労働者であり，（ショート・サイドの仮定に基づくモデルのように）仕事が文字どおりまったく存在しないために失業状態に陥っているわけではないためである。このため求人が存在しつつも，仕事を見つけられていない労働者が存在し，失業も生じるのである。

　では失業期間，そして失業率はどのように決まるのであろうか。重要なのは求職者が就業条件に対してどの程度"妥協"するか，という点である。もし将来よりよい条件の求人が見つかるかもしれない，という期待を求職者が持っているのであれば，悪くない就業条件を提示する求人であったとしても，断るかもしれない。対して将来について求職者が悲観的であるならば，多少悪い就業条件であったとしても，受け入れる可能性がある[3]。

　当該モデルが持つ重要な含意は，失業率が低いからといって，労働市場が労働者にとって望ましい状態にあるとは限らない，という点にある。たとえば失業者が政府から受け取る給付（失業給付）の削減は，失業率の低下をもたらすことになる。なぜならば，低給付のもとでは，求職状態を続けることは望ましくなく，多少条件の悪い求人であったとしても，受け入れる労働者が増え，結果として失業期間が短くなるためである。しかしながらこのような政策変更は，失業率の低下と同時に，労働者の平均的な就業条件の悪化もまた生じさせる。

---

[3]　McCall（1970）のオリジナル・モデルでは，求職者は市場に提示されている賃金分布について完全な情報を持っている，と単純化されている。対して，Burdett and Vishwanath（1988）は，サーチ活動の中で，求職者が市場の賃金分布を学習していくモデルを構築している。

なぜならば，失業率の低下は，労働者が就業条件について〝妥協〟を余儀なく
されているために生じており，悪い労働条件で働く労働者が増加するためであ
る。言い換えれば低い失業率は，時間をかけた職探しができないために生じ，
結果として労働条件を犠牲にしてる可能性もある。

　以上の議論から逐次的サーチ・モデルは，失業率の高低と労働市場の状態を
単純に結びつけることへの懐疑的な予測をもたらす。また詳しくは 4 節で論じ
るが，労働市場への参加率（労働力率）を失業率に代わる指標として提案する
ことになる。

　以上の結論には，サーチ・モデルでは失業状態とは，ただ何も生産していな
い状態ではなく，自身が納得できる就業条件を探している期間として捉えてい
ることが深く関わっている。言い換えるならば，将来よりよい就業条件で働く
ための投資期間と解釈でき，当該期間を過剰に短縮するのは望ましくない。ま
た当該モデルは，失業給付の役割についても，新しい示唆を与えている。失業
給付は，失業期間の生活を保障するだけでなく，就業者がより自分にあった就
業条件を粘り強く探せる市場構築にも貢献するのである。

3.3　均衡サーチ・モデル

　非均衡サーチ・モデルは，失業期間や政策の役割について，新たな解釈をも
たらす有益なモデルである。しかしながら，経済モデルとして見た場合，不完
全な点も存在する。とくに問題なのは，求職者に提示される賃金の分布が，外
生的に決定されている点である。ここでいう〝外生的〟とは，モデルに取り入
れられていないメカニズムによって決定されていることを意味している。

　このため政策等の変更が，企業が提示する賃金に与える影響について分析す
ることができない。たとえば非均衡サーチ・モデルでは，企業の経営状況の改
善等によって，好条件の求人が多く存在しているとすると説明されることがあ
るが，賃金が外生的に決定される非均衡サーチ・モデルは，企業の経営状況の
改善が，企業が提示する賃金を本当に改善するのかどうか，何も予測しない。

　企業が提示する賃金が労働市場の重要な要素である以上，賃金決定メカニズ
ムを有する理論モデルの開発は，喫緊かつ重要な課題であった。そして，この
ような理論モデルを構築する試みの中で，ダイアモンド・パラドックスという
重要な問題提起がなされ，価格決定に対する経済学者の知見は深まることにな
る。

(1)　賃金提示モデル

　ダイアモンド・パラドックスとは，Diamond（1971）において示された，サーチ・モデルに賃金決定メカニズムを導入することから生じる1つの"理論的予測"である。賃金決定メカニズムとして，まず考えられるのは，企業が自身の利益を最大化するように労働条件を提示する，という賃金提示（wage posting）モデルと呼ばれるフレームワークである。このような賃金提示モデルにおいて，均衡賃金はどのような水準になるのであろうか。ここで重要になるのは，市場内の労働移動の制限である。先に述べたとおり完全競争市場モデルでは，そのような費用は存在せず，労働者はただちにほかの企業に移動できる。このような想定のもとでは，企業間の激しい労働者獲得競争の帰結として，労働者の賃金は当該労働者がもたらす限界収入と一致する。

　対して，サーチ・モデルにおいては，失業者が就業状態に移動するためには，求人を"発見"する必要があり，それには時間的・金銭的な費用が発生する。このような想定のもとでは，現在ある企業で就業している労働者が，ほかの企業へ転職する場合であったとしても，先の費用が発生すると想定することが自然であろう。このような場合，以下の命題が成立する。

　ダイアモンド・パラドックス：労働者がほかの企業へ移動するために費用が存在するならば，それがどんなに小さいものであったとしても，賃金は就業状態と非労働力状態が無差別になる水準にとどまる。

　「就業状態と非労働力状態が無差別」とは，労働者が離職し非労働力化しない，ぎりぎりの低賃金が均衡になってしまうことを意味している。これは完全競争市場モデルが予測した限界収益と一致する賃金に比べて，一般に著しく低い水準である。

　ダイアモンド・パラドックスがなぜ成立するのか，簡単な例を用いて示そう。いま限界収益が20万円の労働者を想定しよう。また当該労働者がほかの企業に移動するためには，1万円相当の費用が発生し，単純化のために，賃金以外の労働条件はすべての企業で等しいとしよう。

　さてこの場合，市場の均衡賃金は20万円となるのであろうか。ここで移動費用の存在が重要となる。なぜならば，現在労働者を雇用している企業は，20万円ではなく19万円を支払えば，労働者の転職を阻止できる。このため20万円は，均衡賃金とはなりえない。

では 19 万円が均衡賃金となるのであろうか。19 万円の賃金を企業が選択する
ためには，ほかの企業が 19 万円を支払う，という前提が必要となるが，ほ
かの企業が 19 万円を支払う理由は存在しない。なぜならば，いったん労働者
を自社に転職させてしまえば，同様の理屈から，最大でも 19 万円を支払えば
再度の転職を阻止できるためである。

ほかの企業が 19 万円しか支払わないのであれば，現在勤めている企業は 18
万円を支払うことで，労働者の離職を阻止できる。

以上のメカニズムは延々と進み，賃金はどんどん低下することになる。そし
て最終的には労働者が，他社に転職するのではなく，非労働力化を選んでもよ
いと思える水準まで賃金は下落することになる。

(2)　Diamond-Mortensen-Pissarides 型サーチ・モデル

少なくとも労働市場において完全競争市場モデルの諸前提は非現実的であろ
う。対してダイアモンド・パラドックスが前提とする状況，企業間移動費用の
存在は現実妥当性が高いものの，それが予測する賃金は（いくらなんでも）低す
ぎる。たとえば，もし就業状態と非労働力状態が無差別であるならば，解雇さ
れるリスクなどを恐れる必要は存在しない。なぜならば，労働条件は，「働け
ても働けなくてもどちらでもよい」という水準で決定されているためである。

どうすれば，ダイアモンド・パラドックスを克服できるのであろうか。実は
この問いを出発点とし，さまざまな均衡サーチ・モデルが提案されてきた。そ
の中で最も代表的なものは，Mortensen and Pissarides（1994）により完成さ
れた Diamond-Mortensen-Pissarides 型サーチ・モデル（以下 DMP モデル）で
ある[4]。DMP モデルについて理解するためには，外部機会というキーワードを
用いた賃金の再考察が必要である。

(3)　賃金決定メカニズム

外部機会とは，労働者が現在勤めている企業を辞めた場合に得られる利得で
ある。もし企業が支払う賃金が外部機会以下の場合，労働者は離職してしまう。
このため雇用関係を維持するためには，少なくとも外部機会を上回る賃金を支
払う必要がある。たとえばほかの企業が当該労働者に 20 万円の賃金を支払い，
かつ 1 万円の移動費用が発生するのであれば，外部機会（の金銭評価）は 20 万

4　サーチ・モデルへの貢献により，T. モーテンセン，C. ピサリデス，A. ダイアモンド
の 3 氏は，2010 年にノーベル経済学賞を受賞した。

円（限界収益）－1万円（移動費用）＝19万円であると考えられる。

　さて完全競争市場において労働者の外部機会は，自身の限界収益と等しくなる。なぜならば移動費用が存在せず，ほかの企業間でも労働者の獲得競争が激しいため，今の会社を辞めたとしても，再就職先の企業から限界収益分の賃金を得られるためである。

　このため企業が労働者の離職を阻止するためには，限界収益以上の賃金を支払う必要がある。また賃金が限界収益を超えてしまうと，企業の限界収益はマイナスとなり，労働者を解雇するインセンティブが生じる。このため，雇用関係を維持できる賃金水準は，唯一，限界収益と一致する水準のみとなる。

　対して移動費用が存在する場合，外部機会は限界収益と一致しなくなり，雇用関係を維持できる賃金水準は複数存在することになる。先の例では，19万円（外部機会）以上20万円（限界収益）以下の賃金であれば，離職も解雇も生じず，雇用関係を維持できる。

　賃金提示モデルでは，賃金は雇用関係ができる水準の中で，最低水準のものが選ばれることになり，実はこれがダイアモンド・パラドックスの発生原因である。

　対してDMPモデルでは，より一般的な賃金決定メカニズムを想定する。具体的には，賃金は以下の式に従って決定される。

賃金決定式[5]：賃金＝b×限界収益＋$(1-b)$×外部機会

上記式のbは，0から1までの範囲の値をとるパラメーターである。このため賃金は，当該パラメーターの値に応じて，限界収益を上限，外部機会を下限とする範囲（雇用関係が成立する範囲）のどこかで決まることになる。

　一般に雇用関係が成立しているのであれば，限界収益は外部機会を上回る。このため賃金はパラメーターbの増加関数となる。またもし$b=0$ならば，賃金提示モデルと同じモデル構造を有し，賃金は外部機会と等しくなり，結果ダイアモンド・パラドックスを生じさせる。対して$b>0$ならば，賃金は限界収益性ほど高くないものの，外部機会を上回り，結果ダイアモンド・パラドック

5　（賃金決定式）は，（一般化された）ナッシュ交渉ルール（Nash Jr. 1950）によって協力ゲーム的基礎づけを与えることができる。またナッシュ交渉ルール自体に対する，非協力ゲーム的基礎づけも Rubinstein（1982）によって示されている。

図 12-6　マッチング関数

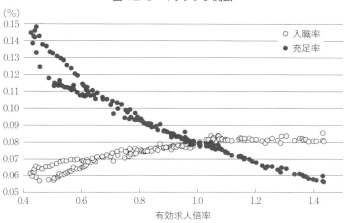

（出所）　厚生労働省「職業安定業務統計」より筆者作成。

スは回避される。すなわち DMP モデルは，賃金提示モデルをその特殊ケースとして含有しており，ダイアモンド・パラドックスはあくまでもその特殊ケースにおいてのみ生じることを示すのである。

(4)　マッチング関数

DMP モデルのもう 1 つの特徴は，マッチング関数という概念を持ち込んだことにある。まず図 12-6 を見てほしい。

この図は「職業安定業務統計」（厚生労働省）の 2002 年 1 月〜17 年 2 月の月次データを用いて作成している。横軸は有効求人倍率であり，求人数/求職者数で定義される。対して縦軸は，失業者の入職率（新規に入職した労働者者/失業者），求人の充足率（新規に充足した求人数/求人数）を表し，白丸は求人倍率と入職率との，黒丸は求人倍率と充足率との関係性をそれぞれ示している。

この図からは，求人倍率と入職・充足率との間に，ある程度安定した関係があることを示していることがわかる。すなわち求人倍率が高い（失業者数に対して，求人数が多い）場合，労働者の入職は相対的に増加する一方で，求人の充足は減少する。

マッチング関数とは，このような関係性を以下のような数式で表したものである。

    マッチング関数：入職率＝p（求人倍率），充足率＝q（求人倍率）

そして図12-6と整合的な形で，入職率は求人倍率の増加関数である一方，充
足率は減少関数であると仮定される。

　賃金決定式と同様に，マッチング関数もDMPモデルにおいて重要な役割を
果たす。またモデルの応用可能性も大きく改善させている。しかしながら同時
に，マッチング関数が成立する理由についての厳密な説明（基礎づけ）はまだ
研究の途上であり，あくまでもデータ上このような関係が成り立つのではない
か，という経験則にすぎない。実際にマッチング関数に対する基礎づけの試み
としては，Burdett, Shi and Wright（2001）やShimer（2007）が存在するが，
どちらも理論的問題点があり，コンセンサスを得るに至っていない[6]。

　対してデータを用いてマッチング関数を推定する試みは，数多くなされてい
る（初期の試みは，Petrongolo and Pissarides（2001）でまとめられている）。また日
本の労働市場についても，Kano and Ohta（2005）において推計されている。

(5) 均衡入職率と賃金

　（賃金決定式）と（マッチング関数）を用いて，DMPモデルの均衡はどの
ように特徴づけられるであろうか。当該モデルの均衡で重要な変数は，均衡賃
金と求人倍率である。まず求人倍率は，企業の意思決定の帰結として決定され
る。求人の期待利潤は，充足率×就業者当たり利潤なので，企業の意思決定問
題より，

　求人費用＜充足率×就業者当たり利潤 ⇒ 求人の増加 ⇒ 求人倍率の増加
　求人費用＞充足率×就業者当たり利潤 ⇒ 求人の減少 ⇒ 求人倍率の減少

という関係を導ける。すなわち，期待利潤が求人費用を上回れば，新規の求人
が増え，その結果求人倍率が増加し，逆の場合は低下する，という関係となる。
　マッチング関数より，充足率が求人倍率の減少関数であることを用いると均
衡における求人倍率は以下で決まる。

---

[6] さらにいえばマッチング関数を想定する背後にサーチ活動がある，と考える理由はと
　くに存在しない。実際にBurdett, Shi and Wright（2001）やShimer（2007）は，どち
　らも求職者や企業によるサーチ活動を想定したモデルではない。このためサーチ・モデル
　ではなく，より一般的な摩擦的労働市場モデルと呼称した方が，妥当であると筆者は
　考えている。

図 12-7　DMP モデル

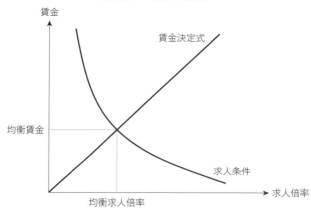

求人条件：求人費用＝充足率×就業者当たり利潤

　（求人条件）は，賃金と求人倍率との間に，負の関係があることを示している。賃金が上昇すると，就業者当たりの利潤が低下し，求人数，求人倍率の低下につながるためである。

　次に賃金は（賃金決定式）により決まるが，同式は求人倍率と賃金との間に正の関係があることを示している。これは求人倍率が高いと労働者の外部機会も高くなり，結果として賃金も上昇するためである。

　以上の議論より，①賃金決定式と求人条件により均衡賃金と求人倍率は決定され，②賃金決定式は両者の間の正の関係性，（求人条件）は負の関係性，をそれぞれ示すことになる。よって均衡は，図 12-7 のように図示できる。

　最後に DMP モデルは，逐次的サーチ・モデルとは大きく違う構造を持つものの，共通の政策的含意も有することを指摘したい。まず逐次的サーチ・モデルと同様に，失業率の低下は，労働市場の改善を必ずしも意味しない。たとえば（賃金決定式）におけるパラメーター b が低下した場合，同式の下方シフトをもたらし，結果として求人倍率の上昇および失業率の低下をもたらす（図 12-8 参照）。しかしながら同時に賃金も低下しており，失業者にとって正・負両面の効果を持つことになる。

　Hosios（1990）は，非常に特殊な場合を除き，均衡賃金と求人倍率は失業者にとって最善のものにはならないことを示している。これは賃金決定式の構造

図12-8　比較静学（*b* の低下）

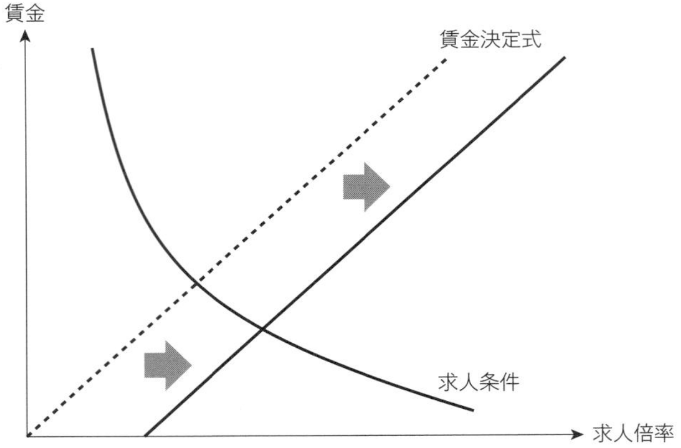

（パラメーター *b* の値）に応じて①賃金は高いものの入職率が低すぎる場合，②入職率は高いものの賃金が低すぎる場合，のどちらかが生じてしまうためである。このため DMP モデルもまた，失業率が持つ社会的含意について，注意を促しており，この点については 4 節において再度考察する。

4　統計的因果推論への含意

　2，3 節では，労働経済学研究において伝統的に重要な役割を果たしてきた市場モデルを紹介した。対して 1 節で述べたとおり，現在の労働経済学においては，経済モデルではなく，統計モデルを用いた実証研究が急速に普及している。本節ではこのような統計モデル，具体的には潜在結果モデルに基づく実証研究に対して，労働経済理論が持つ含意について議論する。

4.1　潜在結果モデル

　現代の労働経済学においては，「経済理論モデルを前提としない」アプローチが実証研究において急速に普及している。当該アプローチは，Rubin（1974）で提案された統計的枠組みである潜在結果モデル[7]を用いて因果効果を定義し，推定する手法体系の発展をもたらしている。このため労働経済学における

　7　Holland（1986）では，ルービンの因果モデル（Rubin's Causal Model）とも呼ばれる。

"真"の主力モデルは経済理論ではなく，この潜在結果モデルといえるかもしれない。

　潜在結果モデルでは，ある介入変数 T がある結果変数 Y に与える因果効果の定式化，推定を目指す。一般にある個人 i の結果変数 Y_i は介入変数 T の関数 $Y_i(T)$ とみなす。たとえば学歴が賃金に与える効果に興味がある場合，典型的には個人 i の賃金は学歴の関数，賃金$_i$(学歴$_i$)，であると定義され，潜在結果と呼ばれる（ここでは Y は賃金，T は学歴である）。これは同一個人内で，学歴に応じ，賃金が潜在的に異なる可能性を意味している。すなわち，賃金$_i$(学歴$_i$=中卒)，賃金$_i$(学歴$_i$=高卒)，賃金$_i$(学歴$_i$=大卒) の各値は異なる可能性が許容され，学歴が高卒から大学卒に変化することによる賃金への因果効果は，賃金$_i$(学歴$_i$=大卒)−賃金$_i$(学歴$_i$=高卒)，として定義される。

　通常，各個人の因果効果を推定することは困難であり，集団に対する因果効果が分析の対象とされる。典型的な分析対象は平均因果効果であり，以下のように定義される。

$$平均因果効果 = E\left[賃金_i(学歴_i=大卒)−賃金_i(学歴_i=高卒)\right]$$

以上で定義された平均因果効果を推定する手法については，多くの議論が蓄積されている。まず"最善"の手法は，RCT（randomized controlled trial：ランダム化比較試験法）である。これはある集団の構成員に対して，介入水準をランダムに変更する手法である。先の例では，各個人の学歴を"研究者"がランダムに決定できるのであれば，平均因果効果の推定は容易である。また倫理的，政治的，予算的に実験ができないような研究課題に対しても，可能な限り RCT に近い推定結果を行う"次善"の方法が数多く提案されている。具体的な手法とその限界については 13 章を参照されたい。本章では仮に RCT が実行できたとしても解決できない問題点について，労働経済理論を土台としながら，論じていきたい。具体的には，①SUTVA の問題点，および，②推定結果の社会厚生に対する含意について紹介する。

4.2　SUTVA の問題

　まず潜在結果関数の定義が内包する仮定について論じたい。先に述べたとおり，多くの応用研究で潜在結果関数は $Y_i(T_i)$ として定式化される。この定式化では，暗黙のうちに，個人 i の結果変数は個人 i への介入には依存するが，

ほかの個人への介入には依存していないことを仮定しており，このような仮定は Stable Unit Treatment Value Assumption（SUTVA）と呼ばれている。

　先の学歴が賃金に与える因果効果を例にとると，因果効果を［賃金（学歴＝高卒）－賃金（学歴＝中卒）］と定式化するということは，中卒から高卒になることによる賃金の変化は，社会全体での中卒者や高卒者の人数に依存しない，ということを仮定することになる。そしてこの仮定が成り立つ限りは，RCT，あるいはそれに近い状況を見つける・近づけることによって，学歴が持つ因果効果を識別できる。

　しかしながら SUTVA の妥当性について，疑念を持つ経済学者は数多い[8]。なぜならば経済現象を含む多くの社会現象は，個人の行為が相互に影響しあって生じると考えられ，モデル化されてきたためである。先の学歴の例では，単純な市場モデルを用いたとしても，市場全体での中卒・高卒の相対供給は，市場メカニズムを通じて学歴間の相対賃金や雇用状況に影響を与え，SUTVA を成り立たせなくする可能性が考えられる。

　また経済モデルは SUTVA が成立しない可能性を指摘するにとどまらず，①RCT が何を推定しているのか，②それがどのように真の因果効果とずれるのか，③RCT の結果と真の因果効果との乖離はどのような状況において深刻なのか，について示唆を与えることができる。以下では実際に単純な市場モデルを用いて，具体的に論ずる。

　さて，いま高校の義務教育化政策に興味があるとしよう。またこの政策の効果を考えるうえで，政策によって中卒から高卒へと，学歴が変化することが賃金に与える因果効果を理解することが重要であろう。では仮に，学歴をランダム操作する RCT を実行した場合，"因果効果"として何が推定されるのであろうか。

　高卒者，中卒者の2種類の完全競争的な労働市場を想定しよう。それぞれの市場の需給関数は図 12-9 で表し，均衡賃金は高卒市場の方が高いとする。通常 RCT における被験者の人数は，社会全体の構成員数に比べ，少数にとどまることが多い。たとえば被験者として仮に 1000 人を集めることができたとしても，日本社会全体の若年者数に比べればきわめて少数である。このような小

8　SUTVA の問題点については，経済学以外の社会科学の諸分野でも指摘されている。たとえば，石田（2012）は，社会学者から見た問題点を述べている。

図 12-9　推定量と"真"の効果

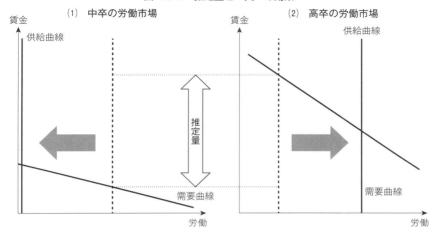

(1)　中卒の労働市場　　　　　　　　　　(2)　高卒の労働市場

規模な集団に対して，学歴をランダムに操作したとしても，市場の需要，供給曲線に与える影響は小さく，均衡賃金はほとんど変化しないと考えられる。この場合，RCT によって推計される"因果効果"とは，現状の高卒者／中卒者の需要，供給のもとで，中卒市場から高卒市場へ移動することによる賃金の増減と等しくなる（図 12-9）。

　では，この推定された因果効果は，高校義務教育化政策が持つ因果効果とどのような関係を持つのであろうか。もし高校を義務教育化した場合，原則として，すべての労働者が高卒以上となる。このため中卒者の労働供給は激減し，高卒者の供給は増加するであろう。結果，労働市場における供給曲線は図 12-9 のように変化すると予想され，高卒・中卒間の賃金格差が縮小する。

　すなわち単純な 2 市場モデルを用いると，SUTVA は成立せず，RCT の推定値は真の政策効果に比べて過大になることが予測される。ちなみに完全競争市場ではなく固定賃金モデルを想定したとしても，相対賃金の変化は緩やかになるが，高卒者の増加は高卒の労働市場で仕事が見つからない高卒者を生み出すことになり，やはり SUTVA は成り立たない。

　では，このような RCT の推定値と真の政策効果との乖離は，どのような場合に深刻になるのであろうか。先の 2 市場モデルは，労働需要関数の形状の重要性を伝えている。

　図 12-10 は，もし労働需要が，賃金の変動についてより敏感（より急角度）

図 12-10　需要曲線の形状

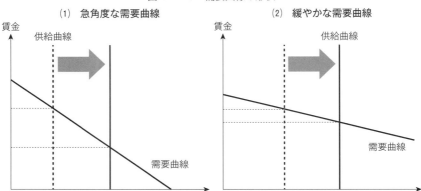

(1)　急角度な需要曲線　　　　　　　　　(2)　緩やかな需要曲線

ならば，供給増加は賃金の急激な下落をもたらし，結果 RCT の推定量と政策
効果との乖離は大きくなることを表している。対して賃金の変動について鈍感
（より緩やかな角度）ならば，賃金は下落せず，RCT でも真の政策効果を捉える
ことができる。

　以上のような需給メカニズムにより SUTVA が成立しない，という問題に
対処するための方策としては，労働需要，供給曲線をデータから推定する，と
いう計量経済学における伝統的なアプローチが考えられる。たとえば，Katz
and Murphy（1992）は，高卒者と大卒者それぞれに対する労働需要を推計す
る手法を提案している。当該手法では，生産関数を特定化することで，推計す
べきパラメーターの数がうまく削減できることを示しており，経済モデルの推
計を目指しつつも，複雑な推計を回避する研究戦略の好例であるといえる。こ
のような推計戦略の重要性については，次項でさらに論じたい。

4.3　結果の解釈の問題

　潜在結果モデルに基づく実証研究では，通常データから直接観察可能な結果
変数（例：賃金，就業状態，労働時間）に対する因果効果が推定の対象とされる。
このような因果効果は，政策の社会的望ましさを評価するうえで重要な情報を
もたらしうる。

　しかしながら同時に，直接観察可能な変数への因果効果のみを用いて，社会
的望ましさを評価することは困難である，という点にも注意が必要である。こ

の問題を考える際に参考となるのは，ヒュームの法則と呼ばれる D. ヒューム
が提示した倫理学における古典的命題であり，事実説明的命題（〜である）の
みからの推論によって規範的命題（〜すべき）を導くことはできない，という
主張である。

　最低賃金を例にとると，最低賃金の上昇が失業率に与える因果効果が推定で
きた場合，事実説明的な主張（最低賃金の上昇によって，失業率は増加／低下する）
を実証したことになる。しかしながらこれはあくまで事実説明的な主張であり，
最低賃金を上げるべきか否かという規範的命題を，この実証結果のみによって，
導くことはできない。もし「最低賃金の上昇は失業率を増加させる」という実
証結果のみから，「最低賃金を上げるべきではない」という規範的命題を導け
るという主張が存在するとすれば，その背後には「失業率を低下させることが
社会の最重要課題である」という規範的主張が存在しなければならない。

　無論，規範的命題について議論すること（規範分析）は困難であり，労働経
済学がどの程度，当該命題に注力すべきかについては，議論の分かれるところ
である。しかしながら経済理論は規範分析についても長い歴史を有し，また厚
生経済学という分野も存在する[9]。この中で，直接観察不可能な変数について
も考慮に入れて，社会的望ましさを論ずる重要性が繰り返し指摘されてきた。

　たとえば経済学の伝統的立場では，社会の善し悪しを考える際に，各個人が
持つ選好を考慮に入れることを重要視する。あるいは選好が持つ情報を，なん
らかの形で集約する方法についても，議論が蓄積されてきた。典型的な例とし
ては，労働市場の余剰分析があげられる。労働市場における余剰は，ある労働
市場が存在することで，労働者や企業が追加的に得られることができる便益の
金銭評価である。

　もしある政策によって市場の余剰が増加するのであれば，適切な再分配政策
を用いることで，市場参加者全員の厚生を改善することができる。すなわちパ
レート改善が図れる可能性が存在することになる。

　このような余剰分析は，多くの批判にさらされながらも，多くの応用研究に
おいて関心を集めてきた。また批判に答える研究も数多く存在し，たとえば公

9　林（2013）は，規範的経済分析にも多くの紙幅を割いたミクロ経済学の教科書である。
　また規範的分析は社会科学全体における学際的な重要な問題であり，たとえば瀧川・宇
　佐美・大屋（2014）は，法学における議論をまとめた教科書である。

平性の導入（Piketty and Saez 2013; Saez and Stantcheva 2016），再分配費用による余剰の割引の導入（Hendren 2014）等，近年でも精力的な研究が続いている。

　ではデータを用いて，市場余剰への因果効果を推定することは可能であろうか。少なくとも潜在結果モデルのみに基づく推定では不可能である。なぜならば余剰は因果効果の背後にあるメカニズムに依存して定義される変数であるのに対し，潜在結果モデルは，因果効果の背後にあるメカニズムにいっさいの想定を置かないアプローチであるためである。

　ここでもやはり経済モデルに即した推計が必要となるのだが，このような推計において近年労働経済学において注目されているのは，十分統計量アプローチ（Chetty 2009）である。このアプローチでは，経済モデルのすべてのパラメーターを推計するのではなく，興味のある政策効果を知るため必要最小限の統計量（通常は多数のパラメーターの合成変数となる）を，理論モデルを用いて導出し，それらのみをデータに用いて推計するアプローチである。

　この手法は，仮定の緩和，推計プロセスの簡略化を達成できる可能性を有しており，労働理論モデルと実証分析の融合をさらに進める，有望な方向性である。しかしながら十分統計量的な発想は，古くからなされてきた。とくにある政策が余剰に与える因果効果の"符号"（正の影響か負の影響か）については，ここまで論じてきた労働市場モデルを用いて，直観的に分析できる。以下では最低賃金が余剰に与える効果について，各理論モデルが持つ含意を紹介する。

(1)　完全競争市場・需要独占モデルによる予測

　まず完全競争市場を想定すると，最低賃金の上昇が持つ効果は，最低賃金の水準に応じて2種類考えられる。まず最低賃金の水準が低い場合，需要と供給が一致するように決定される市場均衡賃金を下回り，労働市場に実質的な影響をもたらさない。対して市場賃金を超える水準にまで最低賃金を上昇させた場合，硬直的賃金モデルが示すとおり，均衡賃金は上昇するが，①就業者数を減らし，②失業者を生み出し，③労働市場の余剰を低下させる，と予測される。

　対して需要独占の場合，独占力を持つ企業が賃金を低く押さえ込むため，最低賃金が存在しない場合，需要が供給を上回ることになる。このため最低賃金による均衡賃金の上昇は，労働供給を増加させ，結果として①就業者を増やし，②失業者を生み出さず，③労働市場の余剰を増加させることになる。しかしながら，最低賃金を需要と供給が交わる点を超える水準に設定してしまうと，完全競争市場の場合と同様に，①就業者を減らし，②失業者を生み出し，③労働

表 12-1　最低賃金が労働市場の余剰に与える影響

	完全競争市場モデル	需要独占市場モデル
最低賃金が需給の一致点を下回る場合	いっさいの因果効果なし	就業者↑，労働市場の余剰↑
最低賃金が需給の一致点を上回る場合	就業者↓，失業者↑，労働市場の余剰↓	就業者↓，失業者↑，労働市場の余剰↓

市場の余剰を低下させることになる。

　以上の議論は，表 12-1 のようにまとめられる。想定する市場モデル，および最低賃金の水準に応じて，労働市場の余剰に与える効果は正にも負にもなり，最低賃金が労働市場の余剰に与える影響は，一見複雑に見える。しかしながら表 12-1 をよく見ると，労働市場の余剰が増加する場合は就業者が必ず増加している，あるいは余剰が減少する場合は就業者は減少し，失業者が増加していることがわかる。すなわち両モデルでは共通して，就業者数と余剰の変化の方向は 1 対 1 で対応しており，最低賃金が就業者数に与える効果を推定しその符号を調べることで，余剰に与える効果の正負も推定することができるのである。すなわち，最低賃金が就業者数あるいは失業者数に与える因果効果が，最低賃金が余剰に与える因果効果を"質"的に判断するための指標になるのである。

(2)　サーチ・モデルによる予測

　ではサーチ・モデルはどのような予測をもたらすのであろうか。実はこの問いについて明示的に取り組んだ理論研究は，筆者が知る限り，存在しない。

　そこでここでは 3 節で議論した DMP モデルをもとに，余剰に与える因果効果の符号を判断する指標について論じたい。DMP モデルでは，十分に高い水準の最低賃金が導入されると，賃金は（賃金決定式）に従って決まるのではなく，最低賃金の水準によって決定されるようになる。このため最低賃金の上昇は，ただちに賃金上昇をもたらし，（求人式）に従って，求人倍率，入職率の低下を導くことになる。すなわち賃金と失業率との間に常にトレードオフの関係性が存在する。

　もし実際の賃金が非常に低い水準にあるのであれば，最低賃金強化による賃上げは，入職確率を減少させたとしても，労働者にとっては望ましい変化であり，労働者余剰を改善する。反対にすでに最低賃金が非常に高い水準にあるのであれば，ただでさえ低い入職率をさらに低下させる政策は，失業者にとって望ましいものではなく，労働者余剰を低下させる。

ではデータを用いて，最低賃金の上昇が労働者余剰を上昇させたか否かを判断する術はあるのであろうか。ここで重要なのは，非労働力人口，とくに就業意欲喪失者の動向である。もし最低賃金の強化によって入職率が極度に低下し，労働市場が労働者にとって魅力的でなくなった場合，労働市場で求職しようとする労働者は減少することが予測できる。すなわち就業意欲喪失者が増加する。対して賃金上昇によって労働市場の魅力が増大した場合，労働市場で職探しを行おうとする労働者が増加し，就業意欲喪失者が低下すると考えられる。すなわち DMP モデルにおいては，最低賃金が就業意欲喪失者数に与える因果効果が，最低賃金が（労働者）余剰に与える因果効果の符号を判断する指標となるのである[10]。

(3)　価格モデル vs. サーチ・モデル

以上のとおり，価格モデル（完全競争市場モデル，需要独占モデル）とサーチ・モデル（DMP モデル）では，最低賃金が余剰に与える因果効果の指標について，異なる提案をもたらすことになる。価格モデルに従えば，就業者数ないし失業者数に最低賃金が与える因果効果を推定すべきであるし，サーチ・モデルに従えば，就業意欲喪失者に与える因果効果が重要となる。このように背後で想定する理論モデルに応じて，重要な因果効果が変わることを指摘することは，理論研究の重要な役割である。

また最低賃金に関する多くの実証研究では，就業者数や失業者数に与える因果効果が推定されてきた。たとえば，現代的な最低賃金の実証研究の草分けともいえる Card and Krueger（1994）では，就業者数に与える因果効果が推計の対象となっている。日本の労働市場を対象とした実証研究である Kawaguchi and Yamada（2007）や Kawaguchi and Mori（2009）でもやはり，就業意欲喪失者に与える因果効果は推定されていない。無論これらの推定結果はきわめて重要な意味を持つが，サーチ・モデルは既存研究では重視されてこなかった就業意欲喪失者に与える因果効果の推定の重要性を示しており，実証研究のあり方についても新たな含意を導いている。

10　多くのサーチ・モデルにおいては，求人数が自由参入条件によって決まりかつ労働が唯一の生産要素であるため，労働者余剰と社会余剰が一致している。このため，当該指標は社会余剰の改善を判断する指標でもある。対して自由参入条件やほかの生産要素（資本等）を導入した場合は，企業余剰も発生するため，当該指標はあくまでも労働者余剰の変化を予測するものにすぎなくなる。

5　おわりに

　本章では労働市場に関する代表的なモデルを概観し，それらのモデルが持つ実証的含意について議論した。1 節で述べたとおり，現在の労働経済学研究は統計モデルに基づく実証研究が主導であり，労働理論の影は薄くなりがちである。ただ 4 節で述べたとおり，一見シンプルな実証研究であったとしても，背後に強い仮定を必要とするケースもあり，また実証結果が持つ社会的含意も必ずしも明確ではない。これらの問題点がある以上，使い古された主張ではあるが，労働経済理論と実証研究を補完的に用いることで，より信頼性が高く社会的意義の大きい研究をなすことができると考えられる。またそこに労働経済理論の学習・開発の今日的な意義を見出せるのではないであろうか。

◆読者のための文献／学習ガイド
（労働経済学における価格理論の入門書）
Boeri, T. and van Ours, J. (2013) *The Economics of Imperfect Labor Markets*, 2nd ed., Princeton University Press.
（サーチ理論についての入門書）
今井亮一・工藤教孝・佐々木勝・清水崇（2007）『サーチ理論——分権的取引の経済学』東京大学出版会。
（潜在結果モデル，統計分析と政策研究の関連性）
伊藤公一朗（2017）『データ分析の力——因果関係に迫る思考法』光文社。
星野崇宏（2009）『調査観察データの統計科学——因果推論・選択バイアス・データ融合』岩波書店。
Manski, C. F. (2013) *Public Policy in an Uncertain World: Analysis and Decisions*, Harvard University Press.

◆参考文献
石田浩（2012）「社会科学における因果推論の可能性」『理論と方法』27 巻 1 号：1-18。
伊藤公一朗（2017）『データ分析の力——因果関係に迫る思考法』光文社。
今井亮一・工藤教孝・佐々木勝・清水崇（2007）『サーチ理論——分権的取引の経済学』東京大学出版会。
瀧川裕英・宇佐美誠・大屋雄裕（2014）『法哲学』有斐閣。
田中隆一（2015）『計量経済学の第一歩——実証分析のススメ』有斐閣。
中室牧子・津川友介（2017）『「原因と結果」の経済学——データから真実を見抜く思考法』ダイヤモンド社。
林貴志（2013）『ミクロ経済学（増補版）』ミネルヴァ書房。

星野崇宏（2009）『調査観察データの統計科学——因果推論・選択バイアス・データ融合』岩波書店。

森田果（2014）『実証分析入門——データから「因果関係」を読み解く作法』日本評論社。

Angrist, J. D. and Pischke, J. S. (2010) "The Credibility Revolution in Empirical Economics: How Better Research Design is Taking the Con out of Econometrics," *Journal of Economic Perspectives*, 24(2): 3-30.

Boeri, T. and van Ours, J. (2013) *The Economics of Imperfect Labor Markets*, 2nd ed., Princeton University Press.

Burdett, K. and Vishwanath, T. (1988) "Declining Reservation Wages and Learning," *Review of Economic Studies*, 55(4): 655-665.

Burdett, K., Shi, S., and Wright, R. (2001) "Pricing and Matching With Frictions," *Journal of Political Economy*, 109(5): 1060-1085.

Card, D. and Krueger, A. B. (1994) "Minimum Wages and Employment: A Case Study of the Fast-Food Industry in New Jersey and Pennsylvania," *American Economic Review*, 84(4): 772-793.

Chetty, R. (2009) "Sufficient Statistics for Welfare Analysis: A Bridge between Structural and Reduced-Form Methods," *Annual Review of Economics*, 1(1): 451-488.

Diamond, P. A. (1971) "A Model of Price Adjustment," *Journal of Economic Theory*, 3(2): 156-168.

Hamermesh, D. S. (2013) "Six Decades of Top Economics Publishing: Who and How?" *Journal of Economic Literature*, 51(1), 162-172.

Hendren, N. (2014) "The Inequality Deflator: Interpersonal Comparisons without a Social Welfare Function," NBER Working Paper, No. 20351.

Holland, P. W. (1986) "Statistics and Causal Inference," *Journal of the American Statistical Association*, 81(396): 945-960.

Hosios, A. J. (1990) "On the Efficiency of Matching and Related Models of Search and Unemployment," *Review of Economic Studies*, 57(2): 279-298.

Kano, S. and Ohta, M. (2005) "Estimating a Matching Function and Regional Matching Efficiencies: Japanese Panel Data for 1973-1999," *Japan and the World Economy*, 17(1): 25-41.

Kawaguchi, D. and Mori, Y. (2009) "Is Minimum Wage an Effective Anti-Poverty Policy in Japan?" *Pacific Economic Review*, 14(4): 532-554.

Kawaguchi, D. and Yamada, K. (2007) "The Impact of the Minimum Wage on Female Employment in Japan," *Contemporary Economic Policy*, 25(1): 107-118.

Katz, L. F. and Murphy, K. M. (1992) "Changes in Relative Wages, 1963-1987: Supply and Demand Factors," *Quarterly Journal of Economics*, 107(1): 35-78.

Manski, C. F. (2013) *Public Policy in an Uncertain World: Analysis and Decisions*, Harvard University Press.

McCall, J. J. (1970) "Economics of Information and Job Search," *The Quarterly Journal of Economics*, 113-126.

Mortensen, D. T. and Pissarides, C. A. (1994) "Job Creation and Job Destruction in the Theory of Unemployment," *Review of Economic Studies*, 61(3): 397-415.

Nash Jr., J. F. (1950) "The Bargaining Problem," *Econometrica: Journal of the Econometric Society*, 18(2): 155-162.

Petrongolo, B. and Pissarides, C. A. (2001) "Looking into the Black Box: A Survey of the Matching Function," *Journal of Economic Literature*, 39(2): 390-431.

Piketty, T. and Saez, E. (2013) "Optimal Labor Income Taxation," in Auerbach, A., Chetty, R., Feldstein, M. and Saez, E. eds., *Handbook of Public Economics*, Vol. 5: 391-474.

Rubin, D. B. (1974) "Estimating Causal Effects of Treatments in Randomized and Non-randomized Studies," *Journal of Educational Psychology*, 66(5): 688.

Rubinstein, A. (1982) "Perfect Equilibrium in a Bargaining Model," *Econometrica*, 50(1): 97-109.

Saez, E. and Stantcheva, S. (2016) "Generalized Social Marginal Welfare Weights for Optimal Tax Theory," *American Economic Review*, 106(1): 24-45.

Shimer, R. (2007) "Mismatch," *American Economic Review*, 97(4): 1074-1101.

第13章

労働経済学における実験的手法

1 はじめに

　本章では，近年，観察データを使った実証分析と並び，新たな分析手法として注目されている経済実験の手法について解説する。ここでは，今後，経済実験をデザインし，実際に自分で経済実験を行ってみたいと考えている学部上級者や大学院生をターゲットとし，基本的な実験作法（参加者の募集，プログラムの作成，実験指示書の作成，実験室の準備，謝金の準備と支払い方），実験デザイン（参加者の振り分け方や実験回数），そして実験メソッドを中心に説明する。また，読者が理解しやすいように，贈与交換を検証する経済実験の例題を交えて，実践的にわかりやすく説明することを心がける。加えて，労働経済学の研究領域における経済実験手法の有効性と可能性について説明する。したがって本章は，労働経済学の研究領域に関連する経済実験研究のサーベイではないことに留意していただきたい[1]。

　最初に，混同されやすい「実験経済学」と「行動経済学」の区別について簡単に説明したい。「実験経済学」は分析手法に関する分類であり，どのように経済実験を行うことで経済理論や制度設計に示唆を与えられるかを研究する分野である。その一方で，「行動経済学」は経済理論の組み立て方に関する分類であり，個人の意思決定や効用関数により現実に近い人間行動を反映する仮定を採用したものである。確かに行動経済学の検証のために経済実験が使われる

　1　参考となるサーベイとしては，Falk and Fehr（2003）や Charness and Kuhn（2011）がある。

ことが多いが，両者は大きく性質が異なる点には注意が必要である。

　経済実験の目的は，科学実験と同様に，経済理論分析から得られた理論を数量的に検証することである。とくに，介入の効果を厳密に推定するのに効果的である。しかし，Friedman（1953）が指摘するように，経済学を含めた社会科学は，自然科学とは異なり，理論分析から得られる理論や予測を実験から検証することはできないといわれ，多くの研究者はそう信じてきた。Friedman（1953）は，人々を被験者（参加者）としたラボ実験を実施すること自体は可能であるが，ラボ実験で制御された環境は実際の経済社会とは大きく異なると考えていた。実際の社会において直接実験をして，理論や経済的予測を検証できればいいが，それには莫大な費用がかかり，到底無理な話である。また，理論分析において，経済主体は利己的，合理的な経済人（ホモエコノミカス）と仮定するが，分析しやすいためにこのような極端な仮定を設定しているだけで，実際の社会の人々の特性を必ずしも描写しているわけではない。したがって，実際の社会の人々を使って実験することで，合理的な経済主体を前提とした理論分析から得られた理論や予測を検証することに意味はないと主張する。

　Binmore（1999）は，利己的，合理的なホモエコノミカスの選択や行動を探る理論研究と実際の人間を参加者として行う経済実験とでは整合的な結果を得られなかったとしても，それがすぐに経済人を前提とした伝統的経済学の理論研究の否定にはつながらないと主張する。彼は，経済理論を実験で検証するためには，参加者が慎重に考えるインセンティブを持ち，じっくり考える時間がある状況を整える必要があると説く。

　Rubinstein（2001）は，Friedman（1953）と同様に，経済理論の検証に対する経済実験の有効性に否定的であったが，理論分析によって得られた理論が道理的であるか，筋が通っているか，もっともらしいかを確かめる術として経済実験は有効であると認めた。ただし，実験実施者が，科学的な実験手順に従い，データ分析による結果に都合のいいような解釈をしない場合に限ってと釘を刺している。科学的に正しい実験の手順を踏まないような実験結果は信頼できるものではなく，それだったら，理論家による思考実験で十分だと述べている。近年，経済実験による研究は盛んに行われ，多くの研究結果が蓄積されているのは事実であるが，経済実験を実施する際に，手順だけでなく，解釈についても注意を払う必要がある[2]。

　本章の構成は以下のとおりである。次節では2種類の経済実験（ラボ実験と

フィールド実験）を紹介し，メリットとデメリットを示す。3節では，経済実験
の例として贈与交換の実験を紹介し，4節で経済実験を行う際に必要な事務的
な手続きを実践的に解説する。5節では，さまざまな実験のデザインとメソッ
ドを紹介するとともに，それぞれのメリットとデメリットを解説する。6節で
は，労働経済学の研究領域における経済実験という手法の有効性と可能性を示
す。最後の7節は，本章のまとめである。

2　実験的手法のタイプとメリット・デメリット

　本章では，経済実験の手法と既存の観察データ（2次データ）を利用した実証
分析の手法の位置関係を整理するとともに，データの性質に沿ってどの分析手
法が適切かを解説する。そして，実験的手法のメリットとデメリットを説明す
る。
　図13-1は，List and Rasul（2011）から抜粋したデータの性質と推定方法の
関係を表した図（Figure 2）である。横軸の右側は，データが「自然発生的」，
または分析者によって観察されるデータであることを意味し，横軸の左側はデ
ータが「人工発生的」，もしくは分析者によって制御された実験データである
ことを意味する。

図13-1　データの性質と推定方法

人工発生的なデータ（制御されたデータ）				自然発生的なデータ（既存の観察データ）			
Lab	AFE	FFE	NFE	NE	PSM	IV	STR

- ■Lab： ラボ実験（lab experiment）
- ■AFE：人工的フィールド実験（artefactual field experiment）
- ■FFE：枠組み型フィールド実験（framed field experiment）
- ■NFE：自然型フィールド実験（natural field experiment）
- ■NE： 自然実験（natural experiment）
- ■PSM：傾向スコア・マッチング（propensity score matching）
- ■IV： 操作変数法（instrumental variables estimation）
- ■STR： 構造モデル（structural modeling）

（注）　1. フィールド実験の日本語訳は，澤田（2016）や高野（2007）に従う。
　　　　2. そのほかは筆者による和訳。
（出所）　List and Rasul（2011）Figure 2.

　2　経済実験の実用性や批判に関してはBardsley et al.（2010）を参照。

2.1　観察データと統計的手法

　データの性質が自然発生的な場合，構造モデル（structural modeling）を仮定して推定する方法や，「疑似実験（quasi-experiment）」と考えられる場面を探し出して政策の介入効果を推定する方法がある。推定方法として，差の差（difference-in-differences）推定や傾向スコア・マッチング（propensity score matching）のような計量経済学で学習する分析ツールが採用される。また，これらよりも古く，基本的な介入効果の推計手法として，操作変数法（instrumental variables estimation）がある。分析対象の 1 つの例として，高年齢者雇用安定法改正の効果を考えよう。2004 年法改正（2006 年 4 月施行）により定年年齢の 65 歳引き上げ，定年の廃止，希望者全員に対する 65 歳までの継続雇用制度導入のいずれかの措置が雇用主に義務づけられた。このような法制度の改正は疑似実験として利用することができる。高齢者の雇用確保措置によって高齢者の就業率が上昇したかを，「労働力調査」（総務省統計局）などの大規模なデータを利用して，計量経済学の手法を駆使して検証することができる（Kondo and Shigeoka 2017；近藤 2014）。

　一般に，公表されている大規模データから政策評価を統計的に評価する場合，注意しなければいけないことがある。それは，対照群と処置群が明確に分かれているかどうかである。上の例では，法改正が適用されるグループと適用外のグループが存在しなければいけない。高年齢者雇用安定法を含め，一般的な法改正の場合，例外措置や経過措置が設けられる。その適用時期のずれを利用して対照群と処置群に分け，法改正による介入効果を評価することは可能である。しかし，もう 1 つ介入評価の分析に必要な前提条件として，ランダム化比較試験法（randomized controlled trial: RCT）の仮定が満たされているかどうかを確認する必要がある。すなわち，法改正がなかった場合，対照群と処置群の平均的アウトカム（高齢者の就業率）が同じでなければいけない。その前提条件を満たすためには，対照群と処置群に高齢者がランダムに振り分けられていなければいけない。高年齢者雇用安定法改正による政策評価の場合，処置群は例外措置や経過措置がない企業に勤める高齢者が属し，対照群は例外措置や経過措置が設けられる企業に勤める高齢者が属すると考える。そうすると，法改正前の対照群と実験群が平均的に同じ属性を持ったグループとはいいにくく，RCTが使えない。高年齢者雇用安定法改正による介入効果を含め多くのケースでは，RCT の仮定を満たしていないことがある。注意したいのは，だからといって，

公表された大規模データを使って介入効果分析ができないというわけではない。違った角度からデータを分析したり，先ほど述べたようなさまざまな統計的な手法を駆使したりすることで厳密な介入効果の推計にこれまで取り組んできた[3]。

2.2　実験的手法（ラボ実験・フィールド実験）

既存の観察データを使った実証研究とは異なり，経済実験の場合，対照群と処置群を明確に区別できる環境を実験実施者が作り出すことができる。経済実験の手法は大きく分けて，「ラボ実験（実験室実験）」と「フィールド実験」がある。ラボ実験では，参加者を実験室に集めるので，実験環境や処置群に対する介入を最も厳密に制御することができる。多くの場合，ラボ実験は大学内の実験室で実施され，参加者は大学生である。

大学生を実験室に集めるのではなく，広く一般の人々を参加者にするのがフィールド実験の手法である。List and Rasul（2011）によると，主なフィールド実験手法は3つある[4]。1つ目は，「人工的フィールド実験」（artefactual filed experiment）であり，ラボ実験で実施するような実験内容（独裁者ゲーム，最後通牒ゲーム，信頼ゲームなど）をそのまま実験室外にいる特定グループの人々（ある地域の漁師，バイクメッセンジャー，村人など）を参加者として実験を行うことである。ラボ実験との違いは，実験対象となる参加者が大学生ではない一般人であることだけである[5]。2つ目は，「枠組み型フィールド実験」（framed field experiment）である。実験室で行うような取引を，実際の社会で行われている取引にあてはめて，参加者の選択や行動を観察する。例の1つとして，List

---

3　Kondo and Shigeoka（2017）では，1945年生まれの雇用者と1946年生まれの雇用者を比較して差の差推定を行った。1946年生まれの雇用者は63歳まで働けるが1945年生まれの雇用者はそこまで働けないということを利用して介入効果を推計した。差の差推定の場合，2つのグループのトレンドが同じであれば，推定結果に問題はないといえる。

4　List and Rasul（2011）が紹介した3種類のフィールド実験の日本語訳は，澤田（2016）や高野（2007）に従う。

5　ラボ実験の定義として，参加者が大学生でなければいけないという意味ではない。通常，ラボは大学内に設置されているので，必然的に参加者は大学生となる。人工的フィールド実験では，移動型の実験装置により，一般人に対してラボ内で実施するような実験を実施する。

表 13-1　ラボ実験とフィールド実験の違い

	実証分析	自然実験	フィールド実験			ラボ実験
			自然型	枠組み型	人工的	
制御されていない	○	○	○	○		
実際にインセンティブが伴う	○	○	○	○		
実在の情報やタスクがある	○	○	○	○		
実験の認識				○	○	○
被験者が一般人	○	○	○	○	○	
実験実施者による介入あり			○	○	○	○
外生的な変化あり		○				

(注)　1. フィールド実験の日本語訳は，澤田（2016）や高野（2007）に従う。
　　　2. そのほかは筆者による和訳。
(出所)　List and Rasul（2011）Table 1.

（2002）の研究がある。彼は，Smith（1962）が実験室で実施した買い手と売り手による市場実験を，実際に取引が行われている野球カードの交換所で参加者を募り市場実験を実施した。ただ，この場合，参加者は経済実験に参加していることを認識・承諾している。したがって，「参加者である」という認識が自然な振る舞いを阻害する可能性がある（ホーソン効果，または demand effect）。3つ目は，「自然型フィールド実験」（natural field experiment）である。参加者が実験に参加していることを認識していないこと以外，枠組み型フィールド実験と同じである。枠組み型フィールド実験よりもより自然な設定であるが，参加者が知らないところで実験の参加者となっていることに倫理的な問題が生じる可能性がある。自然型フィールド実験を実施する場合は，倫理的な問題に発展しないように注意を払うべきであろう。List and Rasul（2011）がラボ実験と3種類のフィールド実験の違いをまとめた表（Table 1）を表 13-1 に抜粋する。

2.3　経済実験のメリット・デメリット

　次に，経済実験手法のメリットについて簡潔にまとめる（Charness and Kuhn 2011）。以下のメリットはラボ実験，フィールド実験ともにあてはまるが，実験環境を強く制御できるラボ実験において，メリットがより際立つ。1つ目は，

実験実施者によって実験環境を完全に制御できることから，介入変数を完全に外生的に設定でき，原因と結果の因果関係を厳密に明らかにすることができることである。既存の観察データによる実証分析の場合，着目する介入変数が完全に外生であることは非常に稀である。観察できない欠落変数との相関性（見せかけの相関）や逆の因果関係によるバイアスが懸念される。2つ目のメリットは，実験環境を制御できるので，理論モデルと同じような環境を設定し，理論分析から得られる理論や知見を忠実に検証することができることである。3つ目は，大規模な観察データを収集したり，または購入したりすることに比べれば，実験費用は比較的安いことである。もちろん，参加者の人数や謝金の金額に依存する。4つ目は，妨害行為や差別行為などの反道徳的な事象が発生する環境や過程を経済実験から解明できることである。しかし，参加者に対する倫理的な配慮は十分に必要であり，通常，実験者が所属する機関の倫理委員会からの承認を得ることが好ましい。5つ目は，起こりうるすべての状況に対して意思決定を行わせることで実験を通じて取引が成立した結果だけでなく，取引が成立しなかった場合の結果も観察できることである[6]。たとえば，最後通牒ゲームにおいて，受け手にはゲームが始まる前に，さまざまな提示額に対して受諾するか否かをあらかじめ回答してもらい，その後，実際にゲームを始める。そうすることで，提示者と受け手の間で取引が成立しなくても，受け手の意思を示すデータを収集することができる[7]。この手法を戦略選択法（strategy method）と呼ぶ。この方法に関しては後で詳細に説明する。

　実験のデメリットは，外的妥当性（external validity）を満たさない場合が多いことである。とくに，ラボ実験ではこのデメリットが指摘される。ほとんどのラボ実験は大学内で実施され，参加者は大学生である。このように参加者を大学生に限定してしまうと，実験データとなる参加者の一般性が保証できない。あるラボ実験に参加した参加者グループを使って得られた実験結果は，別の参

6　近年，取引が行われなかった場合の情報がわかる観察データを利用した研究がある。例として，Uber サービスを使用した人のデータを使って，消費者余剰を推計した研究がある（Cohen et al. 2016）。

7　最後通牒ゲームは，「提示者」と「受け手」がペアを組んで行うゲームである。まず提示者は，自身の初期保有金から受け手に渡す提示金額を伝える。受け手が承諾すれば，その金額を受け手は獲得し，残りは提示者が受け取る。もし受け手が提示金額を拒否すれば，両者とも獲得金額はゼロとなる。

加者グループを使って実施した実験の結果と必ずしも一致しないことがある。外的妥当性を満たしにくいラボ実験において，実験の反復再現性が満たされることは難しい。したがって，実験結果は慎重に解釈することに留意すべきである。外的妥当性をできるだけ満たすために，フィールド実験は，実験室を飛び出し，大学生ではない一般の人々を参加者とすることで発展してきた。

3　経済実験の例——贈与交換ゲーム

　本節では，経済実験に参加した経験のない読者のために，経済実験に参加するとどのようなことが起きるのかを実験の流れに沿って説明する。視点は参加者である学生とする。例にあげる実験として，贈与交換（Gift-exchange）ゲームを用いる。これは，労働市場モデルの 1 つである Akerlof（1982）を経済実験に落とし込んだもので，Fehr, Kirchsteiger and Riedl（1993）をはじめとして多数の労働市場実験で用いられている。

　まず，参加者は学内の掲示版（ウェブを含む），チラシ配布，メールなどを通して経済実験の情報を知る。実験情報として，所要時間と報酬（経済実験では報酬が確定されていないので，平均報酬などが示されている）は知ることができるが，詳しい内容は明らかにされていない。情報を見て参加したいと思った場合，メールやウェブ上のシステムで実験の申し込みを行う。申込後，参加日時の確定の連絡がくるので，指定された場所（主に経済実験室）に指定された時間に向かう。複数人で実験を行うことが一般的な経済実験では，遅刻は認められない。

　当日指定された場所に向かい，受付を行う。座席は指定されている。経済実験の開始前に，同意書やその他の事務書類へ記入を行う。実験は任意参加が原則なので，いつでも辞退することができる。

　経済実験の開始後，実験指示書（インストラクション）が配布される。たとえば，贈与交換ゲームでは，以下のような指示書が配布される。なお，以下の指示書は全体の抜粋であり，完全版はウェブにアップロードする。

実験指示書

　実験にご参加いただきありがとうございます。あなたは実験参加に対して，1000 円が与えられます。さらに，実験中で得られたポイントに

応じて報酬を支払います。

　あなたには役割 A または役割 B のどちらかが割り当てられます。

　役割 A と役割 B は 1 人ずつのペアとなり，意思決定を行います。ペアの相手が誰なのかはわかりません。最後まで匿名性が保証されます。役割 A・役割 B はそれぞれ 10 ポイントを与えられています。

　実験には 2 つのステージがあります。第 1 ステージでは役割 A が役割 B にポイントを渡します。渡した値を X とします。X は 5 倍された上で役割 B に渡されます。第 1 ステージの結果が役割 B に伝えられた上で，第 2 ステージでは役割 B が役割 A にポイントを渡します。渡した値を Y とします。Y は 5 倍された上で役割 A に渡されます。

　ポイントは以下のように決まります。

　　　役割 A　　10 − X + 5Y

　　　役割 B　　10 + 5X − Y

　この実験は 1 回のみ実施します。

　ポイントは，1 ポイント = 50 円で換算して終了後にお支払いします。

　指示書はスタッフが音読を行うので，静かに聞く。説明後には質疑応答の時間が設けられる。その後，実験指示書の理解度に関するテストが行われるので回答し，スタッフに回答が合っているかどうかの確認をもらう。

　ここまでの手順を踏んだうえで，ようやく実験開始である。実験は 1 人 1 台割り当てられているコンピュータで行われる。参加者は役割 A を与えられたので，役割 B に 7 ポイントを渡した。役割 B からは 2 ポイントが返ってきたとする。最終的なポイントは 10 − 7 + (2 × 5) = 13 ポイントである。実験の結果当初の 10 ポイントからは増えたが，相手の役割 B はさらにポイントを増やしている（43 ポイント）ので，少し悔しいと思うかもしれない。

　実験終了後は，アンケートに回答する。アンケートでは，個人属性を回答し，実験内容に関する質問に回答する。

　すべての作業が終了した後に，謝金が支払われる。個人ごとに謝金が異なるため，支払いはほかの人に見えないような形で行われるのが一般的である。今回は 13 ポイントだったので，参加報酬 1000 円と，実験での報酬 13 × 50 = 650 円が合わせて支払われる。

　実験が果たしてどういう目的で行われたのか，参加者としては知りたい気持ちになる。しかし，経済実験では実験後であっても実験内容についての説明は

しないのが一般的である。これは，実験の目的が広範に知られることのないようにするための配慮である。

4　経済実験の事務的作業

　経済実験を実施するには，事前にさまざまな準備が必要になる。本節では，経済実験に必要な実験場所・参加者・実験指示書・研究費についてそれぞれ簡単な解説を行い，実験実施への手助けとしたい。

4.1　経済実験の実施場所

　経済実験では参加者間で意思決定が観察できないような処置を行い，参加者の名前は伏せ匿名で実験が行われるのが通常である。実験実施者が経済実験を通して得たいのは，参加者個人の意思決定およびその意思決定が合わさったことで生まれる結果である。この参加者個人の意思決定は，実験指示書で設定される実験上の条件にのみ基づくのが理想的であり，それ以外の意思決定に影響を与える要素はできるだけ排除したい。たとえば，実験でペアを組む相手が誰かが特定できてしまった場合，実験外での人間関係が意思決定に影響を与えてしまう可能性がある。また，自身の利得に直接関係ない場合であっても，ほかの人の行動が見えてしまうとそれを参考として意思決定を行ってしまう可能性がある。

　このような理想的状況として整備されているのが，経済実験室である。経済実験室では，参加者はコンピュータが配備された席を割り当てられ，席はパーティションで区切られている。コンピュータはネットワークを介して意思決定のやり取りを行うため，匿名性を担保することができる。また，パーティションで区切ることで意思決定が観察されることを防いでいる。た

大阪大学大学院経済学研究科の情報処理室

だし，専用の経済実験室を持っている大学・学部は限定されている。使用規定
は実験室ごとに異なるが，学外者の利用は想定されていないことが多い。内部
に共同研究者がいることが望ましいだろう。

　専用の経済実験室を利用できない場合は，主に2つの選択肢がある。1つは
コンピュータが配備されている情報処理室（写真参照）での実施である。この
場合，実験実施者が別途パーティションを準備するなど参加者間で意思決定が
見えないようにする工夫が必要になる。もう1つは，コンピュータは用いず，
「紙とペン」を用いて通常の教室で実施する方法である。この場合も，パーテ
ィションなどの利用が望ましい。

　さらに厳格に参加者間の相互作用を防ぐために，部屋を複数使用する場合も
ある。たとえば，贈与交換の例のように役割が2つに分かれる場合，役割ごと
に部屋を分ける場合もある。

　コンピュータを用いる場合，何らかのプログラムを用いる必要があるが，プ
ログラムに指定があるわけではない。Java や Python などを用いて自分でプロ
グラミングをする研究者もいる。経済実験で最も用いられているのが zTree
というソフトウェアである（Fischbacher 2007）。zTree は経済実験に特化した
ソフトウェアであり，許可を得れば無償で使用できる（http://www.ztree.uzh.
ch/en.html）。zTree は Windows のみで動作するソフトウェアのため，現在は
Mac, Linux，各種タブレットやウェブ上でも動作できるソフトウェアの開発が
進められている。たとえば oTree（Chen, Schonger and Wickens 2016）は次のス
タンダードとして有力なソフトウェアである。

4.2　参加者の集め方と管理システム

　参加者を募って実験を始める前に，実験内容が倫理的に問題がないかを倫理
委員会で確認することが好ましい。通常，大学内では部局別に倫理委員会が設
置されている。部局に倫理委員会がない場合は全学共通の倫理委員会に申請す
る。実験を通じて参加者の健康を損ねたり，参加者のプライバシーを侵害した
りする可能性がなければ，問題なく実験の実施は承諾される[8]。

　参加者は実験場所の大学生に募集をかけるのが一般的である。実験内容によ

8　脳内の血流の変化を観察する装置（MRI）を使うような神経経済学分野の実験の場合，
通常の経済実験に比べて，よりいっそう参加者の健康状態に配慮する必要がある。

っては，学部や学年を限定する場合がある。たとえば，実験で行うゲームについての解説をすでに講義で受けていることが懸念される場合，経済学部生を排除したり，1 年生に限定したりする場合がある。

　　大学生ばかり（しかも多くの場合いわゆる上位大学で実施される）が経済実験の参加者となってしまい，一般的な人々とは異なるのではないかという批判は，心理学の実験と同様に数多くなされている。もちろん，この批判には真摯に対応する必要があるが，学生を対象とすることで参加者がある程度同質的となり，実験の運営や実験結果の解釈がしやすくなるというメリットがあることは重要な点である。学生ではない一般参加者をランダムに実験室に集めるのは非常にコストがかかるうえ，専業主婦や引退した高齢者ばかりが集まり，学生よりセレクションが強くなってしまう可能性もあることは考慮される必要がある。

　　参加者プールの管理は事務的な課題の 1 つである。実験が 1 回きりの場合は，実験実施者が Excel などを用いて管理すればよいが，恒常的に多数の実験を行う場合は，大学院生・ポスドクを含めたスタッフを指定し，参加者プールを管理する必要がある。多数の実験を行う場合は，参加者が同種の実験に複数回参加することのないよう確認する必要がある。参加者募集・管理のシステムとして，海外では ORSEE（Greiner 2004）というシステムが一般的に使われており，日本でも導入が進められている。

4.3　実験指示書

　　参加者に対する指示（インストラクション）は，文字情報と音声情報を組み合わせて行うのが一般的である。これは，実験上の設定を参加者に確実に理解させるために必要である。文字情報としては，紙の説明書を配布するか，コンピュータのスクリーン上に表示させる。どちらの場合でも，実験中にいつでも設定を確認できるようにするのが望ましい。音声情報としては，実験実施者が説明を読み上げるか，事前に録音しておいた音声あるいは機械音声を流す[9]。音声情報を使う理由は，参加者が説明を「聞いた」ことを担保するためである。誘導を避けるため，実験の説明は研究者本人ではないスタッフ（直接関係のない大学院生など）が行うことが望ましい。

　9　最近は，実験指示書を読み上げる音声読み上げソフトを利用して参加者に説明するケースが多い。

実験指示書における注意点を何点か述べる。まず，実験ではできるだけニュートラルな言葉を使うのが好ましい。「経営者」や「労働者」のように，参加者の役割を明確に与えてしまうと，自分の意思で行動を決定するのではなく，与えられた役割を想定して行動を選択する可能性がある（フレーム効果）。ただし，ニュートラルな言葉を使用することで指示が抽象的になりすぎてしまいゲームの理解に影響が出る場合は，多少のコンテクストを加えることもありうる。また，報酬に関しては，ゲームによって参加者が獲得する金額を直接インストラクションに記載するのではなく，獲得ポイントを示し，そしてポイントと金額の交換比率を記載することが好ましい。これは，獲得する金額を直接記載することによって過剰に金銭的インセンティブを煽ることを避けるためである。実験上のパラメーターとポイントの関係を表現する方法として，数式を用いる方法と，利得表を用いる方法がある。数式を用いる場合は簡潔に表現できるが，数式に慣れていない人には難しい可能性がある（とくに複雑な式となってしまう場合）。利得表を用いて説明する方がわかりやすい場合もあるが，選択肢が多い場合は表が大きくなりすぎてしまうなどの別の問題が発生しうる。また，利得表自体も一般に馴染みがあるとはいえない。

4.4　実験の報酬と研究費

実験で得られる報酬金額は，参加者が報酬を獲得したいというインセンティブを抱くように設定する。あまりにも安く報酬を設定すると，金銭的なインセンティブが機能しないし，高すぎても費用が高くなるだけである。一般に，参加者が普通にアルバイトをして稼ぐことのできる時給の 1.5 倍程度の報酬を支払うのが適切と考えられている。参加者が一度に複数の実験を行う場合，それぞれの実験で獲得した金額の合計を支払う方法と，複数の実験結果のうち 1 つをもとに報酬を支払う方法がある。金額の合計を支払う場合，実験の最初の段階で好成績を残し，報酬金額が高くなると，後半でやる気を失う可能性があるという問題がある（資産効果：wealth effect）。これを避けるため，複数の実験結果から無作為に 1 つの結果を選び，その結果をもとに報酬を決める方が好ましいと考えられている。

実験を実施するにあたって現実的に必要となるのが研究費である。研究費の大半を占めるのが参加者への謝金である。必要額は研究によって大きく異なるが，たとえば参加者が 300 人，謝金を平均 2000 円と想定すると，計 60 万円と

なるが，そこまで安い金額ではないだろう。次に多いのがスタッフ（事務職員または学生）への謝金である。スタッフは事前準備や当日運営に従事し，大学規定の給与が支払われる。その他の費用として，サイコロなどの物品代や紙代などが必要になるが，高額になることは稀である。

　参加者への謝金支払いについては，大学の事務と十分な折衝が必要である。なぜなら，経済実験における謝金は，大学規定より高い金額を支払い，実験結果によって報酬が変動するという事務的にはイレギュラーな対応が必要だからである。現在は先例が増えてきているので，折衝は比較的やりやすくなっていると思われる。

5　実験デザインと実験メソッド

　本節では，一般的な実験デザインや実験メソッドにおいて，注意しなければいけない3つの作法を解説する。まずは，対照群と処置群を設定する方法である参加者間計画法（between-subject method）と参加者内計画法（within-subject method）を紹介し，各方法のメリットとデメリットを説明する。2つ目は，実験回数の設定に関して，1回限りの実験（one shot experiment）にするのか，それとも参加者が複数回の実験を行う繰り返し実験（repeated experiment）にするのかを，各実験設定のメリット・デメリットを踏まえながら説明する。3つ目は，実験メソッドに関することである。ここで取り上げる実験メソッドは，直接選択法（direct response method）と戦略選択法（strategy method）である。2つの手法はそれぞれメリット・デメリットがあり，ここではどちらの手法が優れているかの議論はしない。2つの方法のメリット・デメリットを「経済実験の例」で紹介した贈与交換ゲームの実験例を使って説明する。

5.1　対照群と処置群の設定方法

　1つ目の対照群と処置群の設定方法から始める。参加者間計画法では，複数いる参加者を対照群と処置群に振り分け，処置群に属する参加者に対して実験実施者が関心のある介入をする。そして，対照群に属する参加者の選択や行動と比較することで，介入効果を厳密に抽出する。この手法で留意しなければいけない点は，参加者を対照群と処置群に無作為に振り分けることである。そうすることで，対照群と処置群それぞれに属する参加者の属性や観察不可能な要

素が平均的に同質となることがわかっている。対照群の選択・行動は，介入を
受けた処置群の反事実仮想的な選択・行動とみなすことができる。反対に参加
者を無作為に振り分けないと，介入することで観察される処置群と対照群の結
果の違いが，介入の効果によるものか，それとも対照群と処置群の属性の違い
によるものかが識別できない。参加者間計画法は，RCTと同様に，適度な数
の参加者を対照群と処置群に無作為に振り分けることが可能なら，介入のみの
効果を正確に測ることができる。

　しかし，実際に，参加者を無作為に2群に振り分けることはそれほど容易で
はない。とくに，実験施設や設備の制限により，対照群と処置群の実験セッシ
ョンを別々の時間帯に実施するとなると，参加者の無作為な振り分けは難しく
なる。たとえば，対照群に対する実験を朝のセッションに実施し，処置群には
午後のセッションで実施する場合である。朝早く起きられる参加者は朝のセッ
ションを選択し，夜更かしするような参加者は午後のセッションを選択する。
このような分け方では，自己選抜バイアスが発生し，対照群と処置群に属する
参加者の属性は平均的に同質ではなくなり，対照群が処置群の反事実仮想的な
群に相当しないことになる。もし2室の実験室が設備され，午前中のセッショ
ンに参加する参加者を無作為に対照群と処置群の2グループに分けることがで
きるなら，自己選抜バイアスを心配する必要はなくなる[10]。

　もう1つの方法である参加者内計画法では，各参加者に対照群に属する参加
者として実験をしてもらい，同時に処置群に属する参加者としても実験をして
もらう。参加者は介入のある実験と介入のない実験の両方を受けることになる。
この場合，対照群と処置群に属する参加者は同じなので，属性の同質性の条件
は満たされる。したがって，実験において，介入することで処置群と対照群の
実験結果の違いが，介入の効果によるものだけと判断できる。しかし，この方
法の大きな欠点は，順番によるバイアス（order bias or sequential effect）や学習
効果（過去の結果）によるバイアスが発生することである。仮に1番目に対照
群の実験，2番目に処置群の実験を設定した場合，2番目の実験の選択は，1
番目の実験結果に影響されやすいと考えられる。解決方法としては，実験の順
番を無作為に並べて，複数回実験をすることで，順番によるバイアスを軽減す

---

[10]　無作為にグループ分けする1つの方法は，サイコロである。たとえば，サイコロの
　　目が偶数の場合は対照群，奇数の場合は処置群に分かれるように設定する。

ることが考えられる。または，1番目の実験の結果を参加者にフィードバックすることなく，次の実験に進むことで，順番によるバイアスを軽減する方法も考えられる。その他のメリットとして，参加者間計画法に比べて，参加者数が少なくても対照群と処置群のデータが得られるので，実験費用が安くすむことである。

　参加者を無作為に対照群と処置群に振り分けることができるだけの参加者数と実験設備が整っているのなら，参加者間計画法により厳密に介入効果を明らかにすることができる。参加者内計画法の場合，バイアスが生じる可能性があるが，1人の参加者が複数回実験することになるので，パネル・データとなる。個別効果と実験の順番を示すダミー変数をコントロールしたうえで，介入の効果を推定することが可能である。実験データはパネル・データなので，さまざまな統計的手法を応用できることも参加者内計画法の利点である[11]。どちらの計画法を採用するかは，実験内容や実験設備の状況に応じて判断すべきであろう。

5.2　実験回数の設定

　2つ目の作法は，実験回数の設定に関することである。設定方法として，1回限りの実験と参加者が複数実験を行う繰り返し実験が主に考えられる。1回限りの実験を参加者内計画法の実験では適用できないので，必然的に，参加者内計画法の実験は繰り返し実験となる。裏を返せば，1回限りの実験のメリットは，繰り返しの実験に比べて，順番によるバイアスや学習効果によるバイアスを気にする必要がないことである。それゆえに，そのバイアスを軽減するための統計的処置も必要としない。デメリットは，1回限りなので，実験内容を理解しないまま実験を終わってしまう参加者がいる可能性があることである。そのようなことがないように，実験を始める前に，実験内容を確実に理解しているかどうかを確認するクイズを参加者に課す必要がある。もう1つのデメリットとしては，参加者1人につき1つの観察値しか収集できないので，分析に十分耐えられるだけのデータを収集するためには，多くの参加者を集めなければいけないことである。謝金支払いによる金銭的費用が高くなることを覚悟し

---

[11]　Brandts and Charness（2011）と Charness, Gneezy and Kuhn（2012）は，参加者間計画法と参加者内計画法の違いや問題点について解説している。

なければいけない。

　先ほど述べたとおり，参加者内計画法を採用した場合，必然的に繰り返し実験となるので，繰り返し実験のメリット・デメリットは参加者内計画法のメリット・デメリットでもある。デメリットは，順番によるバイアスや学習効果によるバイアスが発生する可能性があることである。対策としては，毎回実験結果を参加者に知らせるのではなく，次々と実験を繰り返し，実験について学習できない措置をとることである。繰り返し実験法のメリットは，1人の参加者から複数の観測値を収集することができるので，費用対効果が高いことがあげられる。多くの繰り返し実験では，序盤と終盤の観測値を使わずに，真ん中の回から収集した観察値だけを分析に使うことが多い。この理由としては，序盤は参加者が実験に慣れていないから，そして終盤は気持ちが緩み真剣に取り組んでくれないからである。また，贈与交換のような2人一組の実験を繰り返す場合，毎回，異なる参加者とペアを組むような設定をすることに留意しなければならない（ストレンジャー・マッチング）。

5.3　直接選択法と戦略選択法

　3つ目は，実験メソッドに関することである。ここでは，直接選択法と戦略選択法を解説する。2つの方法のメリット・デメリットを「経済実験の例」で紹介された贈与交換ゲームの実験例を使って説明する。

　直接選択法では，参加者が実験実施者の指示のもと，決められたルールに従いいくつかの選択肢の中から自分のとりたい行動を選択する。この方法では，通常，参加者が選択した結果しか実験実施者は観察することができない。贈与交換の例の場合，直接選択法では役割Bの参加者は，役割Aの参加者が提示するXを見たうえでYを決定する。この場合，実験実施者が観察できるのは，役割Aの参加者が提示したある1つのXと，それに対する役割Bの参加者が選択した1つのYだけである。もし仮にその他のXが提示された場合に役割Bの参加者が選択すると考えられるYは，直接選択法から観察することはできない。直接選択法は，実験手順そのものは単純であり，かつ不自然ではないので，参加者にとって実験内容を理解しやすい。したがって，実験データは信頼できるものと考えられる。しかし，情報量が少ないという欠点がある。情報量を多くするためには参加者数・実験回数を増やさなければいけない。

　その欠点を補うのが，戦略選択法である。この方法の場合，ゲームが始ま

前に，参加者に「あらゆる状況に応じて」どの選択肢を選択するかを仮想的に回答してもらい，それから実際のゲームを始める。ゲームでは，参加者の仮想的な選択をそれぞれに照らし合わせて，実際に参加者に支払う報酬金額を決める。このような方法の場合，実験実施者は参加者が実際に選択した結果だけではなく，あらゆる状況に応じて選択する結果も観察できる。

　贈与交換の例の場合，ゲームを開始する前，役割 B の参加者に対して，仮想的に役割 A が提示するすべての X に応じてどれくらいの Y を払うかを回答してもらう。役割 A の参加者に対しては，役割 B が選択する Y を予想させることで，役割 A である参加者の信念を探る。そして，ゲームを開始し，役割 A の参加者が実際に選択した X と役割 B の参加者が事前に回答した Y と対応させることで，両参加者の結果と報酬金額が決定する。実際に成立した取引結果だけでなく，実際に提示されなかった X に対して役割 B の参加者が支払う Y も仮想的な回答から実験実施者は観察することができる。したがって，戦略選択法から得られる情報量は，直接選択法から得られる情報量よりも多い。しかし，戦略選択法の欠点は，まず実験手続きが不自然なところである。事前に仮想的な質問に回答し，その回答をもとに取引結果が決まるような手順は，直接選択法の手順に比べて不自然なので，参加者が実験内容を理解できなかったり，手順によるバイアスが生じたりする可能性がある。もう 1 つの欠点は，実験前に課す仮想的な質問で，役割 B の参加者が回答する負担が大きすぎると，認知費用が高くなり，真剣に回答に取り組んでくれない可能性がある。仮想的な質問数に配慮が必要である。

6　労働経済学における経済実験

　これまでは，経済実験を実施するうえで必要な作法，実験デザイン，分析するためのメソッドを，贈与交換の実験を題材にしながら紹介してきた。本節では，労働経済学の研究における経済実験的なアプローチの適用性と可能性について述べる。

　労働経済学の理論モデルの解析によって得られる知見を，これまでは既存の観察データから統計的に検証してきた。データがアクセスしやすくなったこと，性能の高いコンピュータが安く購入できること，そして，統計ソフトの性能向上により，観察データを使った実証研究は盛んになり，労働経済学分野におけ

る研究方法の主流となった。しかし，分析方法として手軽になったとはいえ，やはり実証分析方法だけでは理論分析の検証に限界がある。既存の観察データでは観察できない変数は多くあるし，また，原因と結果の因果関係を明らかにしたくても，観察できない変数が原因を示す変数に影響する場合，着目する因果効果を厳密に推定することができないという問題がある（内生性の問題）。

　そこで，実証研究の分析方法では検証が難しい領域を経済実験の手法で解き明かすことができる。とくに，経済実験の強みが発揮される研究領域として，逐次的サーチ・モデルのような個人の意思決定モデルやプリンシパル＝エージェント・モデル（principal-agent model）を応用した内部労働市場の分析が考えられる。

6.1　逐次的サーチ・モデル

　繰り返しになるが，経済実験のメリットは，実験環境を制御できて，通常の観察データでは観察できない変数を観察できるように設計できることである。サーチ・モデルによる求職活動の分析から解明されることとして，「留保賃金の特性」（reservation wage property）がある。その特性は，有期限の逐次的サーチ・モデルの場合，求職期間が長くなるにつれ，求職者の留保賃金は低下することである。また，失業保険給付のような補償金が増えれば，求職者が負う求職するための努力水準は低下し，留保賃金は高くなることがわかっている。では，「留保賃金の特性」を実証的に検証する場合，適切な観察データはあるだろうか。残念ながら，1人の求職者の求職活動開始から終了までの期間を追いかけた長期間のデータ（duration data）はそれほど多くないし，仮にそのようなデータを利用できたとしても，求職の努力水準や留保賃金は通常データとして観察できない。観察できるのは就職できた人の求職期間だけである。したがって，「留保賃金の特性」を実証的に検証することは難しい。

　そこで，経済実験の出番である。ラボ実験から「留保賃金の特性」を検証するために，次のような簡単なゲームを参加者に受けてもらう。参加者はあるポイント分布から無作為にポイントを引き，そのポイントを受諾するか拒否するかを決定する。受諾すればそのポイントが報酬となり，拒否すれば，次のラウンドに進み，再びポイント分布からポイントを引く。ただ，サーチできるラウンド数は有限とし，最後まで受諾しなかった場合，報酬はゼロとする[12]。実験室内で受けるのは簡単なゲームであり，直接，参加者の求職活動に結びつくも

のではない。しかし，逐次的サーチ・モデルのエッセンスを取り入れた実験なので，この簡単なゲームでも「留保賃金の特性」を検証することができる。また，次のポイントを引く前に，参加者が払う努力水準（または努力費用）や留保水準を記入するように設定すれば，留保ポイントや努力費用の変遷が明示的に観察でき，「留保賃金の特性」を検証することができる。

6.2 プリンシパル＝エージェント・モデル

プリンシパル＝エージェント・モデルをベースとした内部労働市場のメカニズムの解明でも経済実験の手法が有効である。この場合もサーチ・モデルと同様に，雇用者が負う努力水準（努力費用）は通常の観察データからはわからないので，実証分析には限界がある。プリンシパル＝エージェント・モデルでの労働契約のタイミングは，雇用主が提示した賃金で労働契約を交わした後に，雇用者が自身の努力水準を決めることになっている。雇用主は雇用者の努力水準を観察できないので，雇用者の最適な選択は努力をしないことになる。つまり，モラル・ハザードの問題が発生する。それを見越して，雇用主は固定給だけでなく，歩合給で構成する賃金体系を提示する。生産量に応じて支払う歩合給を設定することで，生産性ショックに対するリスクを雇用者とシェアすることになる。もし，雇用主が雇用者の努力水準を完全に観察できるなら（雇用主が雇用者の努力水準を決められるなら），賃金体系は固定給だけとなり，生産性ショックのリスクは雇用主だけが負うことになる。

経済実験では，制御された実験環境のもと，雇用主と雇用者の役割をする参加者がそれぞれ理論分析の知見どおりに行動するのかを検証する。雇用主が雇用者の努力水準を観察できる確率や生産性ショックの頻度や大きさを変えることで，参加者の選択や行動が理論的に整合的であるかを確認する。さらに，1人のプリンシパルに対して複数のエージェントがいるモデルのラボ実験では，どのような支払い方が雇用者側である参加者の努力を最大に引き出せるか，そして雇用主側である参加者の利潤を最大にするのかを検証する。たとえば，歩合制対トーナメント制，個別ワーク対チーム・ワークが考えられる。そのほか

---

12 サーチできるラウンド数は無限だが，手元のポイントを拒絶し，次のラウンドに進むとき，ある確率で強制的に終了させられる「無期限サーチ・モデル」のラボ実験もある。

にマルチ・タスクやダブル・モラル・ハザードに関するラボ実験がある。ラボ実験のサーベイをした Charness and Kuhn（2011）が紹介した既存研究の多くはプリンシパル＝エージェント・モデルに関するラボ実験である。

　プリンシパル＝エージェント・モデルのようにモラル・ハザードが内在するモデルでは，エージェントの「努力費用」をどのように設定するかは重要な問題である。実験における「努力費用」の設定方法は，報酬と同じ単位に揃える金銭的費用による努力（monetary effort）と，実際に参加者に作業させることで発生する「本当の努力（real effort）」に分けられる。贈与交換ゲームの例では前者の金銭的費用を用いており，役割 B は数値（Y）を選ぶだけで実際に何か作業を行うわけではない。金銭的費用は，報酬と同じ単位なので，報酬と比較しやすく，明示的に観察できるが，厳密には「努力」と解釈しがたい。「本当の努力」の例として，計算問題や迷路を解く課題や，タイピングなどが用いられている。これは，本当の意味での「努力」を払うことによる費用といえる。しかし，実際の作業といっても，実社会のタスクと異なる点があることは否定できない。また，その努力費用は報酬に対してどの程度なのかは比較できず，そもそも観察できない。観察できるのは，努力を払うことで完了したタスクの量だけである。

　筆者の個人的な意見として，逐次的サーチ・モデルのような個人の意思決定モデルやプリンシパル＝エージェント・モデルのような 2 人組（または 1 対 2～3 人）による相互作用を検証するのに経済実験は効果的と考える。その一方で，複数の参加者間で取引を行うような市場実験や一般均衡モデルの実験は実行することは難しいと感じる。2002 年にノーベル経済学賞を受賞した V. スミスが開発したダブル・オークションのような基本的な市場実験（Smith 1962）は別として，複雑な一般均衡モデルを経済実験で検証することは難しく，理論から得られる知見をサポートする実験結果は出にくいことがある。理由としては，実験構造が複雑になりすぎて，参加者が実験内容を十分に理解していない可能性がある。経済実験に関しては，できるだけシンプルに，参加者が理解しやすいようにデザインすべきである。したがって，個人の最適意思決定モデルや 1 対 1（または 1 対 2～3 人）のプリンシパル＝エージェント・モデルのようなシンプルなモデルを検証するのに経済実験は有効といえる。

6.3　フィールド実験

　次に，労働経済学の研究領域で活用されるフィールド実験を紹介する。これまで贈与交換ゲームの研究を題材にして経済実験のノウハウを紹介してきたので，贈与交換ゲームに関するフィールド実験の研究成果をここで取り上げる。まず，Gneezy and List（2006）では，データ打ち込みの作業や各戸を訪れて寄付を集める作業に雇われた参加者に対し，当初は時給 12 ドルと伝えていたのを当日に 20 ドルに増やすと伝えた。給与を増やすことで，雇用者（参加者）は雇用主（実験実施者）の善意に感謝し，より頑張って働くかを検証した。作業開始直後は，時給 12 ドルのままのグループ（対照群）に比べると，時給 20 ドルに増えたグループ（処置群）の生産性が高かったが，後半になるとその差はなくなった。Kube, Maréchal and Puppe（2013）は，給与を当日に引き上げる介入だけでなく，引き下げる介入も取り入れて実験を行った。図書館のデータ打ち込みの作業を任された参加者の生産性は，給与増加に影響はなかったが，給与減少に対して明らかに低下した。Kube, Maréchal and Puppe（2012）は，非金銭的な報酬の贈与交換効果を検証した。時給 12 ユーロに加えて，7 ユーロ相当の水筒を贈与する介入を行った。実験結果によると，現金給与が増加した場合，生産性は微増であったが，水筒を贈与した場合，生産性は大きく増加した。現金よりも，モノの方が雇用主の善意が伝えやすいことがわかった。

　「差別」を含め男女間の賃金格差や雇用格差は労働経済学の重要な研究領域である（本書 6 章でも詳しく取り上げている）。経済実験の手法から，心理的態度の違いに基づいて，男女間の賃金や雇用の違いを説明しようとする研究が進んでいる[13]。とくに，それらの男女間の違いをリスク回避度，損失回避度，競争回避度の男女間の違いに着目する研究が増えている[14]。

7　おわりに

　本章では，近年，分析手法として活用頻度が高い経済実験のメリット・デメ

13　Croson and Gneezy（2009）は，経済実験を通じて検証された心理的態度における男女間の違いについてサーベイした。

14　男女間の競争心の違いに関する研究として，Gneezy, Niederle and Rustichini（2003）や Niederle and Vesterlund（2007）がある。本書 14 章も参照。

リット，そして実験実施の作法やメソッドについて解説した。加えて，労働経済学の研究における経済実験手法の有効性や可能性について説明した。

　今回紹介したラボ実験やフィールド実験に加えて，新しい実験手法が開発されている。それは，クラウド・ソーシングを利用した実験である。クラウド・ソーシングとは，ウェブ上で不特定多数の人に作業を発注するシステムである。たとえば，実験室で行う3人一組の公共財実験を，クラウド・ソーシングにより参加者をネットワークでつなげて，ラボ実験と同じような実験を行ってもらう。海外の実験では，クラウド・ソーシング大手のAmazon Mechanical Turkを用いた，実験室を飛び越えた実験が最近盛んに行われている。ラボ実験の最大の批判は，参加者が大学生であること，すなわち外的妥当性が満たされないことであるが，クラウド・ソーシングのサービスを活用した実験により，大学生ではない一般の人々を参加者として実験を行うことができる。しかし，これで完全に外的妥当性が満たされたとはいえない。このサービスによる実験に参加するには，ネットワークの環境がある程度整っていなければいけない。参加できる潜在的な参加者が，ネットワークの整備具合によって左右されるということなので，サンプル・セレクション・バイアスは残る。しかし，参加者をより幅広く，手軽に募集できるようになったので，参加者のサンプルに一般性は高まると期待できる。

　このようにネットワークやオンラインを活用した実験手法は，経済学の教材として学生の教育に活用されている。海外では，Moblab（https://www.moblab.com/）などの企業が実験のサービスを提供している。日本では，林良平氏（東海大学）がオンライン経済実験教材の開発に取り組み，経済実験を通じた新しい経済学教授法を提案している（林 2016）。彼は，スマホを通じて教室の学生間で相互作用ができる実験プラットフォームを完成させた。その教材を使って，ダブル・オークションによる一般均衡市場実験，公共財供給実験，信頼ゲームなどさまざまな実験を教室で行うことができるようになった。林氏が管理するサイト（https://xee.jp/）にログインすれば，簡単に経済実験を実施することができる。

　実験手法・作法の改良余地はまだあり，今後の発展が期待できる。より詳しく経済実験の手法について学びたい読者には，以下の本を熟読することを推奨する。

◆読者のための文献／学習ガイド

川越敏司（2007）『実験経済学』東京大学出版会。

下村研一（2015）『実験経済学入門』新世社。

Bardsley, N., Cubitt, R., Loomes, G., Moffatt, P., Starmer, C. and Sugden, R. (2010) *Experimental Economics: Rethinking the Rules*, Princeton University Press.

Fréchette, G. R. and Schotter, A. (2015) *Handbook of Experimental Economic Methodology*, Oxford University Press.

◆参考文献

近藤絢子（2014）「高年齢者雇用安定法の影響分析」，岩本康志・神取道宏・塩路悦朗・照山博司編『現代経済学の潮流 2014』東洋経済新報社，所収。

澤田康幸（2016）「経済における実証分析の進化」，経済セミナー編集部編『進化する経済学の実証分析』（経済セミナー増刊），日本評論社。

高野久紀（2007）「フィールド実験の歩き方」西條辰義編著『実験経済学への招待』NTT出版，所収。

林良平（2016）「オンライン経済実験教材の開発」『行動経済学』（第 10 回大会プロシーディング）9 巻：122-131。

Akerlof, G. A. (1982) "Labor Contracts as Partial Gift Exchange," *Quarterly Journal of Economics*, 97(4): 543-569.

Bardsley, N., Cubitt, R., Loomes, G., Moffatt, P., Starmer, C., and Sugden, R. (2010) *Experimental Economics: Rethinking the Rules*, Princeton University Press.

Binmore, K. G (1999) "Why Experiment in Economics?" *Economic Journal*, 109(453): F16-F24.

Brandts, J. and Charness, G. (2011) "The Strategy vs. the Direct-Response Method: A First Survey of Experimental Comparisons," *Experimental Economics*, 14(3): 321-338.

Charness, G. and Kuhn, P. (2011) "Labo Labor: What Can Labor Economists Learn from the Lab?" in Ashenfelter, O. and Card, D. eds. *Handbook of Labor Economics*, Vol. 4A, Ch. 3: 229-330, North Holland.

Charness, G., Gneezy, U., and Kuhn, M. A. (2012) "Experimental Methods: Between-Subject and Within-Subject Design," *Journal of Economic Behavior & Organization*, 81(1): pp. 1-8

Chen, D. L., Schonger, M., and Wickens, C. (2016) "oTree-An Open-Source Platform for Laboratory, Online, and Field Experiments," *Journal of Behavioral and Experimental Finance*, 9: 88-97.

Cohen, P., Hahn, R., Levitt, S., and Metcalfe, R. (2016) "Using Big Data to Estimate Consumer Surplus: The Case of Uber," NBER Working Paper, No. 22627.

Croson, R. and Gneezy, U. (2009) "Gender Differences in Preferences," *Journal of Economic Literature*, 47(2): 448-474.

Falk, A. and Fehr, E. (2003) "Why Labour Market Experiments?" *Labour Economics*, 10(4): 399-406.

Fehr, E., Kirchsteiger, G., and Riedl, A. (1993) "Does Fairness Prevent Market Clearing? An Experimental Investigation," *Quarterly Journal of Economics*, 108(2): 437-459.

Fischbacher, U. (2007) "z-Tree: Zurich Toolbox for Ready-made Economic Experiments," *Experimental Economics*, 10(2): 171–178.

Friedman, M. (1953) "The Methodology of Positive Economics," in *Essays in Positive Economics*, pp. 3–43, University of Chicago Press.

Gneezy, U. and List, J. A. (2006) "Putting Behavioral Economics to Work: Testing for Gift Exchange in Labor Markets Using Field Experiments," *Econometrica*, 74(5): 1365–1384.

Gneezy, U., Niederle, M., and Rustichini, A. (2003) "Performance in Competitive Environments: Gender Differences," *Quarterly Journal of Economics*, 118(3): 1049–1074.

Greiner, B (2004) "An Online Recruitment System for Economic Experiments," in Kremer, K. and Macho, V. eds., *Forschung und Wissenschaftliches Rechnen 2003*, GWDG-Bericht 63: 79–93.

Kondo, A. and Shigeoka, H. (2017) "The Effective of Demand-side Government Intervention to Promoto Elderly Employment: Evidence from Japan," *Industrial and labor Relation Review*, forthcoming.

Kube, S., Maréchal, M. A., and Puppe, C. (2012) "The Currency of Reciprocity: Gift Exchange in the Workplace," *American Economic Review*, 102(4): 1644–1662.

Kube, S., Maréchal, M. A., and Puppe, C. (2013) "Does Wage Cuts Damage from a Natural Experiment?" *Journal of European Economic Association*, 11(4): 853–870.

List, J. A. (2002) "Testing Neoclassical Competitive Market Theory in the Field," *PNAS*, 99(24): 15827–15830.

List, J. A. and Rasul, I. (2011) "Field Experiments in Labor Economics," in Ashenfelter, O. and Card, D. eds., *Handbook of Labor Economics*, Vol. 4A, Ch. 2: 103–227, North Holland.

Niederle, M. and Vesterlund, L. (2007) "Do Women Shy Away from Competition? Do Men Compete Too Much?" *Quarterly Journal of Economics*, 122(3): 1067–1101.

Rubinstein, A. (2001) "A Theorist's View of Experiments," *European Economic Review*, 45(4-6): 615–628.

Smith, V. L. (1962) "An Experimental Study of Competitive Market Behavior," *Journal of Political Economy*, 70(2): 111–137.

第**14**章

労働経済学への
行動経済学的アプローチ

1　はじめに──行動経済学的アプローチとは

　行動経済学的なアプローチで労働市場を分析することが近年増えてきている
が，伝統的経済学のアプローチとどこが異なるのだろうか。伝統的経済学では，
完全な情報と計算能力をもって自分の効用を最大化できるホモエコノミカスと
呼ばれる人間像を想定している。これに対して，行動経済学では，計算能力に
限界があったり，直感的な意思決定をしてしまうという意味で限定合理的な
人々を想定したり，他人の行動や効用が自分の効用に影響したり，自分の消費
量からではなくなんらかの参照点からの乖離から効用を得たりするという意味
で現実的な人間像を想定している。

　伝統的経済学と行動経済学はまったく異なるものだと，誤解されることが多
いが，そうではない。行動経済学は，伝統的経済学を補完するものだと考える
べきだ。たとえば，伝統的経済学では，すべての人間がホモエコノミカスだと
考えているわけではない。実際には，情報を完全に利用しなかったり，計算能
力が十分ではなかったりする人はいる。しかし，ホモエコノミカスではない人
たちが，市場価格から離れた価格で取引しようとしても，ホモエコノミカスが
その市場価格との差額で利益を得るような裁定取引を行うので，市場価格はホ
モエコノミカスだけの行動で決定されると考えられてきた。

　また，伝統的経済学では，自分の効用を最大化するという場合，自分の効用
に含まれるのは自分自身の消費や余暇だけだという利己的な個人を想定してい
ることが多い。しかし，伝統的経済学においても，人々が家族の効用から効用
を感じるという利他的な設定もなされてきた。

　市場全体の価格の決定を議論する場合には，ホモエコノミカスを想定したとしても，大きな問題はない。しかし，個々の人々の行動を分析する場合には，大多数の人々がホモエコノミカスの想定と異なる行動をとっていたとすれば，より現実的な人間像をもとに説明する必要がある。労働経済学が対象とするような個々の人々の労働供給行動は，ホモエコノミカスの想定とは異なっているケースも多い。行動経済学は非合理的な人々を前提とした経済学ではなく，ホモエコノミカスの行動とは系統的な偏りのある行動をとることを考慮に入れた経済学だとみなすことができる。実際，行動経済学的なアプローチによる研究は，すでにトップクラスの経済学専門誌にも数多く掲載されており，標準的な経済学の教科書にも行動経済学の紹介がある。

　行動経済学に特徴的な分析枠組みとしては，確実性効果と損失回避から成り立つプロスペクト理論，時間割引率の特性である現在バイアス，他人の効用や行動に影響を受ける社会的選好，そして，合理的推論ではなく系統的な直感的意思決定を示す限定合理性が知られている[1]。

1.1　プロスペクト理論——確実性効果と損失回避効果

　プロスペクト理論は，Kahneman and Tversky（1979）によって提唱されたもので，人々の意思決定の特徴を示したものである。第1に，不確実性下の意思決定において，客観的確率と主観的確率にずれがあることを指摘している。具体的には，確実なものとわずかに不確実なものでは，確実なものを強く選好するという確実性効果，80％や90％という比較的高い確率のものを主観的にはより低く感じる効果，10％や20％という比較的低い確率をより高く感じる効果が多くの実験研究から明らかにされている。最も有名なのは，アレのパラドックスとして知られるものである。まず，次の2つのくじでは，どちらのくじを好むだろうか。くじA「確実に10万円」，くじB「10％の確率で25万円，89％で10万円，1％でゼロ円」。では，次の2つのくじではどうだろうか。くじC「11％の確率で10万円，89％の確率でゼロ円」，くじD「10％の確率で25万円，90％の確率でゼロ円」。多くの人は，最初の問題では，くじAを選び，2つめの問題ではくじDを選ぶ。これは，伝統的経済学では矛盾だとされ

---

[1]　行動経済学に関する解説としては大垣・田中（2014），包括的な解説としてはDhami（2016）がある。

るが，この矛盾が発生する説明の 1 つとして，確実性効果と確率認識のバイアスがある[2]。つまり，A と B では，確実ということを 1% のゼロ円よりも重視する一方で，C と D では 10% と 11% の差をほとんど無視できると考えたのである。

　第 2 に，参照点を基準としてそれよりも利得となる場合と損失となる領域で非対称に価値を感じるという損失回避効果という特徴である。伝統的経済学では，消費や余暇の絶対的な水準から効用を感じるとされる。しかし，プロスペクト理論では，人々はなんらかの参照点からの差から価値を感じるとされている。参照点は，ゼロの場合もあれば，自分が購入した価格，自分の過去の所得や消費水準，他人の所得水準や消費水準などさまざまなものが考えられる。そして，人々はこの参照点より上回る利得よりも下回る損失を大きく嫌うとされている。同じ額の利得と損失では，損失の方を 2 倍から 3 倍嫌うということが実験結果から示されている。損失回避効果のもう 1 つの特徴は，危険に対する態度の非対称性である。利得局面では伝統的経済学と同様にリスクがあるものよりも確実なものの方を好むという危険回避的であるのに対し，損失局面では確実なものよりもリスクがあるものを好むという危険愛好的であると考えられている。このため，少しではあるが損失を確実にするという選択肢よりは，大きな損失があるかもしれないが参照点を維持できるというリスクのある選択肢を選ぶという人間の特性を説明できる。株式の保有についても，購入価格よりも株価が上昇した場合に利益確定はできるけれど，株価が下がった場合に損切りができないというのは，この損失回避効果で説明される。

1.2　現在バイアス

　人は将来の価値を割り引いて考える。伝統的経済学においては，将来の効用を割り引く際には指数割引が用いられることが多い。$0<\delta<1$ である δ を用いて，0 時点で t 期先の効用 U_t の現在価値を $\delta^t U_t$ と表して，将来の効用を指数関数で割り引くのである。その場合，今期から 1 年後の割引率も 1 年後から 2

2　x 万円のくじに当たったときの効用を $U(x)$ と書くと，最初の選択で A のくじを選ぶ人は，$U(10)>0.1\times U(25)+0.89\times U(10)+0.01\times U(0)$ なので，整理すると，$0.11\times U(10)>0.1\times U(25)$。次の質問で D を選ぶ人は，$0.11\times U(10)+0.89\times U(0)<0.1\times U(25)+0.9\times U(0)$。これを整理すると，$0.11\times U(10)<0.1\times U(25)$。

年後にかけての割引率も一定だと考えられている。すると，現在時点で将来についての意思決定をした場合，その決定はどの時点でも変わらない。たとえば，(A)「現在1万円もらうことと1週間後に1万100円もらうこと」では，前者の方が望ましいという選択をした人がいたとする。この人は，(B)「1年後に1万円もらうことと1年と1週間後に1万100円もらうこと」でも前者の方が望ましいという選択をするというのが伝統的経済学での時間割引の概念であり，意思決定が時間を通じて整合的だとされる。しかし，実験の結果，多くの人は，(A) の質問では現在の1万円を選択し，(B) の質問では1年と1週間後の1万100円を選択する。これが現在バイアスと呼ばれるもので，時間非整合的な意思決定の背後にあるとされている。ダイエットの先延ばしや宿題の先延ばし行動も時間非整合性から説明が可能である。

　現在バイアスを表す時間割引の関数としては，準双曲割引が経済分析で用いられることが多い。先述したように指数割引では，0時点でt期先の効用U_tの現在価値を$\delta^t U_t$と表すように，どの時点でも割引因子はδ^tである。一方，準双曲割引では，0時点において，0期の効用の割引因子は1，つまり，効用の現在価値はU_0であるが，1期以降の効用の割引因子は$\beta \delta^t$であり，1期以降の効用U_tの現在価値は，$\beta \delta^t U_t$と表される（ここで$0<\beta<1$）。この定式化だと，現在と1週間後の比較では1週間後は$\beta\delta$で割り引かれるけれども，1年後と1年と1週間後の比較ではその期間はδで割り引かれるだけという意味になる。

1.3　社会的選好——利他性・互恵性・不平等回避

　伝統的経済学では，自分の物的・金銭的利得だけを選好する利己的な個人が想定されることが多かった。これに対し，行動経済学では，自分の物的・金銭的選好に加えて，他者の物的・金銭的利得への関心を示す選好を人々が持つと想定されている。このような選好は，社会的選好（social preference）と呼ばれている[3]。社会的選好には，他人の利得から効用を得るという利他性，親切な行動に対して親切な行動で返すという互恵性，不平等な分配を嫌うという不平

3　社会的選好の中でも自己利益と他者利益への関心を持つ選好は，他者顧慮的選好（other-regarding preferences）と呼ばれる。一方，自己利益と他者利益がどのように生じたかという過程についての関心については，過程顧慮的選好（process-regarding preferences）と呼ばれる。

等回避などがある。こうした選好が行動経済学で取り入れられてきたのは，多くの実験研究の結果を説明するためである。最も有名なのは，独裁者ゲームや最後通牒ゲームの結果で，利己的な選好からは他人への分配をすることを選ばないのに対し，多くの実験結果では，他人への正の分配を行う実験参加者が無視できないくらい多いことである。また，他人の公共財支出にフリーライドできる公共財供給ゲームでは，利己的選好の人は公共財に支出しないことを選択するはずであるが，実験結果は一定割合の人は公共財に支出することを示している。

1.4　限定合理性

伝統的経済学では，得られる情報を最大限に用いて合理的な推論に基づいて意思決定すると考えられてきた。しかし，私たちは，意思決定において思考費用がかかることから直感的に判断するため，系統的に合理的な意思決定と比べて偏った意思決定を行うことが知られている。論理的には同じ内容であっても伝達されるものの表現方法によって，伝えられた人の意思決定が異なってくるというフレーミング効果，直感的な意思決定による系統的な意思決定の偏りを表すヒューリスティックス，意思決定の際にその範囲を狭く（ブラケッティング）して考えるメンタル・アカウンティング（心理会計）などが代表的である。

2　参照点と労働供給

行動経済学に用いられる選好が多くの実験室実験で得られているため，現実の経済行動には適用できないという批判がある。それに対して，行動経済学者は，現実のデータや現実の状況での実験であるフィールド実験を利用して行動経済学的な特性が現実の行動でも観察されるか否かを検証してきた。本節では，プロスペクト理論の損失回避行動を現実のデータから検証した研究を紹介する。

2.1　タクシー運転手の労働供給

参照点が労働供給行動に影響を与えることを実際のデータから明らかにした研究として最も知られているものは，Camerer et al.（1997）のニューヨークのタクシー運転手の労働供給行動についての分析である。

一般の労働者のデータで労働供給関数を推定することは難しい。一般の労働

者は，必ずしも毎日の労働時間を自分で決めているわけではないし，賃金も毎日変動しているわけではない。ところが，タクシー運転手の時間当たり賃金は，天候，地下鉄の故障，曜日，休日，会議，イベントの有無などのさまざまなショックで毎日変動するうえ，毎日の労働時間をある程度自分で決めることができる。スマホを利用したタクシー配車サービスである Uber では，タクシー料金は需要に応じて料金を変えているのに対し，伝統的なタクシー会社では料金自体は需要に応じて変化しないが，タクシー運転手が客を探す時間は毎日変動する。空車で走っている時間が短くなれば，時間当たり賃金は上がるのだ。日々の賃金変動がある場合，伝統的経済学に基づくと，タクシー運転手は時間当たり賃金が高い日には長く働き，それが低い日には早めに仕事を終えると予想される。

　これは，1日以上の時間的視野で効用を最大化している労働者を想定すると自然に導出される。1日限りの賃金上昇が発生すると，労働者はその日の労働時間を長くし，余暇時間を短くする。そして，明日以降の労働時間を短めにすることで，余暇時間を長くする。異時点間での余暇が代替的であれば，このような労働供給行動をとることで，週単位や月単位の総労働時間が変わらない場合でも所得金額を増やすことができる。これは，賃金ショックが一時的であるため，所得効果が発生せず，代替効果だけが発生するからである。一方，恒久的な賃金ショックに対しては，労働時間の変動はあまり大きくないはずである。この場合には，生涯賃金が上昇するため，所得効果が発生し，労働供給を引き下げる影響が生じるためである。

　伝統的経済学の予想は，時間当たり賃金が高いときにタクシー運転手が，より長時間働くというものなので，両者の間には正の相関が観察されるはずである。Camerer et al.（1997）は，ニューヨークのタクシー運転手の勤務データを用いて，この予想が正しいか否かを実証的に分析した。推定結果は，ほとんどのケースで労働時間の賃金弾力性がマイナスの値であることを示した。つまり，時間当たり賃金が高い日には，タクシー運転手は早めに仕事をやめるのだ。とくに，未熟練の運転手の場合は，賃金弾力性が−1であった。Camerer らは，伝統的経済学の予想と異なる結果を，行動経済学の枠組みで解釈している。第1に，運転手の時間的視野が1日単位という伝統的経済学で想定されるよりも短い期間になっているという意味で，時間的視野のブラケッティングが発生しているという可能性である。ある日の一時的な賃金上昇であっても，時間視野

が 1 日であれば，所得効果が発生し，それが代替効果を上回れば，賃金弾力性がマイナスになる可能性がある。第 2 の可能性は，参照点の影響である。タクシー運転手が 1 日当たりの目標所得を設定しており，その金額を参照点としているというケースである。タクシー運転手は，参照点よりも低い所得だと効用が大きく低下し，参照点以上だと効用の増加が小さい。その場合，タクシー運転手は，参照点に所得が到達した段階で仕事をやめる可能性が高くなる。つまり，時間当たり賃金が高ければ早く参照点に到達し，逆であれば遅く到達する。時間当たり賃金と労働時間の間の負の相関が説明できるのだ。

　賃金と労働時間の間に負の相関が生じるのは，時間当たり賃金の変数の作成方法から生じる可能性もある。この研究では，時間当たり賃金＝（所得金額）/（労働時間）という計算式で，時間当たり賃金を計算している。ところが，タクシー運転手の労働時間は，労働開始時間と労働終了時間は正確に計測されていても，途中の休憩時間がどの程度あったかはわからない。つまり，労働時間のデータには誤差がある。労働時間のデータにプラスの誤差がある場合には，算出された時間当たり賃金にはマイナスの誤差が発生してしまう。このような計測誤差による負のバイアスに対処するために操作変数法（instrumental variables estimation）を用いた推定もなされている。その結果も両者にマイナスの相関があることが示されている。

　Camerer らの研究では，1 日の中での賃金率には正の相関がある。つまり，仕事の 1 日の前半の賃金率が高い日は 1 日の後半の賃金率も高いにもかかわらず，1 日の賃金率と労働時間の間に負の相関があったのだ。伝統的経済学で，1 日の賃金率と労働時間の間に負の相関が生じるためには，1 日の前半と後半で強い負の相関がないと説明できない。

　Farber（2005）は Camerer らと同様のタクシー運転手のデータを分析し，1 日の中での賃金率変動には系列相関がないことを示している。そこで，Farber（2005）は，毎日の所得目標が参照点になっているとするならば，1 日の中での累積所得金額が高くなると仕事をやめる確率が高くなるはずだ，という仮説を検証した。その結果，累積所得金額には無関係であるが，1 日の中での累積労働時間に依存することを明らかにした。つまり，目標所得金額を参照点にしているという仮説は棄却された。一方，Farber（2008）は，目標所得に到達すると仕事をやめる確率が高まるというモデルを目標所得レベルが毎日変動するというモデルで推定した。その結果，目標所得レベルの影響は存在するが，

目標所得レベルが毎日大きく変動すること，ほとんどの労働者は目標所得レベルに到達する前に仕事をやめているということが示された。目標所得に到達する前に仕事をやめている労働者がほとんどだということは，実際には目標所得は労働供給にほとんど影響していないことになる。目標所得の変動が大きいことは，ランダムなショックが主要な要因で労働供給が決められていることになってしまい，目標所得仮説で説明すること自体が難しくなる。

Crawford and Meng (2011) は，Farber (2005, 2008) のデータを用いて，Koszegi and Rabin (2006) の参照点依存選好モデルに基づいたモデルを推定している。Crawford らは，所得目標だけではなく労働時間目標の両方が勤務日の前半の状況でタクシー運転手によって合理的に形成されると考えて推定した。その結果，タクシー運転手はどちらかの目標に到達すると仕事をやめる確率が高くなること，参照点は非常に安定的であることを見出し，参照点依存選好モデルと整合的な結果を得た。

2.2 プロゴルファーの損失回避

参照点に依存した意思決定やブラケッティングによって時間的視野を短くするという意思決定をすれば，参照点に依存しないで，より長期の時間的視野で意思決定している人よりも長期的な利得は小さくなる。Camerer らのタクシー運転手の研究でも，伝統的な経済学と異なる行動をしていたのは経験年数の短い運転手に限られていた。どの分野でもトップクラスの生産性を上げている労働者では，行動経済学的な特性は観察されないのであろうか。答えは否である。

ゴルフのトッププロ選手にも損失回避行動が観測されるということを明らかにした研究がある。Pope and Schweitzer (2011) は，アメリカのプロゴルファーのデータを使って，損失回避によるバイアスの存在を明らかにした。プロゴルフのトーナメントは，18 ホールを 4 日間プレーして，その間の累積打数が最少であったものが優勝する。つまり時間的視野は 72 ホールということになる。しかし，1 ホールごとに標準的なホールまでの打数を示すパーが定められているため，多くのプレーヤーは，パーを参照点とみなし，それよりも多くの打数を打つことを損失とみなす傾向がある。逆に，パーよりも 1 打少ない打数でホールに入れるバーディや 2 打少ない打数のイーグルは利得とみなすと考えられる。パーよりも 1 打多く打ってボールをホールに入れるボギーや 2 打多い

ダブルボギーは損失である。しかし，72 ホール全体の打数を最少にすればいいので，毎回のホールによって利得と損失を考える必要はない。

　もし，パーよりも打数が増えてボギーになることをプロゴルファーでさえ損失とみなすのであれば，パーをとれなくなることを極端に嫌うために，パーパットでの集中力がほかのパットよりも高まるはずだ。Pope らは，グリーン上でのボールからホールまでの距離などさまざまな条件をコントロールしたうえでも，プロゴルファーのパーパットの成功率はバーディパットの成功率よりも高いことを明らかにした。トップクラスのプロゴルファーでも損失回避によるバイアスから逃れられないことを示したのだ。ゴルファーにとっては，バーディパットであってもパーパットであっても，同じだけの集中力でパットを打つ方がゴルフの成績がよくなる。

　Pope らの研究でもう 1 つ興味深いのは，バーディパットでは，パーパットに比べて，ホールまでの距離より長いパットではなく，短いパット（ショート）を打ってしまうというミスをしがちであることを示している点である。通常，短めのパットを打つというのは，安全策だと考えられている。バーディパットでは安全策をとりやすいというのは，利得局面ではギャンブルをしないけれど，損失局面ではギャンブルをしがちになるという損失回避行動と整合的である。

　では，こうした損失回避傾向が強いプロゴルファーは，賞金獲得ランキングで下位の選手に多いのだろうか。Pope らの推定結果によれば，損失回避傾向は賞金ランクの上位の選手にも下位の選手にも同じように観察されている。

2.3　ピ ア 効 果

　行動経済学の労働経済学的分析の中で注目されるものは，同僚からの生産性効果である。もし，チーム生産をしている場合に，生産性の高い同僚やチームに入った場合，そのチームの労働者の生産性はどのように変化するだろうか。同僚の生産性が労働者の生産性に与えるスピルオーバー効果は，ピア効果と呼ばれている。スピルオーバー効果には，プラスのものとマイナスのものがある。チーム生産であれば，同僚が高い生産性を発揮してくれるのであれば，自分が努力水準を下げたとしても，チームとしての成果は維持できる。この場合は，生産性が高い同僚の加入がほかの労働者の生産性に与える影響はマイナスということになる。

　しかし，生産性が高い労働者がチームに加入した場合に，ほかの労働者の生

産性を高める効果もある。第1に，社会的なプレッシャーを感じる効果である。生産性の低い労働者は，生産性の高い労働者から見られていると感じることで，生産性が低いことを恥ずかしいと感じたり，同僚の中での評判を落とすことを防ぐために，生産性を向上させる。

第2に，参照点として他人の生産性を労働者が取り入れている場合である。自分の努力水準や生産性だけではなく，他人の生産性や努力水準が参照点となっている場合には，その水準よりも低いと損失を感じるという場合に，他人の努力水準が高まれば，自分の努力水準も高くなる。互恵的な選好を持っている場合でも，同僚が努力している場合，自分も努力をするという選好を持っていると，高い生産性の労働者が入ってきた場合に，生産性を高めることになる。

第3に，知識や技術のスピルオーバーである。生産性が高い労働者から知識や技術を学ぶことで，同僚の生産性が高まるというものである。

ピア効果を現実の労働市場のデータを用いて実証するためには，個人の生産性と同僚の生産性を特定する必要がある。ピア効果が存在する場合には，同僚からの効果と自分から同僚への効果の双方があるため，同僚からの影響だけを識別することも必要である。これらの課題を克服した研究がいくつか存在する。

Mas and Moretti (2009) は，アメリカのスーパーマーケットチェーン店の大規模なレジ打ち従業員のデータを駆使して，ピア効果を識別した。同じ時間帯に同じ店でレジ打ち作業をしている従業員の情報を用いて，同僚の生産性が高いとそのときに働いている従業員個人の生産性が上昇することを明らかにしたのである。彼らの推定結果によると，同僚の生産性が10%上昇すると，その同僚を持った従業員の生産性は1.5%上昇する。

スーパーマーケットのレジは，従業員が全員同じ方向を向いている。したがって，レジの位置によって，同僚は2つのグループに分かれる。ある従業員の前方に位置する同僚は，この従業員から観察可能な同僚であり，この従業員の後方に位置する同僚は，この従業員を観察している同僚である。彼らの実証結果は，生産性の高い同僚から見られている場合に生産性が高まり，生産性の高い労働者を見ている場合には自分の生産性は影響を受けないということである。背中から生産性の高い労働者の視線を感じることが社会的プレッシャーになって努力水準が高まるという仮説と整合的である。もし，同僚の生産性が参照点になっているのであれば，同僚の働きぶりを見ていることで，自分の生産性が変化するはずである。

　レジ打ち作業の場合は，買い物客の会計作業をチームで行うという意味でチーム生産の場面において，同僚からの社会的プレッシャーというルートを通じてピア効果が発生していた。

　チーム生産ではなく競争的な状況に置かれた場合には，フリーライドの余地がないため，同僚の生産性が高いと直接的に自分の生産性にプラスの影響を与える可能性がある。Yamane and Hayashi（2015）は，競争的環境にある人が，周囲の影響によって努力水準を変えるかどうかを競泳のデータをもとに実証研究を行った。彼らが用いたのは，小学生から高校生までの水泳大会の 100 メートル自由形と背泳の「決勝タイム」のデータである。水泳の大会は，オリンピックゲームのように，予選，準決勝，決勝と勝ち残って最終勝者を決める大会と，いくつかのグループに分けられた選手たちが泳ぎ，すべてのグループのタイムで最も速かった人が優勝するという「タイム決勝」がある。タイム決勝制度のもとでは，同時に泳ぐグループはベストタイムが近いもので構成されているが，同時に泳ぐ人だけが直接の競争相手ではない。優勝するためには，同時に泳ぐ選手の実力とは無関係に最大の努力をしなければならない。その意味で，タイム決勝では，ピアが誰であれ全力を尽くすというインセンティブが選手にはある。それにもかかわらず，選手たちはピアに影響されるかどうかをYamane らは検証したのである。

　水泳競技のデータは，各選手のそれまでの自己ベスト，どのコースを泳いだか，大会，プールなどの影響をコントロールすることができる。自由形では両隣の選手の場所を確認できるが，背泳ではまったく確認できない。したがって，ピアの様子を観察できるかどうかが努力水準に影響を与えるかどうかも検証できる。

　100 メートル自由形のデータを用いた主な結果は，次のとおりである。第 1 に，両側に棄権者が出てピアがいない状況で泳いだ場合と両側にピアがいる状況で泳いだ場合だと，ピアがいる状況で泳いだ方が速い。第 2 に，両側の選手のベストタイムが速いほど，自分のタイムも速くなる。第 3 に，ピアが存在する場合，自分よりも遅いタイムのピアがいる場合に自分のタイムは速くなるが，自分よりも速いタイムのピアの場合は，タイムが遅くなる。ところが，両側の選手の状況を見ることができない 100 メートル背泳の場合は，ピア効果は観察されない。彼らの結果は，隣のレーンで泳ぐ選手のスピードが参照点になっており，ベストタイムが遅い選手に負けることが損失と感じられているという仮

説と整合的である。ピア効果が常にプラスというわけではなく，競争的な環境では生産性が高いピアの場合には努力水準が逆に下がってしまう。ただし，この研究は 100 メートルの競泳大会における競争的環境でのピア効果だけを検出しており，練習を一緒にすることで発生するピアからの学習効果などの長期的な影響は分析できていない。レジ打ちの研究のように，労働者の個人の成果とチームメンバーの成果が直接観察できる業務データを使うことができれば，ピア効果の検証が可能である。

　現実のデータを使って，ピア効果を検証するためには，グループの形成が生産性とは独立になされているということが重要である。レジ打ちの分析でも，競泳の場合でも従業員や競泳選手が自発的にグループを形成していないので，この前提は満たされている。しかし，その前提が現実のデータでいつも満たされているとは限らない。

　Bandiera, Barankay and Rasul（2010）は，労働者を職場にランダムに割り当てて，友人からのピア効果をフィールド実験で検証した。Bandiera らは，イギリスの農場でフルーツ摘みの仕事において同じ区画に割り当てられた友人からの生産性の影響を分析したのである。この農場では，季節労働者が数カ月間農場でフルーツ摘みを行う。各区画に毎日ランダムで労働者を割り当てて仕事をしてもらう。同時に，各労働者に対し，労働者内での友人関係の調査をする。分析の結果，同じ区画で働く友人のうち，最も高い生産性の人は 10% 生産性が下がるが，2 番目以下の生産性の人は 10% 生産性が上がるという非線形のピア効果を発見した。

　ピア効果の検証は，どのようなチームを形成することが生産性を向上させるか，という意味で労働経済学においても，現実の人事政策においても重要な課題である。企業内の人事データを活用した研究が期待される。

2.4　賃金の下方硬直性

　名目賃金は上方には伸縮的だが，デフレ時や労働市場で失業が発生しても賃金が下落しにくいことはよく知られている。このようなことが生じるのは，1つには，現在の名目賃金の水準が参照点になり，それより下がることを損失とみなしてしまうことが理由だと考えられる。Kawaguchi and Ohtake（2007）は，物価水準が下落している場合でも名目賃金の下落が発生しにくい理由の1つとして，労働者のモラール・ダウンが生じていることを実証的に明らかにした。

山本・黒田（2017）は，賃金の下方硬直性があるため賃金を下げなかった企業ほど，景気が上昇しても賃金が上昇しないことを明らかにしている。

　年功賃金の経済学的根拠としては，勤続年数とともに経験の蓄積と訓練により人的資本が蓄積され生産性が上昇していくという人的資本理論での説明，生産性のプロファイルより賃金プロファイルの傾きを急にすることで怠業を防止するというインセンティブ仮説，勤続年数が長くなると生産性が高い者だけがその企業に残っていくというセレクション仮説などが伝統的経済学では標準的な説明である。

　行動経済学では，参照点が現在の賃金水準になるため，そこからの上昇だけが利得として感じられるというモデルで，年功賃金の存在理由が説明できる。Loewenstein and Sicherman（1991）は，シカゴの科学産業博物館で 80 人の成人に対して，6 年間の賃金総額は同じであるが，毎年均等，毎年減少，毎年増加といった 7 種類の賃金プロファイルの選好の順位を質問した。割引率が正である限り，7 種類の賃金プロファイルで現在価値が最も高いものは，現在の賃金が最大でその後減少していくタイプのものである。しかし，現在価値が最大になるプロファイルを選んだものは，7.3％ にすぎなかった。多くのものは，現在価値が低いにもかかわらず，毎年賃金が上昇していくパターンを選んでいた。賃金ではなく，家賃収入とした場合では，現在価値が最大のものを選ぶ比率は 23.1％ で少し増える。大竹（2005）も賃金プロファイルの選好について，同様のことを日本で見出している。

　現在価値が少ないにもかかわらず，賃金が上昇していくパターンを人々が選ぶ理由としては，現在の賃金水準を参照点にするため賃金が減少していくと損失を感じること，現在多くの賃金をもらうと現在バイアスのために無駄遣いをするので年功賃金をコミットメント・デバイスとして利用していることが考えられる。

▋3　現在バイアスと労働経済学

3.1　就職活動と現在バイアス

　現在バイアスを労働経済学の枠組みで分析したものとしては，就職活動の先延ばしに焦点を当てたものが多い。Paserman（2008）は，アメリカの若年者縦断調査（NLSY）の失業期間と受諾賃金の情報から，サーチ・モデルをもとに

現在バイアスを示す準双曲割引関数のパラメーターを構造推定した。その結果，低賃金および中レベルの賃金の労働者については，かなり大きな現在バイアスが存在することが示された。Paserman は失業期間を短くするための政策シミュレーションを複数行っており，現在バイアスがある労働者に対しては，再就職支援や職探し行動のモニタリングが有効であることを示している。

　Lee and Ohtake（2014）は，大阪大学の「くらしの好みと満足度」についてのアンケート調査を用いて，現在バイアスを持っているか，時間割引率が高い労働者は，派遣労働を選びやすいことを実証している。派遣労働を経験した人は，正社員になりにくい傾向があるが，その傾向は時間割引率をコントロールすると小さくなる。労働者の時間割引率の特性を考慮した政策が重要であることを示唆している。

　伝統的経済学においては，失業者の失業期間は失業保険制度が充実していると，失業者のモラル・ハザードが生じるため，失業期間が長期化すると考えられてきた。しかし，失業者の失業期間が長期化する理由が，失業者のモラル・ハザードではなく，行動経済学的なバイアスによって発生している可能性がある。第1に，Paserman（2008）や Lee and Ohtake（2014）が示したように，失業者に現在バイアスがあれば，職探し行動そのものを先延ばししていることが原因で失業期間が長引いている可能性も考えられる。第2に，伝統的経済学では，労働者は職探しを続けて失業状態にとどまるかどうかは，提示された賃金が市場賃金をもとにした留保賃金より高いかどうかで決定する。しかし，比較対照とする賃金が，現在の市場賃金ではなく，自分が失業する前の賃金になっている可能性がある。その場合，参照点が失職前の賃金になり，それ以上の賃金提示があるまで，失業状態を続けることになる。第3に，職探し活動を継続することによって得られる賃金についての楽観バイアスがあるかもしれない。この場合には，客観的な提示賃金の分布と失業者の予想分布が異なっているために，正しい予想のもとで形成された留保賃金よりも間違った予想のもとで形成された留保賃金が高くなるので，失業期間が長期化してしまう。

　失業期間が長引くことが失業保険給付によるモラル・ハザードではなく，行動経済学的なバイアスを原因としているならば，長期失業を防ぐための手法は次のようになる。第1に，職探し活動そのものを先延ばししているのであれば，職探し活動に直接リンクした報酬か罰金が有効になり，頻繁なリマインダーメールも有効となる。そうした活動を積極的にさせるには，早期就職に伴う失業

給付からのボーナスは失業者本人に渡すよりも，ハローワークや就職支援会社に渡す方が効果的になる。社会保障の給付に期限を付けることで，先延ばし行動を和らげる効果も期待できる。第 2 に，失業者が希望する賃金と相場賃金のギャップを小さくするような介入をすることが効果的になる。

　社会保障の給付手続きを煩雑にすることは，伝統的経済学では必要度が最も高い人に給付を限定するという意味で有効になる。しかし，社会保障給付手続きをしない人の中には，制度の理解ができていない人や手続きを先延ばしにしがちな人が多いかもしれない。ところが，こうした人たちは，本来社会保障のターゲットにすべき人である可能性も高い。もし，貧困者ほどストレスが多く，意志力をすでに使いつくしているならば，先延ばし行動をしがちになる。行動経済学の考え方は，今までの社会保障の申請に伴う煩雑さについての考え方を大きく変える可能性がある。実際，生活保護や失業給付の受給資格があるのにもかかわらず，受給していない人が多いことは，伝統的経済学ではパズルとされてきた（失業給付については，本書の 9 章や，Blank and Card 1991; Anderson and Meyer 1997，アメリカの生活保護にあたる AFDC については，Moffitt 1983, 1992）。日本でも，生活保護の受給資格があるのに受給していない人の比率は高いといわれている（本書の 10 章や駒村 2003）。

　貧困家庭では，毎日の生活がぎりぎりの決断の連続であるため，数カ月という消費計画を立てることは難しいし，視野が短期的になってしまう。最近の研究では，貧困者は金銭的に合理的な計算が裕福な人たちよりできないわけではなく，貧困によって認知能力が長期的な意思決定よりも短期的な意思決定に集中してしまうことが知られている（Mani et al. 2013; Shah, Shafir and Mullainathan 2015; Shah, Mullainathan and Shafir 2012；ムッライナタン＆シャフィール 2015 等）。

3.2　長時間労働と現在バイアス

　労働時間が長いことを厭わない労働者は，仕事熱心で企業にとって好ましい人材である一方，生産性が低く長時間労働を行っている場合や長時間労働によって健康を害する場合もある。伝統的経済学では，競争的な労働市場において，労働者の意に沿わない長時間労働は発生しないと考えられている。労働者が直面している市場賃金のもとで，効用が最大になるように労働時間を決定しているからである。伝統的経済学において，長時間労働が問題になるのは，労働市場において企業側の買い手独占が発生している場合である。買い手独占状態に

ある企業は，労働者にほかの就業機会がないことを前提に賃金と労働時間のパッケージを示すので，労働者の限界価値生産性よりも低い賃金で一定の時間働かせることができる。この場合には，最低賃金への介入が正当化されるのと同様に，労働時間規制をすることが経済厚生を高める。

　競争的な労働市場が存在しているにもかかわらず，健康を悪化させるほどの長時間労働が問題になるとすれば，行動経済学的なバイアスが影響している可能性がある。企業が労働者の健康を重視して長時間労働抑制策をとっても，長時間労働を続けて健康を悪化させてしまう労働者の存在も，行動経済学的バイアスで説明可能かもしれない。現在バイアスが強い失業者が就職活動を先延ばしするのと同様に，就業時間内において重要な業務を先延ばししているという可能性である。大竹・奥平（2009）は，大阪大学の「くらしの好みと満足度」調査を用いて，子どものころの夏休みの宿題を休みの後半にしていた労働者は長時間労働をする傾向が高いことを見出した。大竹・黒川・佐々木（2016）は，ある企業の人事データと従業員アンケートを用いて，子どものころの夏休みの宿題を休みの後半にしていた人は，深夜残業が多いことを明らかにしている。また，社会的選好として，強い不平等回避を示す人も残業時間が長いことを見出している。

4　税の帰着と行動経済学

4.1　社会保険料の事業主負担と労働者負担の等価性

　社会保険料の事業主負担と労働者負担は，伝統的経済学においては，等価であるとされているので，どちらのタイプの社会保険料にすべきかは，税を徴収する事務コストの大小に依存する。つまり，企業負担の方が小さい事務徴収コストであれば，企業負担だけにすればよい。しかし，労使で折半している日本の制度を伝統的経済学の考え方だけで説明することは難しい。また，国際的に見ても，労働者負担が中心の国と企業負担が中心の国がある。

　そもそも事業主負担と労働者負担の等価性が成り立っているのかについて，近年いくつかの研究がなされてきた。たとえば，Lehmann, Marcial and Rioux（2013）は，個人所得課税の変化に対して課税前労働所得が変化したのに対し，事業主負担の賃金税の変化に対して課税前労働所得は変化しなかったことを発見しており，等価性とは整合的ではない結果である。Saez, Matsaganis and

Tsakloglou（2012）は，事業主負担の賃金税の変化が，高所得者の労働供給を変化させなかったことを見出している。

　実験室実験では，労働者の労働供給が税金のかけ方でどのように異なるかというタイプの研究がいくつか行われている。それらの研究の多くは，労働者の手取り所得が同じである場合でも，税金のかけられ方で労働供給が異なることを確認している。たとえば，Hayashi, Nakamura and Gamage（2013）は，比例税，累進所得税，物品税などの異なる税制やボーナスの有無などの異なる賃金制度に直面していても手取り賃金が同じである場合，手取り賃金が明確に表現されていると，労働供給と努力水準が高まることが示されている。また，Fochman et al.（2013）は税引き前賃金の高い方が，同じ手取り賃金で税金が少ない場合よりも労働供給が多いことを明らかにしている。Fochman et al.（2013）は，被験者らに手紙を折って封筒に入れる仕事を課し，封筒に折って入れた数に応じて賃金を支払った。ただし，賃金の支払い方に 3 種類の税制が異なる形態があるが，税引後の手取り賃金はすべて同じである。合理的な労働者であれば，どの賃金支払いの場合でも同じ労働供給や努力水準になるはずである。しかし，課税前の名目賃金が高いときの方が，それが低いときよりも労働時間も手紙の枚数も多かった。つまり，被験者たちは税込み賃金と税引後賃金を混同しているという意味で税引前賃金錯誤が観察されたのだ。

　Weber and Schram（2016）は，労働者負担か雇用主負担かの違いが，政府の大きさ，労働者の幸福度，労働供給に与える影響を，実労働実験で明らかにしている。その結果，雇用主負担の税金の方が，政府の規模が大きくなり，労働者の幸福度が高くなる一方で，労働供給が少なくなることを示した。労働者負担の税金の方が，労働供給が増えるというのは意外かもしれないが，労働者が税引き前の賃金で労働供給を決めている傾向があるというほかの研究結果と整合的である。彼らの実験結果は，現実の税制のあり方の参考になる。労働供給に影響を与えない税制を目指すのであれば，企業に課税して税引前賃金の下落を招くよりも，労働者に課税して税引前賃金が高い状態にした方が望ましい。一方で，一定水準の公共財供給や労働者の幸福度を高くするという目的のためには，企業に課税する方が望ましい。

4.2　消費税と勤労所得税の等価性
　伝統的経済学では，定率勤労所得税と定率消費税は同値であると考えられて

きた。所得を I,　消費税率を t_c,　税抜き価格を p,　購入量を x とすれば，予算制約は $(1+t_c)\sum p_i x_i = I$ と表される。一方，定率所得税率を t_y とすれば，$\sum p_i x_i = (1-t_y)I$ と表される。$\sum p_i x_i = (\frac{1}{1+t_c})I = (1-(\frac{t_c}{1+t_c})I)$ なので，$t_y = t_c/(1+t_c)$ であれば，消費税も定率勤労所得税も予算制約式はまったく同じになるので，消費者や労働者の行動に両者は同じ影響を与えることになる。

　消費税と定率勤労所得税の等価性が成り立つのであれば，どちらの税制が望ましいかという問題は，どちらの行政コストが大きいかという問題と同じになる。

　理論的には同値である消費税と定率勤労所得税であっても，実際には詳しく説明されないとわからない人が多い。そうだとすれば，現実の人々の行動は，両者で実際に異なってくる可能性がある。

　Blumkin, Ruffle and Ganun（2012）は，実労働実験を用いて消費税と勤労所得税の等価性が成立するかを検証した。実験内容は次のとおりである。①被験者は与えられた時間（3分）を用いて計算課題をする。作業は途中で中断可能であり，作業を中断した時間はジュースのクーポンと交換される。②計算課題の正当数に応じて，食品のクーポンを選択する。経済学のモデルに対応させるとジュースという報酬は「余暇」，食品という報酬は「消費」をそれぞれ表している。

　彼らはこの設定のもとで，理論的には同等と考えられる所得税または消費税を課して，両者の間で被験者の行動に差が出るかどうかを検証した。結果は，所得税を課した方が，作業時間が有意に短くなり，消費が少なくなった。

　この理由としては，税金が課されるタイミングが影響しているのではないかと考えられる。消費税が課されている場合よりも，所得税が課されている場合の方が，計算課題という作業をして得られる手取り金額が少なくなるので作業意欲が減退したのではないかと考えられる。消費税の場合は，税込み価格が上昇して消費額が少なくなることに気がつくのはクーポンを利用して消費する段階になってからという可能性を示唆している。

　本質的には同じ税であっても行動が変化するという結果は実験室実験だけでなく，フィールド実験においても観察される。Chetty, Looney and Kroft（2009）は，税抜価格の値札に一部の商品だけ税込価格を加えて表示する介入実験を行った。その結果，税込価格を付け加えた商品の売上は平均8％減少した。表示の違いが購買行動を変化させるという結果である。

　Blumkin, Ruffle and Ganun（2012）や Chetty, Looney and Kroft（2009）で税
の誤認が観察された理由として，被験者や消費者が消費税を無視して行動して
いることが考えられる。Blumkin, Ruffle and Ganun（2012）では，所得税を課
した場合，実労働によって得られる手取り賃金が低くなるため，所得税の税負
担を認識し実労働を減らす。一方，消費税を課した場合，消費税の税負担を考
慮せずに実労働を供給する。つまり，「消費税無視バイアス」によって消費税
と所得税の等価性が成立しないのである。
　税の誤認を生み出す要因は，税の存在を無視することによるバイアスだけで
はない。税の存在を考慮しても，税の計算方法を間違えれば，税の誤認が生じ
る。Abeler and Jäger（2015）は，単純な累進所得税制のもとでは最適な行動
を被験者はとれるが，複雑な累進所得税制のもとでは最適な行動を被験者はと
れないことを明らかにした。所得税の「誤計算バイアス」によって，税の誤認
が生み出されたと考えることができる。
　Kurokawa, Mori and Ohtake（2016）は，消費税と定率勤労所得税のどちら
で報酬を受け取るかという実労働実験を行った。実労働によって得られる報酬
をすべて消費して使い切るという予算制約のもとで，労働所得に課税する場合
と消費に課税するという場合のどちらが望ましいかということを実労働の前後
で選択させた。その際，比較対象としたのは，次の4つの税率の組み合わせで
ある。第1に，税負担が同等な所得税（20%）と消費税（25%），第2および第
3に，20%の所得税と比べて税負担は低いが見た目の税率が高い消費税（24%,
22%），第4に所得税（20%）と比べて税負担は低いが見た目の税率が同じ消費
税（20%）というものである。伝統的経済学における所得税と消費税の等価性
が成り立っていたならば，消費税率が25%未満であれば全員が消費税を選択
するはずである。
　しかし，被験者の多くは，所得税か消費税の選択を名目上の税率の大小を判
断基準にしていることが示された。つまり，消費税率が所得税率よりも高けれ
ば，所得税を好んだのである。消費税は課税ベースが税引き後の消費額である
のに対し，所得税は課税ベースが税引き前の所得額であるため，両者の等価性
をもたらす税率は，消費税の方が所得税よりも高くなる。多くの被験者は，課
税ベースの違いを無視して，名目的な税率の大小で税負担を認識していたので
ある。
　事業主負担と労働者負担の等価性，消費税と勤労所得税の等価性などの，伝

統的経済学で当然とされてきたことが，実証的にも実験でも否定されてきている。現実の人々は，同等なことであっても，表現の仕方が異なれば，違ったものとして認識してしまうフレーミング効果の影響を受ける。また，少しでも複雑な税制については，正しく税負担を計算できないために最適な選択ができないという誤計算バイアスが発生する。さらに，目立つわかりやすい税金にしか反応しないということから発生するバイアスも存在する。

　今までの税制の設計についての議論の際には，あまりこうした行動経済学的なバイアスに経済学者は注意を払ってこなかった。制度設計の際には，実験室実験を行って，理論的な予測との乖離の可能性をチェックすることが必要である。

｜ 5　男女間賃金格差と競争選好

　男女間の昇進格差の原因に，危険回避度や競争選好についての男女差があるのではないか，という仮説が近年注目を集めている。それを確認するための実験研究が急速に蓄積されている[4]。昇進競争に参加することを嫌う程度が男女で違うことが昇進格差の原因ではないかという仮説である。競争に対する嗜好に男女差があることが，高賃金所得を得る職業に就く比率に男女差を生み出す原因となっているというものである。この仮説によれば，男性の方が，女性よりも競争に参加すること自体が好きだったり，競争でより実力を発揮できたりすることが，昇進競争での勝者の男女差につながる。このような競争に対する男女の嗜好の差がそもそも存在しているのか，存在しているとすればそれは生まれつきの差なのか，教育や文化によって形成されるものなのかが，研究テーマとなっている。

　Gneezy, Niederle and Rustichini（2003）は，この分野の先駆的研究者である。

4　危険回避度については，男性ホルモンの影響を分析した研究がある。Sapienza, Zingales and Maestripieric（2009）は，男性ホルモンであるテストステロンの唾液中濃度と胎児期におけるテストステロン照射の代理指数である人差し指と薬指の長さの比が，危険回避度と負の相関を持っていることを明らかにしている。また，ビジネススクール卒業生において，これらの指標とリスクが高い産業である金融業への就職確率が相関することも明らかにしている。また，Buser（2011）は女性ホルモンのうちプロゲステロンが競争選好と関係していることを経済実験から明らかにしている。

彼らは，コンピュータ上で迷路を学生に解かせ，その正解に応じて報酬を支払う実験を行った。報酬の支払方法を出来高給のグループとトーナメント制による報酬のグループの 2 つを作り，その報酬形態による成績の差を男女で比較した。出来高給は，本人の正解数だけで報酬が決まり，トーナメントはグループの中で一番のときだけ高い報酬がもらえるものである。その結果，女性の成績はどちらのグループでも同じであるのに対し，男性はトーナメント制の方でよりよい成績をあげることが示された。

　Gneezy and Rustichini（2004）は，9 歳から 10 歳の子どもたちに徒競争をさせるという別の実験も行っている。子どもたちは，最初に 1 人で走り，次にペアで走り，それぞれの場合の時間を計測する。女子は 1 人で走っても，2 人で走ってもかかった時間に変化はなかったが，男子は 1 人で走るよりも競争して走ったときの方がスピードが速いことが示されている。

　競争的な報酬制度への選好そのものに男女差があるかないかを分析したのが Niederle and Vesterlund（2007）である。彼らは，2 桁の数字 5 つの足し算を 5 分という制限時間内でできるだけ多く解いてもらう課題を被験者にさせた。最初に，被験者には，出来高制とトーナメント制の両方の報酬体系のもとで作業をしてもらう。そのうえで，もう一度，どちらかの報酬体系を選んで，作業をしてもらう。この方法で，競争への選好を分析した。この実験の結果は，男性の方が女性よりも競争（出来高払いよりもトーナメント制）が好きであり，男性の方が女性よりも自信過剰であることを示している。水谷ほか（2009）も同様の実験を大阪大学で行ったが，その結果はアメリカでの実験とほぼ同じ結論を示している。

　では，このような競争に対する態度の男女差は，遺伝的なものだろうか，それとも文化的なものだろうか。Gneezy, Leonard and List（2009）は，マサイ族という父系的社会とカシ族という母系的社会で競争選好の男女差を明らかにする経済実験を行った。その結果，母系社会のカシ族では，マサイ族やアメリカでの実験とは逆に，女性の方が男性よりも競争が好きであることが明らかにされている。この結果から，彼らは競争に対する選好の男女差は，遺伝的というよりも文化や教育によって形成されるのではないか，と推測している。

　この文化仮説と整合的な実験結果は，Booth and Nolen（2012）の実験からも得られている。彼らは，イギリスの中学生に被験者になってもらって，Niederle らと似た実験を行った。その結果，女子校の生徒は，共学の女生徒より

も競争的報酬体系を選ぶ傾向があることを報告している。共学では性別役割分担の意識から女性が競争的な報酬体系を選ばなくなるが，女子校であれば性別役割分担の意識が少なくなり競争的報酬体系を選ぶことに抵抗がなくなるのかもしれない。

実際，水谷ほか（2009）の日本における実験でも，女性は女性ばかりのグループであれば競争的報酬体系を選ぶ比率が高くなること，自信過剰の程度も高くなることが示されている。女性が男性よりも競争が好きではないという生まれつきの傾向はあるのかもしれないが，性別役割分担意識の存在の方がやはり大きな影響を与えていると考えられる。

競争に対する態度や競争で実力を発揮できるかどうか，というのは，経済的な格差にもつながってくる。単に，男女間格差だけでなく，文化的な差が経済的パフォーマンスの差にも結びつく可能性がある。

6　おわりに

本章では，行動経済学的アプローチで労働市場のさまざまな問題が説明できる可能性を具体的な分析例をもとに説明してきた。現実の労働市場では，1人の労働者は必ずしも多くの企業経験や人事制度を経験するわけではない。したがって，経験から学習することで，伝統的な経済学が想定しているような合理的な判断を全労働者ができるとは限らない。また，かなりの経験を積んだとしても，人間の意思決定はなんらかの心理的なバイアスの影響を受けている可能性がある。労働市場や企業内の人事制度の設計には，このような行動経済学的な人間の特性を配慮していくことが重要であろう。

◆読者のための文献／学習ガイド

カーネマン，ダニエル（2014）『ファスト＆スロー』（井村章子訳）早川書房。

筒井義郎，佐々木俊一郎，山根承子，グレッグ・マルデワ（2017）『行動経済学入門』東洋経済新報社。

大垣昌夫・田中沙織（2014）『行動経済学』有斐閣。

Dhami, S.（2016）*The Foundations of Behavioral Economic Analysis*, Oxford University Press.

◆参考文献

大垣昌夫・田中沙織（2014）『行動経済学』有斐閣。

大竹文雄（2005）『日本の不平等』日本経済新聞社。

大竹文雄・奥平寛子（2009）「長時間労働の経済分析」，鶴光太郎・樋口美雄・水町勇一郎編著『労働市場制度改革』日本評論社，所収。

大竹文雄・黒川博文・佐々木周作（2016）「残業時間と行動経済学的パラメータを中心とした個人特性の関係——プログレスレポート」行動経済学会報告論文。

カーネマン，ダニエル（2014）『ファスト＆スロー』（井村章子訳）早川書房。

駒村康平（2003）「低所得世帯の推計と生活保護制度」『三田商学研究』46 巻 3 号：107-126。

筒井義郎，佐々木俊一郎，山根承子，グレッグ・マルデワ（2017）『行動経済学入門』東洋経済新報社。

水谷徳子・奥平寛子・木成勇介・大竹文雄（2009）「自信過剰が男性を競争させる」『行動経済学』2 巻 1 号：60-73.

ムッライナタン＆シャフィール（2015）『いつも「時間がない」あなたに——欠乏の行動経済学』（大田直子訳）早川書房。

山本勲・黒田祥子（2017）「給与の下方硬直性がもたらす上方硬直性」，玄田有史編『人手不足なのになぜ賃金が上がらないのか』慶應義塾大学出版会，所収。

Abeler, J. and Jäger, S. (2015) "Complex Tax Incentives," *American Economic Journal: Economic Policy*, 7(3): 1-28.

Anderson, P. M. and Meyer, B. D. (1997) "Unemployment Insurance Take up Rates and the After-Tax Value of Benefits," *Quarterly Journal of Economics*, 112(3): 913-937.

Bandiera, O., Barankay, I., and Rasul, I. (2010) "Social Incentives in the Workplace," *Review of Economic Studies*, 77(2): 417-458.

Blank, R. and Card, D. (1991) "Recent Trends in Insured and Uninsured Unemployment: Is There an Explanation?" *Quarterly Journal of Economics*, 106(4): 1157-1189.

Blumkin, T., Ruffle, B. J., and Ganun, Y. (2012) "Are Income and Consumption Taxes Ever Really Equivalent? Evidence from a Real-Effort Experiment with Real Goods," *European Economic Review*, 56(6): 1200-1219.

Booth, A. and Nolen, P. (2012) "Choosing to Compete: How Different Are Girls and Boys?" *Journal of Economic Behavior & Organization*, 81(2): 542-555.

Buser, T. (2011) "The Impact of the Menstrual Cycle and Hormonal Contraceptives on Competitiveness," *Journal of Economic Behavior & Organization*, 83(1): 1-10.

Camerer, C., Babcock, L., Loewenstein, G., and Thaler, R. (1997) "Labor Supply of New York City Cabdrivers: One Day at a Time," *Quarterly Journal of Economics*, 112(2): 407-441.

Chetty, R., Looney, A., and Kroft, K. (2009) "Salience and Taxation: Theory and Evidence," *American Economic Review*, 99(4): 1145-1177.

Crawford, V. P. and Meng, J. (2011) "New York City Cabdrivers' Labor Supply Revisited: Reference-Dependent Preferences with Rational-Expectations Targets for Hours and Income," *American Economic Review*, 101(5): 1912-1932.

Dhami, S. (2016) *The Foundations of Behavioral Economic Analysis*, Oxford University

Press.

Farber, H. S. (2005) "Is Tomorrow Another Day? The Labor Supply of New York City Cabdrivers," *Journal of Political Economy*, 113(1): 46-82.

Farber, H. S. (2008) "Reference-Dependent Preferences and Labor Supply: The Case of New York City Taxi Drivers," *American Economic Review*, 98(3): 1069-1082

Fochmann, M., Weimann, J., Blaufus, K., Hundsdoerfer, J., and Kiesewetter, D. (2013) "Net Wage Illusion in a Real-Effort Experiment," *Scandinavian Journal of Economics*, 115(2): 476-484. doi: 10.1111/sjoe. 12007.

Gneezy, U., Niederle, M., and Rustichini, A. (2003) "Performance in Competitive Environments: Gender Differences," *Quarterly Journal of Economics*, 118(3): 1049-1074.

Gneezy, U. and Rustichini, A. (2004) "Gender and Competition at a Young Age," *American Economic Review*, 94(2): 377-381.

Gneezy, U., Leonard, K., and List, J. (2009) "Gender Differences in Competition: Evidence from a Matrilineal and a Patriarchal Society," *Econometrica*, 77(5): 1637-1664.

Hayashi, A. T., Nakamura, B. K., and Gamage, D. (2013) "Experimental Evidence of Tax Salience and the Labor-Leisure Decision: Anchoring, Tax Aversion, or Complexity?" *Public Finance Review*, 41(2): 203-226.

Kahneman, D. and Tversky, A. (1979) "Prospect Theory: An Analsys of Decision under Risk," *Econometrica*, 47(2): 263-292.

Kawaguchi, D. and Ohtake, F. (2007) "Testing the Morale Theory of Nominal Wage Rigidity," *Industrial and Labor Relations Review*, 61(1): 59-74.

Koszegi, B. and Rabin, M. (2006) "A Model of Refference-Dependent Preferences," *Quarterly Journal of Economics*, 121(4): 1133-1165.

Kurokawa, H., Mori, T., and Ohtake, F. (2016) "A Choice Experiment on Tax: Are Income and Consumption Taxes Equivalent?" Osaka University ISER DP, No.966.

Lee, S. and Ohtake, F. (2014) "Procrastinators and Hyperbolic Discounters: Transition Probabilities of Moving from Temporary into Regular Employment," *Journal of the Japanese and International Economies*, 34: 291-314.

Lehmann, E., Marical, F., and Rioux, L. (2013) "Labor Income Responds Differently to Income-Tax and Payroll-Tax Reforms," *Journal of Public Economics*, 99: 66-84.

Loewenstein, G. and Sicherman, N. (1991) "Do Workers Prefer Increasing Wage Profiles?" *Journal of Labor Economics*, 9(1): 67-84.

Mani, A., Mullainathan, S., Shafir, E., and Zhao, J. (2013) "Poverty Impedes Cognitive Function," *Science*, 341(6149): 976-980.

Mas, A. and Moretti, E. (2009) "Peers at Work," *American Economic Review*, 99(1): 112-145.

Moffitt, R. (1983) "An Economic Model of Welfare Stigma," *American Economic Review*, 73(5): 1023-1135.

Moffitt, R. (1992) "Incentive Effects of the U. S. Welfare System: A Review," *Journal of Economic Literature*, 30(1): 1-61.

Niederle, M. and Vesterlund, L. (2007) "Do Women Shy Away from Competition? Do

Men Compete Too Much?" *Quarterly Journal of Economics,* 122(3): 1067-1101.

Paserman, M. D. (2008) "Job Search and Hyperbolic Discounting: Structural Estimation and Policy Evaluation," *Economic Journal,* 118(531): 1418-1452.

Pope, D. G. and Schweitzer, M. E. (2011) "Is Tiger Woods Loss Averse? Persistent Bias in the Face of Experience, Competition, and High Stakes," *American Economic Review,* 101(1): 129-157.

Saez, E., Matsaganis, M., and Tsakloglou, P. (2012) "Earnings Determination and Taxes: Evidence from a Cohort-Based Payroll Tax Reform in Greece," *Quarterly Journal of Economics,* 127(1): 493-533.

Sapienza, P., Zingales, L., and Maestripieric, D. (2009) "Reply to Joel and Tarrasch: On the Relationship between Testosterone, Gender, Financial Risk Aversion, and Career Choices," *Proceedings of the National Academy of Sciences of the United States of America,* 107(5): E20.

Shah, A. K., Mullainathan, S., and Shafir, E. (2012) "Some Consequences of Having Too Little," *Science,* 338(6107): 682-685.

Shah, A. K., Shafir, E., and Mullainathan, S. (2015) "Scarcity Frames Value," *Psychological Science,* 26(4): 402-412.

Yamane, S. and Hayashi, R. (2015) "Peer Effects among Swimmers," *Scandinavian Journal of Economics,* 117(4): 1230-1255.

Weber, M. and Schram, A. (2016) "The Non-Equivalence of Labour Market Taxes: A Real-Effort Experiment," *The Economic Journal.* doi: 10.1111/ecoj. 12365.

終　章

社会の課題に労働経済学は
どのように応えるのか？

　本書の各章を通じて人口減少・高齢化という大きな課題に直面する日本の労働市場において，どのような問題が存在し，それらの問題を労働経済学がどのように分析し，どのような政策的な対応が考えられるかが論じられてきた。これらを受けて，編者の川口が政策的な対応という側面から大切だと思う点について補足的な議論を行い，よりいっそうの研究が求められる点について整理してみたい。

┃ 1　予想される変化

　2000 年代に入ってからの日本では，人口減少と高齢化が進行する中で，減少する労働力人口を補うような形で高齢者や女性の就業率が向上してきた（第5 章：近藤論文，第 6 章：原論文）。序章で論じたように今後も人口減少と高齢化は継続することが予想されており，外国人労働力の導入も視野に入れながら（第 7 章：神林・橋本論文），労働者のバックグラウンドの多様化はいっそう進んでいくことが予想される。このような労働力構成の多様化は，子育てや介護といった家庭の状況の違い，健康状態の違いといったさまざまな事情を抱えた労働者を労働市場が包摂することを意味しており，多様な事情を抱えた労働者がそれぞれの制約の中で高い生産性を発揮できるような働き方を構想することが，豊かな社会を実現していくためには重要である。また，労働者を雇う需要側でも製造業や建設業が雇用に占めるシェアを低下させ，保健・福祉といった分野が雇用シェアを伸ばすなど産業構造の転換が明確である。さらに，経済成長率が 1990 年代初頭より下がり，情報通信技術（ICT）の飛躍的な進歩や国際貿易

や直接投資の飛躍的拡大など，企業を取り巻く環境は不確実性を増しつつあることが指摘されている（森川 2010）。このような経済環境の変化の中で，企業が労働者の長期的雇用にコミットし，人材育成を企業内で行い，さらに人材を企業内で適切に配置していくという企業内の人材資源配分の機能は徐々にその重要性を低下させ，転職を通じた企業間の人材資源配分の機能が重要性を増すであろうと予想される（第1章：大湾・佐藤論文）。

2 求められる変化への対応

2.1 個人の対応

　このような変化が予想される中では，まず個人がそのような労働市場の環境変化を意識することが大切だろう。これは，これから労働市場に出ていく学生にとってもすでに働いている社会人にとっても大切なことで，自分なりの仮説を立てて自分自身のキャリアを形成していくことが重要である。大企業に入り，企業が準備する人材育成のプログラムに乗ってキャリアを形成していくのも決して悪くはない選択肢だろうが，なぜ企業が自分のことを育ててくれているのか，企業はいつ自分に対する投資をやめてしまうのか，企業はどんなときに自分を解雇するのか，こんなことを企業の立場に立ってみて考える視点を持つことも大切である。序章でも述べたように労働経済学や社会科学を学ぶことは，労働環境は企業の事情と自分の事情の折り合いによって決まってくるというメタな視点を持つことを助けてくれる。

2.2 政策的対応

⑴ いわゆる非正規労働問題

　労働市場参加者の中でその割合を増やしつつある女性や高齢者は，その多くがいわゆる「非正社員」，「非正規労働者」として処遇されてきたという実態がある。彼らの多くが雇用の不安定性に直面し，低い賃金水準と低い賃金成長に甘んじているのも実態である。この問題は日本の労働市場が変化しつつある環境に適応し，新たに増えた労働市場参加者を上手に包摂することができなかったことに起因すると編者（川口）は考えている。いわゆる日本型の雇用慣行においては，企業は新卒労働者を雇い，丁寧に育てていくというのがモデルとなっており，その場合，採用にかかる経費や訓練にかかる経費のため，労働者1

人当たりを雇う固定的な費用は高くなる。また，労働者と企業の間の長期的な信頼関係が重要であるため企業は労働者を容易には解雇したがらず，そのような慣行を前提とした解雇法制も解雇コストをさらに引き上げることにつながっている。業績が悪化したり，業務内容が変化したりしても労働者を解雇できないことも労働者 1 人当たりの固定費が高くなる一因である。固定費が高ければ企業はなるべく労働者数を抑えて 1 人当たりの労働者に長時間働いてもらおうとするであろう。このような日本型雇用慣行の中心に位置するのが「正社員」なのである。

　このような長時間労働の「正社員」は家事負担を担当する妻の存在が前提になっていた。しかしながら，生産人口の減少による人手不足や産業構造の変化が女性の就業率を引き上げると，女性は自分自身も「正社員」であり続けることを希望するようになり，「正社員」の夫を支えることを避けようとする人も増えてきた。これが未婚化・少子化の原因である。女性が結婚出産を希望する場合には，育児との両立が可能な「非正社員」として働くという選択肢が選ばれることが多い。「非正社員」，「非正規労働者」として働く人々は正社員中心の日本型雇用システムのコアシステムの外側に位置づけられる労働者で，長時間労働が求められない。その分，雇用が不安定で，賃金は伸びず，企業別労働組合には参加しないという傾向を持つのは，日本型雇用慣行の特徴の正反対の性質を持つためである。

　いわゆる非正規労働の増加は伝統的な日本の雇用システムが経済環境の変化に適応する中で生まれてきた現象で本質的には雇用システムの問題である。ここでは手短に，このことを編者（川口）が同一労働同一賃金検討会中間報告において担当した「賃金構造基本統計調査」（厚生労働省）を用いた推定結果を紹介し，論証したい。分析の結果，フルタイム労働者の中で比較をしても正規労働者と非正規労働者の間の賃金格差は有期・無期といった区分よりもむしろ正社員として雇用管理されているか否かがより重要な賃金格差の発生原因になっていることがわかった。

　データについては補論において詳述してあるが，常用一般労働者を分析対象としている。常用一般労働者とは，①期間を定めずに雇われている労働者，②1 カ月を超える期間を定めて雇われている労働者，③日々または 1 カ月以内の期間を定めて雇われている労働者のうち，（調査月の 6 月に先んずる）4 月および 5 月にそれぞれ 18 日以上雇用された労働者である。また，常用一般労働者と

表 終-1　常用一般労働者の雇用形態の分布

(単位：%，人)

	男性	女性
正社員・無期	91.5	73.9
正社員・有期	1.5	2.5
非正社員・無期	2.0	6.4
非正社員・有期	5.0	17.2
サンプル・サイズ	6,195,925	2,880,952

(出所)「同一労働同一賃金の実現に向けた検討会　中間報告」。

は基本的にフルタイムの労働者を指す。このように分析対象を限定するのは学歴のデータが短期契約の労働者や短時間労働者に関しては得られないためだが，いわゆる非正規労働者の一部が分析対象の限定によってこぼれ落ちてしまっている点には注意が必要である。

　表 終-1 には常用一般労働者の中の雇用形態の構成が男女別に報告されている。男性労働者，女性労働者についてそれぞれ合計すると 100% になるように表は作成されている。この中で「正社員」「非正社員」の別は職場における身分や処遇に基づく定義であり，曖昧ではあるものの雇用管理の区分に関連するものだと考えられる。一方で「無期」「有期」とは雇用契約期間の有無に関するものである。男性労働者のうち多くのものは正社員・無期であるものの，正社員・有期，非正社員・無期も少数ながら存在すること，非正社員・有期が5% 存在することがわかる。なお，サンプル・サイズは 600 万を超えており，正社員・有期，非正社員・無期といった比較的珍しいカテゴリーの男性労働者に関して精度の高い分析ができる。

　表 終-2 には時間当たり所定内賃金の平均値が雇用形態別にまとめられている。これを見ると，性別を問わず正社員同士で比べると雇用契約期間の定めがない労働者の方が雇用契約期間の定めがある労働者よりも高い賃金を得ていることが明らかになる。一方で同じ雇用契約期間の定めがない労働者でも，雇用形態が正社員から非正社員になると大幅に平均賃金が下がることがわかる。また，非正社員の中で見ると雇用契約期間の定めがある労働者の方がない労働者よりも高い賃金を得ていることが明らかになる。このように見てみると，雇用契約期間の有無よりも，職場における身分や処遇である正社員か非正社員かが賃金差を大きく規定していることが明らかになる。

　もっとも，ここで報告されている雇用形態による賃金の違いは，学歴の違い，

表 終-2　常用一般労働者の雇用形態別の
所定内時間当たり賃金

(単位：円)

	男性	女性
正社員・無期	2119 (1149)	1515 (843)
正社員・有期	1920 (1207)	1353 (1068)
非正社員・無期	1205 (657)	966 (690)
非正社員・有期	1306 (746)	1084 (497)

(注)　カッコ内は標準偏差。
(出所)　表 終-1 に同じ。

労働市場経験年数の違い，勤続年数の違い，職種の違い，働いている事業所の違いといった要因を反映している可能性もある。そこで，次のような回帰分析を行い，労働者の属性を制御した分析を行った。

$$\ln(w)_i = x_i \beta + z_i \gamma + u_i$$

ただしここで $\ln(w)$ は時間当たり賃金の自然対数値，x は雇用形態を示すダミー変数，z は労働者の属性を示す説明変数である。表 終-3 には雇用形態ダミーに対する係数である β の推定値が報告されている。第 1 列目の結果は年ダミー以外は何も制御しない結果であり，第 2 列目は学歴ダミー，潜在経験年数，その二乗項，勤続年数，その二乗項，潜在経験年数・その二乗項・勤続年数・その二乗項と学歴ダミーの交差項を制御した結果である。第 3 列目は追加して職種ダミー（職業が記録されていない場合にはそれに対応するダミーを作成した）を制御した結果であり，第 4 列目は加えて事業所ダミーも制御した結果である。

　賃金方程式の推定結果を見ると，男性と女性に共通して学歴，潜在経験年数，勤続年数を制御すると，雇用形態間の賃金差はかなり縮小することがわかる。このことは雇用形態が異なる労働者同士で，学歴・潜在経験年数・勤続年数が異なっていて，そのことが賃金差を生み出していることを意味している。一方で，職種や働いている事業所を制御してもそれほど大きな結果の変更はなかった。

　ここでは学歴・潜在経験年数・勤続年数・職種・働いている事業所が同一の

表 終-3　時間当たり所定内賃金の自然対数値の回帰分析結果

(1)　男　性

	モデル			
	(1)	(2)	(3)	(4)
正社員・有期	−0.130 (0.005)	−0.040 (0.003)	−0.060 (0.002)	−0.080 (0.003)
非正社員・無期	−0.501 (0.002)	−0.234 (0.002)	−0.205 (0.002)	−0.172 (0.002)
非正社員・有期	−0.436 (0.002)	−0.187 (0.002)	−0.181 (0.001)	−0.203 (0.001)
決定係数	0.07	0.49	0.58	0.83
サンプル・サイズ	6,195,925			

(2)　女　性

	モデル			
	(1)	(2)	(3)	(4)
正社員・有期	−0.159 (0.003)	−0.091 (0.002)	−0.062 (0.002)	−0.083 (0.003)
非正社員・無期	−0.411 (0.002)	−0.264 (0.001)	−0.219 (0.001)	−0.185 (0.002)
非正社員・有期	−0.299 (0.001)	−0.187 (0.001)	−0.139 (0.001)	−0.208 (0.001)
決定係数	0.14	0.41	0.51	0.81
サンプル・サイズ	2,880,952			

(注)　第1列目の特定化には年次ダミーを含む。第2列目の特定化には追加的に学歴ダミー（4分類），潜在経験年数，その二乗項，勤続年数，その二乗項，潜在経験年数・その二乗項，勤続年数・その二乗項と学歴ダミーの交差項を含む。第3列目の特定化には追加して職種（職種が分からないを含む）ダミーを含む，第4列の特定化には追加して事業所固定効果を含む。（　）内は標準誤差。
(出所)　表 終-1 に同じ。

労働者で雇用形態が異なる労働者の賃金比較を概念的には行っている第4列の結果をもとに結果を解釈していこう。男性に関する結果を見ると，有期雇用の正社員は無期雇用の正社員に比べておよそ8％（＝exp(−0.080)−1）ほど時間当たり賃金が低いことがわかる。一方で，無期雇用の非正社員は無期雇用の正社員に比べるとおよそ16％（＝exp(−0.172)−1）ほど賃金が低いことがわかる。さらに有期雇用の非正社員となると無期正社員に比べておよそ18％（＝exp(−0.208)−1）ほど賃金が低いこともわかる。これら男性の結果より，有期・無期という雇用契約期間の長短よりも，正社員・非正社員という雇用管理区分の違

いが賃金差の要因としてより重要であることがわかる。女性に関しても第4列の結果をもとに判断をすると同様の傾向を見て取ることができて，雇用契約期間の有無よりも雇用管理区分の差異が賃金差のより大きな決定要因であることがわかる。

　いわゆる非正規労働者の増加に対応して，日本の労働法は非正規労働者の保護を目的とした対応を行ってきた。有期雇用労働者の保護を目的とした労働契約法の改正，ことに5年以上の契約期間を経た有期労働者が無期雇用への転換を希望した際には雇用主はそれを拒むことができないとした労働契約法第18条はその象徴的な政策であるといえよう。このような法的な対応は評価されるべきであろうが，同時に雇用管理区分の差異が正規労働者と非正規労働者の賃金差の根本的な原因であるとするならば，正社員と非正社員を区別して雇用管理をする慣行自体を大幅に見直していく必要があるといえよう。これは先述のとおり，正社員のあり方を変えていくことによって実現する変化だといえよう。

(2)　解雇規制のあり方

　正社員のあり方を変えるといったときに，正社員という雇用形態が企業の雇用管理から生まれている以上，その主体は企業ということになろう。企業の立場としても，優秀な人材を確保するために，雇用管理の仕方を変え幅広いバックグラウンドの人が働きやすい環境を整えることが重要になるため，今後の人口減少と労働力人口の多様化を考えると必然的にそのような変化が起こっていくことになるだろう。このような雇用管理の変化が起こる中で，正社員であったとしても一度雇われたらその企業が定年まで雇用を保障するという仕組みは変化していくことになろう。このとき現在の労働法の体系と矛盾するのが解雇に対する法的なスタンスになろう。

　日本の労働法において解雇を行うためには合理的な理由が必要で，とくに企業業績の悪化を理由として解雇を行うためには整理解雇の4要件を満たす必要があるなど，解雇には法的制約がかかっている。そのため企業全体の業績がよいときに，特定の事業部門をその部門の労働者を解雇して縮小・廃止するといった事業の組み替えをすることは実質的に難しい。また，個別の労働者のパフォーマンスが基準に満たないといった理由での解雇もそれが合理的であると判断されるためには厳しいハードルが課されている。企業が労働者を解雇した際に，労働者が不当解雇として裁判に訴え出た場合，解雇に合理的な理由がなかったと裁判所が判断すれば解雇権が濫用されたとして解雇は無効になる。そし

てその場合は解雇された労働者は原職に復帰するという救済が与えられること
になる。

　解雇を有効と判断する範囲を限定し，無効と判断された解雇には原職復帰を
求めるという法システムは，長期雇用を前提として労働者を雇うという雇用管
理とは整合的である。しかしながら，技術進歩のペースが速まり経済活動がグ
ローバル化する中で，企業にとって長期雇用にコミットするというのは負担が
重いことになっている。また，労働者が 20 代から 50 代の男性だけという均質
な世界から女性や高齢者も含む多様なバックグラウンドを持つ労働者が増えて
くると，雇用が保障される代わりに長時間労働や転勤が求められるという雇用
形態が忌避されるという面も出てくる。このように解雇が厳しく制限される中
で，新しい環境に適応しようとすると，企業は有期の労働契約を多用し将来的
に解雇が発生しないように対応しようとする。また，有期雇用の雇い止めに関
しても労働者に契約更新への期待を抱かせるような雇用主の行動があると，解
雇権濫用の法理が適用され，有期雇用の契約更新が求められることになるため，
できる限り労働者に契約更新への期待を抱かせないように，無期雇用の労働者
と有期雇用の労働者の雇用管理の境を明確にするといった対応も必要になる。
このように日本の厳しい解雇規制は意図せざる結果として無期雇用と有期雇用
の溝を広げることになってしまっているとも考えられる。

　このように考えると解雇に関わる法システムのなんらかの改革が必要である
ことは明らかだろう。現行システムの抱える大きな問題の 1 つは解雇が無効と
判断された労働者に与えられる救済が原職復帰だけだという点である。勝訴し
た労働者が裁判で争った相手である雇用主のもとに戻って働くというのは容易
なことではなく，実際には金銭的に解決しているケースが多いといわれている。
しかしながら，その解決金の水準はケースによってまちまちであり事前の予測
可能性が低いという指摘もされている。この問題を解決するために提案されて
いるのが，解雇が無効と判断された際の解決金の水準を勤続年数などの客観的
な要素に依存させて決めるという金銭解決制度である。解雇が有効であるかど
うかをまず判断するかどうか，解雇が無効と判断された際に金銭解決を雇用主
の側から申し出ることができるようにするかなど制度設計上の論点もあるが，
それらと並んで重要なのが解決金の水準をどの程度に設定するかである。どの
ような水準が望ましいかを経済理論の観点から論じ，日本の賃金構造を前提に
具体的な水準を計算すると，勤続年数の増加に伴う賃金増加が大きい日本の賃

金体系を反映して解決金の水準は相当高くなるとする研究もある（大内伸哉・川口大司編『解雇規制を問い直す』有斐閣，2018 年）。そのため，金銭解決制度の導入は必ずしも解雇規制の緩和とはならないものの，解雇コストの透明化には貢献していくことになるだろう。

　無期契約労働者の解雇コストを透明化し，勤続年数と賃金の関係の変化などに合わせて解決金の水準を見直していくことによって，無期雇用と有期雇用の間に発生している溝を徐々に埋めていき，さまざまな労働者が基本的には無期雇用のもとで働けるようなシステムを目指すのが重要だろう。

⑶　セーフティネットをどのように設計していくのか？

　技術進歩・経済活動のグローバル化といった経済環境の変化や労働者構成の多様化によって変化していく中で雇用保障の程度が弱まっていく可能性があることを指摘した。そのような中で雇用変動に伴う労働者の将来の生活に対する不安をどう和らげるかという問題が出てくる。これには職を失っても次の職にスムーズに入っていけるような労働市場を整備する必要があるが，国際比較の研究において，解雇規制が緩い国ほど離職が多い一方で，入職も多いということが知られている（OECD 2013, Chapter 2）。企業の立場から見てみると雇用の出口である解雇の規制が緩ければ，雇用の入口である採用にも積極的になれるということである。このように考えるとまずは金銭解決制度を導入することで出口の透明化を図り雇用主が採用に積極的になるような環境を整備することが重要だといえよう。

　将来の雇用に対する不安は即座に生活に対する不安になるわけではなく，いま触れたように，仮に解雇されたとしても再就職がスムーズにできるのであれば，雇用不安がもたらす生活不安は低減されるだろう。そうはいっても失業期間は生まれるため，職を失っても失業保険などを受け取ることができれば生活不安を和らげることができる。もっとも日本の失業保険は国際的に見たときに受給可能期間が短く厳しい制度となっている。また本書第 9 章の酒井論文が指摘しているように失業者に占める失業保険受給者の比率が下がっているという問題もある。どれくらいの所得代替率でどの程度の期間をカバーするのか，どのように保険でカバーされる人々の比率を上げていくのかといったさまざまな点についてエビデンスに基づいて政策設計を進めていく姿勢が重要になってくるだろう。

　さらに失業という一時的なショックに対する保険というセーフティネットと

いう部分を超えて，稼得能力が十分でなくパーマネントな貧困状態に陥ってしまう人々に対してのセーフティネットの設計も将来の不安を減ずるためには重要である。生活保護がその部分をカバーすることになるが，本書第10章の勇上・田中・森本論文が指摘するように，貧困率が上がる中でその果たす役割はますます重要になっているといってよい。この流れの中で，貧困世帯の生活水準を保障するという役割に加えて，就労へのインセンティブをいかに担保するかという視点が今後より重要になってくるだろう。生活保護制度とは貧困世帯への移転制度であり，それをどう捉えるかは政治的思想・立場とも直結している。リベラルな経済学者が望むほどには貧困世帯への移転を支持する層が広がっているとは限らず，受給者のモラルハザードの問題が顕在化するなどすれば風当たりは厳しいものとなる。少なくとも制度設計の段階においては，幅広い政治的思想を持つ人々に納得してもらえる設計を心がけるという配慮も重要であろう。

⑷ エビデンスに基づく政策決定

2017年はエビデンスに基づく政策決定（Evidence Based Policy Making）の重要性がさまざまな形で強調される年となった。医療の世界で科学的なエビデンスに基づいて診療方針が決められるようになってきたように，行政の世界でも科学的なエビデンスに基づいて政策を決めようという動きが出てきたということである。おそらくこの言葉とプラクティスは日本社会に根を下ろしていくだろう。これにはまず，少子高齢化の厳しい経済環境の中でできる限り政策効果が大きい施策に重点的な資源配分を行うことへの要請が強まることがあげられる。社会経済環境が変化する中で政府は常に新しい経済政策を実行することが求められるわけだが，財政規模が拡大する中で新たな政策を実行するのとは違って，社会保障費が拡大する中で通常の経済政策に配分できる財源が細る中で，新たな政策を実行しようとすれば，何らかの政策のスクラップと財源の確保が必要になる。限られた財源のもとで政策を実行する以上，何らかの基準で政策に優先順位をつけて実行しなければ国民の生活水準を効率的に向上させることはできない。また実際的には政策効果に関する説明責任を常日頃から果たしておかないと，いつ特定の政策が政治案件化してスクラップ対象になるかわからないということがある。さまざまに目標が異なる政策が並立する中で，どれをスクラップするかという議論になれば，費用対効果などのような一元化された指標でスクラップ対象を選ぶということにならざるをえないと考えられる。

　また，エビデンスに基づく政策決定は米英でかなり以前より取り組まれてきており，大陸欧州諸国にも徐々に広がり定着しつつある。合理的な政策決定は長期的には人々の生活水準に大きな影響を与えるとの認識が共有されている。このような情勢を考えると日本が例外になると考える強い理由はなく日本でも定着していくと考えるのが自然だろう。

　なお，政策決定に必要なエビデンスというときに2つのレベルのエビデンスがあると考えられる。1つは現状を把握するための数字である。たとえば失業率といった単純な数字から，物価水準で調整した後の実質賃金，日本にアメリカでの規模で給付つき税額控除を導入した場合にいったいどれくらいの財源が必要になるのか（白石 2010）という複雑な数字までが含まれる。これらの数字は機械的な作業で計算される数字であるが，たとえば生計費の指数として物価水準を捉えるためにはどのような指数を用いるのが望ましいのかに関して経済理論的なバックグラウンドを知っている必要があるし，具体的にどのように価格調査や消費バスケットの測定がされているのかも深く知る必要がある。そのため，このレベルのエビデンスを作るためにはせめて経済学の修士号，できれば博士号を持っている人々の関与が必要になる。用いられている手法が高度でそれらを正しく理解している必要があることはもちろん，作業に当たっては細かいレベルの調整を行うために経済学的なバックグラウンドに基づいたさまざまな判断を行わざるをえないためである。

　現状把握のためのエビデンスは望ましい政策決定に当たりきわめて重要な役割を果たすが，この作業は必ずしもオリジナリティが出せる作業ではないため学術的に評価される論文を書くのは難しい。そのため学術論文の出版で業績が評価される大学の研究者は，そのような研究を行うことに二の足を踏む部分がある。これに関して大学は大学で厳しい国際競争にさらされており，国際的な学術的論文の出版を重視した業績評価は時宜にかなったものであるためやむをえない（この線での努力をいま放棄すれば日本の経済学は深く沈んでいき，優秀な学生を国際的に集められなくなるという悪循環が始まるだろう）。結局，経済官庁や彼らからの業務の委託を受けるシンクタンクで高い技能を持ちながらオーソドックスな手法を用いて現状把握のためのエビデンスを作成する専門家を雇うしかないわけだが，この層が不足してしまっていることが現状だろう。また，現在存在する数少ない専門家が彼らにふさわしい処遇を得ているかという問題もある。もっとも，この問題はエビデンスに基づく政策決定を定着させ，これらの専門

家への需要を増やし，雇用を拡大させるとともに彼らの処遇を改善させることになるだろう。

　もう1つのレベルのエビデンスが経済変数間の因果関係を捉えたエビデンスである。たとえば，失業者に職業訓練参加機会を与えると再就職の確率が上がるのか，再就職後の賃金が上るのか，という疑問に答えるのが因果関係の推定である。患者に薬剤を投与することが症状改善に結びつくかどうかの科学的知識に基づいて医療を行うというのがエビデンスに基づく医療であるから，それとのアナロジーで，エビデンスに基づく政策決定というときのエビデンスは因果関係に関する知識を暗黙のうちに指していることが多い。こちらのエビデンスの発見は学術研究との親和性も高く研究は徐々に進展していくだろう。従来日本で課題であった政府統計のミクロデータにアクセスできないという問題も，2009年から施行された新統計法のもとで公益性を持つことが認められる研究については政府統計のミクロデータに研究者がアクセスできるようになったことで一部解決した。一方で，日本人を含む外国の研究機関に所属する研究者に対してアクセスをどのように確保するか，行政データなどへのアクセスをどのように確保するかなどまだ解決すべき課題は多数残されている。

3　今後の雇用社会と研究課題

3.1　社会的分業

　序章でも述べたように日本社会はすでに急激な高齢化と少子化を経験しており，このトレンドは継続するものと予想されている。年金や医療などの社会保障制度を支えるためにも，女性や高齢者のいっそうの労働力参加と生産性の向上が欠かせない。もっとも女性が労働力参加することによってさらなる少子化をもたらしてしまうのではないかとの懸念が語られることがある。しかし，先進諸国に限って分析をすると女性の就業率と出生率は必ずしも負の相関を持つわけではなく，むしろ正の相関を持つとされており，それは女性の社会進出が進む中で性別分業に関する規範が薄れ男性が子育てをするようになり，保育園の整備が進み育児の社会化が進むためだという指摘がなされている（Feyrer, Sacerdote and Stern 2008）。そうであるとしても，女性が社会に出て働くために，保育士が必要になるのであれば社会全体で見て労働供給はそれほど増えないのではないかとの懸念もあろう。同様の懸念は高齢者の介護に関しても当てはま

る。介護保険の導入によって，高齢者の介護が施設介護やヘルパーのサービスに置き換わり，これまで介護を行っていた家族が解放された面があるわけだが（Shimizutani, Suzuki and Noguchi 2008），同時に介護労働者として働く人々も増えた。実際に2000年代に最も顕著に増えた職業は保健産業の労働者であった。このように女性が働くようになると育児・介護が社会化され，それらの産業で働く人々が増えるという現象が起こる。それでは女性の就業率の向上は社会全体の労働供給にとってゼロサムなのだろうか。

　この問いに対する答えは否である。1つの明白な理由は保育や介護には規模の経済性が働くことが期待できることである。今までは女性1人が幼児1人あるいは高齢者1人の世話をしていたところ，介護の社会化により労働者1人が2人以上の幼児あるいは高齢者の面倒を見ることができる可能性がある。もう1つ経済学的に興味深い理由は比較優位に基づく分業が促進されることである。高いスキルを持つ女性が育児や介護をする機会費用は高い。育児や介護の社会化により高スキルの女性が市場労働に従事できるようになると，育児や介護に従事する人々が増えたとしても，比較優位に基づく分業が促進されることによって社会全体の産出量が増加することになる。新たに育児や介護に従事する労働者にしてもそれまでの仕事よりも高い賃金が得られるか，家にいることの価値よりも高い賃金が得られるからこれらの仕事に従事するわけであり，これらの労働者にとっても望ましい変化である。このような社会的分業の進展によっていったいどれだけの社会的余剰が発生したのかを計算することは今後の研究課題だといえよう。

　また，育児や介護といった分野は情報の非対称性が大きく，政府の規制が厳しい分野である。育児・介護サービスを提供する事業者の質を見分けることは難しいため，悪質な業者が市場から淘汰されずに残るだけでなく，そのような業者が成長してしまうという逆淘汰が起こる可能性もある。また人命がかかっている産業だけに，仮に情報の非対称性の問題が小さいとしても悪質業者を市場メカニズムに任せて淘汰するという議論が通用しにくい部門でもある。したがって規制の必要性が強い産業だといえるが，その規制が当初の意図を達成し副作用を引き起こしていないかを注意深く見守る必要がある。これは労働経済学というよりもより幅広く経済学全体にとって重要な課題だといえよう。

3.2 人工知能（AI）などの技術進歩と労働への影響

2015 年ごろより，人工知能（AI）の急速な発達が私たちの仕事を奪うのではないかとの懸念がさまざまな場面で語られるようになった。この懸念が正当なものかどうか少し歴史を振り返りつつ考えてみよう。産業革命以来，私たちの生活水準の向上は技術進歩に伴う生産性の向上に裏付けられてきた。しかしながら生産技術の進歩は労働のあり方を根本的に変化させるものでもあり続けた。そして，技術進歩が労働市場に与える影響は労働者の種類によってまちまちであった。たとえば，近年の情報通信技術の発達が労働市場に与えた影響を見てみると，もとより技能が高い労働者の生産性を向上させる一方で，技能が低い労働者の労働を代替するように働き，労働者間の賃金格差を拡大させるように機能してしまったことが知られている。これは新技術が実現する作業が人間が行う作業の一部を代替し，ほかの作業を補完するということが起こるためである。

ここでは情報通信技術が労働市場に与えたインパクトを的確に捉えたものとして高く評価されている Autor, Levy and Murnane (2003) の研究を紹介しよう。彼らは情報通信技術が得意とする作業を繰り返し作業だと定義した。繰り返し作業とは決まったルールに従って行う作業であり，たとえば，分析的作業だと計算作業であり，非分析的作業だと組み立て作業である。情報通信技術が不得意とする非繰り返し作業とはルール化が難しい作業である。たとえば分析的作業だと医者の診断であり，非分析的作業だと清掃員の掃除である。彼らの研究は職業データベースを使って，職業を繰り返しの有無，分析的か否かの 2×2 の軸に分類しなおして，情報通信技術が代替するのが難しい非繰り返し作業は，賃金分布の上位の部分（分析的非繰り返し作業）と下位の部分（非分析的非繰り返し作業）に厚く分布していることを示した。逆の言い方をすれば，繰り返し作業を行う人々が賃金分布の中で中間層を形成していたことを示した。そのうえで，情報通信機器の価格下落が，繰り返し作業の密度が濃い職業を情報通信機器で置き換えていったことを示し，中間層が職を失っていく姿を描いた。賃金分布の中間部分が下方に移動していくというモデルの予測はアメリカの 1980 年代，90 年代の賃金分布の変化と合致しており，このタスク・アプローチは賃金分布の変化を説明するモデルとして広く利用されるようになった。このアプローチを日本に適用した論文として Ikenaga and Kambayashi (2016) があり，彼らは日本でもアメリカと同様の変化が起こったものの，変化の度合

いは限定的であったことを報告している。

　情報通信技術が労働市場に与えた影響のアナロジーで AI が労働市場に与えた影響を捉えるのは自然だし有力なアプローチだといえよう。ただし AI の核心をなす機械学習のアルゴリズムの飛躍的進歩，センサーの進歩と価格低下，さらにロボット技術の飛躍的進歩は機械で置き換えられる人間の作業の範囲を大きく拡大しているように見える。私たちが日常持ち歩くスマートフォンに装備されたセンサーの数々や小売店のレジの POS システムに代表されるように，私たちの行動の多くが電子的に記録されるようになり，莫大な情報（ビッグデータ）が蓄積されるようになっている。さらに莫大な入力から適切な出力を得るために，あらかじめ関数関係を人間が指定することなく，人間のお手本を含むビッグデータから自動的に関数関係を学習させる機械学習のアルゴリズムが飛躍的に進歩している。このような技術進歩の中で，かつては非ルーティン作業と分類されていた自動車の運転のような作業も機械で置き換えられようとしている。AI の労働市場に対する影響を調べようとすれば，AI が実現しようとしている作業の本質を捉え Autor, Levy and Murnane（2003）が提案したルーティン・非ルーティンという軸を超えた，人間でなければできない作業とは何かを抽象化する作業が欠かせないものとなるであろう。

　社会経済の環境が変化すれば私たちの働き方も変化する。この変化を的確に捉え，個人や社会が的確に対応するためには労働経済学の提供する知見がますます重要になっていくだろう。本書の各章の分析がさまざまな分野における研究を進展させるための礎となることを願いつつ本書を閉じたい。

4　補論：本文中の雇用形態別の賃金差に関する分析について

「賃金構造基本統計調査」の 2005〜2015 年個票を利用。
- 賃金水準に影響を及ぼすと考えられる教育水準，潜在経験年数（学卒後の年数），勤続年数，情報が手に入る限りで，職務の内容（職種・役職）などの影響を取り除いたうえで，雇用形態間の時間当たり賃金を比較。
- 雇用形態は「正社員・正職員」とそれ以外，雇用期間の定めの有無の 2×2 で定義。「正社員・正職員」かどうかは「身分や処遇の実態」による。
- 統計上の制約により，分析対象となる労働者を次のとおり限定。

・臨時労働者については，就業形態，最終学歴，勤続年数，役職，賞与が把握できないため，分析対象としていない。

　＊臨時労働者：日々または1カ月以内の期間を定めて雇われている労働者のうち，4月または5月に雇われた日数がいずれかの月において17日以下の労働者。

・60歳以降の賃金は，定年の影響がありうるため，分析対象としていない。

・短時間労働者については，最終学歴が把握できないため，参考分析の対象とした。

　＊短時間労働者：1日の所定労働時間が一般の労働者よりも短いまたは1日の所定労働時間が一般の労働者と同じでも1週の所定労働日数が一般の労働者よりも少ない労働者。

● 分析の対象とする賃金として，所定内時間当たり賃金＝（きまって支給する現金給与額−超過労働給与額）／所定内労働時間数を採用した。きまって支給する現金給与額には超過労働給与額や歩合給，各種手当，休業手当など労働しなくても支給される給与も含む。

◆参考文献

白石浩介（2010）「給付つき税額控除による所得保障」『会計検査研究』42号：11-28頁。

森川正之（2010）「企業業績の不安定性と非正規労働——企業パネルデータによる分析」RIETI Discussion Paper Series, 10-J-023

Autor, D. H., Levy, F., and Murnane, R. J. (2003) "The Skill Content of Recent Technological Change: An Empirical Exploration," *Quarterly Journal of Economics*, 118 (4): 1279-1333.

Feyrer, J., Sacerdote, B., and Stern, A. D. (2008) "Will the Stork Return to Europe and Japan? Understanding Fertility Within Developed Nations," *Journal of Economic Perspectives*, 22(3): 3-22.

Ikenaga T. and Kambayashi, R. (2016) "Task Polarization in the Japanese Labor Market: Evidence of a Long-Term Trend," *Industrial Relations*, 55(2): 267-293.

OECD (2013) "Protecting Jobs, Enhancing Flexibility: A New Look at Employment Protection Legislation", in *OECD Employment Outlook 2013*, OECD Publishing.

Shimizutani, S., Suzuki, W., and Noguchi, H. (2008) "The Socialization of At-home Elderly Care and Female Labor Market Participation: Micro-level Evidence from Japan," *Japan and the World Economy*, 20(1): 82-96.

索　引

● 編者紹介

川口 大司（かわぐち だいじ）

2002 年，ミシガン州立大学経済学部博士課程修了（Ph. D. in Economics）

現職：東京大学公共政策大学院・大学院経済学研究科教授

主著：『日本の外国人労働力』（共著，日本経済新聞出版社，2009 年），
『法と経済で読みとく雇用の世界（新版）』（共著，有斐閣，2014 年），
『労働経済学』（有斐閣，2017 年），"Human Capital Accumulation of
Salaried and Self-employed Workers"（*Labour Economics*, 10(1),
2003），"Incidence of Strict Quality Standards"（共著，*Journal of Law
and Economics*, 57(1), 2014），"Why Has Wage Inequality Evolved So
Differently between Japan and the US?"（共著，*Economics of Educa-
tion Review*, 52, 2016），ほか

日本の労働市場 ── 経済学者の視点
Japanese Labor Market: Economists' Perspectives

2017 年 11 月 15 日　初版第 1 刷発行
2021 年 1 月 25 日　初版第 3 刷発行

編　者	川　口　大　司
発行者	江　草　貞　治
発行所	株式会社　有　斐　閣

郵便番号 101-0051
東京都千代田区神田神保町 2-17
電話(03) 3264-1315 〔編集〕
　　(03) 3265-6811 〔営業〕
http://www.yuhikaku.co.jp/

印刷・大日本法令印刷株式会社／製本・大口製本印刷株式会社

ISBN 978-4-641-16512-0